하루 5분 60강의 700점 달성!!

토익스텝

567

토익 스텝 567

지은이 권영준
펴낸이 정규도
펴낸곳 (주)다락원

초판 1쇄 발행 2020년 4월 1일
초판 2쇄 발행 2024년 6월 27일

편집 홍인표, 조상익
디자인 박보희, 이승현

다락원 경기도 파주시 문발로 211
내용 문의 (02)736-2031 내선 550~551
구입 문의 (02)736-2031 내선 250~252
Fax (02)732-2037
출판 등록 1977년 9월 16일 제406-2008-000007호

ISBN 978-89-277-0977-0 13740

www.darakwon.co.kr
다락원 홈페이지를 방문하시면 상세한 출판 정보와 함께 MP3 자료 등의 다양한 어학 정보를 얻으실 수 있습니다.

토익스텝
567

하루 5분 60강의 700점 달성!!

다락원

머리말

저는 가수였습니다.

꿈 많고 희망에 가득 차 있던 20대 초반의 저는 남다른 꿈을 가지고 있었습니다. 그 꿈은 무대 위에 올라 많은 사람들 앞에서 멋진 노래를 선사해주는 가수가 되는 것이었습니다. 그 꿈은 어렵사리 이루어지게 되었고, "맨사"라는 아이돌 그룹의 일원으로 데뷔하여 한국과 일본에서 활발히 활동하게 되었습니다.

그렇게 열정 넘친 20대를 보낸 후, 저는 군대에 가게 되었습니다. 음악을 계속하기 위해서 군악대에 입대하였지만, 우연한 기회에 토익 공부라는 것을, 오로지 포상휴가를 위해서, 난생 처음 시작하게 되었습니다.

첫 시험은 총 395점...

흔히들 말하는 "신발 사이즈 점수"였습니다. 하지만 서른 살이 다 된 늦은 나이에 군대에 간 것이기 때문에, 제대 후의 미래에 대한 걱정으로 쉽게 포기할 수 없었던 저는 독학으로 토익 공부에 꾸준히 매진했습니다. 그렇게 단 4개월을 공부한 후 받은 점수는...

925점!

음악 이외에 토익이라는 분야에서 저의 새로운 소질을 발견하게 되었고, 꾸준히 공부하여 제대 후 만점을 받고 토익강사까지 되었습니다. 현재는 서울 최대 규모의 종로 YBM 어학원에서 "입문/중급"대표강사로 강의를 하고 있습니다.

제가 군인이었던 시절에 부족한 잠을 줄여가며 열정적으로 토익을 공부하면서 깨우쳤던 비법들, 혼자 고민하며 어려운 이론을 쉽게 외울 수 있었던 노하우들을 지금 이 순간에도 토익으로 힘들어 하고 있을 수험생들과 함께 공유하고 싶어 이 책을 쓰게 되었습니다.

이 책과 함께라면 여러분도 충분히 할 수 있습니다.

마지막으로, 지금 새근새근 자고 있는 아내와 아들, 그리고 가족들... 힘든 시간도 많았지만 가족들 덕분에 힘을 낼 수 있었습니다. 항상 사랑하고 고맙다는 말을 전하고 싶습니다.

저자 **권 영 준**

목차

토익(TOEIC)은 Test of English for International Communication의 약자로서, 영어를 모국어로 사용하지 않는 사람이 국제 환경에서 생활을 하거나 업무를 수행할 때 필요한 실용 영어 능력을 평가하는 시험입니다. 현재 한국과 일본은 물론 전 세계 약 60개 국가에서 연간 4백만 명 이상의 수험생들이 토익에 응시하고 있으며, 수험 결과는 채용 및 승진, 해외 파견 근무자 선발 등 다양한 분야에서 활용되고 있습니다.

시험 구성

구성	PART	내용		문항수	시간	배점
Listening Comprehension	1	사진 묘사		6	45분	495점
	2	질의-응답		25		
	3	짧은 대화		39		
	4	짧은 담화		30		
				100		
Reading Comprehension	5	단문 공란 채우기		30	75분	495점
	6	장문 공란 채우기		16		
	7	독해	단수 지문	29		
			복수 지문	25		
				100		
Total				200문제	120분	990점

출제 분야

토익의 목적은 일상 생활과 업무 수행에 필요한 영어 능력을 평가하는 것이기 때문에 출제 분야도 이를 벗어나지 않습니다. 비즈니스와 관련된 주제를 다루는 경우라도 전문적인 지식을 요구하지는 않으며, 아울러 특정 국가나 문화에 대한 이해도 요구하지 않습니다. 구체적인 출제 분야는 아래와 같습니다.

일반적인 비즈니스 (General Business)	계약, 협상, 마케팅, 영업, 기획, 콘퍼런스 관련
사무 (Office)	사내 규정, 일정 관리, 사무 기기 및 사무 가구 관련
인사 (Personnel)	구직, 채용, 승진, 퇴직, 급여, 포상 관련
재무 (Finance and Budgeting)	투자, 세금, 회계, 은행 업무 관련
생산 (Manufacturing)	제조, 플랜트 운영, 품질 관리 관련
개발 (Corporate Development)	연구 조사, 실험, 신제품 개발 관련
구매 (Purchasing)	쇼핑, 주문, 선적, 결제 관련
외식 (Dining Out)	오찬, 만찬, 회식, 리셉션 관련
건강 (Health)	병원 예약, 진찰, 의료 보험 업무 관련
여행 (Travel)	교통 수단, 숙박, 항공권 예약 및 취소 관련
엔터테인먼트 (Entertainment)	영화 및 연극 관람, 공연 관람, 전시회 관람 관련
주택 / 법인 재산 (Housing / Corporate Property)	부동산 매매 및 임대, 전기 및 가스 서비스 관련

응시 방법

시험 접수는 한국 TOEIC 위원회 웹사이트(www.toeic.co.kr)에서 온라인으로 할 수 있습니다.
접수 일정 및 연간 시험 일정 등의 정보 또한 이곳에서 확인이 가능합니다.

**시험
당일 일정**

수험생들은 신분증과 필기구(연필 및 지우개)를 지참하고 고사장에 입실해야 합니다. 입실 시간은
오전 시험의 경우 9시 20분, 오후 시험의 경우 2시 20분까지입니다.

	시간	
오전	9:30 – 9:45	**오리엔테이션**
오후	2:30 – 2:45	답안지에 이름, 수험 번호 등을 표시하고 직업이나 응시 회수 등을 묻는 설문에 응합니다.
오전	9:45 – 9:50	**휴식**
오후	2:45 – 2:50	5분간의 휴식 시간 동안 화장실을 이용할 수 있습니다.
오전	9:50	**입실 마감**
오후	2:50	50분부터 출입을 통제하므로 늦어도 45분까지는 고사장에 도착하는 것이 좋습니다.
오전	9:50 – 10:05	**신분증 검사**
오후	2:50 – 3:05	LC 시험 시작 전에 감독관이 신분증을 검사하고 답안지에 확인 서명을 합니다. RC 시험 시간에는 감독관이 돌아다니면서 다시 한 번 신분증을 검사하고 확인 서명을 합니다.
오전	10:05 – 10:10	**파본 검사**
오후	3:05 – 3:10	받은 문제지가 파본이 아닌지 확인한 후 문제지에 수험 번호를 적고 답안지에 문제지 번호를 적습니다. 파본이 확인되더라도 시험이 시작되면 문제지를 교체해 주지 않으므로 이때 문제지를 빨리, 제대로 확인하는 것이 중요합니다.
오전	10:10 – 10:55	**LC 문제 풀이**
오후	3:10 – 3:55	45분 동안 LC 문제를 풉니다.
오전	10:55 – 12:10	**RC 문제 풀이**
오후	3:55 – 5:10	75분 동안 RC 문제를 풉니다.

성적 확인

TOEIC 홈페이지에 안내된 성적 발표일에 홈페이지와 어플리케이션을 통해 성적을 확인할 수 있습니다. 성적표 발급은 시험 접수 시에 선택한 방법으로, 즉 우편이나 온라인으로 이루어집니다.

교재는 총 60개의 유닛으로 구성되어 있으며, 유닛 1~50까지는 Part 5, 유닛 51~60 까지는 Part 6과 Part 7을 다루고 있습니다.

내용 설명

매 유닛마다 두 페이지에 걸쳐 토익 필수 문법 사항 들이 정리되어 있습니다. Part 6과 Part 7의 경우에 는 공략법이 제시되어 있습니다.

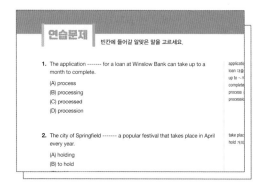

연습문제

해당 유닛에서 학습한 내용을 간략히 점검할 수 있는 연습문제가 제공됩니다. 연습문제를 통해 학습한 내 용을 확실히 이해하고 있는지를 빠르게 확인할 수 있 습니다.

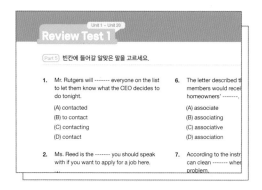

Review Test

20개의 유닛이 끝날 때마다 Review Test가 수록되 어 있습니다. 학습한 내용들을 잊지 않고 있는지 점검 해 볼 수 있습니다.

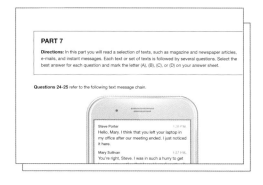

Half Test

교재의 마지막 부분에는 총 2회분의 RC Half Test가 수록되어 있습니다. 실제 시험과 같은 난이도의 문제 들을 풀어 보면서, 자신의 실력이 어느 정도인지 가늠 해 볼 수 있습니다.

유튜브 강의 활용 방법

강의를 들으며 교재를 학습하세요!

권영준 강사가 교재의 내용을 직접 설명하는 총 60회의 유튜브 강의를 들으실 수 있습니다. 저자는 강의에서 교재의 내용을 알기 쉽게 설명하고 있을 뿐만 아니라, 교재에 수록되어 있지 않은 실전 문제와 예문을 활용하기 때문에 교재의 내용을 더욱 명확하게 이해할 수 있습니다.

아래의 방법을 통해 유튜브 강의를 활용하세요!

❶ 개별 강의 학습하기

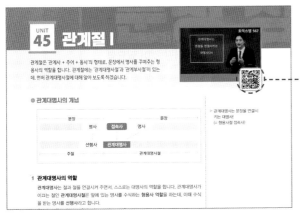

① 해당 유닛의 유튜브 강의와 연결되는 QR코드를 확인합니다.

② 핸드폰이나 태블릿 등의 모바일 기기로 QR 코드를 인식하면 해당 강의를 들으실 수 있습니다.

❷ 강의 목록 전체 보기

① 다락원 홈페이지(www.darakwon.co.kr)에 방문하여 회원 가입 후 로그인 합니다.

② 검색창에 '토익 스텝 567'을 입력합니다.

③ 교재 이미지 아래에 있는 '무료강의' 항목을 클릭합니다.

④ 전체 강의 목록에서 원하는 강의를 선택하여 들으실 수 있습니다.

▶ 모바일 기기를 이용하실 경우, 교재 뒷면의 QR코드를 통해 전체 강의 목록으로 접속할 수 있습니다.

개념만은 알고 갑시다!

토익스텝 567

8품사

자리의 이름

주어 | 서술어 | 목적어 | 보어

문장

> 문장의 최소 구성 단위는 무엇일까요? 바로 단어입니다. 단어는 기능에 따라 8가지의 품사로 나눌 수 있으며, 이를 '8품사'라 합니다.

● 8품사 (한자 중요)

1 명사 (名詞, Noun)

명사는 사람, 사물, 동물의 이름이나 개념을 나타내며 보통명사와 고유명사 등으로 나눌 수 있습니다.

(1) 보통명사: 일반적이고 같은 종류가 있는 사물의 이름을 뜻합니다.

> He is a **boy**. 그는 소년이다.
> **Milk** is good for your health. 우유는 당신의 건강에 좋다.
> **People** ate many apples. 사람들은 많은 양의 사과를 먹었다.

(2) 고유명사: 인명, 지명, 사물의 특정한 이름을 나타내며 대문자로 시작됩니다.

> **Seoul** is a city in Korea. 서울은 한국의 도시이다.
> Are you from **America**? 당신은 미국에서 왔나요?
> **Mary** is his girlfriend. Mary는 그의 여자 친구이다.

2 전치사 (前置詞, Preposition)

명사나 대명사 앞에 놓여 다른 낱말과의 관계를 표현하는 품사입니다.

> The book is **on** the table. (on ~ 위에서) 그 책은 테이블 위에 있다.
> I sent a letter **to** you. (to ~에게) 나는 당신에게 편지를 보냈다.

※ 전치사 뒤에는 반드시 명사가 있습니다.

3 대명사 (代名詞, Pronoun)

명사를 대신하는 품사를 대명사라고 합니다. 대명사는 명사를 반복해서 사용하는 것을 피하기 위해 쓰입니다.

> Mike went to school, and **he** studied English. (he = Mike)
> Mike는 학교에 갔고, 그는 영어를 공부했다.

▶ **문장의 구성 단위**
  ① 단어: 기본 구성 단위
  ex.) flower
  ② 구: 「단어 + 단어」
  ex.) my flower
  ③ 절: 「구 + 구」(절 = 문장)
  ex.) It is my flower.
  ※ 문장에는 주어와 동사가 반드시 포함된다.

health 건강
ate 먹었다 (eat의 과거)

from ~으로부터
girlfriend 여자 친구

sent 보냈다 (send의 과거)

went 갔다 (go의 과거)

4 동사 (動詞, Verb)

사람이나 사물의 움직임, 혹은 상태를 나타냅니다.

(1) 일반동사: say(말하다), work(일하다), eat(먹다)와 같이 '～하다'라는 의미를 갖는 동사입니다.

> Ethan **worked** late last night. Ethan은 어젯밤에 늦게까지 일했다.

(2) be동사 (be, am, is, are, was, were…): be동사는 '～이다', '～되다'라는 뜻을 나타냅니다.

> He **is** a teacher. 그는 선생님이다.

cf. (보)조동사: can/could, may/might, shall/should, must와 같이 동사를 보조하는 품사

can 할 수 있다
may 아마 ～일 것이다,
～해도 좋다
shall ～해야 한다,
(의문문에서) ～할까요?
must ～해야 한다

5 형용사 (形容詞, Adjective)★

young(젊은), small(작은), cute(귀여운)와 같이 사람이나 사물의 성질, 수량, 크기, 혹은 색 등을 나타내는 품사를 형용사라고 합니다. 형용사는 명사/대명사를 꾸며 주거나 설명하는 기능을 합니다.

> **good** information 좋은 정보   **pretty** woman 아름다운 여자
> They are **kind**. 그들은 친절하다.

information 정보

6 부사 (副詞, Adverb)★★★

장소, 방법, 시간 등을 부가적으로 나타냅니다. 명사를 제외한 동사, 형용사, 다른 부사, 문장 전체를 수식할 수 있으며, 생략을 해도 문장에는 영향을 미치지 않습니다.

> She plays the piano **well**. (동사 수식) 그녀는 피아노를 잘 친다.
> I like him **very** much (다른 부사 수식) 나는 그를 매우 좋아한다.
> **Frankly**, I am not happy. (문장 전체 수식) 솔직히, 나는 행복하지 않다.

※ 부사는 명사 바로 앞에 올 수 없습니다.

play 놀다, 연주하다
well 잘
very 아주
much 많이
frankly 솔직하게

7 접속사 (接續詞, Conjunction)★★

and(그리고), but(그러나), or(혹은), so(그래서), yet(그러나)과 같이 문장과 문장을 연결시켜 주는 품사를 접속사라고 부릅니다. 하나의 절 안에는 하나의 동사만 올 수 있기 때문에, 한 문장 안에 동사가 2개 있으면 반드시 접속사도 있어야 합니다.

> I like this I want it. (×)
> I like this, **so** I want it. (○) [접속사의 수 + 1 = 동사의 수]

▶ 「단어 + 접속사 + 단어」의 구조에서 앞뒤 단어의 품사는 같아야 한다.
small or big (형용사)
dogs and cats (명사)

8 감탄사 (感歎詞, Interjection)

슬픔, 기쁨, 분노 등 사람의 감정을 표현합니다. oh, ah, alas, brave, cheers 등이 대표적인 감탄사입니다.

주어와 동사

토익스텝 567

명사
명사의 접미사

tion
ness
ance
ment
ty

토익을, 십 년 전, 말했습니다, 어머니께서는, 넌 졸업할 것이라고, 분명히'

우리말에서도, 아무리 어려운 문법 사항을 알고 있더라도 위와 같이 뒤죽박죽 말하면 뜻이 통할 수 없습니다. 영어에서도 문장의 구조를 모르고서는 그 의미를 파악할 수 없습니다. 게다가 최근에는 단순한 문법 사항보다 문장 구조를 파악해야 답을 찾을 수 있는 문제가 점차 증가하고 있으므로 문장의 구성 요소에 대한 정확한 이해가 필요합니다.

● 문장의 기본 구성 요소

My boyfriend	made	me	happy	in the restaurant.
주어	동사(서술어)	목적어	보어	수식어
나의 남자친구가	만들었다			

1 주어의 의미

문장에서 주어란 말 그대로 문장의 '주인인 단어'입니다. 즉 어떤 행위를 발생시키는 명확한 주체만이 주어 자리에 올 수 있습니다.

2 주어의 자리

주어는 문장의 주인이므로 문장의 제일 앞에 위치합니다.

We love you. 우리는 너를 사랑한다. (사랑하는 행위의 주체 = 우리)

> 예제 1   The _____ must submit the reports by Sunday.
>
> (A) study   (B) stupid   (C) strong   (D) student

3 주어 찾기 문제

주어 찾기 문제는 주어 자리를 비워 두고 그에 알맞은 품사를 고르도록 합니다. 따라서 그 자리에 들어갈 수 있는 품사만 알면 됩니다.

'_____ ate apples.'라는 문장에서, 빈칸에는 '먹었다(ate)'라는 행위의 주체가 될 수 있는 품사인 **명사**나 **대명사**가 들어갈 수 있습니다.

4 주어가 될 수 있는 품사

(1) 주격 대명사: '주어 자격'이 될 수 있는 대명사 – I, you, he, she, it, we, they

(2) 명사형 접미사를 가진 명사

-tion	location 위치	information 정보
-ness	happiness 행복	willingness 의지
-ence, ance	difference 차이	appliance 가전제품
-ment	development 발전	investment 투자
-ty	difficulty 어려움	security 안전

예제 1 풀이

빈칸 뒤에 동사인 'must submit'이 있으므로, 동작의 주체가 될 수 있는 명사인 student가 정답이 된다.

▶ **주어 찾기 문제의 팁**

주어 자리에 알맞은 품사?
행위의 주체 → 형태가 있음
→ 이름도 있음 → 명사에 상당하는 품사, 즉 **명사**나 **대명사**가 답!

▶ **인칭 대명사**

주격	소유격	목적격
I	my	me
you	your	you
he	his	him
she	her	her
it	its	it
we	our	us
they	their	them

예제 2 The _____ made many residents angry.

(A) productive (B) produce (C) production (D) produced

Checkup Quiz 1 | 빈칸에 들어갈 말을 고르세요.

❶ George's _____ was accepted. (apply / application)

❷ Many _____ are introduced onto the market. (produce / products)

5 동사(= 서술어)의 의미

동사는 말 그대로 동작을 나타내는 품사로, 주어의 움직임이나 상태를 표현합니다. 문장의 구성 성분인 서술어가 될 수 있는 것은 동사뿐이므로 보통 동사와 서술어는 구분 없이 사용됩니다.

We **love** you. 우리는 너를 사랑한다. (we의 행위 = love)

6 동사의 자리

동사는 주어의 동작을 나타내므로 주어 다음에 위치합니다.

예제 3 All of the students _____ to school every day.

(A) girl (B) gasoline (C) go (D) growth

7 동사와 조동사

동사를 보조해 주는 동사인 (보)조동사 뒤에는 동사 원형이 나옵니다.

The student **will** go to the amusement park. 그 학생은 놀이공원에 갈 것이다.

People **can** eat these apples. 사람들은 이 사과를 먹을 수 있다.

You **must** study English. 당신은 영어를 공부해야 한다.

예제 4 He will _____ the new system in the meeting tomorrow.

(A) showed (B) to show (C) showing (D) show

Checkup Quiz 2 | 빈칸에 들어갈 말을 고르세요.

❶ The company _____ to hire more workers. (decision / decided)

❷ Many students _____ in the seminar. (participate / participation)

예제 2 풀이

만약 production의 뜻을 모른다 하더라도, 빈칸이 문장의 동사 앞에 있으므로 빈칸은 주어 자리이다. 보기 중에 -tion으로 끝나는 production만 명사이므로 정답은 (C)이다.

Checkup Quiz 1 정답

❶ application
❷ products

예제 3 풀이

빈칸은 주어인 all of the students 바로 뒤에 있으며, 주어의 행동을 설명하는 품사가 들어가야 하므로 동사인 (C)의 go가 정답이 된다.

▶ 서술어 자리에 들어갈 수 있는 품사는 동사밖에 없으므로 '서술어'와 '동사'는 거의 같은 의미로 쓰인다.

▶ 대표적인 조동사
will ~할 것이다
can ~할 수 있다
must ~해야 한다

예제 4 풀이

조동사 뒤에는 동사 원형이 와야 하므로 정답은 (D)이다.

Checkup Quiz 2 정답

❶ decided
❷ participate

한줄요약

1. 주어는 문장의 제일 앞자리에 위치한다.
2. 주어 자리에는 명사나 대명사가 들어간다.
3. 주어 다음 자리에는 동사가 들어가야 한다.
4. 조동사 뒤에는 동사 원형이 위치한다.

목적어, 보어, 수식어 I

토익스텝 567

S + V + O★
주어   동사   목적어
We   love   you

'남자 친구가 만들었습니다!'

이렇게 이야기하면 무엇을 만들었는지, 어떻게 만들었는지, 어디서 만들었는지 알 수가 없습니다. 앞에서 공부했던 주어, 동사로 문장을 시작한 다음 목적어, 보어, 수식어를 이용하여 문장을 완성시켜 봅시다.

● 문장의 기본 구성 요소

My boyfriend	made	me	happy	in the restaurant.
주어	동사(서술어)	목적어	보어	수식어
		나를	행복하게	식당에서

1 목적어의 의미

목적어는 말 그대로 동사의 목적이 되는 단어를 뜻합니다. 동사의 목적이나 대상이 되어야 하므로 명확한 대상, 즉 명사나 대명사, 혹은 명사에 상당하는 표현이 목적어 자리에 들어가야 합니다.

⊘ 중요 Point | 기본 문장 구조

S (주어) + V (동사) + O (목적어)★

People ate **apples**. 사람들이 **사과를** 먹었다. (먹는 행위의 대상인 apples가 목적어)
※ 목적어는 주로 '~을(를)'로 해석됩니다.

2 목적어의 자리

목적어는 동사의 대상이므로 주로 타동사의 뒤에 위치합니다.
We love **you**. 우리는 당신을 사랑한다.
Mr. Lee sent **an e-mail to me**. Lee 씨는 나에게 이메일을 보냈다.

3 목적어 찾기 문제

목적어 찾기 문제는 목적어 자리를 비워 두고 그에 알맞은 품사를 고르도록 합니다. 따라서 그 자리에 들어갈 수 있는 품사만 알면 됩니다.

예제 1   He gave a _____ to me in the morning.

(A) to present   (B) presenting   (C) present   (D) presently

4 목적어가 될 수 있는 품사

(1) 목적격 대명사

Mike loves **you**. Mike는 당신을 사랑한다.
Ms. Kim met **him** in the conference room. Kim 씨는 회의실에서 그를 만났다.
We are making **it** for you. 우리는 당신을 위해 그것을 만들고 있다.

▶ **타동사와 자동사**
① **타동사**: 동작의 대상, 즉 목적어가 필요한 동사
give 주다
send 보내다
play 연주하다; 경기하다
eat 먹다

② **자동사**: 목적어가 필요 없는 동사
work 일하다
arrive 도착하다
go 가다

▶ **목적어 찾기 문제의 팁**
목적어 자리에 알맞은 품사?
행위의 대상 → 형태가 있음 → 이름도 있음 → 명사에 상당하는 품사, 즉 **명사**나 **대명사**가 답!

예제 1 풀이

빈칸은 동사 gave의 목적어가 필요한 자리이므로 명사인 present가 정답이다.

▶ **인칭 대명사**

주격	소유격	목적격
I	my	me
you	your	you
he	his	him
she	her	her
it	its	it
we	our	us
they	their	them

예제 2   The _____ made many residents angry.

(A) productive　　(B) produce　　(C) production　　(D) produced

Checkup Quiz 1 | 빈칸에 들어갈 말을 고르세요.

❶ George's _____ was accepted. (apply / application)

❷ Many _____ are introduced onto the market. (produce / products)

5 동사(= 서술어)의 의미

동사는 말 그대로 동작을 나타내는 품사로, 주어의 움직임이나 상태를 표현합니다. 문장의 구성 성분인 서술어가 될 수 있는 것은 동사뿐이므로 보통 동사와 서술어는 구분 없이 사용됩니다.

We **love** you. 우리는 너를 사랑한다. (we의 행위 = love)

6 동사의 자리

동사는 주어의 동작을 나타내므로 주어 다음에 위치합니다.

예제 3   All of the students _____ to school every day.

(A) girl　　(B) gasoline　　(C) go　　(D) growth

7 동사와 조동사

동사를 보조해 주는 동사인 (보)조동사 뒤에는 동사 원형이 나옵니다.

The student **will** go to the amusement park. 그 학생은 놀이공원에 갈 것이다.

People **can** eat these apples. 사람들은 이 사과를 먹을 수 있다.

You **must** study English. 당신은 영어를 공부해야 한다.

예제 4   He will _____ the new system in the meeting tomorrow.

(A) showed　　(B) to show　　(C) showing　　(D) show

Checkup Quiz 2 | 빈칸에 들어갈 말을 고르세요.

❶ The company _____ to hire more workers. (decision / decided)

❷ Many students _____ in the seminar. (participate / participation)

한줄요약

- 1. 주어는 문장의 제일 앞자리에 위치한다.
- 2. 주어 자리에는 명사나 대명사가 들어간다.
- 3. 주어 다음 자리에는 동사가 들어가야 한다.
- 4. 조동사 뒤에는 동사 원형이 위치한다.

예제 2 풀이

만약 production의 뜻을 모른다 하더라도, 빈칸이 문장의 동사 앞에 있으므로 빈칸은 주어 자리이다. 보기 중에 -tion으로 끝나는 production만 명사이므로 정답은 (C)이다.

Checkup Quiz 1 정답

❶ application

❷ products

예제 3 풀이

빈칸은 주어인 all of the students 바로 뒤에 있으며, 주어의 행동을 설명하는 품사가 들어가야 하므로 동사인 (C)의 go가 정답이 된다.

▶ 서술어 자리에 들어갈 수 있는 품사는 동사밖에 없으므로 '서술어'와 '동사'는 거의 같은 의미로 쓰인다.

▶ **대표적인 조동사**
will ~할 것이다
can ~할 수 있다
must ~해야 한다

예제 4 풀이

조동사 뒤에는 동사 원형이 와야 하므로 정답은 (D)이다.

Checkup Quiz 2 정답

❶ decided

❷ participate

빈칸에 들어갈 알맞은 말을 고르세요.

1. The application ------- for a loan at Winslow Bank can take up to a month to complete.

   (A) process

   (B) processing

   (C) processed

   (D) procession

application 신청, 지원
loan 대출
up to ~까지
complete 완료하다
process 절차, 과정
procession 행진; 행렬

2. The city of Springfield ------- a popular festival that takes place in April every year.

   (A) holding

   (B) to hold

   (C) holds

   (D) be held

take place 개최하다
hold 개최하다, 열다

3. Even though Mr. Brady reserved a car online, there was no record of it when he ------- to the agency.

   (A) to go

   (B) went

   (C) going

   (D) be gone

even though ~에도 불구하고
reserve 예약하다
agency 대리점

4. ------- of the firm's products is the job of Robin Logistics, a local company.

   (A) Distribute

   (B) Distributed

   (C) Distribution

   (D) Distributive

firm 기업
local 현지의
distribute 유통시키다
distribution 유통
distributive 유통의

5. According to the news, there is a high ------- of traffic delays happening the entire weekend.

   (A) probability

   (B) probable

   (C) probably

   (D) probabilities

according to ~에 따르면
traffic delay 교통 정체
happening 발생
probability 있음직한 일
probable 개연성 있는
probably 아마도

1. 해석 Winslow 은행 대출 신청 절차는 완료하는 데 한 달 정도 소요될 수 있다.

해설 빈칸에는 문장의 주어 역할을 할 수 있는 단어가 와야 하므로 명사인 (A)와 (D) 중에서 정답을 골라야 하는데 의미상 '절차'라는 뜻을 지닌 (A)의 process가 정답으로 적절하다. 과거분사인 (C)는 정답에서 제외되며, 빈칸 뒤에 전치사인 for가 있으므로 동명사인 (B) 또한 정답이 아니다.

정답 (A)

2. 해석 스프링필드시는 매년 4월에 열리는 인기 있는 축제를 개최한다.

해설 빈칸은 문장의 동사가 와야 하는 자리이므로 (C)의 holds가 정답이다. (A), (B)는 동사가 아니므로 모두 정답이 될 수 없다. (D)는 동사 원형으로 시작하기 때문에 빈칸에 올 수 없다. 참고로, 반복적인 행위를 설명할 때에는 동사의 현재형이 사용된다.

정답 (C)

3. 해석 Brady 씨가 온라인으로 자동차를 예약했음에도 불구하고, 그가 대리점에 갔을 때 그러한 기록은 없었다.

해설 주어 뒤에 위치한 빈칸에는 동사가 와야 하는데, 보기 중에서 동사는 (B)의 went뿐이다. 주절인 there 뒤의 동사가 be동사의 과거형인 was이므로, 정답 또한 과거형 동사이다.

정답 (B)

4. 해석 그 기업의 제품 유통이 현지 업체인 Robin 물류의 업무이다.

해설 빈칸은 문장의 주어가 와야 하는 자리인데, 보기 중에서 주어 역할을 할 수 있는 것은 명사인 (C)의 distribution뿐이다. 명사형 접미사 '-tion'에 주목하자.

정답 (C)

5. 해석 뉴스에 따르면, 일주일 내내 상당한 교통 정체가 발생할 것 같다.

해설 빈칸은 주어가 와야 할 자리이므로 명사인 (A)와 (D) 중에서 정답을 선택해야 한다. 주절의 동사 is가 단수이므로 정답은 단수 명사인 (A)의 probability이다. 명사형 접미사 '-ty'를 기억해 두자.

정답 (A)

UNIT 2 목적어, 보어, 수식어 I

토익스텝 567

S + V + O ★
주어   동사   목적어
We love you

'남자 친구가 만들었습니다!'

이렇게 이야기하면 무엇을 만들었는지, 어떻게 만들었는지, 어디서 만들었는지 알 수가 없습니다. 앞에서 공부했던 주어, 동사로 문장을 시작한 다음 목적어, 보어, 수식어를 이용하여 문장을 완성시켜 봅시다.

● 문장의 기본 구성 요소

My boyfriend	made	me	happy	in the restaurant.
주어	동사(서술어)	목적어	보어	수식어
		나를	행복하게	식당에서

1 목적어의 의미

목적어는 말 그대로 동사의 목적이 되는 단어를 뜻합니다. 동사의 목적이나 대상이 되어야 하므로 명확한 대상, 즉 명사나 대명사, 혹은 명사에 상당하는 표현이 목적어 자리에 들어가야 합니다.

⊘ 중요 Point | 기본 문장 구조

S (주어) **+ V** (동사) **+ O** (목적어) ★

People ate **apples**. 사람들이 **사과를** 먹었다. (먹는 행위의 대상인 apples가 목적어)
※ 목적어는 주로 '~을(를)'로 해석됩니다.

2 목적어의 자리

목적어는 동사의 대상이므로 주로 타동사의 뒤에 위치합니다.
We love **you**. 우리는 당신을 사랑한다.
Mr. Lee sent **an e-mail to me**. Lee 씨는 나에게 이메일을 보냈다.

3 목적어 찾기 문제

목적어 찾기 문제는 목적어 자리를 비워 두고 그에 알맞은 품사를 고르도록 합니다. 따라서 그 자리에 들어갈 수 있는 품사만 알면 됩니다.

예제 1   He gave a _____ to me in the morning.

(A) to present   (B) presenting   (C) present   (D) presently

4 목적어가 될 수 있는 품사

(1) 목적격 대명사

Mike loves **you**. Mike는 당신을 사랑한다.
Ms. Kim met **him** in the conference room. Kim 씨는 회의실에서 그를 만났다.
We are making **it** for you. 우리는 당신을 위해 그것을 만들고 있다.

▶ **타동사와 자동사**
① **타동사**: 동작의 대상, 즉 목적어가 필요한 동사
give 주다
send 보내다
play 연주하다; 경기하다
eat 먹다
② **자동사**: 목적어가 필요 없는 동사
work 일하다
arrive 도착하다
go 가다

▶ **목적어 찾기 문제의 팁**
목적어 자리에 알맞은 품사?
행위의 대상 → 형태가 있음
→ 이름도 있음 → 명사에 상당하는 품사, 즉 명사나 대명사가 답!

예제 1 풀이
빈칸은 동사 gave의 목적어가 필요한 자리이므로 명사인 present가 정답이다.

▶ **인칭 대명사**

주격	소유격	목적격
I	my	me
you	your	you
he	his	him
she	her	her
it	its	it
we	our	us
they	their	them

예제 2 If there is a problem, please find _____.

(A) our   (B) we   (C) us   (D) you

(2) 명사

I like **apples**. 나는 사과를 좋아한다.

He gave a **present** to me. 그는 나에게 선물을 주었다.

All of the students attended the **special class**. 모든 학생들이 특별 수업에 출석했다.

Checkup Quiz 1 | 빈칸에 들어갈 말을 고르세요.

❶ His team stopped the _____. (produce / production)

❷ You should obtain _____ from the supervisor. (permit / permission)

5 보어의 의미

보어란 말 그대로 문장을 '보충해 주는 단어'를 뜻합니다. 보어를 가질 수 있는 동사는 정해져 있으며, 어떤 대상을 보충해 줄 수 있는 단어만이 보어 자리에 위치할 수 있습니다. 예를 들어, 'I am _____.'라는 문장에서, 빈칸에는 주어인 'I'를 보충해 줄 수 있는 말이 필요합니다. 즉 a student나 happy와 같은 표현들이 빈칸에 들어갈 수 있습니다.

▶ 보어 찾기 문제의 팁

보충 받는 것과 동격인 것이 답!
I am a student.
(I = student)

6 보어가 될 수 있는 품사

보어 찾기 문제 역시 보어 자리를 비워 두고 그에 알맞은 품사를 고르도록 합니다. 따라서 그 자리에 들어갈 수 있는 품사만 알면 됩니다.

(1) 명사

I am a **dentist**. 나는 치과의사이다.

I will become a **teacher**. 나는 교사가 될 것이다.

(2) 형용사

This TV program is **fun**. 이 TV 프로그램은 재미있다.

You look so **beautiful**. 당신은 매우 아름다워 보인다.

예제 3 Mr. Kim is the best _____.

(A) apply   (B) appliance   (C) application   (D) applicant

예제 3 풀이

빈칸은 be동사 뒤의 주격보어
자리이므로 명사가 필요하다.
주어가 사람인 Mr. Kim이기 때
문에, 사람을 의미하는 명사인
applicant(지원자)가 정답이다.

한줄 요약

1. 보어자리에는 명사 또는 형용사가 들어간다.
2. 목적어는 타동사 뒤에 위치한다.
3. 목적어 자리에는 명사 또는 대명사가 들어가야 한다.

빈칸에 들어갈 알맞은 말을 고르세요.

1. Mr. Gardner granted several employees ------- to leave early, but two had to remain in the office.

   (A) permissive
   (B) permitting
   (C) permission
   (D) permits

grant 수여하다, 주다
several 몇몇의
remain 남다
permissive 관대한
permission 허락
permit 허락하다

2. The new refrigerator looks -------, but the engineers need to solve the problem with its motor.

   (A) impressed
   (B) impressive
   (C) impression
   (D) impressionable

refrigerator 냉장고
engineer 기술자, 기사
impressed 감명을 받은
impressive 인상적인
impression 감명
impressionable 감수성이 풍부한

3. Mr. Greer submitted the proper ------- to Ms. Kelly, who promised to review them immediately.

   (A) forming
   (B) formations
   (C) forms
   (D) formed

submit 제출하다
proper 제대로 된, 적절한
promise 약속하다
immediately 즉시
formation 형성물, 구성물
form 서식

4. The rising cost of housing in the city has led many potential ------- to seek alternative places to live.

   (A) residents
   (B) residential
   (C) residences
   (D) residing

housing 주택
lead ~하도록 하다
potential 잠재적인
alternative 대안이 되는, 대체 가능한
resident 거주자
residential 주거의
residence 거주지

5. When the weather suddenly turned bad, it became ------- to cancel the outdoor concert.

   (A) necessarily
   (B) necessity
   (C) necessary
   (D) necessaries

cancel 취소하다
outdoor 야외의
necessarily 어쩔 수 없이
necessity 필요성
necessary 필요한
necessaries 필수품들

1. 해석 Gardner 씨는 몇몇 사원들에게 일찍 퇴근하는 것을 허락해 주었지만, 두 명은 사무실에 남아 있어야만 했다.

해설 grant는 4형식 동사로서 간접목적어와 직접목적어를 수반한다. 따라서 빈칸은 직접목적어 자리이므로 '허가, 허락'이라는 의미의 명사인 (C)의 permission이 정답이다. 형용사인 (A)와 분사인 (B), 그리고 동사인 (D)는 모두 목적어가 될 수 없다.

정답 (C)

2. 해석 신형 냉장고는 인상적이지만, 기술자들은 모터의 문제를 해결해야 한다.

해설 동사 looks는 2형식 동사로서 형용사를 보어로 취한다. 의미상 '인상적인'이라는 뜻의 impressive가 정답으로 가장 적절하다. 따라서 정답은 (B)이다.

정답 (B)

3. 해석 Greer 씨는 Kelly 씨에게 올바른 서식들을 제출했는데, 그녀는 그것들을 즉시 검토하겠다고 약속했다.

해설 빈칸에는 동사 submitted의 목적어가 와야 하므로 명사인 (B)와 (C) 중에서 정답을 골라야 한다. '서식'이라는 뜻의 form이 의미상 적절하므로 정답은 (C)이다.

정답 (C)

4. 해석 도시 주택 가격의 상승은 많은 잠재적 거주자들이 대체 거주지를 물색하도록 했다.

해설 'lead + 사람 + to 동사원형'은 '~가 …하도록 하다'라는 의미이다. 보기에서 사람을 의미하는 것은 (A)의 residents이므로 정답은 (A)이다.

정답 (A)

5. 해석 날씨가 갑자기 나빠졌을 때, 야외 콘서트를 취소할 필요가 있게 되었다.

해설 동사 become은 보어를 필요로 하므로 부사인 (A)는 정답에서 제외된다. 날씨가 나빠져서 야외 콘서트를 취소해야 할 필요가 있게 되었다는 의미이므로 형용사 necessary가 정답이 된다.

정답 (C)

UNIT 3 목적어, 보어, 수식어 Ⅱ

토익스텝 567

목적격보어
주 + 동 + 목 + 보

만들다	make	
유지하다	keep	+ 목적어 + 목적격
발견하다	find	보어
여기다	consider	
부르다	call	

7 보어의 종류

(1) 주격 보어: 주어를 보충 설명합니다.

She is beautiful. 그녀는 아름답다.

→ beautiful이 she를 보충 설명

(2) 목적격 보어: 목적어를 보충 설명합니다.

She makes me angry. 그녀는 나를 화나게 한다.

→ angry가 me를 보충 설명

8 보어를 필요로 하는 동사

(1) 주격 보어를 필요로 하는 동사: 보어가 있어야 완전한 문장을 만들 수 있습니다.

be ~이다	become ~이 되다	get ~이 되다
look ~처럼 보이다	seem ~인 것 같다	remain 여전히 ~하다

예제 1 She seems _____.

    (A) go   (B) become   (C) are   (D) happy

예제 1 풀이

seem은 주격 보어를 필요로 하는 동사이다. 따라서 빈칸은 보어 자리이므로 형용사 happy가 정답이다.

(2) 목적격 보어를 필요로 하는 동사: 목적어와 보어가 있어야 완전한 문장을 만들 수 있습니다.

make ~을 …으로 만들다	keep ~을 …하게 유지하다	find ~이 …라고 알게 되다
consider ~을 …라고 여기다	call ~을 …라고 부르다	

예제 2 Ms. Lee considered the document _____.

    (A) important   (B) import   (C) importantly   (D) importance

예제 2 풀이

consider는 목적격 보어를 필요로 하는 동사이다. 즉, 빈칸은 목적어인 document의 목적격 보어 자리이므로 형용사인 important가 정답이다.

Checkup Quiz 1 | 빈칸에 들어갈 말을 고르세요.

❶ Internet service is always _____ in Korea. (availability / available)

❷ Customers find the new car _____. (rely / reliable)

Checkup Quiz 1 정답

❶ available

❷ reliable

9 수식어의 의미

기본적인 문장 구성 성분, 즉 주어, 동사, 목적어, 보어 이외에 추가적으로 내용을 설명하기 위해 사용되는 문장 성분을 수식어라고 합니다.

She rode a roller coaster **at the amusement park**. 그녀는 놀이공원에서 롤러코스터를 탔다.

→ 장소를 부가적으로 설명하기 위해 'at the amusement park'라는 수식어구가 사용되었습니다. 이와 같은 수식어는 생략이 가능합니다.

amusement park 놀이 공원

10 수식어의 종류

(1) 전명구: 전치사 + 명사

I saw you **at the park**. 나는 공원에서 당신을 봤다.

(2) to부정사구: to + 동사원형

I will go there **to see you**. 당신을 만나기 위해 나는 그곳에 갈 것이다.

(3) 부사절: 접속사 + 절

I succeeded **because I worked really hard**. 나는 정말로 열심히 일했기 때문에 성공했다.

⊘ 중요 Point | 전명구 찾아서 지우기

> 전명구는 수식어구일 뿐이므로, 문장이 길어서 구조를 파악하기 힘들 경우에는 전치사에서 명사까지 모두 묶어 지워버리면 됩니다.
>
> ---
> 전명구: 전치사 + (관사) + (부사) + (형용사) + 명사
> ---
>
> We will offer a discount coupon ~~on your next purchase~~.
> 우리는 (당신의 다음 번 구매에 대한) 할인 쿠폰을 제공할 것이다.

Checkup Quiz 2 | 빈칸에 들어갈 말을 고르세요.

❶ The _____ of the company showed the newest product.
   (play / president)

❷ According to the survey, the price of the new product _____ too expensive. (is / are)

❸ We _____ our facility to be in the downtown area.
   (expectation / expect)

Checkup Quiz 2 정답
❶ president
❷ is
❸ expect

한줄요약

○ **1.** 보어는 주격 보어와 목적격 보어로 나눌 수 있다.
○ **2.** 보어를 필요로 하는 동사를 반드시 외워야 한다.
○ **3.** 수식어에는 전명구, to부정사구, 부사절 등이 있다.

빈칸에 들어갈 알맞은 말을 고르세요.

1. We must make our production process ------- because we received an increase in orders this week.

   (A) more swiftly
   (B) swifter
   (C) swiftest
   (D) swiftly

   production 생산
   process 과정
   increase 증가
   order 주문
   swift 신속한

2. Mr. Roth will become the head ------- of the entire facility once the board of directors approves his appointment.

   (A) supervising
   (B) supervisor
   (C) supervisory
   (D) supervision

   head 수석, 우두머리
   entire 전체의
   facility 시설
   board of directors 이사회
   approve 승인하다
   appointment 임명

3. Most visitors consider the tour at the park ------- and oppose efforts to get rid of the volunteer guides.

   (A) use
   (B) to use
   (C) using
   (D) useful

   consider 고려하다
   oppose 반대하다
   get rid of ~을 제거하다, 없애다
   volunteer 자원 봉사자

4. Visitors to Walton Technology should park on the street ------- the completion of repairs on the company's lot.

   (A) until
   (B) since
   (C) during
   (D) for

   completion 완료, 완성
   repair 수리
   lot 주차장

5. Ms. Reynolds found her employees ------- the new policies they had all received by e mail.

   (A) reviews
   (B) reviewable
   (C) reviewing
   (D) reviewer

   policy 정책
   reviewable 재검토할 수 있는

1. 해석 우리는 이번 주에 증가된 주문을 받았기 때문에 우리의 생산 과정을 더욱 신속하게 해야 한다.

해설 동사 make 뒤의 'our production process'는 목적어이며 바로 뒤의 빈칸에는 목적격 보어가 와야 한다. 형용사인 (B)와 (C) 중에서 최상급인 (C)는 관사 the와 함께 쓰여야 하므로 정답이 될 수 없고, 형용사의 비교급인 (B)의 swifter가 정답이다.

정답 (B)

2. 해석 이사회에서 임명을 승인하면 Roth 씨는 전체 시설의 수석 관리자가 될 것이다.

해설 빈칸에는 동사 become의 보어가 와야 한다. 주어가 Mr. Roth이므로, 단수이면서 사람을 의미하는 (B)의 supervisor가 정답이 된다.

정답 (B)

3. 해석 대부분의 방문객들은 공원 관광이 유용하다고 생각해서 자원봉사 가이드를 없애려는 시도에 반대하고 있다.

해설 consider는 자주 출제되는 5형식 동사이다. 보기 중에서 목적격 보어 자리에 올 수 있는 것은 형용사 useful뿐이므로 정답은 (D)이다.

정답 (D)

4. 해석 Walton 테크놀로지의 방문자들은 회사 주차장 수리 작업이 완료될 때까지 도로에 주차해야 한다.

해설 빈칸부터 문장의 마지막 부분까지는 수식어 역할을 하는 접속사절로서, 의미상 적절한 접속사를 정답으로 선택해야 한다. 주차장 수리가 완료될 때까지 도로에 주차해야 한다는 의미가 되어야 자연스러우므로 정답은 '~ 까지'라는 의미의 접속사인 (A)의 until이다.

정답 (A)

5. 해석 Reynolds 씨는 그녀의 직원들이 모두 이메일로 받은 신규 정책들을 검토하고 있다는 사실을 알게 되었다.

해설 동사 find는 대표적인 5형식 동사이므로 빈칸에는 목적격보어가 와야 한다. 빈칸 뒤의 내용인 'the new policies'를 목적어로 취하면서 find의 보어 역할을 하려면 동명사인 reviewing이 와야 한다.

정답 (C)

UNIT 4 명사 I

이제 첫 번째 품사로서 명사에 대해 본격적으로 알아보도록 합시다. 특히 토익에서 어떤 형태로 명사 문제가 출제되는지, 그리고 이를 풀려면 어떻게 해야 하는지에 대해 하나씩 학습해 보도록 합시다.

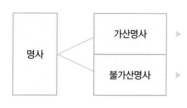

1. 명사의 종류 · 토익스텝 567

① 보통명사: 일반적인 사물이나 사람을 지칭하는 명사
  office 사무실, person 사람, eraser 지우개
② 집합명사: 사람이나 사물을 묶어 전체를 지칭하는 명사
  team 조, family 가족, class 학급
③ 고유명사: 사람의 이름이나 지명 같은 유일무이하는 명사, 첫 철자는 대문자
  John 존, New York 뉴욕
④ 물질명사: 물질이나 재료를 지칭하는 명사
  money 돈, water 물, air 공기, bread 빵
⑤ 추상명사: 성질이나 상태, 동작 등의 추상적인 것을 나타내는 명사
  beauty 아름다움, friendship 우정, joy 기쁨

● 가산명사와 불가산명사

| 명사 | 가산명사 | ▶ | 셀 수 있는 명사, 사람/사물/집합
manager, building, family, apple… |
| | 불가산명사 | ▶ | 셀 수 없는 명사, 고유/추상/물질
Seoul, water, air, gas… |

▶ **가산명사처럼 보이는 불가산명사**

information 정보
advice 충고, 조언
equipment 장비
machinery 기계류
furniture 가구
luggage 수하물
money 돈
cash 현금
revenue 수입

1 명사의 종류

(1) 보통명사: 사람이나 일반적인 사물을 지칭하는 명사

| car 자동차 | person 사람 | boy 소년 |

(2) 집합명사: 사람이나 사물을 묶어서 집합을 지칭하는 명사

| team 팀, 조 | family 가족 | class 학급 |

(3) 고유명사: 사람 이름이나 지명같이 하나뿐인 것을 지칭하는 명사

| John 존 (사람 이름) | New York 뉴욕 (지명) |

▶ 고유명사는 대문자로 시작한다.

▶ 두 단어 이상의 고유명사에 주의하자.

(4) 물질명사: 물질이나 재료를 가리키는 명사

| money 돈 | water 물 | air 공기 | gas 가스, 기체 |

(5) 추상명사: 성질이나 상태, 동작 등 눈에 보이지 않는 추상적인 개념을 나타내는 명사

| beauty 아름다움 | friendship 우정 | joy 기쁨 |

2 명사의 형태: 대표적인 명사 접미사

-tion	application 지원(서)	preparation 준비
-ness	kindness 친절	tiredness 피곤함
-ence, ance	assistance 도움	distance 거리
-ment	payment 지불	movement 이동
-ty	beauty 아름다움	possibility 가능성

▶ 명사의 뜻을 몰라도 대표적인 접미사를 알아 두면 문제를 풀 수 있다.

예제 1 His _____ was very helpful to me.

(A) kindness (B) kind (C) kindly (D) kinds

예제 1 풀이

빈칸은 동사 was 앞에 있으므로 주어 자리이다. 주어 자리에는 명사가 필요하므로 명사인 kindness가 정답이다.

3 외로운 명사

명사는 단독으로 사용되기보다 다른 품사와 어울려 사용됩니다.

(1) 「한정사 + 명사(N)」 형태

ⓐ 정관사(the) + 명사: '그 (명사)'라고 해석

the flower 그 꽃	the book 그 책	the story 그 이야기

ⓑ 부정관사(a/an) + 명사: '(명사) 하나'로 해석

a flower 꽃 한 송이	a book 책 한 권	a story 이야기 하나

> **예제 2** You need a/an _____ to attend the party.
>
> (A) invite　　(B) invited　　(C) invitation　　(D) to invite

(예제 2 풀이)

빈칸 앞에 부정관사인 a/an 이 있기 때문에 명사인 (C)의 invitation이 정답이다.

ⓒ 소유격 + 명사: '~의 (명사)'라고 해석

my flower 나의 꽃	her book 그녀의 책	their story 그들의 이야기

※ 하나의 명사 앞에는 하나의 한정사만 쓰입니다. 즉 한정사 세 가지 중 하나라도 쓰이면 나머지는 쓰일 수 없습니다.

the book / a book / his book (○)　　a his book (×)

✅ **중요 Point** | 부정관사 a와 정관사 the의 의미 차이

구분	종류	의미	예
a	부정관사	처음 보는 명사를 표현	a man 한 남자 (누구인지 모르는 사람) a flower 꽃 한 송이 (모르는 꽃)
the	정관사	알고 있는 명사를 표현	the man 그 남자 (누구인지 아는 사람) the flower 그 꽃 (알고 있는 꽃)

▶ 불가산 명사와 복수명사는 한 정사 없이 단독으로 쓰일 수 있다.
We need **information**.
We sent **invitations**.

(2) 「형용사 + 명사」 형태

'~한 (명사)'로 해석하며 형용사 뒤에는 단수 명사가 올 수도, 복수 명사가 올 수도 있습니다.

pretty woman 귀여운 여인	practical experience 실질적인 경험
beautiful flower (○) 아름다운 꽃	beautiful flowers (○) 아름다운 꽃들

pretty 귀여운, 아름다운
practical 실질적인
experience 경험

(3) 「한정사 + 형용사 + 명사」 형태

한정사는 형용사 앞에 위치합니다. 앞서 배운 바와 같이 한정사는 하나만 쓰일 수 있습니다.
some good (~~inform~~ / ~~informs~~ / **information**)
my (~~beauty~~ / ~~beauties~~ / **beautiful**) woman

한줄요약

- 1. 고유명사는 대문자로 시작한다.
- 2. 대표적인 명사 접미사 -tion/-ness/-ance/-ment/-ty를 기억하자.
- 3. 한정사로 쓰일 수 있는 것은 대명사의 소유격, 정관사, 부정관사이다.
- 4. 「한정사 + 형용사 + 명사」의 어순을 기억하자.

1. The ------- for the assistant manager positions are complete except for one person.

   (A) missions

   (B) interviews

   (C) reports

   (D) observations

> assistant manager 부지배인, 부팀장, 대리
> position 직책
> complete 완료된
> except ~을 제외하고
> mission 임무
> interview 면접
> observation 관찰, 감시

2. The trip abroad that Ms. Jefferson went on for two weeks was a major ------- for her.

   (A) successful

   (B) successor

   (C) success

   (D) succeeding

> abroad 해외로
> major 중대한
> successor 후임자, 계승자
> success 성공, 성과

3. Briggs and Davis, a law firm, opened a second ------- in the nearby city of Cobleskill.

   (A) official

   (B) officer

   (C) office

   (D) officiate

> law firm 법률 사무소, 로펌
> nearby 인근의
> official 공식적인; 고위 공무원
> officer 장교
> office 사무실
> officiate 공무를 수행하다

4. Newspaper reporters asked the mayor questions about his decision to resign his -------.

   (A) posit

   (B) position

   (C) positioning

   (D) posited

> mayor 시장
> decision 결정
> resign 사임하다
> posit 두다, 설치하다
> position 직책

5. My ------- on damage to the local environment ran in the local newspaper last week.

   (A) reporter

   (B) reporting

   (C) report

   (D) reported

> damage 피해, 손상
> environment 환경
> reporter 리포터
> report 보도, 기사

1. 해석 대리 직책을 위한 면접은 한 사람을 제외하고 완료된 상태이다.

해설 정관사 the 뒤에 빈칸이 있으므로 빈칸은 명사 자리인데, 보기가 모두 명사이므로 의미상 적절한 것을 고르면 된다. 문맥상 면접이라는 의미의 interviews가 오는 것이 가장 자연스러우므로 정답은 (B)이다.

정답 (B)

2. 해석 Jefferson 씨의 2주일 동안의 해외 여행은 그녀에게 커다란 성과였다.

해설 빈칸 앞에 형용사인 major가 있으므로 명사인 (B)와 (C) 중에서 정답을 고른다. '성과'라는 의미의 success가 오는 것이 자연스러우므로 정답은 (C)이다.

정답 (C)

3. 해석 법률 사무소인 Briggs & Davis가 코블스킬시 인근에 두 번째 사무소를 개업했다.

해설 한정사인 second 뒤에 올 수 있는 것은 명사이므로 동사인 (D)는 정답에서 제외된다. (A)의 official은 명사로 사용될 경우 '고위 공무원'이라는 뜻이며, (B)의 officer는 '장교'라는 의미이기 때문에 모두 정답이 될 수 없다. 정답은 '사무실'이라는 의미의 (C)이다.

정답 (C)

4. 해석 신문 기자들은 시장에게 그의 직위에서 사임하는 결정에 대해 질문했다.

해설 소유격 뒤에는 명사가 와야 하므로 정답은 (B)의 position이다. 명사형 접미사인 '-tion'을 기억하자.

정답 (B)

5. 해석 지역 환경에 대한 피해에 관한 나의 기사가 지난주에 지역 신문에 실렸다.

해설 빈칸 앞에 소유격인 my가 있으므로 명사인 (A)와 (C) 중에서 정답을 고르면 된다. 신문에 '기사'가 실렸다는 내용이 되어야 자연스러우므로 정답은 (C)이다. 동사 run은 '신문에 기사를 신다'라는 의미로도 사용된다.

정답 (C)

UNIT 5 명사 II

4. 문장에서 명사의 위치
주어 동사 목적어 보어 전 N
A. 주어자리
　Seoul is very popular.
B. 타동사의 목적어 자리
　The company will delay the delivery.
C. 전치사의 목적어 자리
　I can't participate in the contest.
D. 보어자리
　It was satisfaction.
토익스텝 567

4 문장에서 명사의 위치

(1) 주어: 문장의 앞

Seoul is a popular travel destination. 서울은 매우 인기 있는 여행지이다.

Health is the most important thing. 건강은 가장 중요한 것이다.

(2) 타동사의 목적어: 동사의 뒤

I love **soccer**. 나는 축구를 좋아한다.

The company delayed the **delivery**. 그 회사는 배송을 지연했다.

(3) 전치사의 목적어: 전치사의 뒤

I cannot participate in the **meeting**. 나는 회의에 참석하지 못한다.

(4) 보어: 주격보어 및 목적격보어 자리

The game was **exciting**. (주격보어) 그 경기는 흥미로웠다.

I make it a **point** to work hard. (목적격보어) 나는 열심히 일하려고 노력한다.

> popular 유명한
> the most 가장 ~한

> delay 연기하다
> delivery 배달, 배송

> point 요점
> hard 열심히
> make it a point to ~하려고
> 노력하다

5 명사 자리 문제 접근법

문제에서 아래와 같이 왼쪽과 오른쪽 박스의 내용 사이에 빈칸이 있으면, 빈칸에는 '명사'가
와야 합니다.

소유격 관사 전치사	+ 명사 +	. (마침표) 부사 접속사 + 문장 전치사 + 명사

▶ **명사 빈출 자리**
　전치사 + <u>명사</u> + 전치사

Checkup Quiz 1 | 빈칸에 들어갈 말을 고르세요.

❶ We recognize the ＿＿＿＿＿ of his research. (important / importance)

❷ Please submit all requests for additional ＿＿＿＿.
　(equip / equipment)

Checkup Quiz 1 정답
❶ importance
❷ equipment

6 가산명사(셀 수 있는 명사)와 불가산명사(셀 수 없는 명사)

(1) 가산명사: 가산명사는 단수인지 복수인지 확인해야 합니다. 어느 경우든 단어 그대로
혼자 쓰일 수는 없습니다.

ⓐ **단수일 경우:** 한정사(the, a/an, 대명사의 소유격)가 필요

a car 자동차	a student 학생	a book 책
the applicant 그 지원자	my agreement 나의 동의	

ⓑ 복수일 경우: 뒤에 -(e)s가 붙음

cars 자동차들	students 학생들	books 책들
parties 정당들	cities 도시들	

(2) 불가산명사: 불가산명사에는 부정관사나 -(e)s가 붙지 않습니다. 단 부정관사를 제외한 한정사(정관사와 대명사의 소유격) 혹은 형용사는 붙을 수 있습니다.

▶ 불가산명사는 단독으로 쓰일 수 있다!

his water 그의 물	pure water 깨끗한 물	the water 그 물

예제 1 The manual provides complete information on the _____ of the software.

(A) install (B) installer (C) installed (D) installation

예제 1 풀이

빈칸은 전치사와 전치사의 사이에 있으므로 명사 자리이다. 그런데 (B)의 installer는 가산명사이기 때문에 단독으로 쓰일 수 없다. 따라서 불가산명사인 (D)의 installation이 정답이다.

✅ **중요 Point | 혼동하기 쉬운 가산명사와 불가산명사**

가산명사	불가산명사
price 가격	equipment 장비
discount 할인	furniture 가구
refund 환불	information 정보
dollar 달러	advice 충고
cent 센트	machinery 기계류
	luggage (여행용) 짐
	baggage 수하물

※ money, cash, revenue를 제외한 '돈'과 관련된 명사는 가산명사이다.

Checkup Quiz 2 | 빈칸에 들어갈 말을 고르세요.

❶ It will take me 10 minutes to send you the _____. (information / informations)

❷ We will purchase the latest _____ for the newcomers. (equipment / equipments)

❸ The machinery in our factory _____ unavailable now due to the blackout. (is / are)

❹ If you have a receipt, we can give you _____. (refund / a refund)

Checkup Quiz 2 정답

❶ information
❷ equipment
❸ is
❹ a refund

한줄요약

1. 명사는 문장에서 주어, 동사의 목적어, 전치사의 목적어, 그리고 보어의 역할을 한다.
2. 명사는 반드시 단수나 복수의 형태를 띄고 있어야 한다.
3. 단수인 가산명사 앞에는 한정사가 붙는다.
4. 복수인 가산명사 뒤에는 -(e)s가 붙는다.
5. 불가산 명사는 단독으로 쓰일 수 있다.

1. Until the supplies arrive at the factory, ------- of goods will be lower than normal.

   (A) producer

   (B) production

   (C) productive

   (D) producible

supply	공급품, 물품
factory	공장
goods	상품
producer	생산자
production	생산(량)
productive	생산적인
producible	생산할 수 있는

2. Most available positions at Dynosoft pay salaries larger than those offered by its -------.

   (A) competitors

   (B) compete

   (C) competing

   (D) competitive

available	이용할 수 있는
salary	급여
competitor	경쟁자
compete	경쟁하다
competitive	경쟁력 있는

3. Ms. Crawford made the ------- that the company should have an intranet system of its own.

   (A) decided

   (B) decisive

   (C) decision

   (D) deciding

of one's own	자기 자신의
make a decision	결정하다

4. The CEO believes the firm will make a ------- this year thanks to several new orders.

   (A) profited

   (B) profiting

   (C) profitable

   (D) profit

firm	회사, 기업
make a profit	이윤을 내다
thanks to ~	덕분에

5. The manufacturing industry in the western part of the country has seen a dramatic ------- in revenues.

   (A) raise

   (B) rise

   (C) risen

   (D) raising

manufacturing industry	제조업
dramatic	극적인
revenue	수익

1. **해석** 물품들이 공장에 도착할 때까지, 상품의 생산량은 평소보다 적을 것이다.

해설 빈칸은 이어지는 동사인 'will be'의 주어 역할을 해야 하는 자리이므로 명사인 (A)와 (B) 중에서 정답을 골라야 한다. '생산자'라는 뜻의 producer는 문맥상 자연스럽지 않고, (B)의 production이 정답으로 적절하다.

정답 (B)

2. **해석** Dynosoft의 대부분의 공석들은 경쟁 업체들로부터 제공되는 액수보다 훨씬 더 많은 급여를 지급한다.

해설 소유격 their 뒤에 올 수 있는 품사는 명사이므로 (A)의 competitors가 정답이 된다.

정답 (A)

3. **해석** Crawford 씨는 회사가 자체적인 인트라넷 시스템을 보유해야 한다는 결정을 내렸다.

해설 'make a decision'은 '결정하다'라는 의미로서 매우 자주 사용되는 표현이다. 이러한 표현을 모른다고 해도 빈칸 앞에 정관사 the가 있으므로 명사인 decision을 정답으로 고를 수 있다.

정답 (C)

4. **해석** 최고경영자는 몇 건의 신규 주문 덕분에 올해 이윤을 낼 것이라고 생각한다.

해설 빈칸 앞에 부정관사 a가 있으므로 정답은 명사인 (D)의 profit이다. 'make a profit'은 자주 사용되는 표현이므로 하나의 단어처럼 외워 두어야 한다.

정답 (D)

5. **해석** 국가의 서부 지역의 제조업에서 인상적인 수익 증가가 있었다.

해설 빈칸은 동사 'has seen'의 목적어가 와야 하는 자리이며, 빈칸 앞에는 '관사 + 형용사'가 있으므로 명사를 정답으로 골라야 한다. (B)의 rise가 명사로 사용될 경우 '상승, 증가'라는 의미를 지니고 있어서 빈칸에 사용되기에 자연스럽다. (A)의 raise가 명사로 사용될 경우에는 동사일 때와 마찬가지로 '무엇인가를 올린다'는 의미를 가지고 있어서, 이는 정답으로 적절하지 않다.

정답 (B)

명사 Ⅲ

7 명사를 수식하는 수량 표현

명사를 수식하는 표현 중에서 수량을 나타내는 표현들이 있습니다.
이러한 경우 역시 명사가 가산명사인지 불가산명사인지, 가산명사인 경우에는 명사가
단수인지 복수인지에 따라 사용되는 표현이 달라집니다.

(1) 불가산명사 앞에 올 수 있는 수량 표현

much 많은	little 거의 없는	less 더 적은

much information 많은 정보
little water 거의 없는 물
less advice 더 적은 충고

(2) 가산명사 앞에 올 수 있는 수량 표현

단수 명사인 경우	복수 명사인 경우
each 각각의	many / a lot of 많은
every 모든	a few 몇 개의
another 또 다른	several 몇몇의
	a number of 많은
	a variety of 다양한
	some 약간의
	all 모든

▶ a number of + 복수명사:
(= many + 복수명사)
'수많은 ~'

▶ a variety of + 복수명사:
(= various + 복수명사)
'다양한 ~'

each apple 각각의 사과   **all** members 모든 회원들
every person 모든 사람   **a variety of** cars 다양한 자동차들
another woman 또 다른 여자   **some** members 몇몇 회원들
                                   a number of flowers 많은 꽃들

예제 1 _____ team members are in the stadium.

(A) Much   (B) Little   (C) Less   (D) Several

예제 1 풀이
빈칸은 가산복수명사인
members를 수식하는 자리이
다. 보기 중에서 가산복수명사
를 수식할 수 있는 것은 (D)의
several뿐이다.

(3) 불가산명사 및 가산명사 앞에 올 수 있는 수량 표현

all 모든	more 더 많은	most 대부분
some 몇몇, 어떤	any 어떤	other 다른

all information 모든 정보 – **all** students 모든 학생들
most advice 대부분의 조언 – **most** students 대부분의 학생들
some information 몇몇 정보 – **some** students 몇몇 학생들
other advice 다른 조언 – **other** factors 다른 요인들

▶ all, most, some, other 뒤
에는 불가산명사 혹은 가산명
사의 복수 형태가 온다.

Checkup Quiz 1 | 서로 어울려 사용될 수 있는 것에 ○ 표시하세요.

구분	가산명사		불가산명사
	단수	복수	
❶ a/an			
❷ the, 소유격			
❸ each, every			
❹ many, few, several			
❺ much, little, less			
❻ a number of			
❼ a variety of			
❽ all, most, some, other			

Checkup Quiz 2 | 빈칸에 들어갈 말을 고르세요.

❶ When did he buy the _____ in his house? (furnitures / furniture)

❷ We should buy new _____ for the upcoming season.
(machineries / machinery)

Checkup Quiz 1 정답

❶ ○ / × / ×
❷ ○ / ○ / ○
❸ ○ / × / ×
❹ × / ○ / ×
❺ × / × / ○
❻ × / ○ / ×
❼ × / ○ / ×
❽ × / ○ / ○

Checkup Quiz 2 정답

❶ furniture
❷ machinery

8 복합명사

두 개 이상의 명사가 마치 하나의 명사처럼 사용되는 경우, 이를 복합명사라 합니다.

sports 스포츠 + complex 대단지 → sports complex 스포츠 단지

awards 상 + ceremony 의식 → awards ceremony 시상식

⊘ 중요 Point | 복합명사 문제 접근법

> A-B 형태의 복합명사가 있을 경우 'B for A (A를 위한 B)'라는 개념으로 이해하자.
> account number: 계좌(를 위한) 번호
> savings account: 저축(을 위한) 계좌
> sports complex: 스포츠(를 위한) 단지

cf. 복합 명사의 수량 표현
마지막 명사에 -(e)s를 붙임으로써 단/복수를 표현합니다.
awards ceremonies / host countries / savings banks

▶ 중요한 복합명사

account number
계좌번호
assembly line 조립 라인
eye examination
안구 검사
host country 주최국
interest rate 이자율
job description
직무 설명서
customer satisfaction
고객 만족
benefits package
복리후생
job opening 일자리
office supplies 사무용품
awards ceremony 시상식
savings bank 저축 은행

한줄요약

1. much, little, less는 불가산명사만 수식한다.
2. all, most, some, other는 불가산명사나 복수 형태인 가산명사를 수식한다.
3. 중요한 복합명사는 통째로 외운다.
4. 복합명사의 수량 표현은 마지막 명사에서 결정된다.

빈칸에 들어갈 알맞은 말을 고르세요.

1. Ms. Carpenter has received ------- data from the lab despite requesting it three weeks ago.

   (A) little
   (B) few
   (C) many
   (D) any

   lab 실험실
   despite ~에도 불구하고
   request 요청하다

2. There are ------- meals that diners can choose to order at the new Spanish restaurant.

   (A) another
   (B) a variety of
   (C) every
   (D) each

   meal 한 끼의 식사
   diner 식사하는 사람, 손님
   a variety of 다양한

3. Inspections of the facility are carried out ------- week, but the exact day is never determined.

   (A) all
   (B) some
   (C) every
   (D) other

   inspection 점검, 조사
   facility 시설
   carry out 수행하다
   exact 정확한
   determine 결정하다

4. ------- passengers on the bus heading toward Dallas have already purchased tickets.

   (A) Each
   (B) All
   (C) Little
   (D) Every

   passenger 승객
   head ~로 향하다
   toward ~쪽으로
   purchase 구매하다

5. Only ------- people working at Dover Electronics volunteered to help clean up the park this coming weekend.

   (A) a number
   (B) little
   (C) a few
   (D) none

   volunteer 자원하다
   clean up 청소하다

1. 　**해석**　3주 전에 요청했음에도 불구하고 Carpenter 씨는 실험실로부터 자료를 거의 받지 못했다.

　　　해설　data는 셀 수 없는 명사인데, 보기 중에서 셀 수 없는 명사를 수식할 수 있는 수량형용사는 (A)의 little뿐이다. little은 '거의 없는'으로 해석하면 된다.

정답 (A)

2. 　**해석**　새로 생긴 스페인 식당에는 손님들이 선택할 수 있는 다양한 음식들이 있다.

　　　해설　명사 meals를 수식할 수 있는 수량 표현을 골라야 한다. meals는 복수명사이기 때문에 (B)의 'a variety of'가 정답이 된다. 나머지 보기들은 모두 단수명사 앞에 올 수 있는 것들이다.

정답 (B)

3. 　**해석**　시설 점검은 매주 실시되지만, 정확한 날짜가 결정되는 적은 없다.

　　　해설　빈칸 뒤의 week이 가산단수명사이므로 복수명사 앞에 쓰이는 all, some, other는 정답이 될 수 없다. 정답은 (C)의 every이다.

정답 (C)

4. 　**해석**　댈러스행 버스에 탑승한 모든 승객들은 이미 승차권을 구매했다.

　　　해설　빈칸 뒤의 명사의 형태가 복수인데, 보기 중에서 복수명사 앞에 쓰일 수 있는 것은 all뿐이다. 따라서 정답은 (B)이다.

정답 (B)

5. 　**해석**　Dover 전자에 근무하는 사람들 중 단지 몇 명만이 다가오는 주말에 공원 청소를 돕는 일에 지원했다.

　　　해설　가산복수명사인 people을 수식하는 수량 표현을 골라야 하므로 (C)의 a few가 정답이 된다. 'only a few'는 '단지 몇몇의'라는 의미이다.

정답 (C)

UNIT 7 대명사 I

문장의 기본 구성 요소를 학습할 때, 주어, 목적어, 보어 자리에는 명사뿐만 아니라 대명사도 올 수 있다고 배웠습니다. 대명사의 출제 형태를 알아 보고, 문제를 풀기 위해 어떻게 학습해야 하는지 알아 보도록 합시다.

● 대명사의 종류

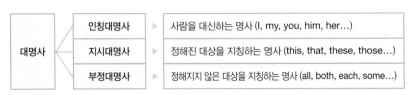

대명사	인칭대명사	▶	사람을 대신하는 명사 (I, my, you, him, her…)
	지시대명사	▶	정해진 대상을 지칭하는 명사 (this, that, these, those…)
	부정대명사	▶	정해지지 않은 대상을 지칭하는 명사 (all, both, each, some…)

1 인칭대명사: 사람을 지칭하는 명사

			주격 (~은, ~는)	소유격 (~의)	목적격 (~을, ~에게)	소유대명사 (~의 것)	재귀대명사 (~ 자신)
1인칭	단수		I	my	me	mine	myself
	복수		we	our	us	ours	ourselves
2인칭	단수		you	your	you	yours	yourself
	복수		you	your	you	yours	yourselves
3인칭	단수	남	he	his	him	his	himself
		여	she	her	her	hers	herself
		사물	it	its	it	-	itself
	복수		they	their	them	theirs	themselves

▶ it과 they는 사물을 지칭할 수 있다.

(1) 주격: 주격 인칭대명사는 주어 자리에 쓰입니다.

She loves classical music. 그녀는 고전 음악을 좋아한다.

(2) 목적격: 목적격 인칭대명사는 목적어 자리에 쓰이며, 타동사와 전치사의 뒤에 위치합니다.

ⓐ 타동사의 뒤: My friend <u>invited</u> **me**. 내 친구가 나를 초대했다.

ⓑ 전치사의 뒤: She was invited <u>by</u> **me**. 그녀는 나에게 초대 받았다.

(3) 소유격: 소유격 인칭대명사 뒤에는 명사가 옵니다.

I really love **my** <u>house</u>. 나는 나의 집을 정말 좋아한다.

▶ 전치사 뒤에 위치하는 명사를 '전치사의 목적어'라고 한다. 이는 관계대명사 파트에서 활용되므로 꼭 기억하자!

> 예제 1 I want to give _____ bag to my mother.
>
> (A) me (B) mine (C) myself (D) my

(예제 1 풀이)

빈칸 앞에는 동사 give가 있고, 그 뒤에는 목적어인 bag이 있으므로, 빈칸에는 명사를 수식할 수 있는 소유격 my가 와야 한다.

2 인칭대명사의 특징

(1) 사람명사 대신 사용

My name is <u>Kevin</u>, and **I** am a student. 내 이름은 Kevin이며 나는 학생이다.

(2) 인칭, 성별, 수를 따름

Mike is my good friend, and **he** is handsome. Mike는 나의 좋은 친구이며 그는 잘생겼다.

Before Mary and John became accountants, **they** were students.

Mary와 John이 회계사가 되기 전에, 그들은 학생이었다.

accountant 회계사

(3) 소유대명사: '소유격 + 명사'를 대신하여 사용되는 대명사로서 주어, 목적어 역할을 할 수 있습니다. 소유대명사 뒤에는 명사가 올 수 없습니다.

When we did <u>our project</u>, Steve helped us to finish **ours**.

우리가 프로젝트를 할 때, Steve는 우리가 그것을 끝내는 데 도움을 주었다.

▶ 소유대명사 뒤에는 명사가 올 수 없다!
ours project (×)
our project (○)

(4) '소유격 + own': '~ 스스로의'라는 의미로 소유자를 강조하는 관용표현입니다.

Ms. Fisher retired early from teaching because she wanted to open a school of **her own**. (= her own school)

Fisher 씨는 자신의 학교를 개교하고 싶었기 때문에 교직에서 조기 퇴직했다.

3 재귀대명사

재귀대명사란 '주어 자신'을 나타내는 대명사로서 목적어 자리에 쓰입니다.

(1) 재귀대명사의 역할

ⓐ 대명사 역할: 목적어 자리에 사용되며 주어자리에 사용되지는 않습니다.

Mr. Kim introduced **himself** during the meeting. Kim 씨는 회의에서 자신을 소개했다.

ⓑ 부사 역할: 내용을 강조하는 역할을 하며, 이때 재귀대명사는 생략이 가능합니다.

The president (**himself**) talked with customers. 사장은 직접 고객들과 이야기했다.

(2) 재귀대명사의 관용표현

by oneself 스스로, 혼자서	of itself 자연히, 저절로	in itself 본질적으로

I tried to complete the report **by myself**. 나는 스스로 보고서를 완성하려 했다.

The window opened **of itself**. 창문이 저절로 열렸다.

In itself, it is not a difficult problem to solve. 본질적으로, 그것은 풀기 어려운 문제가 아니다.

예제 2   Ms. Wilson had to prepare the presentation _____.

(A) her   (B) herself   (C) hers   (D) she

예제 2 풀이

빈칸 앞에 완전한 문장이 있기 때문에 빈칸에는 강조의 역할을 하는 재귀대명사인 (B)의 herself가 와야 한다.

Checkup Quiz 1 | 빈칸에 들어갈 말을 고르세요.

❶ _____ should participate in the seminar. (We / Our)

❷ _____ aim is to be a good soccer player. (I / My)

❸ I _____ will deal with the problem. (myself / ourselves)

Checkup Quiz 1 정답
❶ We
❷ My
❸ myself

한줄요약

1. 인칭대명사는 분류에 따라 정확히 사용해야 한다.

2. 소유대명사는 '소유격 + 명사'를 대신한다.

3. 재귀대명사는 주어 자신을 의미한다. 다만, 주에 자리에 쓸 수는 없다.

1. The office supervisor has been out all week since ------- is in Germany on business.

   (A) she
   (B) her
   (C) hers
   (D) herself

   office 사무실
   supervisor 관리자
   since ～이기 때문에

2. Mr. Burgess asked three people to help ------- set up the auditorium for the orientation session.

   (A) he
   (B) him
   (C) himself
   (D) for his

   set up 준비하다
   auditorium 강당
   orientation 오리엔테이션, 예비 교육

3. After the meeting, Angela Kray ------- sent a memo to all of the attendees.

   (A) she
   (B) hers
   (C) herself
   (D) by her

   attendee 참석자

4. Being members of the club, ------- received a discount when making purchases at the store.

   (A) we
   (B) our
   (C) us
   (D) ourselves

   member 회원
   discount 할인
   purchase 구매하다

5. The workers in the factory inspected the finished products ------- before shipping them.

   (A) them
   (B) they
   (C) their
   (D) themselves

   inspect 검수하다, 검사하다
   finished product 완제품, 완성품
   ship 선적하다, ～을 배에 싣다

1.

해석　그녀가 업무로 인해 독일에 있기 때문에 사무실 관리자는 일주일 내내 부재중이다.

해설　빈칸은 since가 이끄는 종속절의 주어 자리이므로 인칭대명사의 주격인 (A)의 she가 정답이다.

정답 (A)

2.

해석　Burgess 씨는 세 명의 사람들에게 오리엔테이션을 위해 강당을 준비하는 것을 도와 달라고 부탁했다.

해설　빈칸이 포함된 부분인 'help + 목적어 + 동사 원형'은 '(목적어)가 (동사 원형)하는 것을 돕다'라는 뜻이다. 정답은 목적격 인칭대명사인 (B)의 him이다.

정답 (B)

3.

해석　회의 후에, Angela Kray는 모든 참석자들에게 회람을 직접 전달했다.

해설　위 문장은 빈칸이 없다고 하더라도 완전한 형태이므로 문장을 강조할 때 사용되는 재귀대명사가 빈칸에 와야 한다. 정답은 (C)이다.

정답 (C)

4.

해석　클럽의 회원이 되어서, 우리는 그 상점에서 구매할 때 할인을 받았다.

해설　빈칸은 문장의 주어 자리이므로 주격 인칭대명사인 (A)의 we가 정답이 된다.

정답 (A)

5.

해석　공장의 노동자들은 완제품들을 선적하기 전에 그것들을 검수했다.

해설　빈칸이 없어도 완전한 형태의 문장이므로, 강조의 역할을 할 수 있는 재귀대명사 themselves가 정답이 된다.

정답 (D)

대명사 II

토익스텝 567

지시 대명사
those 특별한 쓰임-2

사람들
those who 문장
~인

4 지시대명사

(1) 지시대명사의 의미

지시대명사는 사물이나 장소를 지칭하는 대명사로 this, these, that, those가 있습니다.

ⓐ **this / that**: 단수의 사물을 지칭할 때 사용됩니다.

This is my pen. 이것은 나의 펜이다.

That is my mobile phone. 저것은 나의 핸드폰이다.

ⓑ **these / those**: 복수의 사물을 지칭할 때 사용됩니다.

These are your cars. 이것들은 너의 차들이다.

Those are his apples. 저것들의 그의 사과들이다.

(2) 지시대명사 that과 those

ⓐ **지시대명사 that과 those**: that과 those는 앞에 언급된 명사와 같은 종류이지만 다른 것을 지칭할 때 사용됩니다.

① **that**: 중복되는 명사가 단수일 경우에 사용됨

Her <u>style</u> is different from his **style**. 그녀의 스타일은 그의 스타일과 다르다.

→ Her <u>style</u> is different from **that** of him. 그녀의 스타일은 그의 것과 다르다.

② **those**: 중복되는 명사가 복수일 경우에 사용됨

Our <u>records</u> are better than the **records** of other companies.

우리의 기록들이 다른 회사의 기록들보다 더 좋다.

→ Our <u>records</u> are better than **those** of other companies.

우리의 기록들이 다른 회사의 그것들보다 더 좋다.

✓ **중요 Point | 대명사의 의미 차이**

that / those	it / them	one / ones
앞서 언급된 명사와 **동일한 종류**이지만, 해당 명사와는 **다른 존재**를 지칭할 때 사용됨.	앞서 **언급된 명사 그 자체**를 지칭할 때 사용됨.	앞서 언급된 명사와 **동일한 종류**이지만, 아직 존재하지 않는 것을 의미할 때 사용됨.

cf. this와 these는 앞서 언급된 명사를 대신할 수 없습니다.

> 예제 1   He considered our products better than _____ of other companies.
>
> (A) this   (B) that   (C) these   (D) those

✓ **중요 Point | that/those vs. this/these**

> ① that/those와 달리 this/these는 앞서 언급된 명사를 대신할 수 없음.
> ② 앞에서 언급된 명사를 지칭할 때에는 전명구와 같은 수식어구가 딸려 있음.
>   → 대명사를 고르는 문제에서, 빈칸 뒤에 수식어구가 있으면 this와 these는 정답에서 제외!

▶ 대명사 one: '같은 종류'이지만 '다른 하나'

I sold my car and need to buy a new one.

→ one이 '자동차'를 의미하지만, '내가 판매한 자동차'를 의미하는 것이 아닌 '다른 자동차'를 의미한다.

예제 1 풀이

빈칸에는 앞에 언급된 our products를 지칭하는 대명사가 와야 하는데, our products는 복수이므로 정답은 (D)의 those 이다.

ⓑ those의 특별쓰임: those는 '사람들'이라는 의미로도 사용되는데, 이때 those의 뒤에는 'who + 동사…' 형태의 수식어가 뒤따릅니다. 이는 '〜인 사람들'이라고 해석됩니다.

Those who like this program should be here by 7 o'clock.

이 프로그램을 좋아하는 **사람들**은 7시까지 이곳에 있어야 한다.

Free tickets will be given to **those** who are over 60 years old.

무료 티켓들이 60세 이상인 **사람들**에게 제공될 것이다.

예제 2 ADR speakers are made for _____ who like listening to classical music.

(A) those　　(B) that　　(C) other　　(D) me

▷ '사람 명사 + who ~'는 관계사절로서, 'who ~'는 바로 앞의 사람 명사를 수식하는 역할을 한다.

▷ 대명사 중에서 관계사절의 수식을 받는 것은 those와 one 뿐이다.

예제 2 풀이

빈칸 뒤에 who가 있는데, 대명사 중에서 관계사절의 수식을 받을 수 있는 것은 one과 those뿐이다. 따라서 정답은 (A)이다.

5 지시형용사

앞서 학습한 지시대명사 this, that, these, those는 형용사로도 사용되는데, 이들을 '지시형용사'라고 합니다. 형용사의 역할은 명사를 수식하는 것이기 때문에, 지시형용사 역시 명사를 수식하는 역할을 합니다.

(1) this, that: 단수 명사를 수식

This meeting is very boring. 이 회의는 매우 지루하다.

That person is my friend. 저 사람은 나의 친구이다.

(2) these, those: 복수 명사를 수식

These results were not expected. 이 결과들은 기대되지 않았다.

Those cars were broken down. 저 차들은 고장 났다.

한줄요약

1. that과 those는 앞에서 언급된 명사가 반복되는 경우, 이를 대신하여 사용된다.

2. 'those who ~'는 '~인 사람들'이라는 의미이다.

3. 지시형용사는 명사를 수식하는 역할을 하며, 단수/복수에 따라 적절하게 사용된다.

빈칸에 들어갈 알맞은 말을 고르세요.

1. Several shoppers requested assistance in the store, but nobody offered to help -------.

   (A) them
   (B) this
   (C) that
   (D) themselves

   several 몇몇의
   shopper 쇼핑객
   request 요구하다
   assistance 도움

2. The company sent a free gift to ------- who registered as members before November 30.

   (A) that
   (B) those
   (C) them
   (D) they

   free gift 경품
   register 등록하다

3. ------- appears to be one of the bestselling items in the entire store.

   (A) These
   (B) Those
   (C) This
   (D) They

   appear ～인 것 같다
   bestselling 가장 잘 팔리는

4. Nobody knows what ------- are or how they are supposed to be used properly.

   (A) these
   (B) this
   (C) that
   (D) them

   be supposed to ～하기로 되어 있다
   properly 올바르게, 적절하게

5. Searching all of the files, Mr. Cumberland found ------- which had been lost several months ago.

   (A) this
   (B) that
   (C) those
   (D) these

   search 찾아보다, 검색하다

1. 해석   몇몇 쇼핑객들은 상점에서 도움을 요청했지만, 아무도 그들을 도와주지 않았다.

해설   빈칸에는 동사 help의 목적어 역할을 할 수 있는 대명사가 들어가야 하는데, 문맥상 사람을 의미해야 하므로 (A)와 (D) 중에서 정답을 골라야 한다. 동사 help의 주어인 nobody와 목적어가 서로 일치하지 않기 때문에 재귀대명사인 themselves는 정답이 될 수 없다. 따라서 정답은 (A)의 them이다. 이때, them은 주절의 주어인 several shoppers를 의미한다.

정답 (A)

2. 해석   회사는 11월 30일 이전에 회원으로 등록한 사람들에게 경품을 보냈다.

해설   those는 사물을 지칭하는 지시대명사이기도 하지만 '사람들'이라는 의미의 대명사이기도 하다. 'those who + 동사'의 형태로 사용되며 '~한 사람들'이라는 의미이다. 정답은 (B)이다.

정답 (B)

3. 해석   이것은 매장 전체에서 가장 잘 팔리는 물품들 중 하나인 것으로 보인다.

해설   동사 appears가 3인칭 단수의 형태이므로 (C)의 this가 정답이 된다. 나머지 보기들은 모두 복수대명사이다.

정답 (C)

4. 해석   그것들이 무엇인지, 또는 그것들이 올바르게 사용되는 법을 아는 사람은 아무도 없다.

해설   빈칸 뒤의 동사는 복수형이며, 빈칸은 동사 앞에 위치하므로 주어 자리이다. 보기 중에서 복수형이며 주격인 대명사는 (A)의 these이다.

정답 (A)

5. 해석   모든 파일들을 검색하면서, Cumberland 씨는 몇 개월 전에 잃어버렸던 것들을 발견했다.

해설   빈칸에 들어가야 하는 대명사는 가산복수명사인 files를 지칭해야 한다. 그런데 these는 앞에서 언급된 명사를 지칭할 때 사용될 수 없으므로 정답은 (C)의 those이다. 위 2번 문제에서는 'those who + 동사'의 형태로서 사람들을 의미하는 대명사로 사용된 those를 묻는 문제였지만, 이 문제에서는 사물을 지칭하는 대명사로서의 those를 묻고 있다.

정답 (C)

UNIT 9 대명사 III

6 부정대명사 some과 any

(1) some: '몇몇의, 약간의'라는 의미로 대명사나 형용사의 역할을 합니다.
some은 주로 긍정문에 사용됩니다.

ⓐ **부정대명사: Some** of the members came to me. 구성원들의 몇몇이 나를 보러 왔다.

ⓑ **부정형용사: Some** books are for our students. 몇몇 책들은 우리 학생들을 위한 것이다.

(2) any: '몇몇의, 조금의, 어떤'이라는 의미로 대명사나 형용사의 역할을 합니다. any는 부정문, 의문문, 그리고 조건문에서 사용됩니다.

ⓐ **부정문: We don't have any** equipment. 우리는 어떠한 장비도 가지고 있지 않다.

ⓑ **의문문: Are there any** problems? 어떤 문제라도 있나요?

ⓒ **조건문: If you have any** questions, please call me. 질문이 있다면, 전화해 주세요.

> ▶ some과 any가 부정대명사일 경우, 이는 단독으로 사용될 수 있다. 하지만 부정형용사일 경우에는 반드시 뒤에 명사가 와야 한다.
>
> ▶ 긍정문이란 'not, no, never'와 같은 부정어가 없는 평서문을 의미한다.

7 other

(1) 부정형용사: '다른 ~'이라는 의미로, 불가산명사나 가산복수명사 앞에 쓰입니다.

ⓐ **불가산명사 앞: other** equipment 다른 장비

ⓑ **가산복수명사 앞: other** cars 다른 자동차들

cf. 가산단수명사 앞에는 other가 아닌 **another**가 쓰입니다.

(2) 부정대명사: '다른 것'이라는 의미로 사용되며, 단독으로 사용될 수 없습니다.

ⓐ 두 개일 경우

one 하나   the other 나머지 하나

ⓑ 여러 개일 경우

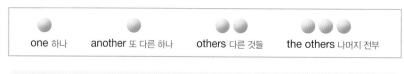

one 하나   another 또 다른 하나   others 다른 것들   the others 나머지 전부

> ▶ 가산명사는 단독으로 사용될 수 없다. 단수일 경우에는 앞에 관사 a/an이나 the가 와야 하며, 복수일 경우에는 -s를 붙여야 한다.
>
> ▶ 관사 a는 '모르는 대상', the는 '알고 있는 대상' 앞에 사용된다.
> • a man (모르는 남자)
> • the man (알고 있는 남자)

Checkup Quiz 1 | 각각의 빈칸에 적절한 대명사를 써 넣으세요.

❶ She has two cats. One is white, and _____ is black.

❷ There are three sons in Mr. Kim's family. One is a teacher, another is a doctor, and _____ is a taxi driver.

❸ There are six sons in Ms. Lee's family. One is a teacher, _____ is a doctor, and _____ are all dentists.

Checkup Quiz 1 정답
❶ the other
❷ the other
❸ another / the others

Checkup Quiz 2 | 각각의 대명사가 사용될 수 있는 경우에 ○ 표시하세요.

		대명사 역할	형용사 역할	+ 단수명사	+ 복수명사
❶	other				
❷	another				
❸	others				
❹	the other				
❺	the others				
❻	one				

> **예제 1** Mr. Stewart wanted the blue shirt, but his friend wanted _____ among five shirts.
>
> (A) another (B) the other (C) each other (D) other

예제 1 풀이

문장을 해석해보면 'Stewart 씨는 파란 셔츠를 원했지만, 그의 친구는 다섯 개의 셔츠 중 어느 하나를 원했다'는 의미이다. 친구가 어느 것을 원했는지 알 수 없는 상황이기 때문에 (A)의 another가 정답이 된다.

▶ each other와 one another 는 주어로 사용될 수 없다는 사실에 주의하자.

8 each other와 one another

each other와 one another는 대명사로서 타동사의 목적어나 전치사의 목적어로 사용됩니다.

(1) 동사의 목적어

Rachel and Ross <u>loved</u> **each other**. Rachel과 Ross는 서로 사랑했었다.

(2) 전치사의 목적어

The two friends have competed <u>with</u> **each other** for the last five years.
두 명의 친구들은 지난 5년 동안 서로 경쟁해 왔다.

This mobile phone makes it very easy to send images <u>to</u> **one another**.
이 휴대폰은 서로에게 이미지를 전송하는 것을 매우 쉽게 해준다.

Checkup Quiz 3 | 빈칸에 들어갈 말을 고르세요.

❶ The customer sent the complaint e-mail by _____.
(themselves / himself)

❷ As soon as she had gotten the box, she showed _____ to me.
(it / them)

❸ _____ grades on the tests were better than mine. (Hers / Her)

❹ The company decided to raise the salaries for _____ who have been working for more than 5 years. (those / that)

한줄요약

1. some은 긍정문에, any는 부정문에 주로 사용된다.
2. other는 대명사 역할과 형용사 역할을 모두 할 수 있다.
3. each other와 one another는 '서로서로'라는 뜻의 대명사이다.

빈칸에 들어갈 알맞은 말을 고르세요.

1. Almost every worker signed the documents at once, but ------- requested more time to read them in full.

   (A) any
   (B) some
   (C) other
   (D) each other

   document 문서
   at once 즉시
   in full 전부, 빠짐없이

2. Mr. Peterson asked some of ------- to assist him, but nobody was able to do so.

   (A) another
   (B) each other
   (C) the others
   (D) everybody

   assist 돕다
   be able to ~을 할 수 있다

3. The attendees shook hands with ------- and then listened to the speaker.

   (A) anybody
   (B) some other
   (C) the other
   (D) one another

   attendee 참석자
   shake hands with ~와 악수하다

4. If you ask ------- here for assistance right now, you will still likely have to wait until after lunch.

   (A) anywhere
   (B) anytime
   (C) anybody
   (D) anyway

   assistance 도움
   right now 즉시
   be likely to ~할 것 같다

5. Jake and Tom have worked with ------- in the same office for the past seven years.

   (A) some other
   (B) another
   (C) other
   (D) each other

   past 지난
   with each other 함께

1. 해석 　대부분의 모든 직원은 서류에 즉시 서명했지만, 다른 몇몇은 그것들을 빠짐없이 읽을 시간을 더 요청했다.

해설 　주절의 주어인 'every worker'가 단수이기는 하지만, 빈칸에 들어가야 하는 주어는 '나머지 직원들'이라는 의미로서 수가 정해지지 않은 복수형 대명사가 와야 한다.

정답 (B)

2. 해석 　Peterson 씨는 다른 몇몇 사람들에게 자신을 도와줄 것을 부탁했지만, 그렇게 할 수 있는 사람은 아무도 없었다.

해설 　문장을 해석해 보면 '사람들 중 몇 명에게 도움을 청하다'라는 의미인데, 보기 중에서 '다수의 사람'을 대신할 수 있는 것은 (C)의 the others뿐이다. the others는 '나머지 전부'를 의미하는데, 이 문장에서는 'Peterson 씨를 제외한 다른 모든 사람들'을 의미한다고 볼 수 있다.

정답 (C)

3. 해석 　참석자들은 서로 악수를 나누고 나서 발표자에게 귀를 기울였다.

해설 　'3인 이상의 사람들 사이에 서로서로'를 표현할 때에는 one another를 써야 한다. one another는 대명사로서 전치사의 목적어로 사용될 수 있다.

정답 (D)

4. 해석 　지금 즉시 이곳의 누군가에게 도움을 요청한다면, 점심시간 이후까지 기다리셔야 할 것 같습니다.

해설 　대명사 any는 부정문, 의문문, 조건문에 사용되는데, 보기와 같이 'any-' 형태의 대명사들이 사용되기도 한다. 문맥상 빈칸에는 사람을 의미하는 대명사가 와야 하는데, 보기 중에서는 (C)의 anybody가 사람을 의미한다.

정답 (C)

5. 해석 　Jake와 Tom은 지난 7년 동안 같은 사무실에서 서로 함께 근무해 왔다.

해설 　'둘 사이에 서로서로'라는 의미의 대명사는 표현할 때에는 each other인데, 앞에 전치사 with와 함께 쓰여 with each other가 되면 '함께'라는 의미가 된다. 이와 같이 each other는 전치사의 목적어로 사용될 수 있다.

정답 (D)

UNIT 10 형용사

토익스텝 567

형용사 ⟹ 꾸며주는 + 명사
~할수있는   품사
able ive ful
-ic, - ous, -al

지금까지 학습한 명사와 대명사는 사람, 사물, 장소, 개념 등의 이름을 지칭하는 역할을 했습니다. 이번 유닛에서는 이러한 명사와 대명사를 수식하는 역할을 하는 형용사에 대해 학습하도록 하겠습니다.

1 형용사의 역할과 형태

형용사는 '꾸며주는 역할을 하는 품사'입니다. 대표적인 형용사 접미사는 아래와 같습니다.

-able	profitable 수익성 있는	-tic	fantastic 놀라운
-ive	protective 보호하는	-ful	careful 조심스러운
-ous	famous 유명한	-al	traditional 전통적인

▶ -ive로 끝나는 명사

representative 직원
initiative 계획, 적극성
alternative 대안

2 형용사의 용법과 종류

(1) 한정적 용법: 형용사가 명사를 수식하는 역할을 하는 경우

ⓐ **명사를 앞에서 수식하는 경우 (형용사 + 명사)**

Look at those **beautiful** flowers. 저 아름다운 꽃들을 보세요.

Thank you for the **informative** lecture. 유익한 강의에 대해 감사합니다.

ⓑ **명사를 뒤에서 수식하는 경우 (명사 + 형용사 + 전명구/부사):** 형용사 뒤에 전명구나 부사 등이 딸려 있을 경우에는 명사의 뒤에서 수식합니다.

I need tools **possible** [to use]. 나는 사용할 도구들이 필요하다.

We must find tickets **available** [to watch the movie].
우리는 영화 관람을 위해 판매 중인 티켓을 찾아야 한다.

(2) 서술적 용법: 형용사가 보어의 역할을 하는 경우

ⓐ **주격 보어:** 주어를 보충 설명합니다. 주격 보어를 필요로 하는 대표적인 동사들은 아래와 같습니다.

be ~이다	become ~이 되다	get ~이 되다
look ~처럼 보이다	seem ~인 것 같다	remain 여전히 ~하다

▶ -al로 끝나는 명사

approval 승인
proposal 제안
arrival 도착
disposal 처리
renewal 갱신

ⓑ **목적격 보어:** 목적어를 보충 설명합니다. 목적격 보어를 필요로 하는 대표적인 동사들은 아래와 같습니다.

make ~을 …으로 만들다	keep ~을 …하게 유지하다	find ~이 …라고 알게 되다
consider ~을 …라고 여기다	call ~을 …라고 부르다	

Checkup Quiz 1 | 빈칸에 들어갈 말을 고르세요.

❶ It is _____ to collect information before writing a report.
(necessary / necessarily)

❷ The new software has made it _____ for employees to work efficiently. (possible, possibly)

Checkup Quiz 1 정답
❶ necessary
❷ possible

(3) 형용사의 종류

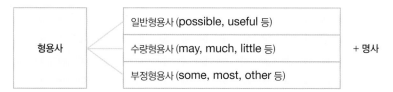

형용사	일반형용사 (possible, useful 등)	+ 명사
	수량형용사 (may, much, little 등)	
	부정형용사 (some, most, other 등)	

Checkup Quiz 2 | 빈칸에 들어갈 말을 고르세요.

❶ _____ writing skills are very useful when applying for a job.
  (Effect / Effective)

❷ We need to keep the information _____. (safe / safely)

❸ The new product was quite _____ to me. (impressive / impression)

❹ _____ students at that school are suffering from diseases.
  (Much / Many)

❺ She came up with a _____ strategy for the 4th quarter.
  (creative / creation)

(4) 혼동하기 쉬운 형용사

reliable 믿을 만한	reliant 의존적인
considerable 상당한	considerate 사려 깊은
successful 성공적인	successive 연속적인
economic 경제의	economical 경제적인
respective 각각의 respectable 존경받을 만한	respectful 정중한
confident 자신 있는	confidential 기밀의

3 형용사와 부사의 형태

형용사 + -ly = 부사	명사 + -ly = 형용사
recent 최근의 → recently 최근에	friend 친구 → friendly 친근한
real 진짜의 → really 진짜로	cost 비용 → costly 값비싼

⊘ 중요 Point | -ly로 끝나는 대표적인 형용사들을 알아 두자!

- **timely**: 시기 적절한 (in a timely manner: 시기 적절한 방법으로)
- **likely**: ~일 것 같은 (be likely to 동사 / be likely that 절: ~할 것 같다)

한줄요약

- 1. 대표적인 형용사 접미사 -able/-ive/-ous/-tic/-ful/-al을 기억하자.
- 2. 형용사의 한정적 용법과 서술적 용법을 확실히 알아 두자.
- 3. 형용사는 명사를 뒤에서 수식할 수도 있다.
- 4. 혼동하기 쉬운 형용사들을 반드시 암기해 두어야 한다.
- 5. -ly로 끝나는 부사와 형용사를 잘 구분해서 기억해 두자.

▶ 형용사의 위치

관사 + **형용사** + 명사
소유격 + **형용사** + 명사
부사 + **형용사** + 명사
타동사 + **형용사** + 명사
준동사 + **형용사** + 명사
전치사 + **형용사** + 명사

Checkup Quiz 2 정답
❶ Effective
❷ safe
❸ impressive
❹ Many
❺ creative

▶ '상당히'라는 의미의 부사

considerably, drastically, significantly, dramatically, substantially, fairly, noticeably, vastly, remarkably, markedly

▶ -ly로 끝나는 형용사

weekly 주간의
daily 일간의
monthly 월간의
lovely 사랑스러운
ugly 추한
lonely 고독한
lively 활기찬

빈칸에 들어갈 알맞은 말을 고르세요.

---

1. Justin Manufacturing is committed to providing ------- benefits packages for its employees.

(A) attraction

(B) attractive

(C) attracted

(D) attracts

be committed to ~에 전념하다, ~에 헌신하다
provide 공급하다
benefits package 복리후생제도
attractive 매력적인

---

2. Sales of ------- vehicles tend to decline during times when the economy is poor.

(A) person

(B) personable

(C) personal

(D) persons

vehicle 차량, 탈것
tend to ~하는 경향이 있다
decline 감소하다
economy 경제, 경기
poor 좋지 않은
personable 매력적인
personal 개인의

---

3. ------- office space downtown is easy to find thanks to the recent construction of several buildings.

(A) Affordable

(B) Afforded

(C) Affords

(D) Afford

space 공간
downtown 시내에
recent 최근의
construction 건설
affordable (가격이) 적당한
afford (~을 살) 여유가 되다

---

4. Mr. Jackson was surprised when a ------- number of people applied for the open position.

(A) considered

(B) considerate

(C) considering

(D) considerable

surprise 놀라게 하다
apply for ~에 지원하다
open position 공석
consider 고려하다
considerate 사려 깊은
considerable 상당한, 많은

---

5. The shipping company promises to deliver every package in a ------- manner.

(A) daily

(B) seriously

(C) finally

(D) timely

shipping company 운송회사, 택배회사
deliver 배송하다
package 소포
daily 매일
timely 적시에, 시기 적절하게

---

1. 해석 Justin 제조는 회사의 직원들에게 매력적인 복리 후생 제도를 제공하는 데 전념하고 있다.

해설 benefits를 수식하는 단어를 골라야 하므로 형용사인 (B)의 attractive가 정답이 된다. 형용사 접미사인 '-ive'를 기억하자.

정답 (B)

2. 해석 경기가 좋지 않은 동안에는 자가용의 판매가 감소하는 경향이 있다.

해설 빈칸 뒤에 명사인 vehicle이 있으므로 형용사인 (B)와 (C) 중에서 정답을 골라야 한다. 의미상 '개인의'라는 뜻의 personal이 정답으로 적절하다. personal vehicle은 자가용이라는 뜻이다.

정답 (C)

3. 해석 최근 몇몇 건물들이 건설된 덕분에 시내에 적당한 가격의 사무 공간을 쉽게 찾을 수 있다.

해설 빈칸은 명사인 office space를 수식하는 자리이므로 형용사인 (A)의 affordable이 와야 한다. 형용사 접미사인 '-able'을 기억해두자.

정답 (A)

4. 해석 Jackson 씨는 상당히 많은 사람들이 공석에 지원했을 때 놀랐다.

해설 혼동하기 쉬운 형용사를 구분하는 문제이다. 빈칸에는 number를 수식할 수 있는 형용사가 와야 하는데, '상당한, 많은'이라는 의미의 considerable이 정답이 된다. considerate와 considerable의 의미 차이를 구분할 수 있어야 한다.

정답 (D)

5. 해석 운송회사는 모든 소포를 빠른 시일 내에 배송할 것을 약속한다.

해설 관사와 형용사 사이에 빈칸이 있으므로 형용사를 정답으로 선택해야 하는데, '명사 + -ly'가 형용사의 형태이므로 (A)와 (D) 중에서 정답을 고르면 된다. daily는 '매일'이라는 뜻이며 timely는 '적시의'라는 뜻인데, 제시간에 맞게 배송한다는 의미가 되어야 자연스러우므로 정답은 (D)이다. 'in a timely manner'는 '적시에, 빠른 시일 내에'라는 의미이다.

정답 (D)

가. 기본 부사의 자리

be	▶	부	▶	형
I am		really		happy.
조	▶	부	▶	동
I will		soon		return.
관	▶	부	▶	형
a		very		long

1 부사의 형태와 역할

(1) 부사의 형태

부사의 형태는 -ly로 끝나는 경우가 많기 때문에, '-ly'로 끝나는 단어는 일단 부사가 아닌지 확인해 보아야 합니다.

(2) 부사의 역할

부사는 명사를 제외한 모든 품사와 구, 절을 모두 꾸밀 수 있습니다. 일반적으로 '〜하게'로 해석되며, 문장에서 생략할 수 있습니다.

▶ 부사는 문장에서 생략할 수 있는 품사이다.

ⓐ 동사 수식

The share price <u>went down</u> **sharply**. 주가가 급격히 하락했다.

share price 주가
sharply 날카롭게, 급격히

ⓑ 형용사 수식

He is **very** <u>lazy</u>. 그는 매우 게으르다.

lazy 게으른

ⓒ 부사 수식

The three companies competed **very** <u>fiercely</u>. 세 회사가 매우 치열하게 경쟁했다.

compete 경쟁하다
fiercely 치열하게

2 부사의 자리

(1) 기본적인 부사의 자리

ⓐ be동사 + 부사 + 형용사

I <u>am</u> **really** <u>happy</u>. 나는 정말로 행복하다.

ⓑ 조동사 + 부사 + 동사

I <u>will</u> **soon** <u>return</u>. 나는 곧 돌아오겠다.

ⓒ 관사 + 부사 + 형용사 + 명사

It is <u>a</u> **very** <u>long</u> <u>pencil</u>. 그것은 매우 긴 연필이다.

> **Checkup Quiz 1** | 빈칸에 들어갈 말을 고르세요.
> ❶ We _____ missed the train. (actual / actually)
> ❷ You are _____ strong. (real / really)

Checkup Quiz 1 정답
❶ actually
❷ really

(2) 완전한 문장 앞 뒤의 부사: 문장 전체 수식

ⓐ 부사, 완전절: 부사절 뒤에 '콤마(,)'가 있습니다.

Fortunately, she came back from there. 운 좋게도, 그녀는 그곳으로부터 돌아왔다.

ⓑ 완전절 + 부사

I went to the company **recently**. 나는 최근에 회사에 갔었다.

fortunately 운 좋게도
recently 최근에

> 예제 1　The amount of money has increased _____ since last month.
>
> (A) notice　(B) noticing　(C) noticeable　(D) noticeably

(예제 1 풀이)

since last month는 전명구이므로 삭제할 수 있고, 빈칸 앞에는 완전한 형태의 문장이 있으므로 부사가 정답이 된다. 따라서 정답은 (D)이다.

(3) 여러 가지 동사구 사이의 부사

ⓐ 진행시제: be동사 + 부사 + 현재분사

The government is **currently** developing policies to boost the economy.

정부는 현재 경기를 부양시키기 위한 정책들을 개발하는 중이다.

ⓑ 수동태: be동사 + 부사 + 과거분사

Linda was **seriously** injured in a car accident.

Linda는 자동차 사고로 심각하게 부상을 입었다.

ⓒ 완료시제: have + 부사 + 과거분사

Mr. Evans claimed that he had **definitely** paid his taxes on time.

Evans 씨는 그의 세금을 늦지 않게 확실히 납부했다고 주장했다.

| 예제 2 | All of the applications will be _____ reviewed within 7 days. |
| | (A) care   (B) careful   (C) carefully   (D) caring |

Checkup Quiz 2 | 빈칸에 들어갈 말을 고르세요.

❶ Bruno's Pizzeria is _____ located around 5 minutes from the bus stop. (conveniently / convenient)

❷ It is _____ possible to restore deleted files. (technically / technical)

❸ The company is _____ hiring for its open positions. (actively / active)

❹ The meeting with the CEO will start _____ at 2 P.M. (precise / precisely)

예제 2 풀이

be동사와 과거분사 사이에 빈칸이 있으므로 수동태 사이에 부사가 위치하는 형태임을 알 수 있다. 정답은 부사인 (C)의 carefully이다.

Checkup Quiz 2 정답
❶ conveniently
❷ technically
❸ actively
❹ precisely

한 줄 요약

1. 부사는 명사를 제외한 모든 품사를 수식할 수 있으며, 구와 절도 수식할 수 있다.
2. 부사는 문장에서 생략이 가능하다.
3. 부사가 문장 전체를 꾸밀 경우에는 문장의 맨 앞과 맨 뒤에 위치한다.
4. 부사는 여러 가지 동사구 사이에 위치한다.

1. The speaker talked ------- about the need to improve the working conditions in the factory.

    (A) passion

    (B) passionate

    (C) passionless

    (D) passionately

> improve 향상시키다
> working condition 근무 환경
> factory 공장
> passion 열정
> passionately 열렬히

2. ATMs are conveniently placed throughout the shopping mall to allow visitors to withdraw money -------.

    (A) eased

    (B) easy

    (C) easily

    (D) easiness

> ATM 자동현금인출기
> conveniently 편리하게
> throughout 전체에
> withdraw 인출하다

3. The scientists ------- assembled the equipment and avoided breaking any of its delicate parts.

    (A) cautious

    (B) caution

    (C) cautiously

    (D) cautioning

> assemble 모으다, 조립하다
> equipment 장비
> delicate 약한, 부서지기 쉬운
> cautious 신중한
> caution 경고
> cautiously 조심스럽게

4. Because local residents complained -------, the city council was forced to take action to fix the problem.

    (A) repeating

    (B) repeater

    (C) repeatedly

    (D) repeated

> local 지역의
> resident 거주자
> complain 불평하다
> city council 시의회
> be forced to 어쩔 수 없이 ~하다
> take action 조치를 취하다
> repeatedly 반복적으로

5. All employees may ------- submit comments regarding anything about the company.

    (A) anonymous

    (B) anonymously

    (C) anonymize

    (D) anonymizing

> submit 제출하다
> comment 논평, 의견
> anonymous 익명의
> anonymously 익명으로
> anonymize 익명으로 하다

1. 해석   발표자는 공장의 근무 환경을 개선해야 할 필요성에 대해서 열렬히 발언했다.

       해설   빈칸에는 앞에 있는 동사인 talked를 수식할 수 있는 품사가 와야 한다. 따라서 부사인 (D)의 passionately를 정답으로 고른다.

정답 (D)

2. 해석   자동현금인출기는 방문객들이 현금을 인출할 수 있도록 쇼핑몰 곳곳에 편리하게 설치되어 있다.

       해설   부사는 문장의 필수적인 구성 성분이 아니므로, 빈칸이 문장의 맨 뒤에 있을 때에는 부사가 정답일 확률이 높다. 이 문제에서도 빈칸이 문장의 끝에 있는데, 빈칸을 제외해도 완전한 문장이 성립되므로 부사를 정답으로 선택하면 된다. 정답은 (C)이다.

정답 (C)

3. 해석   과학자들은 조심스럽게 장비를 조립하여 약한 부품들이 부서지는 않도록 했다.

       해설   빈칸에는 동사인 assembled를 수식할 수 있는 부사가 와야 한다. 따라서 정답은 (C)의 cautiously이다.

정답 (C)

4. 해석   지역 주민들이 반복적으로 불만을 제기했기 때문에, 시의회는 문제를 해결하기 위한 조치를 취할 수밖에 없었다.

       해설   complain은 자동사이므로 빈칸은 목적어(명사) 자리가 아닌 부사 자리이다. 따라서 정답은 (C) 이다. 참고로, complain이 타동사로 사용될 경우에는 명사를 목적어로 취하지 않고 that절을 목적어로 취한다.

정답 (C)

5. 해석   모든 직원들은 회사와 관련된 무엇이든지 익명으로 의견을 제출해야 할 것이다.

       해설   본문에서 학습한 부사의 위치인 ① be동사 + 부사 + 형용사, ② 조동사 + 부사 + 동사, ③ 관사 + 부사 + 형용사 +명사를 기억해 두면 문제를 쉽게 풀 수 있다. 이 문제의 경우 조동사와 동사 사이에 빈칸이 있으므로 부사인 (B)가 정답임을 쉽게 알 수 있다.

정답 (B)

3 부사의 종류

(1) 형태가 비슷한 부사

late 늦게 – lately 최근에	high 높이 – highly 매우
near 가까이에 – nearly 거리	close 가까운 – closely 면밀히
hard 열심히 – hardly 거의 ~않다	great 훌륭하게 – greatly 몹시

Checkup Quiz 1 | 빈칸에 들어갈 말을 고르세요.

❶ He submitted the monthly reports one or two days _____.
(lately / late)

❷ The parking space is located _____ the building. (near / nearly)

(2) 시간 부사

ⓐ **already**: '이미', '벌써'라는 뜻으로 긍정문에 사용됩니다.
He has **already** finished the report. 그는 이미 보고서를 끝마쳤다.

ⓑ **still**: '아직도', '여전히'라는 뜻으로 긍정문, 부정문, 의문문에 모두 사용됩니다.
The house is **still** vacant. 그 집은 여전히 비어 있다.
I **still** cannot find it. 나는 여전히 그것을 찾지 못했다.
→ 부정문에서 still은 not 앞에 쓰입니다.

ⓒ **yet**: 부정문에서는 '아직', 의문문에서는 '이미', '벌써'라는 의미로 사용됩니다.
Did you submit the report **yet**? 당신은 벌써 보고서를 제출했나요?
They had not started the project **yet**. 그들은 프로젝트를 아직 시작하지 않았다.
→ 부정문에서 yet은 not 뒤에 쓰입니다.

cf. have yet to 동사: 긍정문이지만 '아직 ~하지 못했다'라는 부정적인 의미로 쓰입니다.

예제 1   He has not _____ devised a policy.
(A) yet   (B) still   (C) never   (D) already

(3) 접속부사

접속부사는 의미상 문장과 문장을 연결해주는 역할을 합니다. 하지만 접속부사는 접속사가
아닌 부사이기 때문에, 접속부사만으로는 문장과 문장을 연결할 수 없다는 사실에 주의해야
합니다.

ⓐ 접속부사의 종류

then 그러면	therefore 그러므로	however 그러나
moreover 게다가	otherwise 그렇지 않으면	meanwhile 그 동안에

Checkup Quiz 1 정답

❶ late
❷ near

▶ **수치수식부사**

- 거의: nearly / almost
- 대략: approximately / about / some / around
- ~ 이상: more than / over
- 적어도: at least
  (↔ at most: 많아 봐야)
- 정확하게: precisely / exactly
- 단지: just / only
- 최대 ~까지: up to

▶ 긍정문이란 문장의 의미와 무관하게 not, never, no, un- 등의 부정어가 사용되지 않은 문장을 말한다.

예제 1 풀이

빈칸을 제외하고 문장을 해석해 보면, '아직 정책을 고안하지 않았다'는 의미이다. 보기 중에서 '아직'이라는 의미의 부사는 yet 과 still인데, not 뒤에 사용되는 것은 yet이므로 정답은 (A)이다.

ⓑ 접속부사의 용례

① 문장 + 〈접속사 + 접속부사〉+ 문장

You just dial the number **and then** push the "Send" button.

전화를 걸고, send 버튼을 누르세요.

② 문장 + 〈; 접속부사〉, + 문장

You can place an order online; **otherwise**, you can call us.

당신은 온라인으로 주문을 할 수 있습니다; 그렇지 않으면, 저희에게 전화해 주세요.

③ 문장. 〈접속부사〉, 문장

He was very tired. **However**, he tried to concentrate.

그는 매우 피곤했다. 하지만, 그는 집중하려 했다.

> **예제 2** Your information will not be released _____ we have your permission.
>
> (A) until   (B) in   (C) then   (D) therefore

(4) 부정 부사

ⓐ 부정부사의 종류

not / never / no ~이 아닌	hardly / seldom 거의 ~ 않다
rarely 드물게	neither 둘 다 아닌

ⓑ 부정부사의 역할

부정부사가 긍정문에 사용되면, 해당 문장은 부정문으로 바뀝니다.

I went to school. 나는 학교에 갔다.

→ I **never** went to school. 나는 결코 학교에 가지 않았다.

Checkup Quiz 2 | 빈칸에 들어갈 말을 고르세요.

❶ Please speak _____ to the students. (clearly / clear)

❷ The meeting is held _____ every Sunday. (regular / regularly)

❸ Health is _____ related to food. (directly / direct)

❹ Working _____ does not always make one successful.
   (hardly / hard)

❺ The room is occupied; _____, all employees are asked to use another one. (moreover / therefore)

▶ **빈출 접속부사 추가**

nevertheless
~에도 불구하고
nonetheless
~에도 불구하고
furthermore 게다가
thus 그리하여

예제 2 풀이

문장은 '허락을 받을 때까지 정보가 공개되지 않을 것이다'라는 의미이다. '~ 때까지'라는 의미의 부사는 (A)의 until이다.

Checkup Quiz 2 정답

❶ clearly
❷ regularly
❸ directly
❹ hard
❺ therefore

한줄 요약

1. 시간 부사의 종류와 쓰임을 기억해야 한다.
2. 접속부사의 의미를 기억하고 문장에서의 쓰임을 알아 두어야 한다.
3. 부정부사의 종류와 의미, 그리고 역할을 기억해야 한다.

1. The amount of traffic on the roads in Charlotte has been increasing
   -------.

   (A) late

   (B) later

   (C) lately

   (D) latest

   > amount 총액, 총계
   > traffic 교통량
   > late 늦은; 늦게
   > lately 최근에

2. The lawyers are ------- negotiating the contract, so nothing has been
   decided yet.

   (A) thus

   (B) already

   (C) fairly

   (D) still

   > lawyer 변호사
   > negotiate 협상하다
   > contract 계약(서)
   > decide 결정하다
   > thus 그래서
   > yet 아직
   > fairly 상당히
   > still 여전히

3. It is nearly time to complete the project; -------, all employees must
   work overtime this week.

   (A) therefore

   (B) because of

   (C) despite

   (D) approximately

   > nearly 거의
   > complete 마치다, 끝내다
   > work overtime 잔업하다,
   > 초과근무를 하다
   > despite ~에도 불구하고
   > approximately 대략

4. Because Mr. Bannister works so -------, his supervisor increased his
   monthly salary.

   (A) hardly

   (B) hard

   (C) hardest

   (D) harder

   > monthly salary 월급

5. Ms. Wright needs to hurry to the station; ------ , she will miss her train.

   (A) then

   (B) otherwise

   (C) apparently

   (D) however

   > hurry 서두르다
   > miss 놓치다
   > apparently 명백하게

1.

해석   샬럿 내 도로의 교통량은 최근에 증가해 왔다.

해설   형태가 비슷한 부사를 구분하는 문제이다. 문장을 해석해 보면, 빈칸에는 '교통량이 증가했다'를 수식하기에 적절한 의미의 부사가 들어가야 하는데, (A)의 late은 '늦게'라는 뜻이므로 의미상 적절하지 않다. 정답은 '최근에'라는 뜻인 (C)의 lately이다.

정답 (C)

2.

해석   변호사들은 여전히 계약을 협상하고 있어서, 아직 결정된 것은 없다.

해설   의미상 적절한 부사를 골라야 한다. 문장을 해석해 보면, 빈칸이 포함된 주절은 '아직 결정된 것이 없다'라는 결과에 대한 원인이 되므로, '여전히 협상을 진행 중이다'라는 의미가 되어야 자연스럽다. 따라서 정답은 (D)의 still이다.

정답 (D)

3.

해석   프로젝트를 마감할 시간이 거의 되었다; 그렇기 때문에, 모든 직원들은 이번 주에 초과 근무를 해야만 한다.

해설   빈칸 앞뒤에 두 개의 완전한 절이 있으므로, 두 절을 연결할 수 있는 접속부사인 (A)의 therefore가 정답이 된다. 문장의 구조를 잘 모른다고 해도, '프로젝트 마감 시간이 되었다'는 빈칸 앞의 내용이 '모든 직원이 초과 근무를 해야 한다'는 내용의 원인이 되므로 '그렇기 때문에'라는 뜻의 접속부사인 therefore가 정답임을 알 수 있다.

정답 (A)

4.

해석   Bannister 씨는 일을 매우 열심히 했기 때문에, 그의 상사가 그의 월급을 인상해 주었다.

해설   형태가 비슷한 부사인 hard와 hardly를 구분하는 문제이다. Bannister 씨가 일을 '열심히' 했다는 문장이 되어야 의미가 자연스러우므로 (B)의 hard가 정답이 된다. hardly는 '거의 ~ 아니다'라는 뜻이다.

정답 (B)

5.

해석   Wright 씨는 역까지 서둘러 가야 한다; 그렇지 않으면, 그녀는 열차를 놓칠 것이다.

해설   의미상 적절한 접속부사를 고르는 문제이다. 빈칸 앞의 내용이 'Wright 씨가 역까지 서둘러 가야 한다'이며, 빈칸 뒤의 내용이 '그녀는 열차를 놓칠 것이다'이다. 따라서 '그렇지 않으면'이라는 뜻의 otherwise가 정답으로 가장 적절하다.

정답 (B)

비교급과 최상급 I

형용사, 부사를 가지고
토익스텝 567

형용사와 부사는 '더 ~한, 더 ~하게'와 같은 비교급과, '가장 ~한, 가장 ~하게'와 같은 최상급으로 표현될 수 있습니다. 이러한 비교급과 최상급에 대해 학습하고, 토익에서 어떻게 출제되는지 알아 봅시다.

● 비교 구문의 종류

비교 구문	원급 비교 ▶	as + 형용사/부사의 원급 + as
	비교급 비교 ▶	형용사/부사의 비교급 + than
	최상급 비교 ▶	the + 형용사/부사의 최상급

⊘ 중요 Point | 원급, 비교급, 최상급의 변화

· 규칙 변화

① 원급이 1음절이거나 2음절일 경우

원급	비교급: 원급 + -er	최상급: 원급 + -est
old 오래된	older	oldest
strong 강한	stronger	strongest

② 원급이 3음절 이상일 경우

원급	비교급: more + 원급	최상급: most + 원급
reasonable 합리적인	more reasonable	most reasonable
successful 성공적인	more successful	most successful

· 불규칙 변화

원급	비교급	최상급
good 좋은 / well 잘	better	best
bad 나쁜	worse	worst
many, much 많은	more	most
little 작은, 적은	less / lesser	least
late 늦은, 늦게	later / latter	last / latest

▶ 쉬운 단어인 beautiful보다 짧으면 3음절 미만, 길면 3음절 이상이라고 판단하면 쉽게 구분할 수 있다.

▶ 최상급 앞에는 주로 the나 소유격이 온다.

1 원급 비교의 개념

원급 비교는 'as A as B' 형태로 'B만큼 A한(하게)'이라는 의미입니다. A 자리에는 형용사와 부사의 원급이 와야 하고, B 자리에는 단어, 구, 절이 모두 올 수 있습니다.

Checkup Quiz 1 | 빈칸에 들어갈 말을 고르세요.

❶ The president hired a new employee who is as _____ as the manager. (good / better)

❷ The recently purchased protective suit is as _____ as the one I used. (reliable / more reliable)

❸ We will try to send you the files as _____ as possible. (soon / sooner)

▶ as는 전치사이기도 하며 접속사이기도 하기 때문에 B 자리에는 단어, 구, 절이 모두 올 수 있는 것이다.

Checkup Quiz 1 정답
❶ good
❷ reliable
❸ soon

2 원급 비교의 특별 케이스: as many/much + 명사 + A (A만큼 많은 명사)

원급 비교 구문에서 as와 as 사이에 명사가 올 수도 있는데, 이때 명사가 가산복수명사이면 many, 불가산명사이면 much가 와야 합니다.

She bought **as many books as** her brother did. (book = 가산명사)
그녀는 남동생이 했던 것만큼 많은 책을 샀다.

He drank **as much water as** his brother did. (water = 불가산명사)
그는 남동생이 마신 것만큼 많은 양의 물을 마셨다.

'many + 가산복수명사', 'much + 불가산명사'는 명사 파트에서 이미 학습한 내용이다.

3 원급 품사 문제 유형

원급 비교 문제는 as와 as 사이에 들어갈 형용사나 부사를 고르는 형태로 출제됩니다. 이러한 문제가 출제되면 ① 빈칸 앞과 뒤의 **as**를 모두 소거한 다음 ② 문장 구조상 적절한 품사를 선택하면 됩니다.

Checkup Quiz 2 | 빈칸에 들어갈 말을 고르세요.
❶ Steve thought that the test was as _____ as last month's test.
(easy / easily)
❷ The engineer used the new equipment as _____ as the old one.
(skillful / skillfully)

Checkup Quiz 2 정답
❶ easy
❷ skillfully

4 원급 비교 관용 표현

the same as A A와 같은 것	the same 명사 as A A와 같은 명사
as 원급 as possible 가능한 한 ~하게	

My new computer is essentially **the same as** yours.
나의 신형 컴퓨터는 본질적으로 당신의 것과 같다.

The bank offers **the same interest rate as** last year.
그 은행에서는 작년과 동일한 이자율을 제공한다.

essentially 근본적으로

Checkup Quiz 3 | 빈칸에 들어갈 말을 고르세요.
❶ This recycled paper bag is _____ cheap as those plastic bags.
(as / so)
❷ The energy-saving cars are as _____ as the electric cars.
(efficiently / efficient)
❸ Our shop has as many attractive _____ as the store next door.
(products / product)
❹ The CEO has to visit the offices as _____ as possible.
(frequently / frequent)

Checkup Quiz 3 정답
❶ as
❷ efficient
❸ products
❹ frequently

한줄 요약
1. 원급 비교는 'as A as B'의 형태이며, A 자리에는 형용사나 부사의 원형이 온다.
2. 이때 A 자리에는 명사가 들어갈 수도 있는데, 명사 앞에는 many나 much가 온다.
3. 원급 비교의 품사 문제는 as가 둘 다 없다고 생각하고 풀면 된다.

빈칸에 들어갈 알맞은 말을 고르세요.

1. The paintings in the Lee Gallery are as ------- as those in the national museum.

    (A) beautiful

    (B) more beautiful

    (C) beautifully

    (D) most beautiful

> painting 그림
> national museum 국립박물관

2. All personnel should report to their duty stations as ------- as possible when there is an emergency situation.

    (A) quick

    (B) quicker

    (C) quickly

    (D) quickest

> personnel 직원들
> duty station 근무처

3. Mr. Benjamin feels the same as ------- with regard to how to solve the problem.

    (A) you

    (B) your

    (C) yours

    (D) yourself

> with regard to ～와 관련하여

4. Ms. White has the same ------- as her friend, but they work at different companies.

    (A) position

    (B) positioned

    (C) positional

    (D) positioning

> position 직책
> positional 위치와 관련된

5. We believe Mr. Truman is as ------- in buying the product as we are in selling it.

    (A) interest

    (B) interests

    (C) interesting

    (D) interested

> product 제품
> sell 팔다

1. 해석   Lee 갤러리의 그림들은 국립박물관의 그림들만큼 아름답다.

    해설   원급 비교 구문으로서 as와 as 사이에 형용사나 부사의 원급이 와야 한다. 빈칸 앞뒤의 as를 모두 소거하면 빈칸에는 be동사의 보어가 와야 하므로 정답은 형용사인 (A)의 beautiful이다.

정답 (A)

2. 해석   모든 직원들은 그들이 응급 상황에 처했을 때 가능한 한 빠르게 근무처에 보고해야 한다.

    해설   빈칸 앞뒤의 as를 모두 소거하고 나서 앞의 문장 구조를 분석해 보면 완전한 문장임을 알 수 있다. 따라서 빈칸에는 부사의 원급인 (C)의 quickly가 와야 한다.

정답 (C)

3. 해석   Benjamin 씨는 그 문제를 해결하는 방법과 관련하여 당신과 똑같이 느끼고 있다.

    해설   'the same as A'는 'A와 같은 것'이라는 뜻의 구문으로서, A에 들어갈 적절한 명사를 고르면 된다. 주어인 Mr. Benjamin과 격이 같은 대명사를 선택하면 되므로, 주격인 (A)의 you가 정답이 된다.

정답 (A)

4. 해석   White 씨는 그녀의 친구와 동일한 직책을 가지고 있지만, 그들은 서로 다른 회사에 근무한다.

    해설   'the same 명사 as A'는 'A와 같은 명사'라는 뜻이다. 보기 중에서 명사는 (A)의 position이다.

정답 (A)

5. 해석   우리는 Truman 씨가 그 제품을 구매하는 것에 있어서 우리가 그것을 판매하는 것과 같은 정도의 관심을 갖고 있다고 생각한다.

    해설   원급 비교 구문인데, as와 as 사이에 전치사구 'in buying the product'가 삽입되어 있다. 'as – as'를 소거하면서 전치사구도 없다고 생각하며 문장 구성을 파악하자. 빈칸에는 is의 보어가 와야 하는데 주어가 사람이므로 정답은 (D)의 interested이다.

정답 (D)

비교 문제 유형

토익스텝 567

Diesel vehicles are + 보어
m_____ th_ gas___ ve____es.

✗ ✗ ✗

a) economical - 형용사
b) economically - 부사

more + 형용사 or 부사

5 비교급 비교

비교급 비교는 '형용사/부사의 비교급 + than'의 형태로 '~보다 더 …한'
이라는 의미입니다. than의 품사는 전치사이거나 접속사이므로 than 뒤에는 단어, 구, 절
모두 올 수 있습니다.

Sending a message is **easier than** making a call.
메시지를 보내는 것이 전화를 거는 것보다 쉽다.

The new system runs **more efficiently than** the previous one.
새로운 시스템은 이전의 것보다 더 효율적으로 구동된다.

> **열등 비교 (~보다 덜 ~한)**
> less 형/부의 비교급 than

efficiently 효율적으로
previous 이전의

Checkup Quiz 1 정답
❶ faster
❷ than

Checkup Quiz 1 | 빈칸에 들어갈 말을 고르세요.

❶ Thanks to the latest software, the employees can work _____ than before. (faster / fast)

❷ The situation is more complicated _____ I thought. (that / than)

---

6 비교급 강조 부사

비교급을 강조할 때에는 비교급 앞에 much, far, even, still, a lot, by far 등의 부사를
씁니다.

HD Motor's latest model is **far** more impressive than the previous model.
HD 자동차의 최신형 자동차는 이전 모델보다 훨씬 더 인상적이다.

> 'a little + 비교급'은 '조금 더 ~한'이라는 의미이다.
> '틀림없이'라는 의미의 부사 arguably는 비교급과 최상급 앞에 사용된다.

(예제 1 풀이)

빈 칸 뒤에 비교급이 있으므로 비교급 강조부사인 much가 정답이다.

예제 1 Demolishing the old building is _____ more cost effective than renovating it.

(A) very (B) such (C) too (D) much

---

7 비교급 문제에서 품사 찾기

비교급 비교 문제는 more와 than 사이에 들어갈 형용사나 부사를 고르는 형태로 출제됩니다. 이러한 문제가 출제되면 ① **more**와 **than**을 모두 소거한 다음 ② 문장 구조상 적절한
품사를 선택하면 됩니다.

The group tour is more **economical** than the individual tour.
단체 관광이 개인 관광보다 더 경제적이다.

(예제 2 풀이)

문장의 동사인 spoke가 자동사이므로, more와 than을 소거하더라도 완전한 문장이 된다. 따라서 부사인 (B)의 clearly가 정답이다.

예제 2 He spoke more _____ than the others.

(A) clear (B) clearly (C) clearance (D) clean

예제 3 Music devices are available more _____ than they were a decade ago.

(A) ready (B) readily (C) readiness (D) read

(예제 3 풀이)

more와 than을 소거하고 나면 앞의 available까지 완전한 문장이다. 따라서 부사인 (B)의 readily가 정답이다.

8 관용 표현

(1) the + 비교급 + of the two: 둘 중에서 더 ~한

Mr. Sanders is **the more eligible** candidate **of the two** for the position.

Sanders 씨가 두 명의 지원자들 중에서 직책에 더 적격이다.

(2) the + 비교급 + 절, the + 비교급 + 절: ~할수록 더 …하다

The more experience you have, **the smarter** you become.

더 많은 경험을 할수록, 더 현명해진다.

> **예제 4** The more opinions you hear, the _____ decisions you make.
>
> (A) better   (B) best   (C) very   (D) much

9 최상급

(1) 최상급의 의미와 형태

'the/소유격 + 형용사/부사의 최상급'의 형태로 '가장 ~한/가장 ~하게'라는 의미입니다.

Ms. Morris is **the most diligent** employee in our department.

Morris 씨는 우리 부서에서 가장 근면한 직원이다.

Luciano Pavarotti was one of **the most widely** loved singers in history.

Luciano Pavarotti는 역사상 가장 사랑 받았던 가수들 중 한 명이었다.

(2) 집단이나 집합을 의미하는 표현과 최상급

ⓐ 최상급 + of/among + 집단: ~ 중에서 가장 …한

Our store is the biggest of all the stores **in this town**.

우리의 상점이 이 도시의 모든 상점들 중에서 가장 크다.

ⓑ 최상급 + in + 집합: ~ 안에서 가장 …한

The SP Company is the most popular **in the industry**. SP 사는 업계에서 가장 인기 있다.

ⓒ ever: 지금까지 중 가장 ~한

This is the most interesting game that I have **ever** seen.

이것은 내가 본 것들 중에서 가장 재미있는 경기이다.

10 최상급 문제에서 품사 찾기

최상급 문제는 most 뒤에 들어갈 형용사나 부사를 고르는 형태로 출제됩니다. 이러한 문제가 출제되면 ① **the**와 **most**를 모두 소거한 다음 ② 문장 구조상 적절한 품사를 선택하면 됩니다.

Paragliding is the most **dangerous** activity I have ever done.

패러글라이딩은 내가 해봤던 가장 위험한 활동이다.

> ### 한 줄 요약
>
> 1. 비교급과 최상급의 의미와 형태를 알아 두자.
> 2. 비교급 강조 부사 much, far, even, still, a lot, by far를 암기하자.
> 3. 비교급 문제에서 품사를 고를 때에는 more와 than을 소거한 다음 적절한 품사를 고른다.
> 4. 최상급 문제에서 품사를 고를 때에는 the와 most를 소거한 다음 적절한 품사를 고른다.

▶ 비교급과 than

- 문장에 than이 있으면 앞에 무조건 비교급이 나와야 한다!
- 반면에, 문장에 비교급이 있더라도 무조건 than이 나와야 하는 것은 아니다!

satisfy 만족시키다
generate 발전시키다, 만들다

예제 4 풀이

'the + 비교급, the + 비교급' 구문이므로 형용사의 비교급인 (A)의 better가 정답이 된다.

▶ 최상급을 강조하는 부사

quite, by far, very, 서수, single

빈칸에 들어갈 알맞은 말을 고르세요.

1. The latest line of cosmetics by Haverford, Inc. is ------- better in quality than the previous one.

    (A) more

    (B) much

    (C) many

    (D) most

> cosmetics 화장품
> line 상품의 종류
> previous 이전의

2. The Davis 3000 printer makes ------- copies than any other printer available on the market.

    (A) clear

    (B) clearly

    (C) clearest

    (D) clearer

> available 이용 가능한

3. Some people believe that the ------- a product is, the better quality they will receive from the item.

    (A) expensive

    (B) more expensive

    (C) most expensive

    (D) expensively

> quality 품질
> expensive 비싼
> expensively 비용을 들여서

4. Several of the ------- famous scientists are speaking at the upcoming robotics technology fair.

    (A) much

    (B) many

    (C) most

    (D) mostly

> upcoming 다가오는
> robotics 로봇 공학
> fair 박람회

5 The keynote speaker at the pharmaceutical conference gave a talk on ------- developments in the industry.

    (A) lately

    (B) latest

    (C) the latest

    (D) the lately

> keynote speaker 기조연설자
> pharmaceutical 약학의, 제약의
> give a talk on ~에 대한 강연을 하다
> development 발전
> industry 산업

1. 해석 Haverford 주식회사의 최신 화장품은 이전의 제품보다 품질이 훨씬 더 좋다.

해설 보기 중에서 비교급을 강조할 때 사용할 수 있는 부사는 (B)의 much이다. 비교급을 강조하는 부사에는 much, far, even, still, a lot, by far 등이 있으며, 이들은 비교급 앞에 위치한다.

정답 (B)

2. 해석 Davis 3000 프린터는 시중에서 구입할 수 있는 다른 어떤 프린터보다 더 깨끗한 문서를 출력한다.

해설 빈칸 뒤에 than이 있으므로 비교급을 정답으로 고르면 된다. 보기 중에서 비교급은 (D)의 clearer이다.

정답 (D)

3. 해석 몇몇 사람들은 제품이 더 비쌀수록, 그들이 받을 제품의 품질이 더 좋다고 믿는다.

해설 'the 비교급, the 비교급' 구문이므로 비교급인 (B)의 more expensive가 정답임을 쉽게 알 수 있다.

정답 (B)

4. 해석 다가오는 로봇 공학 기술 박람회에서 몇 명의 가장 유명한 과학자들이 연설할 것이다.

해설 빈칸 앞에 정관사 the가 있는 것을 통해서 최상급이 와야 한다는 것을 알 수 있다. 형용사 famous를 최상급으로 만들기 위해 필요한 것은 (C)의 most이다.

정답 (C)

5. 해석 제약 컨퍼런스에서 기조연설자는 업계에서 가장 최근의 발전에 대한 강연을 했다.

해설 '최상급 + in + 집합/집단'은 '~ 안에서 가장 …한'이라는 표현이다. '업계에서 최신의'라는 의미로 만들기 위해 (C)의 the latest가 빈칸에 오는 것이 가장 적절하다.

정답 (C)

전치사 I

토익스텝 567

접속사 ➤ 문장
전 ➤ 명사구

전 ➤ 관 부 형
for
위하여

전치사의 기본 개념

• 전치사는 '명사 앞에 놓이는 품사'로서 시간, 기간, 시점, 장소, 위치, 이유, 양보 등을 나타냅니다.

• '전치사 + 명사'를 '전명구'라고 부르는데, 이때 전명구의 어순은 [전치사 + 관사 + 부사 + 형용사 + 명사] 순입니다.

• 전치사 뒤에 단어와 구는 올 수 있지만 문장은 올 수 없습니다.

1 시간 전치사: in, on, at

전치사	쓰임	예
in	월, 계절, 연도 앞	in October 10월에 in 2040 2040년에 in winter 겨울에
on	요일, 날짜 앞	on Monday 월요일에 on holiday 휴일에 on August 15 8월 15일에
at	시각, 시점 앞	at 7 o'clock 7시에 at noon/night/midnight 정오/밤/자정에

cf. in의 예외

전치사	쓰임	예
in	오전/오후/저녁	in the morning/afternoon/evening 오전/오후/저녁에
	~ 후에 (기간)	in two days 2일 후에 in three weeks 3주 후에

▶ 전치사 vs. 접속사
① 전치사 + 단어/구
② 접속사 + 문장

예제 1   The event is expected to take place tomorrow _____ 4 P.M.

(A) on   (B) at   (C) to   (D) for

예제 2   There will be a big conference _____ 2 weeks.

(A) in   (B) at   (C) to   (D) with

(예제 1 풀이)
시간 앞에 써야 하는 전치사를 골라야 하므로 (B)의 at이 정답이다.

(예제 2 풀이)
'in + 기간'은 '기간 후에'라는 뜻으로 미래시제와 잘 어울린다. 정답은 (A)이다.

2 기간 전치사 I: for, during (~ 동안)

전치사	쓰임	예
for	기간(숫자) 앞	for 2 weeks/3 years/7 months 2주/3년/7개월 동안
during	기간(명사) 앞	during the vacation/the period/the meeting 휴가/기간/회의 동안

I have studied English **for** 5 years. 나는 5년 동안 영어를 공부했다.

During the vacation, I read this book from cover to cover.
휴가 동안, 나는 이 책을 다 읽었다.

3 기간 전치사 II: within (~ 이내에)

전치사	쓰임	예
within	기간 앞	within 7 days 7일 이내에 within a year 1년 이내에

For a full refund, you should bring the original receipt **within** 7 days.
전액 환불을 위해서, 당신은 7일 이내에 원본 영수증을 가져 와야 한다.

Two elections were held **within** a year. 1년 이내에 두 번의 선거가 열렸다.

cf. within (~ 이내에) vs. without (~ 없이)

전치사	쓰임	예
within	장소 앞	within this place 이 장소 내에 within the building 건물 내에
without	다양한 명사 앞	without a problem 문제 없이 without exception 예외 없이

4 시점 전치사: by, until, from, to

전치사	의미	예
by	~까지 (마감)	by 7 P.M. 오후 7시까지
until	~까지 (계속)	until 7 P.M. 오후 7시까지
from	~부터	from Monday to Friday 월요일부터 금요일까지
to	~까지	

You should submit the report **by** 7 P.M. 오후 7시까지 보고서를 제출해야 한다.

The store will be open **until** 7 P.M. 상점은 7시까지 문을 열 것이다.

We only work **from** Monday to Friday. 우리는 월요일부터 금요일까지만 근무한다.

> **예제 3** I know we must finish this project _____ tomorrow evening.
>
> (A) on   (B) by   (C) until   (D) at

▶ **within과 함께 자주 사용되는 명사 3R**

receipt 영수증
refund 환불
reimbursement 배상, 상환

full refund 전액 환불
election 선거
be held 열리다

▶ **by와 함께 자주 사용되는 단어**
① 의무 조동사
(must, should, have to)
② '완료'를 의미하는 동사
(finish, complete, submit)

▶ **until과 함께 자주 사용되는 단어**
① '계속'을 의미하는 동사
(stay, last, postpone)
② 형용사 (valid)

(예제 3 풀이)

프로젝트를 내일 저녁까지 끝내야 한다는 의미이므로 '마감'의 뜻을 지닌 (B)의 by가 정답이다.

한줄요약

1. 전치사는 명사나 명사구 앞에 쓰인다.
2. 각각의 쓰임에 맞는 전치사의 의미를 확실하게 암기해야 한다.

빈칸에 들어갈 알맞은 말을 고르세요.

1. ------- the staff meeting, Mr. Simmons discussed the company's plans for the next few months.

   (A) On
   (B) Within
   (C) During
   (D) From

   staff meeting 직원 회의
   discuss 논의하다
   within ～ 이내에
   during ～ 동안

2. The summer interns should arrive ------- Monday, June 24, to attend an orientation session.

   (A) at
   (B) by
   (C) for
   (D) on

   summer intern 하계 인턴사원
   arrive 도착하다
   attend 참석하다
   orientation 오리엔테이션,
   예비 교육

3. It is necessary to complete the project ------- three days in order to receive a bonus from the Kitele Group.

   (A) since
   (B) during
   (C) within
   (D) until

   necessary 필요한
   complete 완료하다
   in order to ～하기 위해서
   since ～ 이후로

4. The employee get-together will start ------- 6:30, which should give everyone enough time to arrive at the restaurant.

   (A) in
   (B) at
   (C) over
   (D) on

   get-together 모임, 파티
   enough 충분한

5. The Westinghouse Spring Festival will begin on March 28 and last ------- the sixth of April.

   (A) before
   (B) by
   (C) until
   (D) for

   begin 시작하다
   last 계속되다

1. 해석   직원 회의 동안, Simmons 씨는 향후 몇 개월 동안의 회사의 계획을 논의했다.

     해설   기간 앞에 사용되는 대표적인 전치사에는 for, within, during이 있는데, for와 within은 기간을 의미하는 숫자 앞에 사용되며 during은 기간을 의미하는 명사 앞에 사용된다. 그러므로 'the staff meeting' 앞에는 (C)의 during이 사용되는 것이 적절하다.

                                                        정답 (C)

2. 해석   하계 인턴사원은 오리엔테이션에 참석하기 위해 6월 24일 월요일에 도착할 것이다.

     해설   날짜나 요일 앞에는 전치사 on이 사용되므로 정답은 (D)이다.

                                                         정답 (D)

3. 해석   Kitele 그룹으로부터 보너스를 받기 위해서 3일 이내에 프로젝트를 끝내야 한다.

     해설   빈칸 뒤에 기간을 의미하는 표현이 있으므로 (B)와 (C) 중에서 정답을 고르면 된다. 문맥상 '3일 이내에 끝내야 한다'는 의미가 되어야 자연스러우므로 within이 정답이다. since와 until은 시점 앞에 사용된다.

                                                         정답 (C)

4. 해석   직원 모임 행사는 6시 30분에 시작될 것인데, 이는 아마 모두에게 식당에 도착하기에 충분한 시간을 줄 것이다.

     해설   시간 앞에 쓰이는 전치사는 at이므로 정답은 (B)이다.

                                                         정답 (B)

5. 해석   Westinghouse 봄 축제는 3월 28일에 시작하여 4월 6일까지 계속된다.

     해설   시점을 나타내는 시간 표현 앞에 사용되어야 하며 '~ 까지'라는 의미가 되어야 하므로, by와 until 중에서 정답을 고른다. by와 until은 둘 다 '~ 까지'라는 의미이지만, by는 특정 시점까지 마무리해야 하는 '기한'을 의미하며 until은 특정 시점까지 행위나 상태가 계속된다는 의미이다. 따라서 정답은 (C)이다.

                                                         정답 (C)

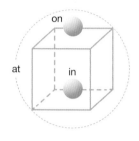

5 장소 전치사: in, at, on

in, at, on은 장소 앞에 쓰입니다.

전치사	의미	예
in	(장소) 안에	in the room/hall 방/홀 안에 in the country/city/park 국가/도시/공원 안에
at	(지점) 에	at the bus stop 버스 정류장에 at the station 역에 at the intersection 교차로에서
on	(표면) 위에	on the table 테이블 위에 on the wall 벽 위에 on the first floor 1층에

The meeting will be held **in** room 402. 회의는 402호실에서 열릴 것이다.

He was waiting for us **at** the bus stop. 그는 버스 정류장에서 우리를 기다리고 있었다.

Please put all the documents **on** my table. 모든 서류를 제 책상에 놓아 주세요.

✅ **중요 Point** | in과 at의 차이

> in은 '특정 공간 안에'라는 의미이지만 at은 '장소 자체'를 의미합니다.
> We have a café **in** the school 우리 학교 내에 카페가 있다. (학교라는 공간 안에)
> He is not here, but he is **at** school. 그는 여기에 없고 학교에 있다. (학교에)

be held 열리다
conference room 회의실
bus stop 버스 정류장
document 문서

6 위치 전치사

(1) out of, under, between, among

전치사	의미	예
out of	밖으로	out of my pocket 내 주머니 밖으로
under	아래에	under your chair 당신의 의자 아래에
between	(둘) 사이에	between A and B A와 B 사이에
among	(셋 이상) 사이에	among many applicants 많은 지원자들 사이에

My office is **between** the post office **and** the café.

나의 사무실은 우체국과 카페 사이에 있다.

It is very difficult to pick one from **among** the many applications.

많은 지원서들 중에서 하나를 선택하는 것은 매우 어렵다.

cf. out of와 under의 예외적인 경우

out of	under
out of order 고장 난 out of print 절판된 out of stock 재고가 떨어진 out of control 통제할 수 없는	under construction 공사 중인 under pressure 압박을 받는 under control 통제 하에 under considerations 고려 중인 under discussion 토론 중인

예제 1	4th Street will be _____ construction until next Friday.			
	(A) on	(B) at	(C) under	(D) by

(예제 1 풀이)

'공사 중인'이라는 의미가 되려면 (C)의 under가 와야 한다.

(2) near vs. nearly

전치사	품사	의미	예
near	전치사	~ 근처에, ~ 가까이에	near the park 공원 근처에 near you 당신 가까이에
nearly	부사	거의	nearly 60 people 거의 60명 nearly double 거의 두 배

(3) through vs. throughout

전치사	쓰임	의미	예
through	장소 앞	통과하여	through the building 건물을 통과하여 through the store 상점을 통과하여
	기간 앞	내내	through the weekend 주말 내내 through the vacation 휴가 내내
throughout	장소 앞	곳곳에	throughout the book 책 곳곳에 throughout the industry 산업 전반에
	기간 앞	내내	throughout the weekend 주말 내내 throughout the vacation 휴가 내내

▶ through에는 '수단', '방법'의 의미도 있다.
through the negotiation 협상을 통하여

(4) along

전치사	의미	예
along	~을 따라서	along the street 도로를 따라서 along the river 강을 따라서 along the way 길을 따라서 along the beach 해변을 따라서

▶ 'along with'는 '~와 함께'라는 뜻으로 'together with'와 같은 의미이다.

한줄요약

- 1. 장소와 위치 전치사의 의미와 쓰임을 기억해야 한다.
- 2. between과 among을 구분하는 문제가 자주 출제되므로, 둘의 차이를 명확히 기억해야 한다.

1. The new tunnel runs completely ------- Mount Hampton and emerges on the other side.

    (A) between

    (B) among

    (C) through

    (D) out of

run 이어지다, 연결하다
completely 완전히
emerge 모습을 드러내다

2. Extra supplies are always kept ------- the storage closet located by the employee lounge.

    (A) in

    (B) on

    (C) at

    (D) with

extra 여분의
supply 공급품, 용품
storage closet 보관용 벽장, 보관용 캐비닛
lounge 라운지, 휴게실

3. Several people ran ------- the building once the fire alarm went off.

    (A) over

    (B) along with

    (C) out of

    (D) close

several 몇몇의
once ~하자마자, ~하면
fire alarm 화재경보기
go off (경보기가) 울리다
along with ~와 함께
out of ~의 밖으로
close 가까이에

4. Ms. Sullivan instructed the intern to meet her ------- the train station before she departed.

    (A) into

    (B) at

    (C) over

    (D) with

instruct 지시하다; 가르치다
intern 인턴사원
depart 출발하다

5. The merger ------- JC Associates and Kelner Consulting will take place at the end of May.

    (A) with

    (B) between

    (C) around

    (D) over

merger 합병
take place 발생하다, 일어나다

1. 해석   새 터널은 Hampton 산을 완전히 지나서 반대편으로 모습을 드러낸다.

해설   빈칸 뒤에는 장소를 의미하는 Mount Hampton이 있는데, 터널이 산을 '관통하여' 지난다는 의미가 되어야 자연스러우므로 정답은 (C)의 through이다.

정답 (C)

2. 해석   여분의 용품들은 항상 직원 휴게소에 위치한 보관용 벽장 안에 있다.

해설   storage closet이라는 공간 '안에' 여분의 용품들을 보관해 둔다는 의미가 되어야 하므로 전치사 in을 써야 한다. 정답은 (A)이다.

정답 (A)

3. 해석   화재경보기가 울리자마자 몇몇 사람들이 건물 밖으로 달려 나갔다.

해설   장소 앞에 사용되는 적절한 전치사를 골라야 하는 문제이다. 화재경보기가 울리자 사람들이 건물 '밖으로' 달려 나갔다는 의미가 되어야 자연스러우므로 (C)의 out of가 정답이다.

정답 (C)

4. 해석   Sullivan 씨는 인턴사원에게 그녀가 출발하기 전에 기차역에서 만날 것을 지시했다.

해설   the train station이라는 장소 앞에 사용되는 전치사를 골라야 하는데, 역이나 정류장 앞에서 만난다는 표현을 할 때에는 전치사 at을 써야 한다. 따라서 정답은 (B)이다.

정답 (B)

5. 해석   JC 협회와 Kelner 컨설팅 간의 합병은 5월 말에 있을 것이다.

해설   두 회사 사이의 합병을 의미하고 있기 때문에, 빈칸에는 (B)의 between이 와야 한다. JC 협회와 Kelner 컨설팅 사이의 and를 보고 between이 정답이라는 것을 바로 떠올릴 수 있어야 한다.

정답 (B)

8. 2단어 이상 전치사 / 토익스텝 567

due to ~ / because of ~	때문에
instead of ~ / on behalf of ~	~대신에
according ~ / in accord~ with ~	⇨ regarding ~에 관하여
regardless of~	~와 관계 없이
in case of~ / in the event of ~	~인 경우를 / 대비하여
Prior to	~이전에

7 전치사와 접속사의 구분

전치사 뒤에는 단어와 구, 접속사 뒤에는 문장이 와야 합니다.

	전치사	접속사
이유 (~ 때문에)	because of, owing to due to, on account of	because, since, as
양보 (~일지라도)	despite, in spite of, notwithstanding	although, though, even though, even if

---

예제 1 The team members cannot go to the seminar _____ a ticketing error.

(A) because　　(B) already　　(C) each other　　(D) because of

⊘ **중요 Point** | 전치사 as와 접속사 as

- as는 전치사로 쓰일 때와 접속사로 쓰일 때 의미의 차이가 있습니다.
① **전치사 as**: '~로서'라고 해석되며 '자격'을 의미합니다.
② **접속사 as**: '~에 따라서', 또는 '~ 때문에'로 해석됩니다.

He attended the meeting **as** the vice president. (전치사: ~로서)
그는 부회장으로서 회의에 참석했다.

As Chloe has studied hard, we expect her pass the exam. (접속사: ~ 때문에)
Chloe는 열심히 공부해왔기 때문에, 우리는 그녀가 시험에 합격할 것이라고 기대한다.

8 구 전치사

구 전치사는 전치사가 포함된 '두 단어 이상의 구' 형태로서 전치사의 역할을 합니다.

(1) due to, because of (~ 때문에)

Due to its high price, I cannot buy it. 높은 가격 때문에, 그것을 살 수 없다.
Because of the problem, we met together. 그 문제 때문에, 우리는 함께 만났다.

(2) instead of, on behalf of (~ 대신에)

Let's meet next Monday **instead of** on Friday this week.
이번 주 금요일 대신에 다음 주 월요일에 만납시다.
Please sign the contract **on behalf of** me. 저를 대신하여 계약서에 서명해 주세요.

(3) regardless of (~와 관계없이)

You can do it **regardless of** age. 나이에 상관없이 당신은 그것을 할 수 있다.

(4) in case of, in the event of (~인 경우를 대비하여, ~인 경우에)

Please fasten your seatbelt **in case of** an accident.
사고에 대비해서 안전벨트를 착용해 주세요.
In the event of an earthquake, get under the table.
지진이 일어나면, 책상 밑으로 들어가라.

예제 1 풀이

해석상 의미는 '때문에'가 되어야 하는데, 빈칸 뒤에 절이 아닌 명사구가 있으므로 전치사 because of가 정답이다.

▶ '~에 관하여'라는 의미의 전치사

about
regarding
with regard(s) to
in regard(s) to
pertaining to
concerning
as to
as for

---

(5) prior to (~ 이전에)

You should review the report **prior to** submitting it.

보고서를 제출하기 전에 그것을 검토해야 한다.

Checkup Quiz 1 | 빈칸에 들어갈 말을 고르세요.

❶ _____ July 15, Mensa released a new album. (At / On)

❷ I have been working here _____ three years. (for / during)

❸ Please submit the employee evaluations _____ next Monday. (by / until)

❹ It is important to make a good impression on your boss _____ the first day. (into / from)

❺ There are big problems _____ the two groups. (among / between)

❻ As soon as you arrive _____ the office, please call us. (to / at)

❼ She could not answer all the calls _____ the limited amount of time. (to / due to)

❽ The team _____ ten members. (consists of / consists from)

❾ It is unnecessary to concentrate _____ what they are doing. (on / for)

❿ Carefully spread the sauce on one side of the meat _____ a knife. (by / with)

Checkup Quiz 1 정답

❶ On
❷ for
❸ by
❹ from
❺ between
❻ at
❼ due to
❽ consists of
❾ on
❿ with

9 전치사와 명사절

앞서 전치사 뒤에 '단어', '구'는 올 수 있고 '문장'은 올 수 없다는 내용을 학습했습니다. 하지만, 아래와 같이 whether가 이끄는 명사절은 전치사 뒤에 올 수 있습니다.

Mr. Jones is concerned **about** whether the project will be successful.

Jones 씨는 프로젝트가 성공할 것인지에 대해 걱정한다.

10 전치사와 to부정사

전치사 뒤에는 to부정사가 올 수 없으며 동명사가 와야 합니다.

We increased our profits **by** reducing our costs. (~~to reduce~~)

우리는 비용을 줄임으로써 이익을 증가시켰다.

▶ 꼭 암기해야 하는
'전치사 + 동명사'

in -ing ~하는 데 있어서
upon -ing ~하자마자
without -ing ~하지 않고

한줄요약

○─ 1. 이유, 양보, 자격의 전치사는 자주 출제되므로 잘 기억해 두자.
○─ 2. 구 전치사의 의미와 형태를 꼭 기억하자.

1. The product demonstration started late ------- a problem with the projector in the auditorium.

    (A) because of

    (B) thanks for

    (C) although

    (D) however

> product 제품
> demonstration 실연 설명
> projector 프로젝터, 영사기
> auditorium 강당

2. Andrew Carter is attending the opening ceremony ------- his boss, Lucy Wilson, who cannot be here today.

    (A) along with

    (B) on behalf of

    (C) in spite of

    (D) as well as

> attend 참석하다
> opening ceremony 개업식
> along with ～와 함께
> on behalf of ～을 대신하여
> in spite of ～에도 불구하고
> as well as ～도 역시

3. The orientation session will be held ------- only a few people show up.

    (A) because of

    (B) in addition to

    (C) yet

    (D) even if

> orientation 예비 교육,
> 오리엔테이션
> session (특정 활동을 위한) 시간
> hold 열다, 개최하다
> only a few 몇 안 되는

4. Each person must pay $10 for a ticket ------- whether that individual has a membership or not.

    (A) regardless of

    (B) due to

    (C) in case of

    (D) with respect to

> individual 개인
> membership 회원 자격
> regardless of ～와 상관없이
> with respect to ～에 대하여

5. ------- the snowy weather during the day, the plane took off and landed on time.

    (A) However

    (B) Therefore

    (C) As well as

    (D) Despite

> during the day 낮 동안
> take off 이륙하다
> land 착륙하다
> on time 제시간에

1. 해석 강당에 있는 프로젝터의 문제로 인하여 제품 시연이 늦게 시작되었다.

해설 빈칸 뒤에 절이 아닌 '명사 + 전치사구'의 형태가 있기 때문에 접속사인 (C)와 접속부사인 (D)는 정답에서 제외된다. 빈칸 뒤에 언급된 문제로 인해 제품 시연이 늦게 시작되었다는 의미이므로, 문맥상 (A)의 'because of'가 정답이 된다.

정답 (A)

2. 해석 Andrew Carter는 오늘 자리에 없는 그의 상사인 Lucy Wilson을 대신하여 개업식에 참석할 것이다.

해설 who 뒤의 의미가 '오늘 자리에 없다'는 의미이므로, 문맥상 '~를 대신하여'라는 의미가 되는 것이 자연스럽다. 따라서 'on behalf of'가 정답이다.

정답 (B)

3. 해석 몇 안 되는 사람들이 참석하더라도 오리엔테이션은 개최될 것이다.

해설 빈칸 뒤에 완전한 절이 있으므로 접속사인 (D)를 쉽게 정답으로 고를 수 있다. '오리엔테이션 개최'와 '몇 안 되는 사람의 참석'은 서로 상반되는 의미이므로, 내용의 파악을 통해서도 양보의 접속사인 even if를 정답으로 고를 수 있다.

정답 (D)

4. 해석 회원 자격 소지 여부에 상관없이 각자 티켓 값으로 10달러를 지불해야 한다.

해설 적절한 구 전치사를 고르는 문제이다. 빈칸 뒤의 내용인 '회원 자격 소지 여부' 앞에 오기에 의미상 가장 적절한 것은 '~와 상관없이'라는 뜻의 'regardless of'이다. 정답은 (A)이다.

정답 (A)

5. 해석 낮 동안의 눈이 오는 날씨에도 불구하고, 비행기는 제시간이 이착륙했다.

해설 빈칸 뒤에 '명사 + 전치사구'가 있으므로 접속부사인 (A)와 접속사인 (B)는 정답에서 제외된다. 전치사구와 절의 내용이 서로 상반되므로 (D)의 despite가 정답이 된다.

정답 (D)

UNIT 18 동사 I

문장의 구성 요소에서 학습했던 것처럼, 주어 뒤에는 동사가 있어야 합니다. 동사는 주어와 시제 등의 상황에 따라 다양하게 변화하기 때문에 그 형태와 종류를 확실히 알아 두어야 합니다.

토익스텝 567

1. Be동사의 형태 변화

Be 동사	-> 주어에 따라 현재 시제
1인칭 주어	-> I	am
2인칭 주어	-> you	are
3인칭 주어	-> he, she

1 be동사의 형태 변화 (현재 시제)

	주어	be동사	예
1인칭 단수	I	am	I **am** a student.
2인칭 단수	you	are	You **are** a girl.
3인칭 단수	he, she, it, 단수 주어	is	He **is** my friend.
복수	we, they, 복수 주어	are	Cars **are** in rows.

The people in the meeting room **are** the buyers from France.
회의실에 있는 사람들은 프랑스에서 온 바이어들이다.

Because you **are** my friend, I always try to believe you.
당신이 나의 친구이기 때문에, 나는 항상 당신을 믿으려고 한다.

All the documents on the desk **are** mine. 책상 위의 모든 서류들은 내 것이다.

> try to ~하려고 노력하다

2 일반동사의 형태 변화 (현재 시제)

	주어	일반동사	예
1인칭 단수	I	원형	I **work** for this company.
2인칭 단수	you	원형	You **go** to school.
3인칭 단수	he, she, it, 단수 주어	동사 + **-s**	She **works** for this company.
복수	we, they, 복수 주어	원형	People **study** hard.

I **check** my e-mail every morning. 나는 매일 아침 나의 이메일을 확인한다.

You **use** public transportation every day. 당신은 매일 대중교통을 이용한다.

Professor Rogers **expects** the economy to grow by 2 percent next year.
Rogers 교수는 내년에 경제가 2퍼센트 상승할 것으로 예상한다.

The employees in the department **work** very hard. 그 부서의 직원들은 매우 열심히 일한다.

> public transportation 대중교통
> expect 예상하다

3 조동사 + 동사 원형

조동사에는 can(could), will(would), must, shall(should), may(might), do 등이 있습니다. 주어의 인칭에 상관없이 조동사 뒤에는 동사 원형이 와야 합니다.

John <u>should</u> **copy** the report. John은 그 보고서를 복사해야 한다.

The vice president <u>will</u> **visit** the factory as soon as possible.
부사장은 가능한 한 빨리 공장에 방문할 것이다.

We <u>must</u> **go** together. 우리는 함께 가야만 한다.

To achieve success, all companies <u>must</u> **establish** a solid business strategy.
성공을 달성하기 위해서, 모든 회사들은 확실한 사업 전략을 세워야 한다.

> ▶ 조동사 do
> do도 조동사의 기능을 한다.

> ▶ should의 의미
> ① 의무: ~해야 한다
> ② 추측: (분명히) ~일 것이다
> → 가정법에 활용

Checkup Quiz 1 | 빈칸에 들어갈 말을 고르세요.

❶ The gift will _____ our customers. (satisfy / satisfies)

❷ They always _____ about problems. (complain / complains)

❸ The government _____ taxes every year. (raise / raises)

❹ This paper _____ the logo of our company. (present / presents)

❺ She could _____ her difficulties. (overcome / overcomes)

4 일반 동사의 과거 시제

(1) 규칙 변화

주어의 인칭에 상관없이 동사의 과거형은 항상 '동사원형 + -ed'의 형태입니다.

✓ 중요 Point | 과거 시제 문장에는 항상 과거임을 알 수 있는 '힌트'가 있다.

> He **received** a job offer <u>last week</u>. 그는 지난주에 일자리 제안을 받았다.
> I **forgot** my password <u>when I tried to log in</u>. 나는 로그인하려 했을 때 비밀번호를 잊어버렸다.
> <u>Yesterday</u>, his secretary **asked** me to fill out a form.
> 어제, 그의 비서가 나에게 양식을 작성할 것을 요청했다.

secretary 비서
fill out 채우다, 작성하다
form 양식

(2) 불규칙 변화

규칙 변화와 달리 동사의 과거형이 '동사원형 + -ed'가 아닌, 동사에 따라 서로 다른 형태입니다.

cf. 불규칙 동사의 예

현재	과거	현재	과거
have	had	do	did
eat	ate	choose	chose
take	took	leave	left

Checkup Quiz 2 | 빈칸에 들어갈 말을 고르세요.

❶ He _____ for Japan 10 years ago. (leaves / left)

❷ You must _____ the information desk first. (contacted / contact)

❸ They _____ many difficulties while they stayed in Korea.
(faced / facing)

한줄요약

- 1. 주어와 동사의 수 일치를 잘 알아 두자.
- 2. 과거시제의 종류와 형태를 잘 알아 두자.

빈칸에 들어갈 알맞은 말을 고르세요.

1. Destiny One ------- full health insurance to all qualified individuals for reasonable prices at all times.

   (A) providing
   (B) to provide
   (C) provides
   (D) provide

full 완전한, 모든
health insurance 건강보험
qualified 자격이 있는
individual 개인
reasonable 합리적인
at all times 항상

2. Kelly Sanders, who works in the Sales Department, ------- the employee of the year award last night.

   (A) receives
   (B) receiving
   (C) to receive
   (D) received

Sales Department 판매 부서
the employee of the year
올해의 직원상

3. Members of the Brady Country Club must ------- their dues no later than the second month of the year.

   (A) paid
   (B) pay
   (C) paying
   (D) to pay

due 회비
no later than 아무리 늦어도

4. Whenever it snows in the city, commuters ------- more slowly until the roads are cleared.

   (A) drive
   (B) to drive
   (C) driving
   (D) driven

commuter 통근자
clear 치우다

5. After graduating, James Watson ------- a job in Springville to be near his hometown.

   (A) acceptable
   (B) accepting
   (C) accept
   (D) accepted

graduate 졸업하다
hometown 고향
accept a job 취직하다, 일자리를
구하다

1. 해석   Destiny One은 항상 자격이 되는 모든 개인에게 종합건강보험을 합리적인 가격에 제공한다.

해설   주어인 Destiny One은 회사명으로서 3인칭 단수이다. 따라서 3인칭 단수 동사인 (C)의 provides가 정답이 된다.

정답 (C)

2. 해석   Kelly Sanders는, 판매 부서에 근무하고 있는데, 어젯밤에 올해의 직원상을 받았다.

해설   문장의 맨 뒤에 있는 'last night'을 통해서 동사의 과거형이 정답임을 알 수 있다. 따라서 정답은 동사 receive의 과거형인 (D)이다.

정답 (D)

3. 해석   Brady 컨트리 클럽의 회원들은 늦어도 2월까지는 회비를 내야만 한다.

해설   빈칸 앞에 동사 must가 있기 때문에 동사의 원형을 정답으로 골라야 한다. 따라서 정답은 (B)이다.

정답 (B)

4. 해석   도시에 눈이 내릴 때마다, 통근자들은 도로가 치워질 때까지 더 천천히 운전한다.

해설   빈칸은 문장의 동사 자리이므로 (A)의 drive를 정답으로 골라야 한다. (B), (C), (D)는 모두 동사가 아니므로 정답에서 제외된다.

정답 (A)

5. 해석   졸업한 이후에, James Watson은 그의 고향 인근에 머무르기 위해서 스프링빌에 일자리를 구했다.

해설   빈칸은 동사 자리이므로 형용사인 (A)와 현재분사인 (B)는 정답에서 제외된다. 주어가 3인칭 단수이므로 과거형인 (D)가 정답이 된다. 1인칭, 2인칭, 혹은 복수 주어와 사용되는 (C)도 정답이 될 수 없다.

정답 (D)

UNIT 19 동사 II

토익스텝 567

5. 동사의 분사활용(시제, 태)
▷간략하게   ▷형태만 암기
진행 시제 | -하는 중이다 be + Ving
수동태 | -되다, 당하다 be + Ved
완료 시제 | -해 왔다

5 동사의 분사 활용

분사는 현재분사(V-ing)와 과거분사(V-ed)로 구분됩니다.

> **현재분사** 진행시제(be + V-ing)에 사용
> **과거분사** 수동태(be + V-ed)와 완료시제(have + V-ed)에 사용

(1) 현재분사 활용

현재분사는 '동사원형 + -ing(= V-ing)'의 형태로서 **진행시제**를 표현할 때 사용됩니다. 진행시제에는 현재진행, 과거진행, 미래진행 시제가 있습니다.

ⓐ **현재진행시제**: 'am/are/is + V-ing'의 형태로서 현재 진행되고 있는 상황을 표현할 때 쓰입니다.

He **is going** to school now. 그는 지금 학교에 가는 중이다.

ⓑ **과거진행시제**: 'was/were + V-ing'의 형태로서 과거에 진행되고 있던 상황을 표현할 때 쓰입니다.

I **was watching** a movie when you called me.
당신에 나에게 전화했을 때 나는 영화를 보는 중이었다.

ⓒ **미래진행시제**: 'will be + V-ing'의 형태로서 미래에 진행되고 있을 상황을 표현할 때 쓰입니다.

All of the employees **will be attending** the banquet.
모든 직원들이 연회에 참석하고 있을 것이다.

> **예제 1** Wilson, Inc. is _____ applicants for the accounting position.
> (A) accept   (B) accepted   (C) accepting   (D) acceptance

Checkup Quiz 1 | 빈칸에 들어갈 말을 고르세요.

❶ Casey and Andre _____ on the same project now.
(are working / were working)

❷ Ms. Thompson _____ on the phone when I saw her in the office.
(was talking / talking)

❸ We will _____ to London this Friday. (be flying / flying)

(2) 과거분사 활용

과거분사는 '동사원형 + -ed(= V-ed)'의 형태로서 **수동태**와 **완료시제**에서 사용됩니다.

ⓐ **수동태**: 'be동사 + V-ed'의 형태로서 '~ 되다'라는 의미입니다. be동사의 시제에 따라 현재, 과거, 미래, 완료형 수동태로 쓰일 수 있습니다.

Ms. Carpenter **was pleased** with the reduced cost.
Carpenter 씨는 절감된 비용에 만족했다.

▶ 분사는 동사를 형용사로 활용하기 위해 만들어진 것!

attend 참석하다
banquet 연회

(예제 1 풀이)
문장에 동사가 없으므로 동사의 역할을 할 수 있는 보기를 골라야 한다. 빈칸 앞에 be동사가 있고, 능동의 표현이 되어야 하므로 정답은 (C)이다.

Checkup Quiz 1 정답
❶ are working
❷ was talking
❸ be flying

ⓑ 완료시제: 완료시제는 'have동사 + V-ed'의 형태로서, 완료시제의 종류에는 현재완료, 과거완료, 미래완료가 있습니다.

① 현재완료: 'have/has + V-ed'의 형태로서 과거에 시작된 일이 현재 완료되었거나 현재까지 영향을 미치는 상황을 표현할 때 쓰입니다.

Mr. Miller **has worked** for 20 years. Miller 씨는 20년 동안 근무해 왔다.

② 과거완료: 'had + V-ed'의 형태로서 과거보다 앞서 일어난 일을 표현할 때 쓰입니다.

Rachel realized that she **had left** her laptop in the meeting room.

Rachel은 회의실에 노트북을 두고 온 것을 깨달았다.

③ 미래완료: 'will have + V-ed'의 형태로서 미래의 특정 시점까지 어떠한 일이 완료되거나 계속되는 상황을 표현할 때 쓰입니다.

The project **will have been finished** by this time in December.

12월 무렵이면 그 프로젝트가 끝나 있을 것이다.

▶ **대과거**
과거보다 더 이전의 시점

예제 2   The application form should be _____ by October 20.

       (A) submit   (B) submitting   (C) submitted   (D) submissive

예제 3   Dr. Taylor has _____ enough tests for six months.

       (A) conduct   (B) conducted   (C) conducts   (D) conducting

(예제 2 풀이)

빈칸 앞에 be동사가 있고, 문맥상 수동의 의미이므로 과거분사인 (C)가 정답이다.

(예제 3 풀이)

빈칸 앞에 has가 있기 때문에 과거분사를 정답으로 골라야 한다. 따라서 정답은 (B)이다.

Checkup Quiz 2 | 빈칸에 들어갈 말을 고르세요.

❶ The apple _____ into two pieces. (divide / is divided)

❷ Many people _____ to the company's success.
(contributes / have contributed)

❸ The decision was _____ by my boss last Sunday.
(making / made)

❹ Our report was _____. (update / updated)

Checkup Quiz 2 정답

❶ is divided

❷ have contributed

❸ made

❹ updated

한줄요약

○━ **1.** 현재분사와 과거분사의 기본적인 개념을 알아 두자.

○━ **2.** 현재분사와 과거분사가 활용된 진행시제, 수동태, 완료시제의 개념들을 간략하게
○━   정리해 두자.

1. Local shipbuilders have ------- numerous orders in recent months thanks to the outstanding economy.

(A) receive

(B) received

(C) receiving

(D) receives

shipbuilder 선박 회사
numerous 많은
order 주문
outstanding 매우 좋은

2. Ms. Sterling is ------- her presentation because she just received some new data from the Sales Department.

(A) rewriting

(B) rewritten

(C) rewrite

(D) rewrites

presentation 발표
rewrite 다시 쓰다, 고쳐 쓰다

3. Members of the sales staff are ------- to spend up to $150 on a hotel room when traveling on business.

(A) permit

(B) permits

(C) permitted

(D) permitting

sales staff 판매 직원
spend 소비하다, 쓰다
up to ~ 까지
on business 업무차
permit 허가하다

4. Because more farmers specialize in organic produce, most people are ------- aware of it.

(A) becoming

(B) become

(C) becomes

(D) became

farmer 농부
specialize 전문적으로 다루다
organic produce 유기농 제품
aware ~을 알고 있는

5. Mr. Davis was ------- to give a presentation on the material he learns at this weekend's seminar.

(A) requesting

(B) requested

(C) request

(D) requests

give a presentation 발표를 하다
material 내용, 자료
seminar 세미나
request 요청하다

1. 해석   현지의 선박 회사는 매우 좋은 경제 상황 덕분에 최근 몇 개월 동안 많은 양의 주문을 받았다.

해설   빈칸에 들어갈 알맞은 형태의 동사를 고르는 문제이다. 빈칸 앞에 have가 있기 때문에 문장이 현재완료임을 알 수 있다. 따라서 과거분사인 (B)가 와야 한다.

정답 (B)

2. 해석   판매 부서로부터 신규 데이터를 방금 받았기 때문에 Sterling 씨는 그녀의 발표문을 고쳐 쓰고 있다.

해설   자료를 방금 받았다는 정보가 있기 때문에 문장은 현재진행형이 되어야 한다. 현재진행형을 완성시키려면 be동사 뒤에 현재분사가 필요하므로 (A)가 빈칸에 가장 적절하다.

정답 (A)

3. 해석   판매 직원 전원은 업무차 출장을 갈 때 호텔 객실료를 150달러까지 사용할 수 있도록 승인을 받는다.

해설   빈칸 앞에 be동사가 있기 때문에 분사인 (C)와 (D) 중에서 정답을 골라야 한다. 문장을 해석해 보면, 주어인 'members of the sales staff'가 '승인을 하는 것'이 아니라 '승인을 받는 것'이기 때문에, 과거분사인 (C)의 permitted가 정답이 된다.

정답 (C)

4. 해석   더 많은 농부들이 유기농 제품을 전문으로 하기 때문에, 대부분의 사람들은 그것을 알게 되는 중이다.

해설   빈칸 앞에 be동사가 있으므로 현재형인 (C)와 과거형인 (D)는 정답에서 제외된다. 주어와 동사의 관계가 능동이므로 정답은 현재분사인 (A)가 된다.

정답 (A)

5. 해석   Davis 씨는 이번 주 세미나에서 그가 배운 내용에 대해 발표해 달라는 요청을 받았다.

해설   빈칸 앞에 be동사가 있으므로 분사인 (A)와 (B) 중에서 정답을 고른다. 주어인 Davis 씨가 발표해 달라는 요청을 한 것이 아니라 받았다는 내용이 되어야 자연스러우므로, 과거분사인 (B)가 정답이 된다.

정답 (B)

토익스텝 567

6. 동사의 종류

스스로
자동사 + 목적어
work
arrive → 수취고나
go

6 동사의 종류

(1) 자동사

자동사는 목적어를 필요로 하지 않는 동사입니다. 자동사에는 보어를 필요로 하지 않는 '완전자동사'와 보어를 필요로 하는 '불완전자동사'가 있습니다.

I **work**. (work = 완전자동사) 나는 일한다.

He **looks** tired. (look = 불완전자동사, tired = 주격보어) 그는 피곤해 보인다.

> ▶ work, arrive, go는 자주 출제되는 자동사이므로 꼭 암기하자.
>
> ▶ 자동사는 수동태로 쓰일 수 없다.

(2) 타동사

타동사는 목적어를 필요로 하는 동사입니다. 타동사에는 목적어만을 필요로 하는 '완전타동사'와 목적어와 목적격 보어를 모두 필요로 하는 '불완전타동사'가 있습니다.

I **like** you. (like = 완전타동사) 나는 당신을 좋아한다.

She **made** me angry. (make = 불완전타동사, angry = 목적격보어)
그녀는 나를 화나게 했다.

⊘ **중요 Point** | 자동사는 목적어를 취할 수 없기 때문에, 자동사가 쓰인 문장에서 명사(구)가 뒤따르려면 전치사가 필요하다.

> I work **on** the car. 나는 차에 관하여 일한다.
> She goes **to** school. 그녀는 학교에 간다.
> They participated **in** the world science contest. 그들은 세계과학대회에 참가했다.

participate in ~에 참여하다

(3) 자동사와 타동사 관련 문제

의미가 비슷한 자동사와 타동사를 구별할 수 있어야 합니다.

타동사 (+ 목적어)	자동사 (+ 전치사 + 목적어)
explain ~을 설명하다	account for ~을 설명하다
answer ~을 대답하다	respond to ~에 응답하다
tell ~을 말하다	speak to ~에게 말하다
mention ~을 언급하다	talk to ~에게 말하다
attend ~에 참가하다	participate in ~에 참가하다
manage / handle ~을 다루다	deal with ~을 다루다
discuss ~을 토론하다	agree with/up/upon ~에 동의하다
access ~에 접근하다	arrive at ~에 도착하다
reach ~에 도달하다	depend on ~에 의존하다

Checkup Quiz 1 | 빈칸에 들어갈 말을 고르세요.

❶ You have to _____ the result to us. (explain / account)

❷ Every employee is ready to _____ to calls from our customers. (answer / respond)

Checkup Quiz 1 정답

❶ explain

❷ respond

7 문장의 형식과 자동사/타동사

5가지 문장의 형식에 따른 자동사와 타동사의 쓰임은 아래와 같습니다. 동사의 종류에 따라 필요한 목적어와 보어의 관계에 대해서도 알아 둡시다.

형식	동사의 종류	주격 보어	간접 목적어	직접 목적어	목적격 보어
1형식	주어 + 완전자동사	×	×	×	×
2형식	주어 + 불완전자동사	○	×	×	×
3형식	주어 + 완전타동사	×	×	○	×
4형식	주어 + 완전타동사*	×	○	○	×
5형식	주어 + 불완전타동사	×	×	○	○

cf. 4형식에 사용되는 완전타동사를 '수여동사'라고 부릅니다.

예제 1 We will _____ in the seminar.

(A) attend　　(B) participate　　(C) go　　(D) break

▶ 동사의 종류에 따른 예시

① 완전자동사: occur, go, work, arrive, happen, sleep…

② 불완전자동사: be, become, get, look, seem, remain…

③ 완전타동사: reach, have, eat, attend, answer, manage…

④ 불완전타동사: make, keep, find, consider, call…

예제 1 풀이

'세미나에 참가하다'라는 의미인데, 빈 칸 바로 뒤에 전치사 in이 있으므로 자동사 participate가 정답이다.

▶ inform, notify, remind는 that 명사절을 직접목적어로 취할 때 4형식으로 쓰인다. He **informed** me that the meeting had been canceled.

8 수여동사

(1) 수여동사의 개념

수여동사의 예로는 give, send, grant, offer, show, teach, bring 등이 있는데, 이들은 4형식에 사용되는 동사로서 간접목적어와 직접목적어를 필요로 합니다.

(2) 3형식 vs. 4형식

수여동사가 포함된 3형식 문장은 아래와 같이 4형식 문장으로 변환될 수 있습니다.

3형식 She gave a call to me. (a call: 직접목적어, to me: 전치사구)

4형식 She gave me a call. (me: 간접목적어, a call: 직접목적어)

Checkup Quiz 2 | 빈칸에 들어갈 말을 고르세요.

❶ Mr. Kim considered _____ a reasonable person. (my / me)

❷ Mr. Gomez gave _____ a brief explanation of the equipment. (our / us)

❸ We _____ at the airport 2 hours ago. (arrived / were arrived)

❹ The accident _____ due to a taxi driver. (occurred / was occurred)

❺ Yesterday, everyone on the staff _____ the company's budget for the next year. (discussed about / discussed)

Checkup Quiz 2 정답

❶ me
❷ us
❸ arrived
❹ occurred
❺ discussed

한줄요약

1. 동사의 종류는 목적어 필요 여부에 따라 자동사와 타동사로 구분된다.
2. 문장의 형식에 따른 동사의 종류를 잘 구분해야 한다.
3. 수여동사의 개념과 용례를 잘 알아 두어야 한다.

1. They hope to ------- at the conference center about thirty minutes before the keynote speech begins.

    (A) reach

    (B) get

    (C) arrive

    (D) leave

> conference 컨퍼런스, 회의
> reach ~에 도달하다
> arrive 도착하다

2. Customer service representatives must ------- to questions by customers as fast as they can.

    (A) respond

    (B) answer

    (C) speak

    (D) say

> as ~ as one can 가능한 한 ~하게
> respond 응답하다
> answer 대답하다

3. Several employees will ------- in the training session by doing role-playing activities.

    (A) participate

    (B) attend

    (C) register

    (D) appear

> training session 교육, 연수 과정
> role-playing 역할 연기
> activity 활동
> participate 참석하다
> attend 참석하다
> register 등록하다
> appear 나타나다

4. The CEO will ------- this matter with the board of directors and then make an announcement.

    (A) talk

    (B) advise

    (C) discuss

    (D) tell

> CEO 최고경영자
> the board of directors 이사회
> make an announcement 발표하다

5. Mr. Whittaker ------- Ms. Watkins the extra funds she requested for her new research project.

    (A) granted

    (B) contributed

    (C) donated

    (D) borrowed

> extra 추가의, 가외의
> fund 자금
> research 연구
> grant 주다
> contribute 기여하다
> donate 기부하다
> borrow 빌리다

1. 해석 그들은 시작하기 약 30분 전에 컨퍼런스에 도착하기를 바란다.

해설 빈칸이 포함된 부분을 해석해보면 '그들이 ~에 도착하기를 바란다'는 의미이므로 '도착하다'는 뜻으로 쓰이는 reach와 arrive 중에서 정답을 고르면 된다. 그런데 빈칸 뒤에 전치사가 있으므로 타동사인 reach는 정답이 될 수 없다. 정답은 (C)의 arrive이다.

정답 (C)

2. 해석 고객 서비스 상담원들은 가능한 한 빨리 고객들의 질문에 응답해야 한다.

해설 '고객의 질문에 대답하다'라는 의미가 되어야 하므로, '대답하다'라는 뜻을 가진 (A)와 (B) 중에서 정답을 고른다. 그런데 빈칸 뒤에 전치사 to가 있으므로 자동사인 (A)의 respond가 정답이 된다.

정답 (A)

3. 해석 몇몇 직원들은 역할 연기 활동을 함으로써 연수 과정에 참여할 것이다.

해설 자동사와 타동사를 구분하는 문제로, '참석하다'라는 의미를 가진 participate와 attend 중에서 정답을 고르면 된다. 빈칸 뒤에 전치사 in이 있으므로 자동사인 (A)가 정답이다.

정답 (A)

4. 해석 최고경영자는 이사회와 이 문제를 논의할 것이며 그리고 나서 발표를 할 것이다.

해설 '이사회(the board of directors)와 문제를 _____하다'에서 문맥상 빈칸에 들어가기에 적절한 것은 (C)의 discuss이다. discuss는 타동사로서 전치사 없이 바로 목적어를 취한다.

정답 (C)

5. 해석 Whittaker 씨는 Watkins 씨에게 그녀가 자신의 새로운 연구 프로젝트를 위해 요청했던 추가 자금을 제공했다.

해설 빈칸 뒤에 간접목적어(Ms. Watkins)와 직접목적어(the extra funds)가 있으므로 적절한 의미의 4형식 동사를 고르면 된다. (D)의 borrow는 '빌리다'라는 뜻으로 4형식 동사로 사용될 수 없고, (B)의 contribute와 (C)의 donate는 '주다'라는 개념을 갖고 있기는 하지만 모두 4형식 동사로는 사용되지 않는다. 정답은 (A)의 granted이다.

정답 (A)

Part 5 빈칸에 들어갈 알맞은 말을 고르세요.

1. Mr. Rutgers will ------- everyone on the list to let them know what the CEO decides to do tonight.

   (A) contacted
   (B) to contact
   (C) contacting
   (D) contact

2. Ms. Reed is the ------- you should speak with if you want to apply for a job here.

   (A) persons
   (B) person
   (C) personality
   (D) personable

3. ------- the department's budget has been increased, several new computers can be ordered.

   (A) Because of
   (B) According to
   (C) Despite
   (D) Now that

4. Public opinion turned against the president when he proposed raising ------- on the country's citizens.

   (A) tax
   (B) taxation
   (C) taxing
   (D) taxes

5. The ------- of the Kenmore Bridge is going to take about one year to complete.

   (A) constructive
   (B) construct
   (C) construction
   (D) constructed

6. The letter described the benefits that new members would receive for joining the homeowners' -------.

   (A) associate
   (B) associating
   (C) associative
   (D) association

7. According to the instructions, the machine can clean ------- whenever it detects a problem.

   (A) itself
   (B) its
   (C) it
   (D) to it

8. There were leftover food and drinks, so Mr. Thompson requested ------- from the waiter.

   (A) all
   (B) every
   (C) some
   (D) other

9. Mr. Sampson decided to transfer to ------- city to be closer to his in-laws.

   (A) the others
   (B) other
   (C) another
   (D) each other

10. Supervisors giving performance reviews should provide their workers with ------- criticism.

   (A) construction
   (B) constructive
   (C) constructing
   (D) constructed

11. The stock price rose ------- throughout the year before it dropped around 10% during December.

(A) slowly
(B) slow
(C) slowness
(D) slowing

12. Several individuals in the Accounting Department have not turned in their benefits forms -------.

(A) already
(B) never
(C) yet
(D) still

13. Please respond to this e-mail as ------- as you can so that we can confirm the date.

(A) quick
(B) quicker
(C) quickly
(D) quickest

14. Edgar Wellman is the ------- qualified applicant for the position of assistant manager.

(A) many
(B) much
(C) most
(D) more

15. Please call the client in Tokyo ------- one thirty local time as she indicated she will be in her office then.

(A) in
(B) on
(C) for
(D) at

16. A small trail runs ------- the river for about ten kilometers in the city.

(A) throughout
(B) about
(C) into
(D) along

17. The security guard gave a talk about what to do ------- an emergency situation.

(A) as a result of
(B) in case of
(C) as opposed to
(D) in order to

18. Workers can ------- up to five sick days a year and still receive pay from the company.

(A) taking
(B) take
(C) taken
(D) takes

19. Tourism at many of the city's historic buildings ------- thanks to the recent marketing campaign.

(A) increasing
(B) was increased
(C) has increased
(D) been increasing

20. The doctor ------- her patient that he should visit the pharmacy to pick up his prescription.

(A) said
(B) reminded
(C) recommended
(D) noted

뭐? 토익 시험은 문제당 5점이 아니라고?

● 토익 시험은 총 200문제이며 만점은 990점입니다. 따라서, 대략 문제 당 5점인 것 같지만 사실은 그렇지가 않습니다.

● 토익 시험의 배점은 어떻게 구성되어 있을까요?

**토익의 배점 체계,
영준쌤의 영상으로 확인해 보세요!**

수 일치, 시제, 태, 준동사, 가정법

UNIT 21 수 일치 I

영어 문장은 주어와 동사의 수를 일치시켜야 올바른 문장이 됩니다. 주어에 따라 변화하는 동사의 형태를 학습해 보도록 합시다.

● 수 일치의 기본 개념

구분	주어	동사	예시
be동사	3인칭 단수	is / was	This pen **is** mine.
	3인칭 복수	are / were	These pens **are** yours.
일반동사	3인칭 단수	단수동사 + -s	An applicant **sends** it.
	3인칭 복수	복수동사	Applicants **send** it.

1 단수주어

주어를 단수로 취급하는 경우 동사 또한 단수동사를 써야 합니다. 따라서 일반동사는 '동사원형 + **-s**'를, be동사는 '**is**'를 써야 합니다.

(1) 가산단수명사가 주어일 경우

Every expert **agrees** with Dr. Kim on the issue.
모든 전문가는 그 문제에 대해 Kim 박사에 동의한다.

The pen **is** used by the student. 그 펜은 그 학생에 의해 사용된다.

(2) 불가산명사가 주어일 경우

Furniture **departs** from our factory every day. 가구는 매일 우리 공장에서 떠난다.

The information of the company **is** on our Web site. 회사의 정보는 우리 웹사이트에 있다.

(3) 긴 말 덩어리가 주어일 경우

To help each other **is** important. 서로 돕는 것이 중요하다.

Walking sometimes **is** very good for your brain. 가끔씩 걷는 것은 당신의 뇌에 매우 좋다.

✓ 중요 Point | '긴 말 덩어리'의 개념 정리

종류	형태	해석
to부정사	to + 동사원형	~하는 것
동명사	동사원형 + -ing	~하는 것
명사절	명사절 접속사 + 절	that + 절: ~라는 것 if/whether + 절: ~인지 아닌지

(4) 단수 수량 표현 + 명사

Each person **was** given a different task. 각각의 사람들은 서로 다른 업무를 받았다.

The number of problems **means** that we are in a crisis.
많은 문제들은 우리가 위기에 처했다는 것을 의미한다.

▶ **수 일치 공식 (s의 유무)**
주어(= 명사)에 s가 있으면 동사에는 s가 없어야 하고, 주어에 s가 없으면 동사에는 s가 있어야 한다.

▶ **빈출 불가산명사**

equipment, furniture, information, advice, machinery, luggage, baggage

※ 고유명사도 불가산명사로 취급한다.

▶ **단수 수량 표현**
아래의 표현들은 단수 주어로 취급한다.
① each / every / another
　→ 단수명사 앞에만 올 수 있다.
② the number of ~
　→ 단수/복수명사 앞에 모두 올 수 있다.

Checkup Quiz 1 | 빈칸에 들어갈 말을 고르세요.

❶ Her pale face _____ that she is sick. (imply / implies)

❷ The _____ of the new business is quite promising. (prospect / prospects)

Checkup Quiz 1 정답
❶ implies
❷ prospect

2. 복수주어

주어를 복수로 취급하는 경우에는 동사 또한 복수동사를 써야 합니다. 복수동사란 일반동사의 경우 '**동사원형**'을, be동사는 '**are**'를 의미합니다.

(1) 가산복수명사

The lists **change** every day. 그 목록들은 매일 변경된다.

Many experts **participate** in the conference. 많은 전문가들이 회의에 참석했다.

We **have** five applicants to interview today. 오늘 면접에 5명의 지원자들이 있다.

The books on the shelf **were** written by Dr. Davis. 선반 위의 책들은 Davis 박사가 썼다.

(2) 명사 and 명사

Michael and I **are** in charge of advertising. Michael과 내가 광고를 담당하고 있다.

A black shirt and a white hat **go** well together. 검은 셔츠와 흰 모자가 잘 어울린다.

▶ 'to부정사 and to부정사'와 '동명사 and 동명사' 역시 복수로 취급한다.

(3) 특정 복수 대명사

Both **expect** good results. 두 사람 다 좋은 결과를 예상한다.

Many **are** from the same university. 많은 사람들이 같은 대학 출신이다.

Few **complain** about the service. 서비스에 불평하는 사람들은 거의 없다.

(4) 복수 수량 형용사 + 복수명사

many, several, a few, both, a number of, a variety of, some과 같은 복수 수량 형용사와 복수명사가 주어일 경우 복수동사를 사용해야 합니다.

Many employees **commute** to work by taxi. 많은 직원들이 택시를 타고 출퇴근한다.

A number of fans **give** us various gifts. 많은 팬들이 우리에게 다양한 선물을 준다.

Some students **play** basketball on the court. 몇몇 학생들이 운동장에서 농구를 한다.

▶ many, both, few는 대명사로 사용되기도 하며 형용사로 사용되기도 한다.
① many 때 많은 것들 (사람들), 형 많은
② both 때 둘 다 / 형 둘 다의
③ few 때 소수, 적은 수 / 형 많지 않은

> 예제 1 | Some students _____ English very hard at school.
>
> (A) studying   (B) to study   (C) study   (D) studies

예제 1 풀이

주어가 복수이므로 동사의 원형인 (C)의 study가 정답이다.

한줄요약

- 1. 주어가 단수일 경우 일반동사 뒤에는 -s가 붙고, 복수일 경우 -s가 붙지 않는다.
- 2. 불가산명사가 주어일 경우에는 단수로 취급한다.
- 3. 긴 말 덩어리의 종류와 단수 수량 표현을 잘 알아 두자.
- 4. 주어 자리에 접속사가 있을 경우 동사의 일치를 잘 구분하자.
- 5. 특정 복수 대명사와 복수 수량 형용사의 종류를 알아 두어야 한다.

1. The machinery ------- extensive repair work anytime that it breaks down during use.

(A) require

(B) requires

(C) requirement

(D) requiring

machinery 기계장치
extensive 대규모의, 광범위한
repair 수리
anytime 언제든지
break down 고장 나다

2. The results of the most recent survey ------- that customer service must be improved.

(A) indicates

(B) indication

(C) indicate

(D) indicating

result 결과
recent 최근의
survey 설문조사
customer service 고객 서비스
improve 향상시키다
indicate 나타내다

3. Calling the IT Department for various problems ------- as the best way to solve them.

(A) is suggested

(B) suggest

(C) be suggested

(D) are suggested

various 다양한
solve 해결하다
suggest 추천하다, 제안하다

4. All of the attendees at the conference ------- to listen to Mr. Carter's keynote speech.

(A) be advised

(B) were advised

(C) has advised

(D) was advised

attendee 참석자
conference 컨퍼런스, 회의
keynote speech 기조연설

5. The furniture in the office lounge ------- replaced sometime later in the day.

(A) are being

(B) were being

(C) is being

(D) have been

furniture 가구
lounge 라운지, 휴게실
sometime 언젠가
later in the day 이따가, 나중에
replace 교체하다, 대체하다

1. 해석   사용 중에 고장이 날 때마다 기계장치는 대규모 수리 작업을 필요로 한다.

해설   machinery는 대표적인 불가산명사로 단수주어로 취급한다. 따라서 단수동사인 (B)의 requires가 정답이 된다.

정답 (B)

2. 해석   가장 최근의 설문 결과는 고객 서비스가 반드시 개선되어야 한다는 것을 보여준다.

해설   주어 results가 복수형이므로 정답은 (C)의 indicate이다. 수식어인 'of the most recent survey'의 survey를 주어로 착각하여 단수동사인 indicates를 정답으로 고르는 실수를 해서는 안 된다.

정답 (C)

3. 해석   다양한 문제들에 대해 IT 부서에 연락하는 것이 그것들을 해결하는 최선의 방법으로 권장된다.

해설   빈칸 바로 앞에 복수형 명사인 problems가 있기는 하지만, 'for various problems'는 수식어일 뿐이며 주어는 'calling the IT Department'이다. 이는 단수주어이므로 (A)의 is suggested가 정답이 된다.

정답 (A)

4. 해석   컨퍼런스의 모든 참석자들은 Carter 씨의 기조연설을 들으라는 권고를 받았다.

해설   문장의 주어는 'all of the attendees'로서, 이는 복수형이다. 보기 중에서 복수주어에 쓰일 수 있는 것은 (B)의 were advised뿐이다.

정답 (B)

5. 해석   사무실 라운지에 있는 가구는 이따가 교체될 것이다.

해설   furniture는 대표적인 불가산명사로서 단수주어이다. 따라서 is로 시작되는 (C)를 정답으로 골라야 한다. 대표적인 불가산명사에는 furniture 이외에도 equipment, information, advice, machinery, luggage, baggage 등이 있다.

정답 (C)

UNIT 22 수 일치 II

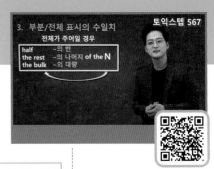

3. 부분/전체 표시의 수일치
전체가 주어일 경우

half	~의 반
the rest	~의 나머지 **of the N**
the bulk	~의 대량

토익스텝 567

3 부분 및 전체 표현의 수 일치

부분 및 전체 표현의 수 일치는 뒤에 따라 오는 명사에 따라서 결정됩니다.

| all, most, any, some, half, part, the rest, the bulk, percent | + of the | 단수 명사 ⟶ 단수 동사 |
| | | 복수 명사 ⟶ 복수 동사 |

<u>Half of the annual profit</u> **is** used for paying taxes. 연간 수익의 절반이 세금 납부에 사용된다.
<u>Some of the employees</u> **work** very hard. 몇몇 직원들은 매우 열심히 일한다.

▶ 'one/each of the 복수명사'
는 항상 단수 취급한다.
cf) 'every of the'의 형태로
는 사용되지 않는다.

4 수 일치 주의 사항: 수식어 지우기

주어 뒤에 수식어가 있을 경우, 수식어를 삭제한 다음 주어와 동사를 일치시키면 됩니다.
수식어에는 전치사구, to부정사구, 부사절, 관계사절, 분사구 등이 있습니다.

<u>Offices</u> (~~in the building~~) **are** leased by local residents.
그 건물의 사무실들은 지역의 주민들에 의해 임대되었다.

<u>Applicants</u> (~~who have a bachelor's degree~~) **are** eligible for this position.
학사 학위를 소지한 지원자들은 이 직책에 뽑힐 자격이 있다.

<u>An investigation</u> (~~to find out the cause of the accident~~) **is** needed.
사고의 원인을 규명하기 위한 조사가 필요하다.

<u>Consumers</u> (~~satisfied with the service~~) **are** expected to visit the shop again.
서비스에 만족한 고객들이 상점에 다시 방문할 것으로 기대된다.

find out 알아내다
bachelor's degree 학사 학위
be eligible for ~에 자격이 있다
lease 임대하다
investigation 조사

예제 1   All passengers on this flight _____ heading to Tokyo.
(A) is   (B) are   (C) been   (D) being

예제 1 풀이

주어인 all passengers가 복수
이므로 (B)의 are가 정답이다.
주어를 파악할 때 수식어인 'on
this flight'를 제외해야 한다.

5 동사구와 수 일치

문장의 동사가 진행형이나 완료형과 같은 동사구일 경우, 동사구의 가장 첫 번째 동사와 주
어를 일치시키도록 합니다.

예제 2   The company _____ to a settlement.
(A) has agreed   (B) agree   (C) have agreed   (D) were agreeing

예제 2 풀이

주어가 단수이므로 단수동사로
시작되는 (A)의 has agreed만
정답이 될 수 있다.

6 복합명사의 수 일치

주어가 복합명사일 경우에는 두 번째 명사에 동사를 일치시키도록 합니다.

The new <u>tour **packages**</u> **are** only for employees of the company.
새로운 여행 패키지들은 회사의 직원들만을 위한 것이다.

<u>SAB Savings **Bank**</u> **offers** a favorable interest rate to its customers.
SAB 저축은행은 고객들에게 좋은 이자율을 제공한다.

7 부정대명사의 수 일치

'some-, any-, every-, no-'로 시작하는 부정대명사는 단수로 취급합니다.

somebody	someone	something	
anybody	anyone	anything	+ 단수동사
everybody	everyone	everything	
nobody	no one	nothing	

8 There + be동사 + 명사

There + be동사 + 명사 구문에서는 be동사 뒤의 '명사'에 동사를 일치시켜야 합니다.

There **is** a car. 차 한 대가 있다.

There **are** cars. 차들이 있다.

Checkup Quiz 1 | 빈칸에 들어갈 말을 고르세요.

❶ Statistics _____ very hard for high school students. (is / are)

❷ The number of people _____ rising very fast. (is / are)

❸ The statements about the election _____ recorded. (was / were)

❹ New _____ were given vouchers for their next visit.
(customer / customers)

❺ There _____ many students in the area. (has been / have been)

❻ My older brother and I _____ looking forward to your visit.
(is / are)

❼ This discount coupon for home appliances _____ valid until
August 31. (is / are)

❽ All of the items on the list _____ sent to customers.
(has been / have been)

❾ Those who are interested in movies _____ welcome to contact
us. (is / are)

▶ 중요 복합명사

account number 계좌번호
assembly line 조립라인
eye examination 안구검사
host country 주최국
interest rate 이자율
job description 직무설명서
customer satisfaction
고객만족
benefits package
복리후생
job opening 일자리
office supplies 사무용품
awards ceremony 시상식
savings bank 저축은행
tour package 여행 패키지

▶ somebody와 someone
somebody는 주로 구어체에,
someone은 주로 문어체에
쓰인다.

Checkup Quiz 1 정답

❶ is
❷ is
❸ were
❹ customers
❺ have been
❻ are
❼ is
❽ have been
❾ are

한줄요약

○ 1. 부분 표현과 전체 표현의 수 일치는 뒤에 따라 오는 명사의 수에 따라 결정된다.
○ 2. 동사의 형태가 아무리 복잡하더라도 맨 앞의 동사를 주어에 일치시키면 된다.
○ 3. 'There + be동사' 구문의 구조를 잘 알아두자.

1. Most analysts ------- that Sylvester Textiles will increase its profits this year.

    (A) believe

    (B) believing

    (C) believes

    (D) are believed

> analyst
> 분석가, 애널리스트 (경제, 증권, 투자 분석가)
> profit 이윤, 수익

2. Each of the members of the Sales Department ------- a client at this time.

    (A) meet

    (B) is meeting

    (C) are met

    (D) meeting

> each of ~ 각각
> client 고객, 의뢰인
> at this time 지금, 이때에

3. Every appliance manufactured at the facility ------- thoroughly before being boxed up.

    (A) inspect

    (B) will inspect

    (C) is inspected

    (D) are inspecting

> appliance 가전제품
> manufacture 제조하다
> facility 시설, 공장
> thoroughly 철저하게
> box up 상자에 채우다
> inspect 검사하다

4. Half of the payment ------- yesterday while the rest will be paid next week.

    (A) makes

    (B) was made

    (C) is making

    (D) were making

> payment 지불
> while 그런데, 한편으로는
> rest 나머지

5. Some vehicles in the parking lot ------- there for more than one month.

    (A) have been

    (B) to be

    (C) is being

    (D) has been

> vehicle 탈것, 자동차
> parking lot 주차장

1. 해석 　대부분의 애널리스트들은 Sylvester 섬유가 올해 수익을 증가시킬 것이라고 믿는다.

해설 　most와 같이 부분 및 전체 표현의 수 일치는 뒤에 따라 오는 명사에 따라 결정된다. analysts가 복수명사이므로 정답은 (A)의 believe이다.

정답 (A)

2. 해석 　판매 부서의 각 사원은 지금 고객을 만나고 있다.

해설 　'each of the 복수명사'는 항상 단수로 취급한다. 따라서 (B)의 is meeting이 정답이 된다. 'each of the 복수명사'와 'one of the 복수명사'의 형태에서 주어는 각각 each와 one이므로 단수주어임을 반드시 기억해 두자.

정답 (B)

3. 해석 　그 공장에서 제조되는 모든 가전제품은 포장되기 전에 철저하게 검사된다.

해설 　every 뒤의 단수 명사인 appliance가 문장 전체의 주어이다. 보기 중에서 3인칭 단수 명사와 함께 쓰일 수 있는 동사는 (C)의 is inspected뿐이다. 'every of the 복수명사'와 같은 형태로는 사용되지 않는다는 사실에 주의하자.

정답 (C)

4. 해석 　지불금의 절반은 어제 지불되었는데 나머지는 다음 주에 지불될 것이다.

해설 　부분 및 전체 표현들 중 하나인 half 뒤에 단수 명사인 payment가 왔으므로, 단수 동사인 (A), (B), (C) 중에서 정답을 골라야 한다. 그런데 빈칸 뒤에 yesterday가 있으므로 과거 진행형인 (B)의 was made가 정답이 된다.

정답 (B)

5. 해석 　주차장의 몇몇 차량들은 한 달이 넘도록 그곳에 있었다.

해설 　문장의 주어는 some vehicles로서, 이는 복수명사이다. 보기 중에서 복수동사는 (A)의 have been뿐이므로 정답은 (A)이다.

정답 (A)

UNIT 23 능동태와 수동태 I

토익스텝 567

I use my pen. 능동태
동시
My pen is used. 수동태

능동태와 수동태는 아래의 표와 같이 간단한 원리만 알면 쉽게 정리할 수 있습니다. 토익에서는 다양한 형태의 능동태와 수동태가 출제되기 때문에, 이러한 내용을 잘 정리해 두어야 합니다.

● 능동태와 수동태의 기본 개념

	능동태	수동태
기본형	동사 (change)	be동사 + p.p. (be changed)
조동사	조동사 + 동사원형 (will change)	조동사 + be + p.p. (will be changed)
완료시제	have동사 + p.p. (have changed)	have동사 + been + p.p. (have been changed)
진행시제	be동사 + V-ing (be changing)	be동사 + being + p.p. (be being changed)

1 능동태와 수동태의 의미와 형태

(1) 능동태: 주어가 동작의 주체

능동태란 주어가 능동적으로 어떠한 행동을 하는 것을 의미합니다. 이때 동사는 일반적인 형태입니다.

I **use** my pen. 나는 나의 펜을 사용한다.

(2) 수동태: 주어가 동작의 대상

수동태란 주어가 수동적으로 어떠한 행동을 당하는 것을 의미합니다. 수동태 동사의 기본적인 형태는 능동태의 동사를 'be동사 + p.p.'로 변형시킨 것입니다. (1)의 능동태 예문을 수동태로 변형시키면 아래와 같습니다.

My pen **is used** by me. 나의 펜은 나에 의해 사용된다.

> 예제 1 The policy was planned _____ by the staff members.
> (A) joined (B) joining (C) jointly (D) joins

2 수동태의 변형 원칙 (목적어의 유무)

(1) 동시에 일어난 일: 능동태 문장과 수동태 문장은 동시에 일어난 일입니다. 다시 말해, 두 문장은 형태만 다를 뿐, 그 의미는 같습니다.

(2) 능동태의 목적어 = 수동태의 주어: 능동태 문장의 목적어가 수동태 문장의 주어가 됩니다. 따라서, 목적어를 포함하고 있는 문장만이 수동태로 변형될 수 있습니다.

cf. 반대로, 목적어를 포함하고 있지 않은 문장은 수동태로 변형될 수 없습니다.
Ms. Sanders feels nervous. Sanders 씨는 긴장하고 있다.
→ feel은 자동사이므로 목적어를 취하지 않습니다. 따라서 위 문장은 수동태로 만들 수 없습니다.

> ▶ 수동태 문장에서 행위의 주체를 나타내는 'by + 목적격'은 전명구로서 생략 가능하다.
>
> (예제 1 풀이)
> 'by + 목적격'을 삭제해도 나머지 부분이 완전절이다. 따라서 완전절에 추가될 수 있는 부사인 (C)의 jointly를 정답으로 고르면 된다.
>
> ▶ **목적어를 포함하는 문장의 형식**
> ① 3형식: 주어 + 동사 + 목적어
> ② 4형식: 주어 + 동사 + 간접목적어 + 직접목적어
> ③ 5형식: 주어 + 동사 + 목적어 + 목적격보어

3 수동태 변형

능동태 문장을 수동태로 만들기 위해서는 ① 능동태의 목적어를 수동태의 주어로, ② 능동태의 동사를 'be + p.p.'로, ③ 능동태의 주어를 'by + 목적격'으로 변형합니다. ②에서 be동사는 수 일치 및 시제에 맞게 변형해야 합니다.

능동태	We sold the stock. 우리는 그 주식을 매각했다.
	주어 동사 목적어

수동태	The stock was sold (by us). 그 주식은 매각되었다.
	주어 동사구 by + 목적격

⊘ 중요 Point | 능동/수동 구분: 목적어 유무로 판단

능동태 문장에는 목적어가 있고 수동태 문장에는 목적어가 없습니다.
- 능동태: Dr. Kwon **will address** ways to achieve marketing objectives.
  (목적어 있음) Kwon 박사는 마케팅 목표를 달성하기 위한 방안들을 제안할 것이다.
- 수동태: All products **must be inspected** by a technician.
  (목적어 없음) 모든 제품들은 기술자에 의해 검사를 받아야 한다.

Checkup Quiz 1 | 빈칸에 들어갈 말을 고르세요.

❶ Ms. Scott _____ the client with her manners.
   (impressed / was impressed)
❷ The report _____ on time by Mr. Lewis.
   (submitted / was submitted)
❸ The government _____ a free education to students from elementary to high school. (provides / is provided)
❹ The company _____ in 2002. (established / was established)

▶ **수동태 vs. 능동태**
① 수동태
   주어 + be + V-ed + 목적어
② 능동태
   주어 + be + V-ed + 목적어

Checkup Quiz 1 정답
❶ impressed
❷ was submitted
❸ provides
❹ was established

한줄요약

1. 능동태의 목적어는 수동태의 주어가 된다.
2. 능동태를 수동태로 변형하는 방법을 알아 두어야 한다.
3. 능동태에는 목적어가 있고, 수동태에는 목적어가 없다.

1. Rudy's Burgers ------- throughout the city for using meats and vegetables from farmers in the local area.

    (A) knows

    (B) has known

    (C) is known

    (D) is knowing

> throughout 도처에, 전역에
> vegetable 채소
> local 지역의, 현지의

2. The employee who ------- for the open position has impressed everyone with her work ethic.

    (A) was hired

    (B) hired

    (C) hires

    (D) is hiring

> open position 공석
> impress 인상을 주다
> work ethic 직업 윤리, 근면함

3. Most applications at Opel Manufacturing ------- due to a lack of experience or qualifications.

    (A) is rejected

    (B) can reject

    (C) be rejecting

    (D) are rejected

> applicant 지원서
> lack 부족
> experience 경험, 경력
> qualification 자격
> reject 거절하다

4. Mr. Collins ------- the package, but it has not arrived in Denver yet.

    (A) mailed

    (B) mailing

    (C) was mailed

    (D) will be mailed

> package 소포
> arrive 도착하다

5. Mr. Murphy ------- to approve the terms of the contract, so he will sign the agreement tomorrow.

    (A) expectation

    (B) expecting

    (C) is expected

    (D) expect

> approve 승인하다
> the terms of the contact
> 계약 조건
> agreement 계약, 협정

1. 해석 Rudy's 버거는 지역 농부들의 육류와 채소를 사용하는 것으로 도시 전역에 알려져 있다.

해설 know는 '~을 알리다'라는 뜻의 타동사이다. 문장을 해석해 보면, 음식점 이름으로 보이는 Rudi's 버거가 시 전체에 '알려져 있다'는 수동의 의미가 되어야 자연스럽다. 따라서 (C)의 is known이 정답이다.

정답 (C)

2. 해석 공석에 채용된 직원은 그녀의 근면함으로 모두에게 깊은 인상을 주었다.

해설 주어인 employee와 보기에 사용된 동사 hire는 수동의 관계이므로, 수동형인 (A)의 was hired 가 정답이 된다.

정답 (A)

3. 해석 Opel 제조의 대부분의 지원서는 경력 부족과 자격 미달로 인해 거절되었다.

해설 문장을 해석해보면 주어와 동사가 수동의 관계이므로 수동태인 (A)와 (D) 중에서 정답을 고르면 된다. 그런데 주어인 most applicants가 복수 명사이므로 정답은 (D)이다.

정답 (D)

4. 해석 Collins 씨는 1주일 전에 소포를 우편으로 보냈지만, 그것은 아직 덴버에 도착하지 않았다.

해설 주어인 Mr. Collins와 동사가 능동의 관계이므로 수동형인 (C)와 (D)는 정답에서 제외되며, 빈 칸은 동사 자리이므로 (B) 또한 정답이 아니다. 정답은 능동형 동사인 (A)이다.

정답 (A)

5. 해석 Murphy 씨는 계약 조건을 승인할 것으로 예상되는데, 그는 내일 계약에 서명할 것이다.

해설 expect는 '예상하다'라는 의미의 타동사이며, 이는 목적어를 필요로 한다. 그런데 빈칸 뒤에 목적어가 없는 것으로 보아 수동태를 정답으로 골라야 한다는 것을 알 수 있다. 따라서 정답은 (C)이다. 동사가 아닌 보기 (A)와 (B)는 정답에서 제외된다.

정답 (C)

UNIT 24 능동태와 수동태 II

4 다양한 형태의 수동태

(1) 수동태의 부정형

수동태의 부정형은 be동사와 p.p. 사이에 not을 삽입하여 만듭니다.

The work **was finished** in a week. 그 업무는 1주일 만에 마무리 되었다.

→ The work **was not finished** in a week. 그 업무는 1주일 만에 마무리 되지 않았다.

(2) 조동사가 있는 경우

조동사가 있는 경우 능동태의 동사구는 '조동사 + 동사원형'입니다. 이를 수동태로 만들 경우 동사구는 '조동사 + be + p.p.'가 됩니다.

ⓐ 능동태: We **will publish** the book next week. (조동사 + 동사원형)
  우리는 다음 주에 그 책을 출간할 것이다.

ⓑ 수동태: The book **will be published** next week (by us). (조동사 + be + p.p.)
  그 책은 다음 주에 출간될 것이다.

(3) 진행시제의 수동태

진행 시제에서 능동태의 동사구는 'be동사 + V-ing (~하는 중이다)' 형태입니다. 이를 수동태로 만들 경우 동사구는 'be동사 + being + p.p. (~되는 중이다)'가 됩니다.

ⓐ 능동태: The workers **are painting** his room. (be + V-ing)
  작업자들의 그의 방에 페인트칠을 하고 있다.

ⓑ 수동태: His room **is being painted** by the workers. (be + being + p.p.)
  그의 방이 작업자들에 의해 페인트칠되고 있다.

(4) 완료시제의 수동태

완료 시제에서 능동태의 동사구는 'have동사 + p.p. (~해왔다)' 형태입니다. 이를 수동태로 만들 경우 동사구는 'have + been + p.p. (~ 되어 왔다)'가 됩니다.

ⓐ 능동태: Mr. Rogers **has prepared** the project. (have + p.p.)
  Rogers 씨가 그 프로젝트를 준비했다.

ⓑ 수동태: The project **has been prepared** by Mr. Rogers. (have + been + p.p.)
  그 프로젝트는 Rogers 씨에 의해 준비되었다.

5 동사 문제를 푸는 순서

동사 문제가 출제되면 아래의 순서대로 정답을 선택하도록 합니다.
① 수 일치: 주어와 동사의 수 일치를 고려한다.
② 태: 주어와 동사의 관계가 능동인지 수동인지를 파악한다.
③ 시제: 적절한 시제의 보기를 정답으로 고른다.

▶ 동사의 여러 가지 형태

종류	형태
진행형	be + V-ing ~하는 중이다
수동태	be + p.p. ~되다, 당하다
완료형	have + p.p. ~해왔다

▶ 조동사 + be + p.p.

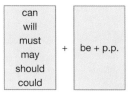

can will must may should could	+	be + p.p.

Q. The new job _____ to a qualified manager.

(A) offer

(B) were offering

(C) has been offered

(D) has been offering

→ 설명에 따라, 아래와 같은 순서대로 문제를 풀면 됩니다.

① **수 일치**: 주어가 단수이므로 (A)와 (B)는 정답에서 제외됩니다.

② **태**: 주어인 '새로운 일자리(A new job)'와 동사인 '제공하다(offer)'는 수동의 관계이므로, 능동형인 (D)는 정답에서 제외됩니다.

③ **시제**: 남아 있는 보기는 현재완료 시제인 (C)인데, 해당 문장의 경우 현재완료시제가 사용될 수 있으므로 (C)가 정답이 되는 데 문제가 없습니다.

Checkup Quiz 1 | 빈칸에 들어갈 말을 고르세요.

❶ Many changes _____. (have made / have been made)

❷ The topic _____ at the annual conference.
   (is discussing / is being discussed)

❸ This movie _____ by Mr. Johnson.
   (has directed / has been directed)

❹ Children _____ with special care.
   (should be treated / should treat)

| 예제 1 | The old computer _____ before we purchase a new one. |

   (A) have removed   (B) are removing

   (C) will be removed   (D) would be removing

Checkup Quiz 1 정답

❶ have been made

❷ is being discussed

❸ has been directed

❹ should be treated

예제 1 풀이

주어가 단수이므로 복수 동사가 사용된 (A)와 (B)는 정답에서 제외된다. 주어인 computer와 동사 remove는 수동의 관계이므로 정답은 (C)이다.

한 줄 요약

1. 다양한 형태의 수동태를 알아 두자.

2. 동사의 형태가 아무리 복잡하더라도, 수동태인 경우에는 항상 'be + p.p.' 형태를 취한다.

3. 동사 문제를 푸는 순서를 잘 알아 두자.

1. Unfortunately, Ms. Powers was ------- a promotion, so she began searching for a new job.

(A) not offer

(B) not offering

(C) offered not

(D) not offered

unfortunately 불행하게도, 안타깝게도
promotion 승진
search for ~을 찾아보다
offer 제안하다

2. A discount will ------- to the first 100 shoppers who visit Logan's Department Store this Saturday.

(A) give

(B) be giving

(C) given

(D) be given

discount 할인
shopper 쇼핑객

3. The effects of the new medicine are ------- by a team of researchers at Harvey Pharmaceuticals.

(A) study

(B) being studied

(C) be studied

(D) been studied

effect 효과; 영향
medicine 약
researcher 연구원, 조사원
pharmaceuticals 제약 회사

4. The votes have -------, so Mr. Reynolds will make an announcement about the winner soon.

(A) been counted

(B) count

(C) counted

(D) be counted

vote 투표
announcement 발표
winner 승자
count 수를 세다

5. According to reports, Debbie Kennedy was ------- for the vice-presidential position.

(A) consider

(B) being considered

(C) considering

(D) been considered

according to ~에 따라서
report 보도
vice-presidential 부통령의, 부회장의
position 직책
consider 고려하다

1. 　해석　안타깝게도, Powers 씨는 승진 제안을 받지 못해서, 그녀는 새로운 직장을 찾기 시작했다.

　해설　Powers 씨가 승진을 제안 받지 못했다는 수동의 의미이므로 (C)와 (D) 중에서 정답을 골라야 한다. 수동태의 부정형은 'be + not + p.p.'이므로 정답은 (D)의 not offered이다.

정답 (D)

2. 　해석　Logan's 백화점을 방문하는 100번째 손님에게는 할인이 제공될 것이다.

　해설　주어인 discount와 동사인 give는 수동의 관계이다. 빈칸 앞에 조동사 will이 있으므로 'be + p.p.' 형태인 (D)를 정답으로 고르면 된다.

정답 (D)

3. 　해석　Harvey 제약 회사의 연구팀에 의해서 새로운 약의 효과가 연구되고 있는 중이다.

　해설　빈칸과 by 사이에 목적어가 없으므로, '약의 효과(effect)가 연구된다'는 의미의 수동태가 되어야 한다. 진행형의 수동태는 'be + being + p.p.'의 형태이므로 정답은 (B)이다.

정답 (B)

4. 　해석　투표가 집계되고 있으며, Reynolds 씨가 곧 당선자에 대한 발표를 할 것이다.

　해설　빈칸 뒤에 목적어가 없는 것으로 보아 수동태를 정답으로 골라야 한다. 빈칸 앞에 have가 있으므로 완료시제 수동태를 완성해야 하는데, 완료시제의 수동태는 'have/has + been + p.p.'의 형태이므로 정답은 (A)이다.

정답 (A)

5. 　해석　보도에 따르면, Debbie Kennedy가 부통령직에 고려되고 있었다.

　해설　문맥상 수동태 문장이 되어야 하므로 (C)와 (D) 중에서 정답을 고른다. 빈칸 앞에 was가 있으므로 (D)의 been considered는 정답이 될 수 없다. 정답은 (B)이며, 과거진행형의 수동태이다.

정답 (B)

UNIT 25 능동태와 수동태 III

6 문장의 형식에 따른 수동태

(1) 4형식의 수동태

> 4형식 문장 구조: 주어 + 수여동사 + 간접목적어 + 직접목적어

*4형식은 목적어가 두 개이므로 수동태의 종류도 두 가지입니다.

ⓐ 직접목적어가 수동태의 주어인 경우: 주어 + be + p.p. + 전명구

직접목적어를 수동태의 주어로 한 다음, 간접목적어 앞에 전치사를 붙입니다.

능동태 Ms. Harper offered me a job. Harper 씨는 나에게 일자리를 제안했다.
　　　　　　주어　　　동사　간목 직목

수동태 A job was offered to me by Ms. Harper.
　　　　　주어　　동사　　목적어 (by + 목적격)
　　　　　일자리는 Harper 씨에 의해 나에게 제안되었다.

ⓑ 간접목적어가 수동태의 주어인 경우: 주어 + be + p.p. + 명사

간접목적어를 수동태의 주어로 사용할 경우, 동사 뒤에 직접목적어가 남아 있게 됩니다.

능동태 Ms. Harper offered me a job. Harper 씨는 나에게 일자리를 제안했다.
　　　　　　주어　　　동사　간목 직목

수동태 I was offered a job by Ms. Harper. 나는 Harper 씨로부터 일자리를 제안 받았다.
　　　　　주어　동사　목적어 (by + 목적격)

ⓒ 4형식의 수동태 문제 접근법

> ⓐ 수여동사의 능동/수동 여부를 판단해야 합니다.
> ⓑ 선택지의 동사가 수여동사일 경우, 빈칸 뒤에 명사가 있다고 해서 무조건 능동형으로 판단해서는 안 됩니다. 위 ⓑ에서 볼 수 있듯이, 간접목적어가 수동태의 주어일 경우 빈칸 뒤에 직접목적어가 남아 있기 때문입니다.
> ⓒ 문장을 해석하여 능동/수동 여부를 판단합니다.

Checkup Quiz 1 | 빈칸에 들어갈 말을 고르세요.

❶ The manager _____ a budget proposal. (give / is given)

❷ All new subscribers _____ a special discount.
　(will offer / will be offered)

(2) 5형식의 수동태

> 5형식의 문장 구조: 주어 + 동사 + 목적어 + 목적격 보어

*목적격 보어 자리에는 명사, 형용사, to부정사가 옵니다.

▶ **수여동사의 예**
give, send, grant, offer, bring, show, teach…

▶ 간접목적어가 주어로 사용될 경우, 수동태이지만 동사 뒤에 명사가 존재한다는 사실에 주의하자.

Checkup Quiz 1 정답
❶ is given
❷ will be offered

▶ **5형식동사의 예**
make, keep, find, consider, call

ⓐ 5형식 수동태 문장: 주어 + be + p.p. + 목적격 보어

능동태 They considered me a suspect. 그들은 나를 용의자로 생각했다.
　　　주어　　　동사　목적어　목적격 보어

수동태 I was considered a suspect (by them). 나는 용의자로 여겨졌다.
　　　주어　　　동사　　　주격 보어 (by + 목적격)

ⓑ 5형식의 수동태 문제 접근법

> ⓐ 5형식 동사인 make, keep, find, consider, call 등의 능동/수동 여부를 판단해야 합니다.
> ⓑ 보기가 5형식 동사일 경우, 빈칸 뒤에 명사가 있다고 해서 무조건 능동태로 판단해서는 안 됩니다.
> ⓒ 문장을 해석하여 능동/수동 여부를 판단합니다.

Checkup Quiz 2 | 빈칸에 들어갈 말을 고르세요.

❶ Those who don't eat meat are _____ vegetarians. (calling / called)
❷ Mr. Martin is _____ the best employee in his department.
(considering / considered)

7 감정을 표현하는 동사의 수동태

감정을 표현하는 동사는 '주어가 감정을 느낀다'는 의미가 되려면 수동태로 표현해야 합니다. 예를 들어, surprise는 '놀라게 하다'라는 의미이므로 '내가 놀라다'라는 의미가 되려면 'be surprised'와 같이 수동태로 표현해야 합니다. 이때, 전명구에는 by 이외의 다양한 전치사가 사용됩니다.

be surprised 놀라다 be alarmed 놀라다 be shocked 놀라다	+	at 명사 to 동사
be satisfied 만족하다 be pleased 기쁘다 be disappointed 실망하다	+	with 명사 to 동사

The CEO **was disappointed** with the sales figures. 최고경영자는 판매 실적에 실망했다.
I **was surprised** at the car accident. 나는 자동차 사고 때문에 놀랐다.

한줄요약

1. 4형식과 5형식의 수동태는 동사 뒤에 명사가 남아 있을 수 있다.
2. 감정을 표현하는 동사의 수동태는 by 이외의 전치사들을 수반한다.

▷ **5형식의 수동태**
수동태이지만 동사 뒤에 명사가 올 수 있다.

Checkup Quiz 2 정답
❶ called
❷ considered

▷ **필수 암기 수동태 표현**

be interested in
~에 흥미 있다
be engaged in
~에 종사하다
be involved in
~에 관련되다
be dedicated in
~에 헌신하다
be devoted to
~에 헌신하다
be committed to
~에 전념하다
be exposed to
~에 노출되다
be related to
~와 관계가 있다

빈칸에 들어갈 알맞은 말을 고르세요.

1. More than twenty members of the construction crew ------- in repair work right now.

   (A) engage

   (B) are engaged

   (C) have been engaged

   (D) engaged

construction 건설
crew 인부
repair 수리
be engaged in ~에 종사하다, ~으로 바쁘다

2. Travis Thompson is ------- the best employee recently hired by the Accounting Department.

   (A) considered

   (B) considering

   (C) be considered

   (D) consider

recently 최근에
hire 고용하다
consider 여기다

3. We ------- to providing the fastest and most reliable Internet service in the city.

   (A) committing

   (B) were being committed

   (C) be committed

   (D) are committed

provide 제공하다
reliable 믿을 만한
be committed to ~에 전념하다

4. Ms. Combs, who does research on chemical engineering, ------- as the most knowledgeable person in her field.

   (A) recognizes

   (B) is recognized

   (C) has recognized

   (D) is recognizing

research 연구하다
chemical engineering 화학공학
knowledgeable 많이 아는
field 분야
recognize 인정하다

5. Only a few residents are ------- with the solution to the flooding problem suggested by the mayor.

   (A) satisfaction

   (B) satisfying

   (C) satisfied

   (D) satisfy

only a few 몇 안 되는
resident 거주자, 주민
solution 해결책
flooding 홍수
suggest 제안하다
mayor 시장

1. 해석 현재 25명 이상의 건설 인부들이 수리 작업에 종사하고 있다.

해설 'be engaged in'은 '~에 종사하다', '~으로 바쁘다'라는 의미로서 반드시 알아 두어야 하는 수동태 표현이다. 문장의 마지막 부분에 'right now'가 있으므로 현재형 수동태인 (B)를 정답으로 고르면 된다.

정답 (B)

2. 해석 Travis Thompson은 회계 부서에 최근에 채용된 가장 우수한 사원으로 여겨졌다.

해설 5형식의 수동태 문장으로서 be 동사 뒤에 p.p가 와야 하므로 (A)의 considered가 정답이 된다. 빈칸 뒤의 'the best employee'는 목적어가 아닌 목적격 보어라는 사실에 주의해야 한다.

정답 (A)

3. 해석 우리는 시에서 가장 빠르고 믿을 만한 인터넷 서비스를 제공하는 데 전념하고 있다.

해설 '~에 전념하다'라는 의미가 되기 위해서는 수동태 형태인 'be committed to'로 사용되어야 한다. 정답은 (D)이며, 'be committed to'는 반드시 암기해야 하는 수동태 표현이다.

정답 (D)

4. 해석 Combs 씨는, 화학공학 분야에서 연구를 하는데, 해당 분야에서 가장 많이 알고 있다고 인정받는다.

해설 recognize는 '~를 인정하다'라는 의미인데, 주어인 Combs 씨가 인정을 받는다는 의미가 되어야 하므로 수동태인 (B)를 정답으로 고른다.

정답 (B)

5. 해석 시장에 의해 제안된 홍수 문제에 대한 해결책에 만족하는 주민은 몇 명 되지 않았다.

해설 주어인 residents가 만족한다는 의미가 되어야 하는데, satisfy는 '~를 만족시키다'라는 뜻이므로 수동태로 써야 한다. 따라서 정답은 (C)이다. 'be satisfied with'는 꼭 알아 두어야 하는 빈출 표현이다.

정답 (C)

UNIT 26 시제 I

'시제'는 앞서 학습한 '수 일치', '능동태/수동태'와 함께 동사 문제를 풀 때 고려해야 하는 세 가지 중요한 문법 사항입니다. 아래에 정리되어 있는 9가지 시제를 숙지한 다음 자세한 내용을 학습하도록 합시다.

● 시제의 기본 개념

시제		동사의 형태
단순시제	현재시제	'am/is/are' 또는 '동사원형 + -s'
	과거시제	'was/were', 또는 '동사원형 + -ed'
	미래시제	'will be' 또는 'will + 동사원형'
진행시제	현재시제	am/is/are + 동사원형 + -ing
	과거시제	was/were + 동사원형 + -ing
	미래시제	will be + 동사원형 + -ing
완료시제	현재시제	have/has + p.p.
	과거시제	had + p.p.
	미래시제	will have + p.p.

1 단순시제: 현재시제 / 과거시제 / 미래시제

단순시제는 과거/현재/미래의 **특정 시점**의 일을 나타냅니다.

과거　　　　　　현재　　　　　　미래

(1) 현재시제

현재시제는 '**동사원형 + -s**'의 형태이며, '**일반적인 사실**', '**반복적인 동작**', 그리고 '**습관적인 행위**'를 나타낼 때 사용됩니다.

S-Mart **usually charges** a fee for delivery. S마트는 대개 배송 서비스에 요금을 부과한다.

We **often get** complaints about high prices by customers.
우리는 고객들로부터 높은 가격에 대한 항의를 자주 받는다.

Ms. McGwire **visits** the department store **every week**.
McGwire 씨는 매주 백화점에 방문한다.

⊘ 중요 Point | 현재시제와 함께 사용되는 표현

usually 보통　　generally 일반적으로　　often 자주　　frequently 종종
every + day/week/month/year 매일/매주/매월/매년

Checkup Quiz 1 | 빈칸에 들어갈 말을 고르세요.

❶ Dr. Woods usually _____ to work by bus. (goes / went)

❷ Our staff members frequently _____ together. (meet / met)

▶ **현재시제 ≠ 현재진행시제**
현재시제와 현재진행시제는 의미가 서로 다르다.
① 현재시제: 서술
He **goes** to school.
그는 학교에 다닌다.
② 현재진행시제: 묘사
He **is going** to school.
그는 학교에 가는 중이다.

Checkup Quiz 1 정답
❶ goes
❷ meet

(2) 과거시제

과거시제는 '동사원형 + -ed'의 형태이며, '과거의 동작이나 상태'를 나타낼 때 사용됩니다.

Mr. Suzuki **retired** from his job **five years ago.** Suzuki 씨는 5년 전에 퇴직했다.

JR Soft **released** its latest accounting software **last week.**

JR 소프트는 최신 회계 소프트웨어를 지난주에 출시했다.

The policy on maternity leave **was** changed **recently.**

육아 휴직에 대한 규정이 최근에 변경되었다.

accounting 회계
maternity leave 육아 휴직

⊘ 중요 Point | 과거시제와 함께 사용되는 표현

last 지난 ~	ago ~ 전에	once 한 때	yesterday 어제
recently (= lately) 최근에		in + 과거 연도 (과거 연도)에	

▶ recently와 lately는 과거시제 및 현재완료시제와도 함께 사용된다.

Checkup Quiz 2 | 빈칸에 들어갈 말을 고르세요.

❶ S&J, Inc. _____ founded fifty years ago. (is / was)

❷ The Petronas Towers _____ once the highest buildings in the world. (are / were)

❸ Mr. Lee _____ in a conference last month. (participate / participated)

Checkup Quiz 2 정답

❶ was

❷ were

❸ participated

(3) 미래시제

미래시제는 '**will** + 동사원형'의 형태이며, '미래의 동작이나 상태'를 나타낼 때 사용됩니다.

Professor Lloyd **will begin** his classes **next month.**

Lloyd 교수는 다음 달에 그의 수업을 시작할 것이다.

The Cozy Hotel **will go** out of business **soon.** Cozy 호텔은 곧 폐업할 것이다.

Mr. Thompson **will fly** to Rome **tomorrow.** Thompson 씨는 내일 로마로 비행할 것이다.

▶ "be going to 동사원형"도 미래시제 표현이다.

⊘ 중요 Point | 미래시제와 함께 사용되는 표현

next ~ 다음	tomorrow 내일	soon 곧	shortly 곧	by/until ~ 까지

Checkup Quiz 3 | 빈칸에 들어갈 말을 고르세요.

❶ WSY Insurance _____ a new branch in Miami next month. (will open / opens)

❷ The buyers from Singapore _____ at the airport soon. (will arrive / arrive)

❸ Korea's economy _____ 2% next year. (will grow / has grown)

Checkup Quiz 3 정답

❶ will open

❷ will arrive

❸ will grow

> 한줄요약

○─ **1.** 현재시제는 반복적인 일이나 습관을 표현할 때 사용된다.

○─ **2.** 각 시제들의 형태를 잘 기억해 두어야 한다.

○─ **3.** 각각의 시제와 함께 자주 사용되는 부사들을 기억해야 한다.

1. Ms. Johnson ------- a staff meeting with ten people in her office tomorrow morning.

   (A) hold

   (B) will hold

   (C) is held

   (D) can be held

   staff meeting 직원 회의
   office 사무실
   hold 열다, 개최하다

2. Elliot Sanders ------- to take the bus to work in the morning every day.

   (A) prefers

   (B) will prefer

   (C) is preferred

   (D) is preferring

   take a bus 버스를 타다
   prefer ~을 선호하다

3. A spokesperson for the company ------- it would hire more workers at a press conference last night.

   (A) announces

   (B) was announcing

   (C) announced

   (D) has announced

   spokesperson 대변인
   press conference 기자 회견
   announce 발표하다

4. Those individuals who register for the conference one month early ------- a discount of 20%.

   (A) are receiving

   (B) be received

   (C) will receive

   (D) are received

   individual 개인
   register 등록하다
   discount 할인

5. The government ------- handbooks containing updated information on the newest laws and regulations every year.

   (A) publishes

   (B) publication

   (C) publishing

   (D) is published

   government 정부
   handbook 안내서
   contain 포함하다
   regulation 규정, 규제
   publish 발행하다

1. 해석 Johnson 씨는 내일 아침에 그녀의 사무실에서 10명의 사람들과 함께 하는 직원 회의를 열 것이다.

해설 미래를 의미하는 표현인 'tomorrow morning'이 있으므로 미래시제 동사인 (B)의 'will hold'가 정답임을 알 수 있다.

정답 (B)

2. 해석 Elliot Sanders는 매일 아침 출근할 때 버스를 타는 것을 선호한다.

해설 매일 아침에 버스를 타는 것을 선호한다는 습관적인 행위를 나타내고 있으므로 현재형인 (A)의 prefers가 정답이 된다.

정답 (A)

3. 해석 회사의 대변인은 지난밤 기자 회견에서 더 많은 직원들을 채용할 것이라고 발표했다.

해설 'last night'이라는 표현을 통해서 과거형인 (C)의 announced를 정답으로 선택해야 한다는 것을 알 수 있다.

정답 (C)

4. 해석 컨퍼런스에 한 달 먼저 등록하는 사람들은 20%의 할인을 받을 것이다.

해설 한 달 먼저 등록하는 사람들은 할인을 받게 될 것이라는 의미이므로 미래시제 문장이다. 따라서 (C)의 'will receive'가 정답이 된다.

정답 (C)

5. 해석 정부는 매년 최신 법안과 규정에 대한 업데이트된 정보를 담은 안내서를 발행한다.

해설 문장 끝에 있는 'every year'를 통해, 해마다 반복되는 행위를 묘사하는 현재시제 동사를 정답으로 골라야 한다는 것을 알 수 있다. 따라서 정답은 (A)의 publishes이다. 정부에서 안내서를 발행한다는 능동의 의미이므로, 수동형인 (D)의 is published는 정답이 될 수 없다.

정답 (A)

시제 II

2 진행시제: 과거진행 / 현재진행 / 미래진행

진행시제는 과거 / 현재 / 미래의 특정 시점에 진행 중인 일을 나타냅니다.

진행 중　　　　　　진행 중　　　　　　진행 중
과거　　　　　　　　현재　　　　　　　　미래

(1) 현재진행시제: 현재진행시제는 'am/is/are + 동사원형 + -ing'의 형태입니다.

ⓐ **진행 중인 일:** 현재 시점에 진행 중인 일을 표현할 때 사용되며, '~하는 중이다'로 해석됩니다.

Dr. Monroe **is giving** a speech **now**. Monroe 박사가 지금 연설을 하는 중이다.

The copy machine **is currently printing** documents.
복사기가 현재 문서들을 인쇄하는 중이다.

☑ **중요 Point** | 현재진행시제와 함께 사용되는 표현

currently 현재	presently 현재	now 지금 (= at this moment)

ⓑ **가까운 미래:** 현재진행시제는 **가까운 미래**를 표현할 때에도 사용되며, '~할 것이다'로 해석됩니다.

She **is giving** a presentation **next week**. 그녀는 다음 주에 발표를 할 것이다.

Mr. Rodriguez **is going** to Madrid **this Friday**.
Rodriguez 씨는 이번 주 금요일에 마드리드에 갈 것이다.

> **Checkup Quiz 1** | 빈칸에 들어갈 말을 고르세요.
> ❶ Ms. Moore _____ to the post office now. (go / is going)
> ❷ The road is presently _____ by the workers. (paves / being paved)
> ❸ The new fax machine _____ next week. (arrive / is arriving)

☑ **중요 Point** | 현재시제와 현재진행시제의 비교

> • **현재시제:** 반복적이고 습관적인 일을 표현
> • **현재진행시제:** 현재 시점에 진행 중인 일을 표현

(2) 과거진행시제: 과거진행시제는 'was/were + 동사원형 + -ing'의 형태입니다. 과거 시점에 진행 중이었던 일을 표현할 때 사용되며, '~하는 중이었다'로 해석됩니다.

She **was meeting** with a client **yesterday at 8 P.M**.
그녀는 어제 저녁 8시에 의뢰인을 만나고 있었다.

I **was repairing** my car **when you called me**.
당신이 나에게 전화했을 때 나는 나의 차를 고치고 있었다.

▶ **분사 개념 잡기**
동사의 형태를 바꾸어 형용사로 사용

종류	형태	의미
현재분사	V-ing	~하는
과거분사	V-ed	~된

▶ **진행시제로 사용할 수 없는 동사**
① 상태: include, need, know, have
② 감정: surprise, shock, want, love

▶ next week, tomorrow와 같은 가까운 미래를 나타내는 표현이 함께 사용된다.

Checkup Quiz 1 정답
❶ is going
❷ being paved
❸ is arriving

✅ 중요 Point | 과거진행시제와 함께 사용되는 표현

> • 명확한 과거시점을 나타내는 표현 (*ex.* yesterday 7 P.M.)
> • when + 주어 + 과거동사 / during + 과거시점
> • while + 주어 + 과거동사

Checkup Quiz 2 | 빈칸에 들어갈 말을 고르세요.

❶ Ms. Williamson _____ the piano yesterday at 3 P.M.
(has practiced / was practicing)

❷ Dr. Givens _____ a lecture to his students when I visited him.
(is giving / was giving)

(3) 미래진행시제: 미래진행시제는 'will be + 동사원형 + -ing'의 형태입니다. 미래 시점에 진행 될 일을 표현할 때 사용되며, '~하는 중일 것이다'로 해석됩니다.

She **will be working** on the project **tomorrow at 9 A.M**.

그녀는 내일 오전 9시에 프로젝트에 관한 일을 하는 중일 것이다.

✅ 중요 Point | 미래진행시제와 함께 사용되는 표현

> • 명확한 미래시점을 나타내는 표현 (*ex.* tomorrow 7 P.M.)

Checkup Quiz 3 | 빈칸에 들어갈 말을 고르세요.

❶ I _____ to London tomorrow at 10 A.M. (fly / will be flying)

❷ The global economy _____ better this time next year.
(has been getting / will be getting)

Checkup Quiz 2 정답
❶ was practicing
❷ was giving

Checkup Quiz 3 정답
❶ will be flying
❷ will be getting

한줄요약

○─ **1.** 진행시제는 '특정한 시점에 진행 중인 일'을 표현할 때 사용된다.
○─ **2.** 진행시제의 형태를 잘 기억해야 한다.
○─ **3.** 각각의 진행시제와 함께 사용되는 부사들을 기억해야 한다.

빈칸에 들어갈 알맞은 말을 고르세요.

1. While the speech was going on, several late arrivals ------- for the marketing seminar.

(A) are registered

(B) were registering

(C) register

(D) are registering

> speech 연설
> go on 계속되다
> arrival 도착한 사람; 도착
> register 등록하다

2. At this moment, Ron Washington ------- on a plane to meet a client in Vancouver.

(A) flew

(B) has flown

(C) is flying

(D) flies

> at this moment 지금
> client 고객

3. Mr. Soto ------- you tomorrow morning around eleven thirty to discuss a new project.

(A) will be calling

(B) has called

(C) is calling

(D) will have called

> discuss 논의하다
> call 전화하다

4. The shipping industry ------- many problems until the economy suddenly improved.

(A) was suffering

(B) suffers

(C) can suffer

(D) will suffer

> shipping industry 해운업
> improve 개선되다
> suffer 시달리다, 고통받다

5. You ------- a visit from two job applicants around three hours from now.

(A) received

(B) have received

(C) will be receiving

(D) are received

> applicant 지원자
> receive a visit 방문을 받다

1. 해석 연설이 계속되는 동안, 몇몇 늦게 도착한 사람들이 마케팅 세미나에 등록하고 있었다.

해설 부사절의 시제가 과거진행시제인 'was going on'이므로 주절의 시제도 일치시켜야 한다. 따라서 (B)가 정답이 된다.

정답 (B)

2. 해석 지금, Ron Washington은 고객을 만나기 위해 밴쿠버로 비행하는 중이다.

해설 문장 맨 앞에 쓰인 전치사구 'at this moment'가 현재 시점을 의미하기 때문에, 현재진행시제인 (C)를 정답으로 골라야 한다. 이와 같이 특정 시점을 나타내는 표현이 있을 경우에는 진행시제를 써야 한다.

정답 (C)

3. 해석 Soto 씨는 신규 프로젝트를 논의하기 위해서 내일 아침 11시 30분쯤에 당신에게 전화하고 있을 것이다.

해설 'tomorrow morning around eleven thirty'라는 미래 시점의 표현이 있으므로, 미래진행시제인 (A)의 will be calling이 정답이 된다.

정답 (A)

4. 해석 해운업은 경제가 급격히 개선되었을 때까지 많은 문제들을 겪고 있었다.

해설 부사절인 'until the economy suddenly improved'의 시제가 과거형이다. 따라서 빈칸에는 과거진행시제인 (A)의 was suffering이 와야 한다

정답 (A)

5. 해석 당신은 지금부터 약 세 시간 후에 지원자 두 명의 방문을 받을 것이다.

해설 'around three hours from now'가 과거의 특정 시점을 의미하므로, 미래진행시제인 (C)의 will be receiving이 정답이 된다.

정답 (C)

시제 III

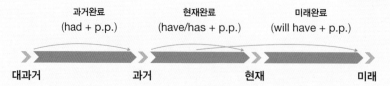

토익스텝 567

3 완료 시제: 현재완료시제 / 과거완료시제 / 미래완료시제

완료시제는 한 시점부터 다른 시점까지의 완료된 일을 나타냅니다.

과거완료	현재완료	미래완료
(had + p.p.)	(have/has + p.p.)	(will have + p.p.)

| 대과거 | 과거 | 현재 | 미래 |

(1) 현재완료시제: 현재완료시제는 **'have/has + p.p.'**의 형태입니다.

ⓐ **계속:** 과거부터 해오던 행동이 현재까지 계속될 때 사용되며 '~해왔다'로 해석됩니다.

I **have worked** for the last 3 years. 나는 지난 3시간 동안 일해왔다.

She **has studied** English **since** 2014. 그녀는 2014년 이래로 영어를 공부해왔다.

The house **has remained** empty **since** the former resident moved out last month. 그 집은 지난달에 예전 거주자가 이사간 이후로 계속 비어 있다.

> last 지난
> remain 남다

✓ 중요 Point | 현재완료시제(계속)와 함께 사용되는 표현

> since ~이래로   for(in, over) the last(past) ~ 지난 ~ 동안   so far 이제까지

현재완료와 함께 사용되는 since

since의 위치와 상관없이, since 뒤에 과거 표현이 나올 경우 주절은 아래와 같이 have/has p.p.의 현재완료 형태가 됩니다.
① have/has p.p., since + 과거 표현
② Since + 과거 표현, have/has p.p.

> ▶ since: 전치사/접속사/부사
> ① 전치사: since + 단어/구
> → since가 전치사이면 문장의 동사는 현재완료 이다.
> ② 접속사: since + 절
> → since가 접속사이면 문장의 동사는 현재완료가 아닐 수도 있다.

Checkup Quiz 1 | 빈칸에 들어갈 말을 고르세요.

❶ Since the road repairs started, there _____ traffic jams on Main Street. (are / have been)

❷ The board of directors _____ the budget proposal for the past two days. (reviewed / has reviewed)

Checkup Quiz 1 정답
❶ have been
❷ has reviewed

ⓑ **완료:** 과거에 완료된 일이 현재까지 영향을 미칠 때 사용됩니다.

She **has stepped out** from a car. 그녀가 차에서 내렸다.

→ 차에서 내렸고, 현재도 차에서 내려 있는 상태

> step out 걸어 나오다

과거시제 vs. 현재완료시제

① **과거시제:** 과거의 행위가 현재에 영향을 미치지 않는다.
Brandon **lost** the receipt.
→ 영수증을 분실했었으나 현재는 분실한 상태인지 알 수 없음.
② **현재완료시제:** 과거의 행위가 현재까지 영향을 미친다.
Brandon **has lost** the receipt. → 영수증을 분실했었고 현재도 분실한 상태임.

✅ 중요 Point | 현재완료시제(완료)와 함께 사용되는 표현

recently 최근에	lately 최근에	already 이미	just 막

(2) 과거완료시제(= 대과거): 과거완료시제는 '**had + p.p.**'의 형태입니다. 과거보다 먼저 일어난 일을 표현할 때 사용되며, '～했었다'로 해석됩니다.

Before Mr. Carpenter **started** the store, he **had** already **prepared** for his business. Carpenter 씨는 상점을 개업하기 전에, 이미 사업 준비를 했었다.

After Ms. Jones **had gathered** the information about the product, she **decided** to buy it. Jones 씨는 제품에 대한 정보를 수집한 이후에, 그것을 구입하기로 결정했다.

cf. 과거완료 문장에서 before 절에는 과거시제, after 절에는 과거완료시제를 사용

before	after
① had p.p., before + 과거시제	① 과거시제, after + had p.p.
② Before + 과거시제, had p.p.	② After + had p.p., 과거시제

(3) 미래완료시제: 미래완료시제는 '**will have + p.p.**'의 형태입니다. 미래시점까지 어떤 일이 계속되다가 완료되는 것을 표현할 때 사용됩니다.

I **will have completed** the report **by the time** you arrive here.
당신이 이곳에 도착할 무렵에 나는 보고서를 완료할 것이다.

> **by the time과 완료시제**
> ① '**by the time** + 현재시제'가 있을 경우 미래완료가 사용된다.
>   I **will have left** work **by the time** Mr. Harrington comes to my office.
>   Harrington 씨가 사무실에 올 때쯤, 나는 퇴근해 있을 것이다.
> ② '**by the time** + 과거시제'가 있을 경우 과거완료가 사용된다.
>   **By the time** Mr. Harrington **came** to my office, I **had left** work.
>   Harrington 씨가 사무실에 왔을 때, 나는 퇴근했었다.

✅ 중요 Point | 미래완료시제와 함께 사용되는 표현

by + 미래 시점 ～까지	by the time ～ ～까지, ～할 즈음에
by next ~ 다음 ～까지	by the end of ~ ~ 말까지

Checkup Quiz 2 | 빈칸에 들어갈 말을 고르세요.
❶ He _____ in the military by the end of the year.
  (will serve / will have served)
❷ Before she arrived at the stadium, the game _____ started.
  (have been / had been)

한줄요약

1. 완료시제의 형태를 기억하고, 완료시제의 종류에 따라 have를 적절하게 변형시킬 줄 알아야 한다.
2. 각각의 완료시제와 함께 사용되는 표현들을 잘 알아 두자.

---

prepare 준비하다
gather 모으다, 수집하다

report 보고서

▶ by the time
① 미래완료, [by the time 현재]
   [by the time + 현재시제],
   미래완료
② 과거완료, [by the time 과거]
   [by the time+ 과거시제],
   과거완료

Checkup Quiz 2 정답
❶ will have served
❷ had been

1. Interest in the benefits of businesses using social media sites ------- in recent years.

    (A) increases

    (B) has increased

    (C) will increase

    (D) be increasing

interest 관심
benefit 이익
business 사업

2. Mr. Jenkins ------- on the marketing team since he began his employment at J.D., Inc.

    (A) works

    (B) is working

    (C) has worked

    (D) will have worked

since ~ 이래로, ~ 이후로
employment 고용, 취업

3. The firm's CEO and vice president ------- the merger for the past week.

    (A) have considered

    (B) were considered

    (C) have been considered

    (D) will have considered

firm 기업
vice president 부사장
merger 합병
consider 고려하다

4. After Mr. Silas ------- with the inspector, he decided to close the factory for a week.

    (A) had spoken

    (B) been spoken

    (C) has spoken

    (D) had been spoken

inspector 조사관, 감독관
close 닫다, 폐쇄하다
factory 공장, 시설

5. Xavier Holliday ------- in Los Angeles by the time you finish the report.

    (A) landed

    (B) will have landed

    (C) had landed

    (D) lands

finish 끝마치다
report 보고서
land 착륙하다

1. 해석   최근에 소셜미디어 사이트를 활용하는 사업의 수익에 대한 관심이 증가했다.

       해설   기간을 나타내는 표현인 'in recent years'가 있으므로, 현재완료시제인 (B)의 'has increased'를 정답으로 골라야 한다.

정답 (B)

2. 해석   J.D. 주식회사에서 근무를 시작한 이후로, Jenkins 씨는 마케팅 팀에서 일해 왔다.

       해설   since가 이끄는 부사절은 현재완료와 함께 사용되므로 (C)의 'has worked'가 정답이 된다.

정답 (C)

3. 해석   회사의 최고경영자와 부사장은 지난주 동안 합병을 고려했다.

       해설   'for + 기간'은 과거의 특정 기간을 표현하는 전치사구이므로 '기간'을 표현하는 완료시제와 함께 사용된다. 따라서 완료시제인 (A)와 (C) 중에서 정답을 골라야 하는데, 주어와 동사가 능동의 관계이므로 정답은 (A)이다.

정답 (A)

4. 해석   Silas 씨가 조사관과 이야기를 나눈 이후에, 그는 1주일 동안 공장을 폐쇄하기로 결정했다.

       해설   과거보다 먼저 일어난 일을 표현할 때에는 과거완료시제가 사용된다. Silas 씨가 조사관과 이야기를 나눈 행위가 공장 문을 닫기로 결심한 것보다 먼저 발생한 일이므로 (A)의 had spoken이 정답이 된다.

정답 (A)

5. 해석   당신이 보고서를 완료할 때쯤이면 Xavier Holliday는 로스엔젤레스에 착륙할 것이다.

       해설   'by the time + 현재시제'가 있을 경우에는 미래완료가 사용된다. 따라서 정답은 (B)의 will have landed이다. 'by the time +현재시제, 미래완료', 'by the time +과거시제, 과거완료' 공식을 외워두자.

정답 (B)

토익스텝 567

4 시제 일치의 예외

(1) 시간/조건의 부사절: 시간과 조건의 부사절에서는 현재시제가 미래시제를 대신합니다. 즉, 동사 앞에 will이 쓰이지 않습니다. 이때, 주절은 미래시제로 표현해야 합니다.

▶ 완료 시제의 경우에도, 시간과 조건의 부사절에서는 현재완료가 미래완료를 대신한다. **When** you **have finished** (will have finished) the report, I **will call** you about the next assignment.

ⓐ 시간을 나타내는 부사절 접속사

before ~ 전에	after ~ 후에	until ~까지	since ~ 이후로
while ~ 동안	as soon as ~하자마자	when/as ~할 때	by the time ~까지

We **will check** the condition of the product **when** it **arrives** (will arrive) next week. 다음 주에 제품이 도착하면 우리는 제품의 상태를 확인할 것이다.

ⓑ 조건을 나타내는 부사절 접속사

if ~이라면	as long as ~이기만 하면
in the event (that) ~한 경우라면	given (that) ~을 고려해볼 때
providing (that) / provided (that) ~라고 가정하면	
unless ~이 아니라면	once 일단 ~하면
in case (that) ~한 경우를 대비하여	considering (that) ~을 고려하면

If I **receive** (will receive) an answer, I **will call** you back.
답변을 받으면, 당신에게 다시 전화할게요.

(2) 주장·요구·명령·제안을 의미하는 동사: 주절의 동사가 주장·요구·명령·제안을 의미하는 동사일 경우 that 절의 동사는 시제 및 수 일치와 상관없이 '**should + 동사원형**'의 형태입니다. 이때, should는 생략될 수 있습니다.

ⓐ 주장·요구·명령·제안을 의미하는 동사

insist 주장하다	require 요구하다	request 요청하다
order 명령하다	suggest 제안하다	recommend 제안하다

The manager **requested** that Ms. Collins **(should) drop** by his office.
관리자는 Collins 씨가 그의 사무실에 방문할 것을 요청했다.

(3) 가주어 구문: 가주어 구문에서 It is와 that 사이에 **이성적 판단의 형용사**가 올 경우, **that** 절의 동사는 시제 및 수 일치와 상관없이 '**should + 동사원형**'의 형태입니다. 이때, should는 생략될 수 있습니다.

ⓐ 이성적 판단의 형용사

natural 자연스러운	necessary 필요한	important 중요한
imperative 필수적인	essential 필수적인	vital 필수적인

It is **important** that the vice president **(should) attend** the annual meeting.
부회장이 연례 회의에 참석하는 것이 중요하다.

Checkup Quiz 1 | 빈칸에 들어갈 말을 고르세요.

❶ The CEO will announce the sales results after the meeting _____.
(ends / will end)

❷ It is imperative that every student _____ a report by this Friday.
(submitted / submit)

Checkup Quiz 1 정답

❶ ends

❷ submit

5 동사 문제를 푸는 순서: 수 → 태 → 시

동사와 관련된 문법사항들 중에서 수 일치, 태, 그리고 시제를 학습했습니다. 동사 관련 문법 문제를 풀 때에는 지금까지 학습한 '수-태-시'를 고려하여 적절한 형태의 동사를 선택해야 한다는 것을 명심해야 합니다. 아래의 예제를 통해 보다 자세히 알아 보도록 합시다.

📖 실전 예제 |

> The organization for rare diseases ------- money to charity for the past 6 months.
>
> (A) donate
> (B) is donated
> (C) is donating
> (D) has donated

'수 → 태 → 시'의 순서에 따라 위 문제를 풀면 아래와 같습니다.

① **수 일치**: 문장의 주어는 3인칭 단수인 'the organization'입니다. 따라서 동사원형인 (A)는 정답에서 제외됩니다.

② **능동태와 수동태**: 동사 뒤에 목적어인 money가 있기 때문에, 해당 문장은 능동태라는 것을 알 수 있습니다. 그러므로 수동태인 (B)는 정답에서 제외됩니다.

③ **시제**: 문장의 뒷부분에 'for the past 6 months'는 '기간'을 의미하는 전치사구입니다. 따라서 완료형인 (D)가 정답이 됩니다. (C)는 현재진행시제이므로 'for the past 6 months'와 함께 사용될 수 없습니다.

▷ '수-태-시'의 순서대로 문제를 풀어야 실수하지 않고 정답을 고를 수 있다.

> **한줄요약**
>
> 1. 시제 일치 예외의 경우들을 잘 알아 두고, 문제를 풀 때 꼭 기억하자.
> 2. '수 → 태 → 시'를 순서대로 고려하여 동사 문제를 푸는 연습을 하자.

1. As long as the weather remains pleasant, the opening ceremony ------- as planned.

    (A) proceeded

    (B) has proceeded

    (C) proceeds

    (D) will proceed

> as long as ~이기만 하면
> remain 계속 ~이다
> pleasant 쾌적한
> opening ceremony 개업식
> proceed 진행되다

2. If you ------- the budget request by 6:00, I will make a decision before the week ends.

    (A) submit

    (B) were submitted

    (C) will submit

    (D) have been submitted

> budget 예산
> request 요청, 요청서
> make a decision 결정하다
> submit 제출하다

3. Mr. Owen's editor suggested that he ------- a sequel to the book he just published.

    (A) writes

    (B) writing

    (C) written

    (D) write

> editor 편집자
> suggest 제안하다
> sequel 속편
> publish 출판하다

4. It is essential that someone in the Accounting Department ------- the numbers in the report.

    (A) confirm

    (B) confirmation

    (C) confirms

    (D) confirming

> number 수치, 숫자
> report 보고서
> confirm 확인하다

5. In the event that Gabbard Manufacturing signs the contract, we ------- supplies from several firms.

    (A) order

    (B) ordered

    (C) will order

    (D) were ordered

> in the event that ~하는 경우에
> sign a contract 계약서에 서명하다
> supplies 물품

1. 해석   날씨가 좋기만 하다면, 개업식은 계획대로 진행될 것이다.

해설   주절에 현재시제인 remains가 있지만, 이는 미래를 의미하는 조건의 부사절에 사용되었으므로 현재시제인 (C)를 정답으로 고르는 실수를 해서는 안 된다. 정답은 (D)이다.

정답 (D)

2. 해석   당신이 예산 요청서를 6시까지 제출한다면, 나는 이번 주가 끝나기 전에 결정을 내릴 것이다.

해설   시간과 조건의 부사절에서는 현재시제가 미래시제를 대신하므로 (A)의 submit이 정답이 된다. 문장의 의미가 미래인 것을 보고 (C)를 정답으로 고르는 실수를 해서는 안 된다.

정답 (A)

3. 해석   Owens 씨의 편집자는 그가 막 출판한 책의 속편을 집필하는 것을 제안했다.

해설   제안을 의미하는 동사인 suggest가 that절을 목적어로 취하면, that절의 동사는 원형이 되어야 한다. 따라서 정답은 (D)이다. 이러한 동사에는 insist, require, request, order, recommend 등이 있다.

정답 (D)

4. 해석   회계 부서의 누군가가 보고서의 수치를 확인해 주는 것은 필수적이다.

해설   가주어 구문에서 이성적 판단의 형용사가 있을 경우, that절의 동사는 원형이어야 한다. 접속사 that 앞에 이성적 판단의 형용사인 essential이 있으므로 정답은 동사 원형인 (A)의 confirm이다.

정답 (A)

5. 해석   Gabbard 제조가 계약서에 서명할 경우, 우리는 몇몇 기업에 물품을 주문할 것이다.

해설   'in the event that'은 조건절을 이끄는 접속사이다. 조건절의 동사가 현재형이지만, 주절은 미래를 의미하므로 정답은 (C)의 will order이다.

정답 (C)

to부정사 I

to부정사의 용법 ··· 토익스텝 567

공부하기 3가지로 → 명사적용법
공부하는 것 분류! → 형용사적용법
공부하려고 → 부사적용법
공부하기 위해
....

동사를 명사, 형용사, 부사 등과 같은 다른 품사로 사용하려면 동사의 형태를 변형해야 합니다. 이를 준동사라고 하는데, 준동사는 동사가 아니지만 동사의 성질을 가지고 있습니다. 준동사에는 ① 부정사, ② 동명사, ③ 분사가 있습니다.

*준동사 학습 포인트
1. to부정사와 동명사는 한 문제에 보기로 함께 나온다.
2. 형태가 같은 동명사와 현재분사를 구분할 수 있어야 한다.
3. 타동사가 변형된 준동사는 목적어를 취할 수 있다.

● 준동사의 기본 개념

준동사의 종류		형태	
to부정사		to + 동사원형	명사, 형용사, 부사 역할
동명사		동사원형 + -ing	명사 역할
분사	현재분사	동사원형 + -ing	형용사 역할 (능동)
	과거분사	동사원형 + ed	형용사 역할 (수동)

cf. 준동사는 타동사에서 파생되었기 때문에 목적어를 취할 수 있습니다.
I expected **to hear** good news. 나는 좋은 소식을 기대했다.
➔ 'good news'가 'to hear'의 목적어로 사용됨

● to부정사의 기본적인 의미

위에서 언급된 것처럼, 준동사란 동사의 형태를 변형하여 다른 품사처럼 사용하는 것입니다. 우리말과 영어를 아래와 같이 비교해 봅시다.

구분	동사	다른 품사로 변형	비교
한국어	공부하다	• 명사: 공부하기, 공부하는 것 • 형용사: 공부하는, 공부할 수 있는 • 부사: 공부하려고, 공부하기 위해서	품사에 맞게 어미가 다양하게 변화함.
영어	study	to study	'to + 동사원형'으로 명사, 형용사, 부사를 모두 표현할 수 있음.

➔ to부정사는 명사, 형용사, 부사의 의미로 사용됩니다.

1 to부정사의 형태와 특징

(1) to부정사의 형태: to + 동사원형 (+ 목적어)

She plans **to send** an e-mail. 그녀는 이메일을 보낼 계획이다.

• to send: to부정사
➔ 동사 plan의 목적어 역할을 하고 있으며, 이는 명사처럼 사용됨
• an e-mail: to부정사의 목적어 역할
➔ to부정사는 동사의 성질을 가지고 있기 때문에 명사를 목적으로 가질 수 있음

(2) to부정사의 특징

ⓐ to부정사는 주어 뒤의 동사 자리에 위치할 수 없습니다.

to부정사는 동사의 성질을 가지고 있기는 하지만, 준동사이므로 혼자서 동사의 역할을 할 수는 없습니다.

She ~~to want~~ to participate in the conference. (×)

→ She **wants** to participate in the conference. (○) 그녀는 회의에 참석하고 싶어 한다.

ⓑ to부정사는 전치사의 목적어로는 쓰일 수 없습니다.

Andrew is responsible for ~~to hire~~ temporary workers. (×)

→ Andrew is responsible **for hiring** temporary workers. (○)

Andrew는 비정규직 노동자들의 고용을 담당하고 있다.

ⓒ to부정사는 기본적으로 '미래'를 의미합니다.

전치사 to는 '~로', '~에게'와 같은 의미를 가지고 있어서 '방향성'을 가지고 있습니다. to부정사에서도 동사원형 앞에 전치사 to가 사용되어 '미래를 향한 방향성'을 나타냅니다. 따라서 '원하다', '계획하다', '결심하다'와 같이 '앞으로 일어날 일'을 목적어로 취하는 동사 뒤에는 to부정사가 사용됩니다.

• 원하다: want, hope, wish, desire • 계획하다: plan • 결심하다: decide	+	to부정사

The vice president **wants to visit** the new facility. 부사장은 새 공장에 방문하고 싶어 한다.

We **plan to open** a new branch in Busan. 우리는 부산에 신규 지점을 개설할 계획이다.

Ms. Parker **decided to run** for mayor. Parker 씨는 시장 선거에 출마하기로 결심했다.

facility 시설, 공장
branch 지사, 지점
run for ~에 출마하다

(3) to부정사의 의미상 주어

문장의 주어와 to부정사의 주어가 다를 경우, to부정사의 의미상 주어는 to부정사 앞에 'for + 목적격'으로 표시합니다.

It is necessary **for him file** a report by this Friday.

그는 이번 주 금요일까지 보고서를 제출할 필요가 있다.

It is very important **for investors to make** money.

투자자들에게는 돈을 버는 것이 가장 중요하다.

file a report 보고서를 제출하다
investor 투자자
make money 돈을 벌다

한줄요약

1. 준동사의 종류에는 to부정사, 동명사, 분사가 있다.
2. 타동사가 변형된 준동사는 목적어를 취할 수 있다.
3. to부정사의 형태와 특징을 잘 기억하자.

빈칸에 들어갈 알맞은 말을 고르세요.

1. Mr. Jacobson plans ------- more furniture for the office next month.

   (A) purchase
   (B) purchasing
   (C) to purchase
   (D) purchased

purchase 구매하다
furniture 가구

2. If the negotiations are successful, we must decide ------- to London to sign the contract.

   (A) fly
   (B) flying
   (C) will fly
   (D) to fly

negotiation 협상
successful 성공적인
sign the contract 계약서에 서명하다

3. I hope ------- the training for the new software by Friday.

   (A) completed
   (B) complete
   (C) to complete
   (D) completing

training 교육, 훈련
complete 완료하다

4. Several representatives want ------- a new bill that will reduce taxes on residents.

   (A) to introduce
   (B) will introduce
   (C) introducing
   (D) have introduced

representative 하원 의원, 의원
bill 법안
reduce 인하하다
resident 거주자
introduce 도입하다

5. Because the company is losing money, management desires ------- some new clients.

   (A) find
   (B) finding
   (C) to find
   (D) will find

management 경영진
client 고객

1. 해석   Jacobson 씨는 다음 달에 사무실용 가구를 더 구매할 계획이다.

해설   동사 plan은 to부정사를 목적어로 취하는 동사이다. 따라서 정답은 (C)의 to purchase이다.

정답 (C)

2. 해석   협상이 성공적이라면, 우리는 계약서에 서명하기 위해 비행기를 타고 런던으로 가기로 결정해야 한다.

해설   decide는 to부정사를 목적어로 취하는 동사이므로 정답은 (D)의 to fly이다.

정답 (D)

3. 해석   나는 금요일까지 새 소프트웨어를 위한 교육을 완료하기를 원한다.

해설   '원하다'라는 의미를 가진 hope, want, wish, desire 등은 to부정사를 목적어로 취한다. 정답은 (C)이다.

정답 (C)

4. 해석   몇몇 대의원들은 거주자들에 대한 세금을 인하한 새로운 법안을 도입할 것을 원한다.

해설   동사 want 뒤에는 to부정사가 와야 하므로 (A)의 to introduce가 정답이 된다.

정답 (A)

5. 해석   회사가 적자를 내고 있어서, 경영진은 몇몇 신규 고객을 찾기를 바란다.

해설   desire 뒤에는 to부정사가 뒤따르므로 정답은 (C)의 to find이다.

정답 (C)

UNIT 31 to부정사 II

2. 명사 역할 → N로 쓰일
주 + 동 + 목 + 보
to V   to V to V
→ to V → 하는 것
토익스텝 567

2 명사 역할

to부정사가 명사의 역할을 할 때에는 문장 내에서 주어, 목적어, 보어 역할을 합니다. 이때 to부정사는 '~하는 것'으로 해석됩니다.

> • to부정사가 명사의 역할을 하는 경우
> **S(주어)** + V(동사) + **O(목적어)** + **C(보어)**
> 명사   명사   명사
> → to부정사는 위 문장 구조에서 '주어', '목적어', '보어' 자리에 쓰일 수 있습니다.
>   즉, '명사'의 역할을 하기 때문에 '~하는 것'과 같이 명사처럼 해석됩니다.

(1) 주어로 사용되는 경우

to부정사는 명사 역할로서 문장의 **주어**로 사용될 수 있습니다.
To speak English fluently is difficult. 영어를 유창하게 말하는 것은 어렵다.

cf. 관용적으로 to부정사는 주어 자리에 잘 사용되지 않고, 'It is ~ to부정사' 형태의 가주어 구문으로 사용됩니다. 위 예문을 가주어 구문으로 변경하면 아래와 같습니다.
It is difficult **to speak English** fluently. 영어를 유창하게 말하는 것은 어렵다.

(2) 목적어로 사용되는 경우

to부정사는 명사 역할로서 문장의 **목적어**로 사용될 수 있습니다.
She wants **to renew** her subscription. 그녀는 구독을 갱신하기를 원한다.
The CEO decided **to invest** in a new business.
최고경영자는 새로운 사업에 투자하기로 결심했다.

(3) 보어로 사용되는 경우

to부정사는 명사 역할로서 문장의 **보어**로 사용될 수 있습니다.
The next step is **to collect** information. 다음 단계는 정보를 수집하는 것이다.
The goal of the meeting is **to discuss** the issue of overtime.
회의의 목적은 초과 근무 문제에 대해 논의하는 것이다.

> **Checkup Quiz 1** | 빈칸에 들어갈 말을 고르세요.
> ❶ The Sales Department intends _____ new workers.
>   (to recruit / recruit)
> ❷ Mr. Anderson remembers _____ the buyers tonight. (see / to see)

> 예제 1   Steve promised _____ polite to customers.
>   (A) be   (B) to be   (C) been   (D) has been

fluently 유창하게

renew 갱신하다
subscription 구독
invest 투자하다

step 단계
collect 수집하다
goal 목표
discuss 논의하다

Checkup Quiz 1 정답
❶ to recruit
❷ to see

예제 1 풀이

빈칸에는 동사 promise의 목적어가 와야 하는데, 보기 중에서 목적어로 사용될 수 있는 것은 to부정사인 (B)뿐이다.

3 형용사 역할

to부정사는 명사를 수식하는 형용사의 역할을 할 수 있습니다.

> · to부정사가 형용사의 역할을 하는 경우
> **N(명사)** + to부정사 + **V(동사)** + **N(명사)** + to부정사
> → to부정사가 형용사의 역할을 하는 경우에는 명사 뒤에서 수식하며 '~할 명사', 또는 '~하는 명사'와 같이 해석됩니다.

The president will address the way **to solve** the problems at the company.

사장은 사내의 문제들을 해결할 방법에 대해 연설할 것이다.

→ 'to solve'가 명사인 the way를 뒤에서 수식하고 있다.

Checkup Quiz 2 | 빈칸에 들어갈 말을 고르세요.

❶ In an effort _____ the risk of injury, every worker should wear protective clothing. (to reduce / reduce)

❷ Every company has an obligation _____ a safe and pleasant work environment. (to provide /providing)

▶ to부정사의 수식을 받는 명사

effort to ~할 노력
need to ~할 필요
way to ~하는 방법
right to ~할 권리
ability to ~할 능력
plan to ~할 계획
attempt to ~하는 시도
opportunity to ~할 기회
chance to ~할 기회
authorization to ~할 위임
authority to ~할 권위

Checkup Quiz 2 정답
❶ to reduce
❷ to provide

4 부사 역할

to부정사는 문장 내에서 부사의 역할을 할 수 있는데, 주로 '~하기 위해서'라는 '목적'의미로 사용됩니다.

> · to부정사가 부사의 역할을 하는 경우
> to부정사, **S(주어)** + **V(동사)** + **O(목적어)** + to부정사
> → to부정사는 완전한 문장 내에서 부사의 역할을 할 수 있습니다. 이때 to부정사구는 문장의 구성 성분은 아닌 **수식어**입니다.

Please log in first **to download** free music files. (목적: ~하기 위해서)

무료 음악 파일들을 내려 받기 위해서 먼저 로그인하세요.

I am sorry **to hear** that you didn't get promoted. (감정·이유: ~해서)

당신이 승진하지 못했다는 소식을 들어서 유감이다.

Checkup Quiz 3 | 빈칸에 들어갈 말을 고르세요.

❶ All employees should work overtime _____ the deadline. (to meet / meet).

❷ _____ your request, please show your ID card and fill out this form. (To handle / Handle)

▶ 'to부정사, S + V + O'와 같이 문장 앞에 to부정사가 위치하는 형태가 자주 출제된다.

Checkup Quiz 3 정답
❶ to meet
❷ To handle

한줄요약

1. to부정사는 명사, 형용사. 부사의 역할을 할 수 있다.
2. to부정사의 수식을 받는 명사들을 기억해 두자.

빈칸에 들어갈 알맞은 말을 고르세요.

1. Taking a short break, Ms. Richardson visited the cafeteria ------- something to eat and drink.

   (A) buy
   (B) buying
   (C) to buy
   (D) will buy

take a break 휴식을 취하다
cafeteria 카페테리아, 구내 식당

2. Mr. Cross is calling ------- on the availability of a cleaning crew tonight.

   (A) checking
   (B) to check
   (C) can check
   (D) checks

availability 이용 가능성
cleaning crew 청소부

3. The goal of the new policy is ------- the amount of waste being produced by every department.

   (A) reduction
   (B) to reduce
   (C) will reduce
   (D) reduce

goal 목표
policy 정책
amount 총량
waste 쓰레기
department 부서
reduce 감소시키다

4. They will attend the orientation session ------- how to do their jobs properly.

   (A) learning
   (B) for learn
   (C) to learn
   (D) learns

attend 참석하다
orientation 예비 교육
properly 적절하게, 올바르게

5. Emily Show often walks home from work ------- some exercise.

   (A) getting
   (B) gets
   (C) is getting
   (D) to get

often 종종, 자수
exercise 운동

1. 해석   잠깐의 휴식을 취하면서, Richardson 씨는 음식과 음료를 구입하기 위해서 카페테리아를 방문했다.

     해설   빈칸 이후의 내용은 '카페테리아에 방문한 목적'을 설명해야 한다. '음식과 음료를 구입하기 위해서'라는 내용을 만들려면 to부정사인 (C)를 사용하여 표현할 수 있다.

정답 (C)

2. 해석   Cross 씨는 오늘밤 청소부들이 일할 수 있는지 확인하기 위해 전화하고 있다.

     해설   빈칸 앞에 동사 'is calling'이 있으므로 동사인 (C)와 (D)는 정답에서 제외된다. 빈칸 이후의 내용이 Cross 씨가 전화하고 있는 목적을 설명해야 하기 때문에, to부정사인 (B)의 'to check'이 정답이다.

정답 (B)

3. 해석   새로운 정책의 목표는 각 부서에서 나오는 쓰레기의 양을 줄이는 것이다.

     해설   빈칸은 be동사의 보어가 와야 하는 자리이므로 동사인 (C)와 (D)는 정답에서 제외된다. 명사인 reduction 뒤에 전치사 없이 다른 명사가 이어질 수 없으므로 (A)도 정답이 될 수 없다. 정답은 (B)이다.

정답 (B)

4. 해석   그들은 올바르게 업무를 수행하는 방법을 배우기 위해서 예비 교육에 참석할 것이다.

     해설   '올바르게 업무를 수행하는 방법을 배우기 위해서'라는 내용이 되려면 to부정사인 (C)의 'to learn'을 사용하여 목적을 나타내는 부사구로 만들어야 한다.

정답 (C)

5. 해석   Emil Show는 운동을 하기 위해서 회사에서 집까지 종종 걸어간다.

     해설   문장에 동사인 walks가 있으므로 동사인 (B)와 (C)는 정답이 될 수 없다. '운동을 하기 위해서'라는 의미의 목적을 나타내는 부사구를 만들어야 하므로, to부정사인 (D)의 'to get'을 정답으로 선택해야 한다.

정답 (D)

UNIT 32 to부정사 III

☆ 준동사(TO부정사, 동명사) 구분 ☆ 토익스텝 567

To 부정사 ➡ 미래성
동명사(~ing) ➡ 과거성

5 to부정사를 목적어로 취하는 동사: 동사 + to부정사 (목적어)

to부정사와 동명사 중에서 to부정사를 목적어로 취하는 동사

기대, 소망, 의도	계획, 제안	기타
expect to ~하기를 기대하다	decide to ~하기로 결정하다	refuse to ~하는 것을 반대하다
want to ~하기를 원하다	plan to ~할 계획이다	choose to ~하기로 선택하다
hope to ~하기를 바라다	propose to ~할 것을 제안하다	manage to 간신히 ~하다
wish to ~하기를 소망하다	offer to ~을 제안하다	learn to ~하는 것을 배우다
desire to ~하기를 바라다	promise to ~할 것을 약속하다	fail to ~하는 것을 실패하다
intend to ~할 작정이다	agree to ~하는 것에 동의하다	

The government **intended to distribute** resources properly.
정부는 자원을 적절하게 배분하려고 했다.

▶ to부정사는 미래성을 가지고 있다는 사실을 기억하자.

6 to부정사를 목적격 보어로 취하는 동사: 동사 + 목적어 + to부정사 (보어)

(1) 기대, 요구

expect, advise, require, ask, enable, encourage	+ somebody (~가) + to부정사 (~할 것을)

The doctor **advised me to stop smoking**. 의사는 내가 금연할 것을 충고했다.

advise 조언하다
enable 할 수 있게 하다
encourage 권장하다

(2) 허락, 지시, 설득

allow, force, tell, order, urge, persuade	+ somebody (~가) + to부정사 (~할 것을)

The police **required me to show** my driver's license.
경찰은 나에게 운전면허증을 보여 줄 것을 요구했다.

allow 허락하다
force 강요하다
order 명령하다
urge 촉구하다
persuade 설득하다

(3) 출제 포인트: '동사 + 목적어 + to부정사' 구문의 수동태

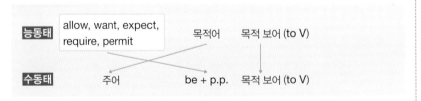

Checkup Quiz 1 | 빈칸에 들어갈 말을 고르세요.

❶ The CEO expected all employees _____ in the seminar.
(participate / to participate)

❷ The manager allowed _____ to leave early. (my / me)

❸ I was required _____ the report promptly. (submit / to submit)

Checkup Quiz 1 정답
❶ to participate
❷ me
❸ to submit

7 진주어 / 진목적어로 쓰이는 to부정사

(1) 진주어로 쓰이는 to부정사: It + 동사구 + to부정사

to부정사가 주어 자리에 있으면 주어부가 너무 길어서 문장이 어색해 보입니다. 그렇기 때문에 ① **to부정사**를 문장의 뒷부분으로 이동시킨 다음 ② **to부정사**를 **It**으로 대체합니다.

It is necessary **to conduct safety** inspections regularly.
정기적으로 안전 점검을 시행하는 것이 필요하다.

(2) 진목적어로 쓰이는 to부정사: 주어 + 동사 + it + 목적격보어 + to부정사

진주어와 마찬가지로, to부정사가 목적어 역할을 할 때에는 ① **to부정사**를 문장의 뒤로 이동시킨 다음 ② **to부정사**를 **it**으로 대체합니다.

The invention of the elevator made **it** possible **to build skyscrapers**.
엘리베이터의 발명이 고층 건물의 건설을 가능하게 했다.

▶ 자주 사용되는 진목적어 구문

make it possible to ~
~하는 것을 가능하게 만들다
make it a point to ~
~하려고 애쓰다
find it helpful to ~
~하는 것이 도움이 되는 것을 알게 되다

8 to부정사와 함께 사용되는 동사구

be eligible to ~할 자격이 있다	**be intended to** ~하기 위해 의도되다
be about to 막 ~하려고 하다	**be supposed to** ~하기로 되어 있다
be going to ~할 예정이다	**be ready to** ~할 준비가 되다
be likely to ~할 것 같다	**be liable to** ~할 것 같다
be able to ~할 수 있다	**be unable to** ~할 수 없다
be certain to 확실히 ~하다	**be sure to** 반드시 ~하다
be willing to 기꺼이 ~하다	**would like to** ~하고 싶다
feel free to 편하게 ~하다	**be reluctant to** ~하기를 꺼려하다
be pleased to ~하게 되어 기쁘다	

✓ 중요 Point | 다음 표현들의 의미를 알아 두자.

in order to ~하기 위해서	**enough to** ~해서 충분히 …하다
so as to ~하기 위해서	**too ~ to** 너무 ~해서 …하지 못하다

한 줄 요약

1. to부정사를 목적으로 취하는 동사들을 알아 두자.
2. to부정사를 목적격 보어로 취하는 동사들을 알아 두자.
3. 가주어, 가목적어 구문의 원리와 형태를 이해하자.
4. to부정사와 함께 사용되는 동사구들을 알아 두자.

빈칸에 들어갈 알맞은 말을 고르세요.

1. The CEO encourages the employees ------- familiar with all aspects of their duties.

    (A) became

    (B) become

    (C) becoming

    (D) to become

encourage 권장하다
familiar 친숙한, 익숙한
aspect 측면, 면
duty 의무

2. Ms. Wellman promised ------- the data before she updated her presentation materials.

    (A) reviewing

    (B) to review

    (C) for reviewing

    (D) has reviewed

promise 약속하다
material 자료

3. Ms. Martinez urged the intern ------- his work ethic so as to be more diligent.

    (A) to improve

    (B) will improve

    (C) for improving

    (D) improving

intern 인턴 사원
urge 충고하다, 독려하다
work ethic 노동 윤리
diligent 근면함
improve 향상시키다

4. It is important ------- all of the possible results of the advertisement campaign.

    (A) to consider

    (B) for considering

    (C) consideration

    (D) to be considered

possible 가능한
result 결과
advertisement 광고

5. Anyone who fails ------- a receipt may not be reimbursed by the Accounting Department.

    (A) submitting

    (B) to submit

    (C) submission

    (D) will submit

receipt 영수증
reimburse 배상하다, 상환하다
submit 제출하다

1. 해석 최고경영자는 직원들에게 자신들의 의무의 모든 측면에 익숙해질 것을 권장했다.

해설 '기대, 요구'를 의미하는 동사인 encourage는 to부정사를 목적격 보어로 취한다는 것을 알아 두어야 한다. 정답은 (D)의 'to become'이다.

정답 (D)

2. 해석 Wellman 씨는 그녀가 발표 자료들을 업데이트하기 전에 데이터를 재검토할 것을 약속했다.

해설 '계획, 제안'을 나타내는 동사인 promise는 to부정사를 목적어로 취한다. 따라서 정답은 (B)의 'to review'이다.

정답 (B)

3. 해석 Martinez 씨는 인턴사원이 더욱 부지런해지도록 하기 위해서 노동 윤리 의식을 향상시키라고 충고했다.

해설 '허락, 지시, 설득'을 의미하는 동사인 urge는 to부정사를 목적격 보어로 취한다. 따라서 정답은 (A)이다.

정답 (A)

4. 해석 광고 캠페인의 가능한 결과들을 모두 고려하는 것은 중요하다.

해설 가주어 진주어 구문에서, 진주어는 that절이나 to부정사구가 되어야 하므로 (C)와 (D) 중에서 정답을 고른다. 문장을 해석해 보면 능동의 의미이므로 정답은 (A)이다.

정답 (A)

5. 해석 영수증을 제출하지 않은 사람은 회계 부서로부터 비용을 상환 받지 못한다.

해설 fail은 to부정사를 목적어로 취하는 동사이므로 (B)의 'to submit'이 정답이 된다.

정답 (B)

동사를 다른 품사로 사용하기 위해 변형시킨 것을 준동사라고 했습니다.
to부정사에 이어서 동명사를 학습하도록 하겠습니다.

● 동명사의 형태와 의미

종류	형태	역할
to부정사	to + 동사원형	명사, 형용사, 부사 역할
동명사	동사원형 + -ing	명사 역할만 가능

▶ **동명사의 출제 포인트**
① 동명사와 to부정사의 차이점
② 동명사와 명사의 차이점

1 동명사의 형태와 특징

(1) 동명사의 형태: '동사원형 + -ing'의 형태로서 '~하는 것'으로 해석됩니다.

Studying English is interesting. 영어를 공부하는 것은 재미있다.

(2) 동명사의 특징: 동사의 성질을 가지고 있지만 혼자서 동사 역할을 할 수는 없습니다.

She **delivered** my order on time. (○) 그녀는 나의 주문을 제시간에 배송했다.
　　　(delivering)

deliver 배달하다
order 주문

(3) 동명사의 부정 표현: 동명사 앞에 부정어(not, never, no)를 사용합니다.

Ms. Ryan was sorry for **not finishing** the project on time.
Ryan 씨는 프로젝트를 제시간에 끝내지 못한 것에 유감이었다.

on time 정시에, 늦지 않게

(4) 동명사의 의미상 주어: 문장의 주어와 동명사의 의미상 주어가 다를 경우, 동명사 앞에 '소유격'으로 표현합니다.

Her asking for help is unacceptable. 그녀의 도움 요청은 받아들일 수 없다.

> 예제 1 　_____ reviewing the file helped me make the presentation successful.
>
> (A) You　　　(B) Your　　　(C) To you　　　(D) For you

예제 1 풀이

동명사인 reviewing이 동사 help의 주어이며, the file이 동명사의 목적어 역할을 하고 있다. 동명사의 의미상 주어는 소유격이 되어야 하므로 정답은 (B)이다.

2 동명사의 동사적 성질

동명사는 동사의 성질을 가지고 있기 때문에 목적어와 보어를 취할 수 있습니다.

She is proud of **being** a president. 그녀는 회장이 된 것을 자랑스러워 한다.
→ 동명사 being이 명사(a president)를 보어로 취하고 있습니다.

He was sorry for **disturbing** you. 그는 당신을 방해한 것을 미안해 했다.
→ 동명사 disturbing이 대명사(you)를 목적어로 취하고 있습니다.

disturb 방해하다

◎ 중요 Point | 동명사 vs. 명사 (목적어 유무)

명사의 출제 패턴	동명사의 출제 패턴
형용사 + 명사 + 목적어	부사 + 동명사 + 목적어

After <u>carefully</u> **reviewing** the case, they found the problem.
신중하게 검토한 후에, 그들은 문제를 찾아 냈다.

→ 부사가 동명사 앞에 와서 동명사를 수식할 수 있습니다.

Checkup Quiz 1 | 빈칸에 들어갈 말을 고르세요.

❶ The company will begin _____ its new product next month.
(sell / selling)

❷ Mr. Harris is good at _____ his employees. (manage / managing)

❸ He is known for _____ resolving any issues that arise.
(prompt / promptly)

3 동명사의 시제와 태

(1) 완료형: 'having + p.p.'의 형태로 동명사가 동사보다 먼저 일어난 일임을 의미합니다.

JR, Inc. denied **having dumped** pollutants. JR 주식회사는 오염물질을 버렸다는 것을 부인했다.

→ 오염물질을 버린 행위(having dumped)가 부인하는 행위(denied)보다 먼저 일어난 일입니다.

(2) 수동형: 'being + p.p.'의 형태로 '~되는 것'이라는 의미입니다.

He escaped **being injured** in the car accident. 그는 교통 사고로 다칠 뻔했다.

Checkup Quiz 2 | 빈칸에 들어갈 말을 고르세요.

❶ We canceled _____ the local news. (announce / announcing)

❷ _____ new employees is easy. (Recruit / Recruiting)

❸ They enjoy _____ walks on weekends. (take / taking)

❹ _____ up–to–date information is essential in our industry.
(Keep / Keeping)

Checkup Quiz 1 정답
❶ selling
❷ managing
❸ promptly

dump 버리다
pollutant 오염물질

Checkup Quiz 2 정답
❶ announcing
❷ Recruiting
❸ taking
❹ Keeping

한줄요약

○ 1. 동명사의 형태와 특징을 이해하자.
○ 2. 동명사와 명사의 차이점을 이해하고 활용할 수 있어야 한다.
○ 3. 동명사의 완료형은 동명사가 동사보다 먼저 일어난 일임을 의미한다.

빈칸에 들어갈 알맞은 말을 고르세요.

1. After he retired from working as an engineer, Sam Walters took up ------- as a hobby.

(A) hike

(B) to hike

(C) hiking

(D) went hiking

retire 은퇴하다
engineer 기술자
take up ~을 배우다; ~을 시작하다
hobby 취미
hiking 하이킹, 도보 여행

2. ------- is being promoted heavily by the mayor and the members of the city council.

(A) Recycle

(B) Recycling

(C) Was recycled

(D) Be recycled

promote 홍보하다, 촉진하다
heavily 심하게, 아주 많이
mayor 시장
city council 시의회
recycle 재활용하다

3. Russell Davis does not recall ------- with Mr. Thompson anytime in the past.

(A) having spoken

(B) was speaking

(C) speaks

(D) was spoken

recall 생각해 내다, 상기하다
anytime 언젠라도
past 과거

4. Ms. Abernathy avoided ------- for her role in the minor scandal.

(A) punishes

(B) was punishing

(C) being punished

(D) has punished

avoid 피하다
role 역할
minor 작은, 사소한
scandal 스캔들, 추문

5. Everyone on the team is happy about ------- an award at last night's banquet.

(A) wins

(B) winning

(C) had won

(D) won

award 상
banquet 연회

1. 해석 기술자로 근무하다 퇴직한 이후로, Sam Walters는 취미로 하이킹을 시작했다.

해설 빈칸이 전치사 up 뒤에 있으므로, 빈칸에는 전치사의 목적어 역할을 할 수 있는 동명사가 와야한다. 따라서 정답은 (C)이다. to부정사는 전치사의 목적어로 사용될 수 없다.

정답 (C)

2. 해석 시장과 시의회의 의원들에 의해 재활용이 아주 많이 홍보되고 있다.

해설 빈칸은 문장의 주어 자리인데, 보기 중에서 문장의 주어로 사용될 수 있는 것은 동명사인 (B)의 recycling뿐이다.

정답 (B)

3. 해석 Russell Davis는 과거에 언젠가 Thompson 씨와 이야기를 나누었던 것이 생각나지 않았다.

해설 문장의 동사보다 먼저 발생한 일을 동명사로 표현할 때에는 'having + p.p.'와 같이 완료형으로 써야 한다. 정답은 (A)의 'having spoken'이다.

정답 (A)

4. 해석 Abernathy 씨는 사소한 추문에서의 자신의 역할로 인하여 처벌받는 것에서 모면했다.

해설 수동의 의미를 표현해야 할 경우에는 'being + p.p.' 형태로 써야 하며, '~되는 것'이라는 뜻이 된다. 정답은 (C)의 'being punished'이다.

정답 (C)

5. 해석 팀의 모든 직원은 어젯밤 연회에서 상을 받은 것에 대해 기뻐한다.

해설 빈칸은 전치사의 목적어 자리이므로 명사로 볼 수 있는 (A)와 동명사인 (B) 중에서 정답을 골라야 한다. 그런데 빈칸 뒤에 목적어 역할을 하는 'an award'가 있으므로 명사가 아닌 동명사가 정답이 되어야 한다. 따라서 (B)의 winning이 정답이다.

정답 (B)

UNIT 34 동명사 II

4 동명사의 역할

동명사는 명사의 역할을 할 수 있으므로 주어, 보어, 동사의 목적어, 전치사의 목적어로 사용될 수 있습니다.

(1) 주어

Meeting the deadline is the most important thing. 마감시한을 맞추는 것이 가장 중요하다.

(2) 보어

My favorite activity is **taking** photos of butterflies.
내가 가장 좋아하는 활동은 나비 사진 촬영이다.

(3) 동사의 목적어

I finished **writing** the report. 나는 보고서 작성을 끝냈다.

(4) 전치사의 목적어

We have lowered costs by **reducing** inventory losses.
우리는 재고 손실을 줄임으로써 비용을 절감시켰다.

> ⊘ 중요 Point | 전치사 + 동명사

전치사 +	동명사 (○) ~~to부정사~~ (×)	by + V-ing ~함으로써 in + V-ing ~하는 데 있어서 upon + V-ing ~하자마자

We increased our profits **by reducing** costs. 우리는 비용을 줄임으로써 수익을 증가시켰다.
He assisted me **in completing** the applications. 그는 내가 신청서를 작성하는 것을 도와주었다.

Checkup Quiz 1 | 빈칸에 들어갈 말을 고르세요.

❶ Ms. Gardner is good at _____ computers. (using / to use)
❷ Mr. Kwon will be in charge of _____ sales.
  (to support / supporting)
❸ All applications will work by _____ the monitor.
  (to touch / touching)

Checkup Quiz 1 정답
❶ using
❷ supporting
❸ touching

---

5 동명사의 수 일치

동명사 주어는 단수로 취급합니다.

Upgrading your company's computers is strongly recommended.
당신의 회사 컴퓨터를 업그레이드할 것을 강력히 권합니다.

cf. to부정사나 'that + 문장'이 주어로 사용될 경우에도 단수로 취급합니다.

6 동명사의 성질

to부정사는 기본적으로 '미래'를 의미하지만 동명사는 '과거'를 의미합니다.

I forgot **to call** my father. 나는 아버지에게 (나중에) 전화하는 것을 잊었다.

I forgot **calling** my father. 나는 아버지에게 (과거에) 전화한 것을 잊었다.

I remember **to meet** her today. 나는 오늘 그녀를 만날 것을 기억한다.

I remember **meeting** her before. 나는 예전에 그녀를 만난 것을 기억한다.

▷ to부정사와 동명사 둘 다 목적으로 취하는 동사

remember 기억하다
forget 잊다
need 필요로 하다
regret 후회하다
stop 멈추다

Checkup Quiz 2 | 빈칸에 들어갈 말을 고르세요.

❶ Mr. Miller does not remember _____ the fax last night.
(to send / sending)

❷ Steve has not forgotten _____ the vice president tomorrow.
(meeting / to meet)

Checkup Quiz 2 정답
❶ sending
❷ to meet

7 동명사를 목적어로 가지는 동사: 동사 + 동명사 (목적어)

아래의 동사들은 모두 동명사를 목적어로 취합니다.

(1) 중단 / 지속: '해 오던 것을 중단하거나 지속한다'는 의미이므로 과거의 의미를 가집니다.

finish 끝내다	discontinue 중단하다	keep 계속하다	quit 그만 두다

After I quit **working**, I have been traveling for three months.
일을 그만 두고, 나는 3개월 동안 여행하는 중이다.

(2) 제안 / 고려

suggest 제안하다	recommend 권하다	consider 고려하다

Mr. Roberts considered **quitting** his job. Roberts 씨는 퇴사를 고려했다.

(3) 부정 / 연기

deny 부정하다	mind 꺼려하다	postpone 연기하다	avoid 피하다

Would you mind **opening** the window? 창문을 열어도 될까요?

▷ 이 동사들 뒤에는 당연히 일반 명사가 목적어로 올 수 있는데, to부정사와 동명사 중에서 정답을 고를 때 동명사를 골라야 한다는 의미이다.

▷ suggest, recommend, consider 뒤에 somebody 가 목적어일 경우, 그 뒤에 목적격 보어로서 to부정사가 올 수 있다.

Checkup Quiz 3 | 빈칸에 들어갈 말을 고르세요.

❶ The city council will finish _____ the library by the end of the year. (renovating / to renovate)

❷ Please do not use your cell phone in the museum to avoid _____ people. (distracting / to distract)

Checkup Quiz 3 정답
❶ renovating
❷ distracting

한줄요약

- 1. 동명사의 명사 역할을 이해하고, 문장 내에서의 위치를 명확히 알아 두자.
- 2. 동명사가 주어일 경우에는 단수로 취급한다.
- 3. 동명사는 기본적으로 '과거성'을 가진다.

 빈칸에 들어갈 알맞은 말을 고르세요.

1. My supervisor advised me on ------- for the product demonstration.

   (A) prepared
   (B) preparing
   (C) to prepare
   (D) was prepared

supervisor 관리자, 감독자
advise 충고하다
demonstration 설명

2. Please consider ------- the offer to transfer to the Sydney branch.

   (A) accepting
   (B) acceptance
   (C) acceptable
   (D) accepted

consider 생각하다, 고려하다
offer 제안
transfer 전근
branch 지사, 지점
accept 수락하다

3. Mercury Logistics plans to keep ------- more drivers until the end of the year.

   (A) hire
   (B) to hire
   (C) hiring
   (D) will hire

logistics 물류
keep 유지하다

4. Improving one's education ------- an ideal way to obtain a better position.

   (A) remains
   (B) remaining
   (C) was remained
   (D) to remain

improve 향상시키다
ideal 이상적인
obtain 얻다, 획득하다
position 직책
remain 남아 있다, 여전히 ~이다

5. Seeing a doctor every six months ------- for most individuals.

   (A) recommending
   (B) is recommended
   (C) will recommend
   (D) be recommending

individual 개인
recommend 추천하다

1. 해석 　나의 상사는 제품 시연을 준비하는 것에 대해 충고해 주었다.

해설 　전치사의 목적어 자리에 올 수 있는 것은 동명사인 (B)의 preparing뿐이다.

정답 (B)

2. 해석 　시드니 지사로의 전근 제안을 수락하는 것을 고려해 주세요.

해설 　consider는 동명사를 목적어로 취하는 동사이다. 따라서 (A)의 accepting이 정답이다. 명사인 (B)의 acceptance 뒤에는 명사인 'the offer'가 올 수 없기 때문에 (B)는 정답에서 제외된다.

정답 (A)

3. 해석 　Mercury 물류는 연말까지 더 많은 운전 기사들을 채용하는 것을 유지할 계획이다.

해설 　'지속'을 의미하는 동사인 keep은 동명사를 목적어로 취하므로 정답은 (C)이다. 'keep + V-ing'는 '~을 유지하다'라는 의미이다.

정답 (C)

4. 해석 　교육 수준을 향상시키는 것은 여전히 더 나은 직책을 얻는 이상적인 방법이다.

해설 　동명사가 주어일 경우에는 이를 단수로 취급한다. 따라서 빈칸에 올 동사는 단수동사인 (A)의 remains이다.

정답 (A)

5. 해석 　6개월마다 의사에게 검진을 받는 것은 대부분의 사람들에게 추천된다.

해설 　주어가 동명사 seeing이므로 3인칭 단수 취급을 해야 한다. 따라서 정답은 (B)의 'is recommended'이다.

정답 (B)

8. 전치사 to + 동명사 표현 토익스텝 567

8 전치사 to + 동명사 표현

to는 전치사이므로 to 뒤에는 명사와 동명사가 모두 올 수 있습니다.

to부정사에 익숙하기 때문에 to 뒤에 동사를 고르는 실수를 하기 쉬우므로 아래의 내용을 잘 알아 두어야 합니다. 예를 들어 'look forward to (~하는 것을 고대하다)' 뒤에는 동사 원형이 아닌 동명사가 와야 합니다.

I really look forward to **play** basketball. (×)
I really look forward to **playing** basketball. (O) 나는 정말로 농구하기를 고대한다.

(1) 동사구 + to + 명사/동명사

according to ~에 따르면	be subject to ~되기 쉽다
be opposed to ~에 반대하다	look forward to ~을 고대하다
be related to ~에 관련되다	in addition to ~외에도
be dedicated to ~에 전념하다	be committed to ~에 헌신하다
be devoted to ~에 전념하다	

All new customers will get a 5% discount in addition to **getting** a free gift.
모든 신규 고객들은 무료 선물뿐만 아니라 5% 할인도 받게 될 것이다.

(2) 자동사 + to + 명사/동명사

contribute to ~에 공헌하다	respond to ~에 대답하다
object to ~에 반대하다	react to ~에 반응하다
listen to ~에 귀를 기울이다	lead to ~로 이끌다

People are objecting to **being** treated unfairly.
사람들은 불공정하게 대우 받는 것을 반대하고 있다.

▷ 자동사 + _____ + 전치사
자동사와 전치사 사이에 빈칸이 있으면 '부사'를 정답으로 고른다.
· respond **promptly** to
· react **favorably** to
· listen **attentively** to

⊘ 중요 Point | 암기 포인트

① to부정사와 함께 사용되는 구문들과 비교하면서 기억하도록 합니다.
② 위 표의 예시들을 기억해 두어야 문제를 풀 때 전치사 to가 보이더라도 동사가 아닌 명사나 동명사를 정답으로 고를 수 있습니다.

9 동명사 관용표현

be busy V-ing ~하느라 바쁘다
spend + 돈/시간 + V-ing ~하는 데 돈/시간을 쓰다
have difficulty V-ing ~하는 데 어려움이 있다

I'll be busy **working** until 7 P.M. 나는 일하느라 7시까지 바쁠 것이다.

The company has spent thousands of dollars **updating** its computers.
회사는 컴퓨터를 업데이트하는 데 수천 달러를 썼다.

He has difficulty **using** his new smartphone.
그는 그의 신형 스마트폰 사용하는 데 어려움이 있다.

10 명사일 때와 의미가 다른 동명사 표현

명사화된 동명사와 명사는 의미의 차이가 있습니다. 따라서 의미를 파악하여 둘 중 적절한 것을 정답으로 선택해야 합니다.

plan 계획 – planning 계획 수립	ticket 표 – ticketing 발권
open 야외 – opening 개점, 공석	seat 좌석 – seating 좌석 배치
process 과정 – processing 처리	advertisement 광고 – advertising 광고하는 것

Checkup Quiz 1 | 빈칸에 들어갈 말을 고르세요.

❶ She checked the _____ in the newspaper.
(advertisement / advertising)

❷ She is dedicated to _____ for the company.
(advertisement / advertising)

⊘ 중요 Point | 동명사 빈출 유형 공식

'**전치사 + _____ + 한정사**' 형태로 출제되는 경우, 빈칸에는 동명사가 와야 합니다. 단, 전치사가 to인 경우에는 이러한 유형 공식이 적용되지 않습니다.

예제 1 Upon _____ your call, I rushed to look up the word "pond" in a dictionary.

(A) receive (B) receiving (C) to receive (D) receives

▶ 자주 출제되는 명사화된 동명사

widening 확대, 확장
mailing 발송
packaging 포장(재)
pricing 가격 책정
findings 결과물
recycling 재활용

Checkup Quiz 1 정답
❶ advertisement
❷ advertising

예제 1 풀이

'중요 point'에 설명되어 있는 것처럼, '전치사 + 빈칸 + 한정사' 형태가 올 경우, 빈칸에는 동명사가 와야 한다. 따라서 정답은 (B)이다.

한줄요약

1. 일반 전치사 to와 함께 쓰이는 구문들을 꼭 기억하자.
2. 동명사와 쓰이는 관용표현들은 외워 두자.
3. 명사와 의미가 다른 명사화된 동명사들을 익혀 두자.

1. We are committed ------- the project before the end of the second quarter.

   (A) completing

   (B) to completing

   (C) for completion

   (D) complete

be committed to ~에 헌신하다, ~에 전념하다
quarter 분기
complete 완료하다

2. Several members of the management team are opposed ------- salaries this year.

   (A) increase

   (B) increases

   (C) for increase

   (D) to increasing

management team 관리팀
salary 급여
increase 증가시키다

3. Spending too much time ------- meetings can be harmful to employee productivity.

   (A) attend

   (B) attending

   (C) attendance

   (D) attendee

harmful 해로운, 유해한
productivity 생산성
attend 참석하다

4. Several people in the building are having difficulty ------- the Internet this morning.

   (A) will access

   (B) accessing

   (C) for access

   (D) to accessing

have difficulty to -ing ~하는 데 어려움이 있다
access 접속하다

5. When ------- new products, getting a commercial to go viral is highly desired.

   (A) advertisement

   (B) advertise

   (C) for advertisement

   (D) advertising

commercial 광고
go viral 입소문이 나다
highly 상당히, 매우

1. 　해석　우리는 2분기가 끝나기 전까지 프로젝트를 완료하는 것에 전념하고 있다.

　　　해설　'be committed to + 동명사'는 '~에 헌신하다, 전념하다'라는 의미로, 전치사 to 뒤에 동명사가 온다는 것을 알아 두어야 한다. 정답은 (B)이다.

정답 (B)

2. 　해석　관리팀의 몇몇 구성원들은 올해 급여를 인상시키는 것에 반대한다.

　　　해설　'~에 반대하다'라는 표현인 'be opposed to + 동명사'를 통으로 외워 두어야 한다. 정답은 (D) 의 to increasing이다.

정답 (D)

3. 　해석　회의 참석에 너무 많은 시간을 소비하는 것은 직원 생산성에 악영향을 줄 수 있다.

　　　해설　'spend + 돈/시간 + 동명사'는 '~하는 데 돈/시간을 쓰다'라는 의미의 관용표현이다. 따라서 빈칸에는 동명사가 와야 하므로 정답은 (B)이다.

정답 (B)

4. 　해석　건물의 몇몇 사람들은 오늘 아침에 인터넷에 접속하는 데 어려움을 겪고 있다.

　　　해설　자주 출제되는 동명사 관용표현인 'have difficulty to + 동명사' 표현을 통으로 외워 두어야 한 다. 정답은 (D)이다.

정답 (D)

5. 　해석　신제품을 광고할 때, 광고가 입소문이 나도록 하는 것이 상당히 필요하다.

　　　해설　when이 이끄는 부사절의 주어 역할을 할 수 있는 것을 보기에서 고르면 명사인 (A)의 advertisement와 동명사인 (D)advertising이다. 그런데 advertisement의 바로 뒤에 명사인 new products가 올 수 없으므로, 목적어를 취할 수 있는 동명사인 (D)의 advertising이 정답이 된다.

정답 (D)

UNIT
36 분사 I

to부정사와 동명사에 이어서, 준동사의 마지막 항목인 분사를 학습하도록 하겠습니다.

*분사 학습 포인트

학습 포인트	형태
명사 앞에서 꾸미는 분사	① 현재분사 + 명사 (능동) ② 과거분사 + 명사 (수동)
명사 뒤에서 꾸미는 분사	① 명사 + 현재분사 + 목적어 ② 명사 + 과거분사 + 목적어
분사구문	① 분사구문, 완전절 ② 완전절 + 분사구문

● 분사의 형태와 의미 (분사 = 형용사)

분사는 동사를 형용사처럼 사용하기 위해 변형한 것이며, 현재분사와 과거분사가 있습니다.

종류	형태	의미	예
현재분사	동사원형 + -ing	능동 (~하는)	**leading** company 선도하는 회사
과거분사	동사원형 + -ed	수동 (~된)	**attached** file 첨부된 파일

● 현재분사 vs. 동명사

현재분사와 동명사는 둘 다 '동사원형 + -ing'로서 형태는 동일하지만, **현재분사는 형용사 역할**을 하는 반면에 **동명사는 명사 역할**을 합니다.

Look at the **sleeping** <u>boy</u> on the bench. 벤치 위에서 자는 소년을 보아라.

(sleeping: 현재분사로서 명사 앞에서 boy를 수식 → 형용사 자리)

Sleeping well is an excellent way to improve your health.
잠을 잘 자는 것은 당신의 건강을 좋아지게 하는 훌륭한 방법이다.

(Sleeping: 동명사로서 문장의 주어 → 명사 자리)

excellent 훌륭한
improve 향상시키다

1 명사 앞에 위치하는 분사의 결정 공식

분사는 명사를 수식하는 형용사의 역할을 하는데, 원칙적으로 명사의 앞에 위치합니다. 이때 현재분사와 과거분사를 결정하는 기준은 '능동/수동' 여부입니다.

(1) 과거분사 + 명사

과거분사가 명사를 수식할 때에는 '~된'이라는 **수동의 의미**를 지닙니다. 따라서, 명사가 어떠한 동작의 대상이 됩니다.

> **attached** file 첨부된 파일 → 파일이 '첨부'라는 행위의 대상
>
> **included** document 포함된 문서 → 문서가 '포함'이라는 행위의 대상
>
> **finished** report 완료된 보고서 → 보고서가 '완료'라는 행위의 대상

(2) 현재분사 + 명사

현재분사가 명사를 수식할 때에는 '～하는'이라는 **능동의 의미**를 지닙니다.

> **arriving** people 도착하는 사람들 → 사람들이 '도착'이라는 행위의 주체
>
> **studying** students 공부하는 학생들 → 학생들이 '공부'라는 행위의 주체
>
> **interesting** movie 흥미롭게 하는 영화 → 영화가 '흥미롭게 하는' 행위의 주체

⊘ 중요 Point | 분사 결정 공식!

> • 명사와 분사의 관계가 **능동**이면 **현재분사**를 선택!
> • 명사와 분사의 관계가 **수동**이면 **과거분사**를 선택!

Checkup Quiz 1 | 빈칸에 들어갈 말을 고르세요.

❶ He classified the _____ data. (collecting / collected)

❷ We cannot meet the deadline because we made some _____ mistakes. (repeated / repeating)

❸ Local stores are pleased with the _____ demand for their products. (increasing / increased)

❹ The low birthrate is a _____ issue in European countries. (burning / burned)

❺ The only thing that you have to do is fill out the _____ form. (enclosed / enclosing)

❻ The company will lay off its employees to prepare for the _____ budget decrease. (predicting / predicted)

❼ After you read the _____ file, please give your opinion. (attached / attaching)

Checkup Quiz 1 정답

❶ collected
❷ repeated
❸ increasing
❹ burning
❺ enclosed
❻ predicted
❼ attached

한줄요약

1. 분사는 동사를 형용사처럼 사용하기 위해 변형한 것이다.
2. 명사 자리인지 형용사 자리인지를 파악하여 현재분사와 동명사를 구분한다.
3. 분사가 명사 앞에 위치할 때에는 능동/수동 관계를 파악하여 현재분사를 써야 할지 과거분사를 써야 할지 결정한다.

빈칸에 들어갈 알맞은 말을 고르세요.

1. The ------- comment by Mr. Shaw changed the entire course of the meeting.

    (A) surprising

    (B) surprised

    (C) to surprise

    (D) be surprised

comment 발언
entire 전체의
course 과정, 전개, 추이

2. David Patrick's ------- explanation was rejected, and he was told to write something clearer.

    (A) confuses

    (B) confusing

    (C) to confuse

    (D) confuse

explanation 설명, 설명서
reject 거절하다

3. Mr. Dawson suspended the construction project when the client refused to make the ------- payment.

    (A) requested

    (B) request

    (C) requesting

    (D) requestable

suspend 중단하다
construction 건설
refuse 거절하다, 거부하다
payment 지불금

4. Ms. Olsen asked for an ------- deadline because so many workers were out sick.

    (A) extension

    (B) extending

    (C) extends

    (D) extended

ask for 요청하다
deadline 기한
be out sick 아파서 결근하다
extend 연장시키다

5. Ms. Carmichael came up with an ------- solution to the problem Mr. Rose mentioned.

    (A) interest

    (B) interesting

    (C) interested

    (D) interests

come up with (아이디어 등을) 찾아내다, 제안하다
solution 해결책
mention 언급하다

1. 해석   Shaw 씨의 놀라운 발언은 회의 전체의 방향을 변화시켰다.

     해설   현재분사는 '~한, ~하는'이라는 능동의 의미이며, 과거분사는 '~된'이라는 수동의 의미이다. 빈칸 뒤의 명사인 comment를 수식하기 위해서는 '놀라게 하는'이라는 능동의 의미인 현재분사가 사용되어야 한다. 정답은 (A)이다.

                                                  정답 (A)

2. 해석   David Patrick의 혼란스러운 설명서는 받아들여지지 않았고, 그는 더 명확한 설명서를 작성하라는 지시를 받았다.

     해설   현재분사와 과거분사를 구분할 때에는 수식을 받는 명사와 분사와의 관계를 생각하면 된다. 설명서(explanation)가 혼란스러운(confusing) 것이지, 혼란스러워 하는(confused) 것은 말이 되지 않는다. 정답은 (B)이다.

                                                  정답 (B)

3. 해석   Dawson 씨는 의뢰인이 요청된 지불금을 지급할 것을 거부했을 때 건설 프로젝트를 중단했다.

     해설   '요청하다'라는 의미의 동사 request의 과거분사 형태인 requested(요청된)가 명사인 payment를 수식하기에 적절하다. 정답은 (A)이다.

                                                  정답 (A)

4. 해석   Olsen 씨는 많은 직원들이 아파서 결근했기 때문에 연장된 기한을 요청했다.

     해설   마감 기한(deadline)이 연장된(extended) 것이지 연장시키는(extending) 행위를 할 수는 없다. 정답은 과거분사인 (D)의 extended이다.

                                                  정답 (D)

5. 해석   Carmichael 씨는 Rose 씨가 언급했던 문제의 흥미로운 해결책을 제시했다.

     해설   interesting은 '흥미로운'이라는 의미이며 interested는 주어가 무엇인가를 '흥미로워 한다'는 의미이다. 따라서 solution을 수식하려면 현재분사인 interesting이 빈칸에 와야 한다.

                                                  정답 (B)

1. 분사의 보어 활용

I am happy

S + V + C 주격보어

● 분사의 보어 활용

보어 자리에는 **명사**나 **형용사**가 와야 하는데, **분사**는 **형용사**의 역할을 하기 때문에 **보어**로 사용될 수 있습니다. 앞서 학습했던 주격보어를 취하는 2형식 동사와 목적격 보어를 취하는 5형식 동사를 다시 한 번 정리하도록 합시다.

① 주격 보어를 취하는 동사 (2형식 동사)
   [be, become, get, look, seem, remain] + 주격 보어

② 목적격 보어를 취하는 동사 (5형식 동사)
   [make, keep, find, consider, call] + 목적어 + 목적격 보어

2 주격보어로 사용되는 경우: 주어 + 2형식 동사 + 분사

The new model is **surprising** the global IT industry. (현재분사)
신형 모델은 세계 IT 업계를 놀라게 하고 있다.

→ 주어 the new model과 분사 surprising의 관계가 능동이므로 현재분사를 써야 함.

The machinery became **overheated** after it was used for 5 hours. (과거분사)
5시간 사용되고 난 후에 기계장치는 과열되었다.

→ 주어 the machinery와 분사 overheated의 관계가 수동이므로 과거분사를 써야 함.

machinery 기계장치
overheated 과열된

3 목적격보어로 사용되는 경우: 주어 + 5형식 동사 + 목적어 + 분사

The close score kept the game more **exciting**. (현재분사)
박빙의 점수가 경기를 더욱 흥미진진하게 유지시켰다.

→ 목적어 the game과 분사 exciting이 능동의 관계이므로 현재분사가 사용됨.

The complicated manual made him **confused**. (과거분사)
복잡한 설명서가 그를 혼란스럽게 만들었다.

→ 목적어인 him과 분사 confused가 수동의 관계이므로 과거분사가 사용됨.

complicated 복잡한
confused 혼란스러운

Checkup Quiz 1 | 빈칸에 들어갈 말을 고르세요.

❶ Mr. Lopez was _____ when he checked the sales figures.
   (surprising / surprised)

❷ I like action movies because they are _____. (exciting / excited)

Checkup Quiz 1 정답
❶ surprised
❷ exciting

4 감정유발동사의 현재분사와 과거분사

(1) 사람을 수식하는 경우: 과거분사

감정유발동사가 사람을 수식하는 경우에는 과거분사 형태로 써야 합니다.
Mr. Martinez was **worried** about the results of the inspection.
Martinez 씨는 점검 결과를 걱정했다.

→ 감정유발동사 worry가 사람인 Martinez를 수식해야 하기 때문에 과거분사 형태인 worried로 사용됨.

inspection 검사, 점검

(2) 사물을 수식하는 경우: 현재분사

감정유발동사가 사물을 수식하는 경우에는 현재분사 형태로 써야 합니다.

The decision to cut the welfare budget was **disappointing**.

복지 예산을 삭감하기로 한 결정은 실망스러웠다.

→ 감정유발동사 disappoint가 사물을 수식해야 하기 때문에 현재분사 형태인 disappointing 으로 사용됨.

welfare 복지
budget 예산

5 자주 출제되는 감정유발동사의 종류

worried 걱정된	worrying 걱정시키는
excited 신나는	exciting 신나게 하는
surprised 놀라워하는	surprising 놀라게 하는
pleased 즐거운	pleasing 즐겁게 하는
disappointed 실망스러운	disappointing 실망시키는
satisfied 만족한	satisfying 만족시키는

Checkup Quiz 2 | 빈칸에 들어갈 말을 고르세요.

❶ All employees in the Customer Service Department do their best to make customers _____. (satisfying / satisfied)

❷ Chris was _____ to hear the results of the job interview. (disappointed / disappointing)

Checkup Quiz 2 정답
❶ satisfied
❷ disappointed

한줄요약

1. 분사는 주격 보어나 목적격 보어로 사용될 수 있다.
2. 감정유발동사는 사람을 수식할 때에는 과거분사로, 사물을 수식할 때에는 현재분사로 쓴다.

1. The executives seem ------- that the new product line will be a major success.

   (A) convinces

   (B) convince

   (C) convincing

   (D) convinced

executives 경영진
product line 제품 라인, 제품군
major 중대한
convince 설득시키다

2. The game is becoming ------- now that it is almost finished.

   (A) to excite

   (B) exciting

   (C) excitable

   (D) excited

now that ~이므로
finish 끝마치다
excitable 흥분을 잘 하는
exciting 흥미진진한
excited 흥분한

3. Constantly practicing for the presentation made Ms. Carter ------- to speak to a large audience.

   (A) preparations

   (B) prepared

   (C) preparing

   (D) be preparing

constantly 끊임없이
practice 연습하다
presentation 프레젠테이션, 발표
audience 청중
preparation 준비

4. Mr. Bryant felt ------- with the quality of the work done on his vehicle.

   (A) satisfied

   (B) satisfying

   (C) satisfies

   (D) to satisfy

quality 품질
vehicle 탈것, 차량

5. We became ------- when nobody from Devlin Motors responded to our calls.

   (A) worrying

   (B) worries

   (C) were worrying

   (D) worried

respond 응답하다
worry 걱정시키다

1. 해석 경영진은 신규 제품군이 크게 성공할 것이라고 납득된 것으로 보인다.

해설 빈칸 앞의 seem은 보어를 취하는 동사이므로 현재분사인 (C)와 과거분사인 (D) 중에서 정답을 고른다. convincing은 '설득시키는', convinced는 '설득된'이라는 의미이므로, 주어인 the executives의 보어로서 적절한 것은 과거분사인 (D)의 convinced이다.

정답 (D)

2. 해석 경기가 거의 끝나가고 있어서 흥미진진해지고 있다.

해설 네 개의 보기가 모두 become의 보어 역할을 할 수 있기는 하지만, to부정사인 'to excite'와 형용사인 excitable은 둘 다 의미상 적절하지 않으므로 정답에서 제외된다. 게임이 흥미진진하다는 의미가 되어야 자연스러우므로 정답은 현재분사인 (B)의 exciting이다.

정답 (B)

3. 해석 프레젠테이션을 계속해서 연습한 것이 Carter 씨가 많은 청중들에게 발표할 준비가 되도록 해주었다.

해설 5형식 문장에서 make는 목적격보어를 취하므로 동사인 (D)는 정답에서 제외되며, 'Carter' 씨와 '준비(preparation)'가 의미상 동일할 수 없으므로 (A)도 정답이 아니다. 주어인 Carter 씨가 '준비된' 상태가 되었을 것이므로 과거분사인 (B)의 prepared가 빈칸에 오는 것이 적절하다.

정답 (B)

4. 해석 Bryant 씨는 자신의 자동차에 작업된 일의 우수함에 만족했다.

해설 빈칸은 동사 felt의 보어 자리이며, 주어인 Bryant 씨가 '만족했을' 것이므로 과거분사인 (A)의 satisfied가 정답이 된다. 현재분사인 satisfying은 '만족시키는'이라는 의미이므로 정답이 될 수 없다.

정답 (A)

5. 해석 우리는 Devlin 자동차에서 아무도 우리의 전화를 받지 않아서 걱정스러웠다.

해설 worrying은 누군가를 '염려시키는'이라는 뜻이며, worried는 '염려하는'이라는 의미이다. 주어인 we가 염려했다는 의미이므로 정답은 (D)이다.

정답 (D)

동사
↓
분사 ↗ 형용사로

현재분사 ←——┼——→ 과거분사
Ving   **Ved**

~하는   ~된

6 명사 뒤에 위치하는 분사의 결정 공식

분사가 명사의 뒤에 위치할 때 현재분사와 과거분사를 결정하는 기준은 '목적어의 유무'입니다.

명사	+	현재분사 (V-ing) + 목적어 (○) 과거분사 (V-ed) + 목적어 (×)

(1) 목적어가 있는 경우: 현재분사

sales (surprising / ~~surprised~~) me (me = 목적어)

나를 놀라게 하는 판매

(2) 목적어가 없는 경우: 과거분사

document (~~including~~ / included) in the bag (in the bag = 전명구)

가방 안에 포함된 문서

> 타동사의 능동/수동 결정 방법을 응용하면 쉽게 이해할 수 있다.
> ① 능동태/수동태
>
> | 목적어 | 능동/수동 |
> |---|---|
> | ○ | 능동 |
> | × | 수동 |
>
> ② 분사
>
> | 목적어 | 현재분사/과거분사 |
> |---|---|
> | ○ | 능동 → 현재분사 |
> | × | 수동 → 과거분사 |

7 타동사에만 적용되는 분사의 결정 공식

위에 설명된 분사의 결정 공식은 타동사에만 적용됩니다.

(1) 타동사의 분사

타동사는 목적어를 가질 수 있기 때문에 타동사 분사 또한 목적어를 가질 수 있으므로, 타동사 분사 뒤에 **목적어가 있으면 현재분사**를, **목적어가 없으면 과거분사**를 써야 합니다.

ⓐ 분사 뒤에 목적어가 있는 경우: 현재분사

The guide will send out a <u>brochure</u> **describing** the exhibits.

가이드는 전시품을 설명하는 소책자를 나누어 줄 것이다.

→ 분사 뒤에 분사의 목적어 역할을 하는 'the exhibits'가 있기 때문에 brochure 뒤에는 현재분사인 describing이 와야 합니다.

ⓑ 분사 뒤에 목적어가 없을 경우: 과거분사

Please check the <u>files</u> **attached** to your e-mail message.

당신의 이메일 메시지에 첨부된 파일들을 확인해 주세요.

→ 분사 뒤에 목적어가 없으므로 files 뒤에는 과거분사인 attached가 와야 합니다.

(2) 자동사의 분사

자동사는 목적어를 가질 수 없기 때문에 자동사의 분사 또한 목적어를 가질 수 없습니다. 따라서, **자동사는 현재분사로만 사용**됩니다.

All employees **working** at AS Motors should request vacation three days before they take it. AS 자동차에 근무하는 모든 직원들은 휴가일 3일 전에 휴가를 신청해야 한다.

→ 분사 뒤에 목적어가 없지만, work은 자동사이기 때문에 현재분사인 working이 와야 합니다.

> **대표적인 자동사**
>
> work 일하다
> arrive 도착하다
> go 가다

stay 머무르다　　exist 존재하다　　rise 상승하다　　live 살다　　travel 여행하다

8 과거분사와 동사의 구분 (파생공식)

명사 뒤에 '타동사(V) + -ed'가 있을 경우, 'V-ed'는 뒤에 목적어가 없으면 과거분사이며 목적어가 있으면 동사의 과거입니다.

(1) 과거분사: 명사 + V-ed + 목적어

Please check the document **attached** in the file. 파일에 첨부된 문서를 확인해 주세요.

→ attached 뒤에 전명구인 'in the file'이 있을 뿐 목적어는 없으므로 attached는 과거분사입니다.

(2) 동사: 명사 + V-ed + 목적어

He **attached** the document. 그는 문서를 첨부했다.

→ attached 뒤에 목적어인 'the document'가 있으므로 attached는 동사입니다.

Checkup Quiz 1 | 빈칸에 들어갈 말을 고르세요.

❶ The report _____ to the company was rewritten by me.
(submitting / submitted)

❷ People _____ the equipment should comply with safety regulations. (using / used)

❸ The company is responsible for the damage _____ by its members. (causing / caused)

❹ The warranty is valid only for products _____ online.
(purchasing / purchased)

Checkup Quiz 1 정답

❶ submitted
❷ using
❸ caused
❹ purchased

한줄요약

1. 분사 뒤에 목적어나 전명구가 있을 때에는 분사가 명사 뒤에 위치한다.
2. 타동사 분사가 뒤에 목적어가 있으면 현재분사, 목적어가 없으면 과거분사를 쓴다.
3. 자동사 분사는 목적어 유무에 관계 없이 현재분사로만 쓴다.
4. '명사 + 타동사(V) + -ed' 형태에서, 'V-ed'는 뒤에 목적어가 있으면 과거분사이며, 목적어가 없으면 과거형 동사이다.

1. Any new mining methods ------- too much pollution will be rejected immediately.

   (A) produced

   (B) producing

   (C) will produce

   (D) to produce

mining 채굴
method 방법
pollution 오염 물질
reject 거절하다
immediately 즉시

2. The man ------- in the conference room is an employee from headquarters.

   (A) works

   (B) will work

   (C) who work

   (D) working

conference room 회의실
headquarters 본사

3. Nobody knows much about the client ------- in a few minutes.

   (A) arriving

   (B) arrived

   (C) arrival

   (D) will arrive

nobody 아무도 ~않다
a few 약간의

4. The items ------- from Godfrey, Inc. cost less than we had expected.

   (A) ordering

   (B) were ordered

   (C) ordered

   (D) order

item 물품, 품목
cost 비용이 들다
order 주문하다

5. Passengers ------- to other destinations should speak with a gate agent at once.

   (A) travel

   (B) traveling

   (C) travelers

   (D) traveled

passenger 승객
destination 목적지
gate agent 게이트 담당 직원
at once 즉시

1. 해석 너무 많은 오염 물질을 만들어 내는 새로운 채굴 방법은 어느 것이든 즉시 거절될 것이다.

해설 '오염 물질을 생산하는'이라는 능동의 의미가 되어야 하므로 현재분사인 (B)의 producing이 정답이 된다. '분사 + 분사의 목적어' 형태일 때에는 명사 뒤에 분사가 와야 한다.

정답 (B)

2. 해석 회의실에서 일하는 사람은 본사에서 온 직원이다.

해설 '회의실에서 일하는'이라는 의미가 되어야 하므로, 현재분사인 (D)의 working이 정답이 된다. 이와 같이 '분사 + 전명구' 형태일 때에는 분사가 명사의 뒤에 위치한다.

정답 (D)

3. 해석 몇 분 뒤에 도착하는 고객에 대해 많이 아는 사람은 아무도 없다.

해설 빈칸 앞의 client를 수식하기에 적절한 분사를 골라야 한다. client가 '도착하는'이라는 의미가 되어야 자연스러우므로 현재분사인 arriving을 정답으로 선택한다.

정답 (A)

4. 해석 Godfrey 주식회사에 주문한 품목들은 우리가 예상했던 것보다 비용이 적게 든다.

해설 주어인 items를 수식하려면 '주문된'이라는 의미의 ordered가 사용되어야 한다. 따라서 정답은 (C)이다. 과거분사의 경우에도 뒤에 전명구가 있을 때에는 명사의 뒤에 위치해야 한다.

정답 (C)

5. 해석 다른 지역으로 여행하는 승객들은 즉시 게이트 담당 직원과 이야기해야 한다.

해설 passengers를 수식할 수 있는 것은 현재분사 traveling과 과거분사 traveled인데, 승객들이 '여행을 하는'이라는 능동의 의미가 되어야 하므로 (B)의 traveling이 정답이 된다.

정답 (B)

UNIT 39 분사 IV

Editing the book, he found some errors.

9 분사구문

분사구문이란 ① 접속사를 생략하고 ② 중복되는 주어를 생략한 다음
③ 부사절의 동사를 분사로 변형하여 긴 문장을 간결하게 만든 것입니다.

✓ 중요 Point | 분사구문 만드는 순서

> ① 1단계: 부사절의 접속사를 생략한다.
> ② 2단계: 부사절과 주절의 주어가 같을 경우 부사절의 주어를 생략한다.
> ③ 3단계: 부사절의 동사를 분사로 변형한다.

(1) 현재분사로 시작하는 분사구문

분사로 변형되는 동사의 의미가 능동이면 현재분사를 씁니다.

① 1단계: ~~When~~ he edited the book, Mr. Taylor found some errors.

② 2단계: ~~When he~~ edited the book, Mr. Taylor found some errors.

③ 3단계: ~~When he~~ **Editing** the book, Mr. Taylor found some errors.

> 책을 편집할 때, Taylor 씨는 몇 가지 오류들을 발견했다.

(2) 과거분사로 시작하는 분사구문

분사로 변형되는 동사의 의미가 수동이면 과거분사를 씁니다. 이때 과거분사 앞에는 'being'이 생략되어 있습니다.

① 1단계: ~~Because~~ she was caught in heavy traffic, Ms. Harris was late for work.

② 2단계: ~~Because she~~ was caught in heavy traffic, Ms. Harris was late for work.

③ 3단계: ~~Because she~~ **(Being) Caught** in heavy traffic, Ms. Harris was late for work. 교통 체증에 걸려서, Harris 씨는 직장에 늦었다.

분사구문의 의미

> 분사구문은 생략된 접속사에 따라 시간, 이유, 조건, 양보 등의 다양한 의미를 가진다.

분사구문의 구조

-ing -ed	완전절	-ing -ed

분사구문의 해석

- 현재분사구문: ~하면서
- 과거분사구문: ~되면서

Checkup Quiz 1 | 빈칸에 들어갈 말을 고르세요.

❶ Because it was submitted late, the article was not edited.

→ _____ late, the article was not edited. (Submitting / Submitted)

❷ As he saw the policeman, the thief ran away.

→ _____ the policeman, the thief ran away. (Seeing / Seen)

❸ While she stayed in Italy, Erin visited Milan twice.

→ _____ in Italy, Erin visited Milan twice. (Staying / Stayed)

❹ After I heard the news, I could not decide what I should do.

→ _____ the news, I could not decide what I should do.
(Hearing / Heard)

❺ If we have a routine check, we will find the problem with the building.

→ _____ a routine check, we will find the problem with the building. (Having / Had)

Checkup Quiz 1 정답
❶ Submitted
❷ Seeing
❸ Staying
❹ Hearing
❺ Having

10 접속사가 생략되지 않은 분사구문

분사구문을 만들 때 부사절의 접속사를 생략하는 것이 원칙이지만, 분사구문의 의미를 명확히 전달하고자 할 때에는 접속사를 생략하지 않는 경우도 있습니다.

① 1단계: ~~After the committee~~ reviewed the proposal, the committee approved it.
② 2단계: After ~~the committee~~ reviewed the proposal, the committee approved it.
③ 3단계: After **reviewing** the proposal, the committee approved it.
　　　　　　제안서를 검토한 후에, 위원회는 그것을 승인했다.

→ 문장의 의미를 명확하게 하기 위해서 접속사 after를 생략하지 않음.

⊘ 중요 Point | 시험에 자주 출제되는 '접속사 + 분사'

when -ing/-ed ~할 때/~될 때	as projected 계획된 것처럼
while -ing/-ed ~하는 동안/~되는 동안	than anticipated 예상된 것 보다
as discussed 토론된 것처럼	than expected 예상된 것 보다
as mentioned 언급된 것처럼	after reviewing 검토한 이후에
as explained 설명된 것처럼	

예제1 When _____ the contract, remember to check the spelling of your name.

(A) revising　　(B) revise　　(C) revises　　(D) has revised

예제 1 풀이

부사절 접속사 when 뒤에 들어갈 단어를 고르는 문제이다. 빈칸에 동사가 들어가면 하나의 '절'이 되어야 하는데 주어가 없으므로 동사인 (B), (C), (D)는 모두 정답이 될 수 없다. 현재분사인 (A)의 revising이 들어가면 'When revising the contract (계약을 수정할 때)'로 분사구문 문장이 완성된다.

한줄요약

- 1. 분사구문을 만드는 방법을 알아 두자.
- 2. 분사구문의 의미를 알아 두자.
- 3. 시험에 자주 출제되는 '접속사 + 분사'를 반드시 암기하자.

1. ------- a prize by the committee, Mary Jansen gave a short speech to the audience.

   (A) Awards

   (B) Awarded

   (C) Awarding

   (D) Was awarding

committee 위원회
give a speech 연설을 하다
audience 청중
award 상

2. ------- for more than seven hours, Mr. Cartwright was looking forward to a long break.

   (A) Drives

   (B) Driver

   (C) Driving

   (D) To drive

look forward to ~을 고대하다
break 휴식

3. As ------- in the user's manual, the item should not be used in wet conditions.

   (A) explanation

   (B) explaining

   (C) explains

   (D) explained

manual 설명서
item 물품
wet 젖은
condition 조건, 상태
explain 설명하다

4. The committee members reversed their opinion after ------- the material one more time.

   (A) reviewing

   (B) reviews

   (C) reviewer

   (D) reviewed

reverse 뒤바꾸다
opinion 의견
material 자료
review 검토하다

5. As ------- by the CEO, there are plans to hire more than 500 people at Windsor Sportswear.

   (A) discussion

   (B) to discuss

   (C) discussed

   (D) discussing

hire 고용하다
discuss 논의하다

1.

해석 위원회로부터 상을 받고 나서, Mary Jansen은 청중들에게 짧은 연설을 했다.

해설 분사구문 문제로서, 빈칸에 알맞은 분사를 골라야 하는데, 분사구의 주어와 주절의 주어가 같다고 생각하면서 문제를 풀면 어렵지 않게 정답을 고를 수 있다. 주절의 주어인 Mary Jansen이 상을 받았을 것이므로, 과거분사인 (B)의 awarded가 정답이 된다.

정답 (B)

2.

해석 7시간 이상 운전을 해서, Cartwright 씨는 긴 시간의 휴식을 고대하고 있었다.

해설 주절의 주어인 Cartwright 씨가 운전을 했을 것이므로 능동의 의미를 지닌 현재분사인 driving을 정답으로 고르면 된다.

정답 (C)

3.

해석 사용자 설명서에 설명된 것처럼, 제품은 젖어 있는 상태에서 사용되어서는 안 된다.

해설 빈칸 앞의 As와 같이, 의미를 확실히 하기 위해서 분사구문 앞에 접속사를 생략하지 않고 그대로 두는 경우가 있다. 이 문제 또한 분사구문 문제인데, 주어인 the item과 동사 explain의 관계를 생각해 보면 수동의 의미를 지닌 과거분사 explained가 정답임을 알 수 있다.

정답 (D)

4.

해석 자료를 한 번 더 검토하고 난 뒤에 위원회 멤버들은 그들의 결정을 뒤엎었다.

해설 이 문제의 경우에는 분사구문이 문장의 후반부에 위치하고 있는데, 접속사 after의 뒷부분이 분사구임을 파악할 수 있어야 한다. 주어인 위원회 구성원들(the committee members)이 자료를 검토했을(reviewing) 것이므로 정답은 (A)이다.

정답 (A)

5.

해석 최고경영자에 의해 논의된 것처럼, Windsor 스포츠웨어에 500명이 넘는 사람들을 고용할 계획이 있다.

해설 주절의 동사가 there are 뒤에 있는 plans라는 것을 파악해야 문제를 풀 수 있다. 계획이 '논의되었을' 것이므로 정답은 (C)의 discussed이다.

정답 (C)

UNIT 40 가정법

가정법이란 **실제 사실과 반대의 상황을 가정**하는 것을 의미합니다. 가정법의 개념과 문장의 구조를 이해해 보도록 합시다.

토익스텝 567

가정법

영준쌤의 포인트 하나!

~이라면 ~였을 텐데...
(일어나지 않거나 / 안 하거나 / 안 힐)
누구나 가정을 하면서 살죠!!

1 가정법의 종류

가정법은 시제에 따라 ① **가정법 미래** ② **가정법 과거** ③ **가정법 과거완료**로 분류합니다. if절의 시제가 현재시제일 때, 이는 사실과 반대의 상황을 가정하는 것이 아니라 앞으로 일어날 가능성이 높은 일을 의미합니다. 따라서 본 교재에서는 이를 '가정법 현재'가 아닌 '단순 조건문'으로 분류하도록 하겠습니다.

2 가정법의 문장 구조

가정법의 문장 구조는 if절과 주절의 동사 시제에 따라 구분됩니다.

종류	문장 구조
가정법 미래	If + 주어 + **should** + 동사원형 ∼, 주어 + 조동사원형 + 동사원형 (만약 ∼한다면 ∼할 텐데)
가정법 과거	If + 주어 + 동사 과거, 주어 + 조동사 과거 + 동사 원형 (∼했다면, ∼일 텐데)
가정법 과거완료	If + 주어 + had p.p., 주어 + 조동사 과거 + have p.p. (∼했었더라면, ∼했을 텐데)

▶ **가정법 미래는**
'If + 주어 + should + 동사원형 ∼, 명령문∼' 구조로 사용되기도 한다.

▶ **조동사의 과거**
would / should / could / might

⊘ **중요 Point** | **시제의 이동**

> '가정법 미래 → 가정법 과거 → 가정법 과거완료' 순으로 if절과 주절의 시제가 '미래 → 과거 → 대과거'로 변화하는 것을 알아 두면 가정법의 문장 구조를 이해하는 데 도움이 됩니다. 단, 가정법 미래의 if절은 미래시제가 아닌 'should + 동사원형'의 형태입니다.

> ① 가정법 미래: If I **should attend** the conference, I **will see** you.
> (예외)   (미래 시제)
> ② 가정법 과거: If I **attended** the seminar, I **would see** you.
> (과거 시제)   (과거 시제)
> ③ 가정법 과거완료: If I **had attended** the seminar, I **would have seen** you.
> (대과거 시제)   (대과거 시제)

→ 한 단계씩 이동하는 시제에 주목!

3 가정법 미래

가정법 미래는 **발생할 가능성이 낮은 상황**을 가정하는 것으로서, '만약 ∼하면, ∼할 텐데', 또는 '만약 ∼라면, ∼해라'라고 해석됩니다.

> If + 주어 + **should** + 동사원형, 주어 + 조동사원형 + 동사원형
>   , **동사원형** (명령문)

If I **should win** the lottery, I **will buy** a red sports car.
복권에 당첨된다면, 나는 빨간색 스포츠카를 살 텐데.

→ 복권에 당첨될 확률이 희박함.

4 가정법 과거

가정법 과거는 현재의 사실과 반대되는 상황을 가정하는 것으로서, '만약 ~라면(한다면), ~일 텐데(할 텐데)'라고 해석됩니다.

> If + 주어 + 동사 과거, 주어 + 조동사 과거 + 동사원형

If we **worked** harder, we **could meet** the deadline.

우리가 더 열심히 일했다면, 우리는 마감 기한을 맞췄을 텐데.

→ 열심히 일하지 않아서 기한을 맞추지 못함.

⊘ 중요 Point | 가정법의 과거의 if절에서의 be동사

> '가정법 과거의 if절에서 be동사가 사용될 경우에는 were만 쓸 수 있습니다.
> If I **were** able to drive a car, I could give you a ride.
> 내가 운전할 수 있다면, 너를 태워 줄 텐데.
> → 운전을 하지 못해서, 태워 줄 수 없음

meet the deadline 마감 기한을 맞추다

give somebody a ride ~를 태워 주다

5 가정법 과거완료

가정법 과거완료는 과거의 사실과 반대되는 상황을 가정하는 것으로서, '만약 ~했었다면, ~했을 텐데'라고 해석됩니다.

> If + 주어 + had p.p., 주어 + 조동사 과거 + have p.p.

If you **had arrived** at the airport earlier, you **could have boarded** the flight.

당신이 공항에 더 일찍 도착했었다면, 당신은 비행기에 탑승했을 것이다.

→ 공항에 늦게 도착했었기 때문에 비행기에 탑승하지 못했음.

Checkup Quiz 1 | 빈칸에 들어갈 말을 고르세요.

❶ If it should rain tomorrow, the excursion _____ postponed.
(will be / would be)

❷ If I _____ you, I would put in for a transfer. (am / were)

❸ If you had visited the office, you _____ the vice president.
(could have seen / could see)

❹ If I needed your help, I _____ you for a favor.
(would ask / would have asked)

❺ If you had earned enough money, you _____ the latest mobile phone. (could buy / could have bought)

❻ If you _____ to meet the client, please return to the office.
(will fail / should fail)

▶ 가정법 도치
If가 생략되고 조동사가 문장의 맨 앞으로 나가기도 한다.

Should Were Had	주어	동사원형 보어/수식어 p.p.

Checkup Quiz 1 정답
❶ will be
❷ were
❸ could have seen
❹ would ask
❺ could have bought
❻ should fail

한 줄 요약

-○ 1. 가정법은 사실과 반대되는 상황을 가정할 때 사용된다.
-○ 2. 가정법의 종류에 따라 한 단계씩 변화하는 시제를 잘 알아 두자.
-○ 3. 가정법 과거는 현재의 상황을 반대로 가정하며, 가정법 과거완료는 과거의 상황을 반대로
-○   가정한다.
-○

1. If he should require any assistance, he ------- the Customer Service Department.

   (A) contacted
   (B) was contacting
   (C) will contact
   (D) would contact

   require 요구하다
   assistance 도움
   contact 연락하다

2. Ms. Greer ------- the agreement if she had approved of the terms.

   (A) was signing
   (B) would have signed
   (C) has been signed
   (D) could be signed

   agreement 협정, 합의
   approve 승인하다
   terms 조건
   sign 서명하다

3. If she ------- able to pass the test, she would receive a promotion.

   (A) be
   (B) is
   (C) were
   (D) being

   pass the test 시험에 통과하다
   promotion 승진

4. They ------- a plane if they decided to travel to Montreal this weekend.

   (A) would take
   (B) will have taken
   (C) were taking
   (D) take

   plane 비행기
   travel 이동하다, 여행하다

5. If you spoke with someone in HR, you ------- the documents that you require.

   (A) receive
   (B) will receive
   (C) could receive
   (D) were receiving

   HR 인사부
   document 서류
   require 요구하다

1. 해석   도움을 요청할 일이 생기면, 그는 고객서비스부서에 연락할 것이다.

      해설   도움이 필요할 경우 고객서비스부서로 연락하면 된다는 의미로서 가정법 미래 구문이다. 가정법 미래 구문에서 주절의 동사는 '조동사원형 + 동사원형'의 형태이다. 따라서 정답은 (C)이다.

정답 (C)

2. 해석   조건을 승인했더라면 Greer 씨는 계약에 서명했을 텐데.

      해설   가정법 과거완료 구문으로서, if절의 동사가 'had + p.p.'의 형태이므로 주절의 동사는 '조동사의 과거 + have + p.p.'가 되어야 한다. 따라서 정답은 (B)이다.

정답 (B)

3. 해석   시험을 통과할 수 있다면, 그녀는 승진할 텐데.

      해설   주절의 동사가 'would + 동사원형'이므로 if절의 동사는 과거형이 되어야 한다. 가정법 과거 구문에서는 if절의 주어가 1인칭 단수나 3인칭 단수일 경우에도 were가 사용된다. 정답은 (C)이다.

정답 (C)

4. 해석   그들이 이번 주말에 몬트리올로 여행하기로 결정을 내린 상태라면 그들은 지금 비행기에 타고 있을 텐데.

      해설   if절의 동사가 과거형이므로 주절의 동사는 (A)의 'would take'의 형태가 되어야 가정법 과거 구문이 완성된다.

정답 (A)

5. 해석   인사부의 누군가와 이야기한다면, 당신이 요구하는 서류를 받을 텐데.

      해설   가정법 과거 구문으로서, 주절의 동사는 '조동사 과거 + have p.p.'가 되어야 한다. 따라서 정답은 (C)이다.

정답 (C)

Part 5 빈칸에 들어갈 알맞은 말을 고르세요.

1. Mr. Chamberlain, the most experienced of the employees, ------- on a business trip tomorrow.

   (A) has gone
   (B) is going
   (C) are going
   (D) be gone

2. A number of options ------- by Ms. Sellers before she made her decision.

   (A) considered
   (B) was considering
   (C) were considered
   (D) have considered

3. The child ------- missing, so the police began to search for him around the city.

   (A) reported
   (B) reports
   (C) is reporting
   (D) was reported

4. All foreign buyers must ------- with the government before making any deals.

   (A) registered
   (B) registering
   (C) be registered
   (D) have registered

5. The Marketing Department ------- by the reactions of consumers to the new cosmetics line.

   (A) surprised
   (B) is surprising
   (C) was surprised
   (D) has surprised

6. On account of the snowy weather, most deliveries in the area ------- last week.

   (A) delaying
   (B) are delayed
   (C) will be delayed
   (D) were delayed

7. Several companies in Richmond ------- experienced individuals right now.

   (A) are hiring
   (B) have been hired
   (C) hire
   (D) should be hired

8. By the time the bill arrived, Ms. Blaine ------- the full payment by bank transfer.

   (A) has made
   (B) had made
   (C) will have made
   (D) will have been made

9. The hiring manager insisted that the applicant ------- a decision by the fourteenth of March.

   (A) make
   (B) makes
   (C) is made
   (D) has made

10. Wishing ------- the land downtown, Mr. Dixon hired an architectural firm.

   (A) developing
   (B) to develop
   (C) will develop
   (D) can develop

11. The receptionist agreed ------- her supervisor that Mr. Greene wanted an emergency meeting.

(A) to inform
(B) will inform
(C) has informed
(D) informed

12. It is considerate of the company ------- the registration fee for the seminar for its workers.

(A) pays
(B) for paying
(C) to pay
(D) to be paid

13. Ms. Sanderson regrets not ------- at the airport in time to catch her plane.

(A) arrived
(B) to arrive
(C) arriving
(D) had arrived

14. The president of the company enjoyed ------- with the lawyers for Dunham, Inc.

(A) negotiates
(B) to be negotiated
(C) negotiating
(D) was negotiating

15. Mr. Wilson believes that ------- an office downtown will result in more clients.

(A) opens
(B) opened
(C) opening
(D) be opened

16. Several ------- guests could not attend the dinner due to prior obligations.

(A) invitation
(B) invite
(C) invited
(D) inviting

17. The movie was so ------- to the majority of the people in the audience watching it.

(A) disappointing
(B) disappoints
(C) disappointment
(D) disappointed

18. The customers appreciated the gifts ------- to them by the staff at Chamberlain Toys.

(A) given
(B) gave
(C) were giving
(D) had been given

19. The factory opened two months earlier than ------- thanks to the hard work of the construction team.

(A) expects
(B) expectation
(C) expecting
(D) expected

20. Mr. Hamilton could have met the CEO if he ------- at the office on time.

(A) arrives
(B) had arrived
(C) will arrive
(D) is arriving

토익 파트 5는 오답노트가 생명이다!

● 토익 파트 5는 동일한 유형의 문제들이 반복되어서 출제되기 때문에,
오답 노트를 만들고 반복해서 보는 것은 점수 향상에 정말 많은 도움이
됩니다.

● 그렇다면, 오답 노트를 어떻게 만드는 것이 가장 효과적일까요?

**오답노트 만드는 법,
영준쌤의 영상으로 해결해 보세요!**

Chapter 3

병렬 구조, 절, 접속사, 파트 6&7

UNIT 41 병치와 도치

토익스텝 567

품사병치

단어 ─── 등접 ─── 단어

품사 ━━━━━━ 품사

She found some errors quickly but

병치는 병렬구조를 생각하면 되는데, 앞뒤의 구조가 같은 형태입니다. 도치는 순서가 뒤바뀐 것을 의미하는데, 강조하고자 하는 표현을 앞으로 가져 오면서 주어와 동사의 순서가 뒤바뀌는 형태를 말합니다.

1 병치 구문

등위접속사나 상관접속사의 앞과 뒤에는 동일한 형태가 병치되어야 합니다. 예를 들면, '단어 and 단어', '구 and 구', '절 and 절'과 같이, 등위접속사 and의 앞과 뒤에는 동일한 형태가 와야 합니다. 병치 구문에 대해 학습하기 전에, 오른쪽의 등위접속사와 상관접속사를 암기하도록 합시다.

(1) 구조 병치

등위접속사와 상관접속사의 앞과 뒤에는 **동일한 구조**가 와야 합니다. 즉, 접속사 앞에 구가 올 때에는 뒤에도 구가 와야 하며, 절이 올 때에는 뒤에도 절이 와야 합니다.

There are two cars, **but** only one is working. 자동차가 두 대 있지만 한 대만 작동한다.

→ 등위접속사 but 앞 뒤에 모두 **절**이 사용됨

Please send your résumé **either** by e-mail **or** by fax.

당신의 이력서를 이메일이나 팩스로 보내 주세요.

→ 상관접속사 either A or B에서 A와 B에 모두 **구**가 사용됨

> **예제 1** Ms. Jones has reviewed all of the applications and _____ me to schedule interviews.
>
> (A) asked   (B) ask   (C) to ask   (D) is asked

(2) 품사 병치

등위접속사와 상관접속사의 앞과 뒤에 단어가 오는 구조로서, 이때 각각의 단어는 **동일한 품사**여야 합니다.

Both a cover letter **and** a diploma are needed to apply for the position.

그 직책에 지원하려면 자기소개서와 졸업증명서가 모두 필요하다.

→ 상관접속사 both A and B에서 A와 B에 모두 **명사**가 사용됨

She wrote the letter quickly **but** incorrectly. 그녀는 편지를 빠르지만 틀리게 썼다.

→ 등위접속사 but 앞뒤에 모두 **부사**가 사용됨

2 도치 구문

도치는 강조하려는 표현을 문장의 맨 앞으로 가져오면서 주어와 동사의 어순이 바뀌는 구조입니다.

(1) 보어가 문장의 맨 앞에 오는 경우

보어가 문장의 맨 앞으로 이동하면서 주어와 동사의 어순이 바뀝니다.

> 보어(enclosed, attached, included...) + 동사 + 주어

▶ **등위접속사의 종류**

and 그리고
but 그러나
or 또는
so 그래서
yet 그러나
for 왜냐하면

(예제 1 풀이)

빈칸 앞뒤는 동일한 구조인 절의 형태가 되어야 하므로 빈칸에는 동사가 와야 한다. 주어가 3인칭 단수이며, 문장이 능동의 의미이므로 정답은 (A)이다. 빈칸 앞에 주어가 생략되어 있다는 것을 알아 두자.

▶ **상관접속사의 종류**

either A or B
A와 B 둘 중 하나
neither A nor B
A와 B 둘 다 아닌
both A and B
A와 B 둘 다
not A but B
A가 아니라 B
not only A but (also) B
= B as well as A
A뿐만 아니라 B도 역시

▶ **자주 도치되는 보어**

enclosed 동봉된
attached 첨부된
included 포함된

The employee evaluation sheets <u>are</u> **attached**.

→ **Attached** <u>are</u> the employee evaluation sheets. 첨부된 것은 직원평가서입니다.

(2) 부정어가 문장의 맨 앞에 오는 경우

부정어 'hardly, seldom, never, nor, neither, rarely'가 문장의 맨 앞으로 이동하면서 '부정어 + 조동사 + 주어 + 동사'의 어순으로 순서가 바뀝니다.

> 부정어(hardly, seldom, never, nor, neither, rarely) + 조동사 + 주어 + 동사

⊘ 중요 Point | 부정어 도치

> ① 부정어 + **do** + 주어 + **동사원형**
> ② 부정어 + **have** + 주어 + **p.p.**

I **never** <u>work</u> overtime without extra pay.

→ **Never** <u>do</u> I <u>work</u> overtime without extra pay.
나는 초과 근무 수당이 없으면 절대로 초과 근무를 하지 않는다.

She <u>had</u> **hardly** <u>arrived</u> at the conference room when the meeting began.

→ **Hardly** <u>had</u> she <u>arrived</u> at the conference room when the meeting began.
그녀가 회의실에 도착하자마자 회의가 시작되었다.

(3) [only + 부사(구/절)]이 문장의 맨 앞에 오는 경우

[only + 부사(구/절)]이 문장의 맨 앞으로 이동할 때에도 위 '중요 Point'와 같은 구조의 도치 현상이 일어 납니다.

> only가 이끄는 부사구/부사절 + 조동사 + 주어 + 동사

He <u>understood</u> how to operate the equipment **only after he read the manual**.

→ **Only after he read the manual** <u>did</u> he <u>understand</u> how to operate the equipment. 설명서를 읽고 나서야 그는 장비를 작동하는 방법을 이해했다.

▶ 부정어 도치 공식
　① 주어 have 부사 p.p.
　② <u>부정어</u> have <u>명사</u> p.p.

operate 작동시키다
equipment 장비

한줄요약

　1. 등위접속사와 상관접속사를 기억하자.
　2. 병치의 종류에는 품사 병치와 구조 병치가 있다.
　3. 도치 구문은 강조하고자 하는 표현을 앞으로 가져 온 구조이다.
　4. 보어 도치와 부정어 도치의 구조를 잘 파악하자.

빈칸에 들어갈 알맞은 말을 고르세요.

1. All individuals volunteering this weekend will receive either one day of paid vacation ------- a gift certificate.

   (A) and
   (B) so
   (C) or
   (D) but

   individual 개인
   volunteer 자원 봉사하다
   paid vacation 유급 휴가
   gift certificate 상품권

2. Ms. Smith expects to meet representatives of both Sylvan Enterprises ------- Norton Heavy Industry.

   (A) and
   (B) so
   (C) yet
   (D) or

   expect 기대하다
   representative 대표자

3. Never did the board of directors ------- the company's stock price would increase so much.

   (A) anticipated
   (B) anticipate
   (C) anticipating
   (D) be anticipated

   board of directors 이사회
   stock price 주가
   anticipate 예상하다

4. Hardly ------- Mr. Thompson started working in Topeka when he was transferred to Boise.

   (A) was
   (B) did
   (C) had
   (D) could

   hardly 좀처럼 ~않게
   transfer 전근 가다

5. Only after Ms. Duncan consulted with an attorney ------- she understand the clause in the contract.

   (A) did
   (B) was
   (C) had
   (D) will

   consult 상담하다
   attorney 변호사

1. 해석   이번 주말에 자원 봉사하는 모든 직원들은 1일의 유급 휴가나 상품권 중 하나를 받게 될 것이다.

해설   적절한 상관접속사를 고르는 문제이다. 동사 receive 뒤에 있는 either를 보고 상관접속사 'either A or B' 구문임을 알 수 있어야 한다. 정답은 (C)의 or이며, 'either A or B'는 'A와 B 둘 중 하나'라는 뜻이다.

정답 (C)

2. 해석   Smith 씨는 Sylvan 기업과 Norton 중공업의 대표자들을 모두 만나기를 기대한다.

해설   'both A and B'는 자주 출제되는 상관접속사로서 반드시 암기해 두어야 한다. 정답은 (A)이다.

정답 (A)

3. 해석   이사회는 회사의 주가가 그렇게 많이 오를 것이라고는 전혀 예상하지 않았다.

해설   도치구문으로서, 부정어가 문장의 앞으로 나오면서 부정어 뒤에 조동사가 생긴다. 이 문장의 경우 도치되기 전 문장의 시제가 과거이기 때문에 조동사 did가 쓰였는데, 주어 앞에 조동사 did가 있으므로 문장의 동사는 원형이어야 한다. 정답은 (B)의 anticipate이다.

정답 (B)

4. 해석   Thompson 씨는 보이시로 전출되자마자 토피카에서 근무를 시작했다.

해설   부사인 hardly가 문장의 맨 앞으로 나가면 hardly 바로 뒤에 조동사가 와야 한다. 주어 뒤의 동사가 과거분사인 started이므로 빈칸에는 조동사 had가 와야 한다.

정답 (C)

5. 해석   Duncan 씨는 변호사와 상담하고 나서야 비로소 계약의 조항을 이해했다.

해설   'only after'가 문장의 맨 앞으로 올 경우 주절의 동사 앞에 조동사가 와야 한다. only after 뒤의 동사가 과거형인 consulted이므로 주절의 동사도 과거형이었을 것이다. 따라서 주절의 주어 she 앞에는 조동사인 did가 와야 하며, 주절의 동사는 원형인 understand로 쓰여야 한다.

정답 (A)

42 명사절 I

토익스텝 567

| 주어 | 목적어 | 문장 |

명사절은 문장에서 명사의 역할을 하는 절을 의미합니다. 명사절이 문장 내에서 어떠한 역할을 하는지 자세히 살펴 보도록 하겠습니다.

● 접속사의 종류

절에 대해 학습하기 전에 먼저 접속사의 종류를 알아 둘 필요가 있습니다. 접속사란 단어와 단어, 구와 구, 절과 절을 연결해주는 역할을 하며, 아래와 같이 세 가지로 구분됩니다.

종류	역할	예
등위접속사	문법적으로 대등한 역할을 하는 단어, 구, 절을 연결	and, but, or, so, for 등
상관접속사	짝을 이루어 사용되는 접속사로서, 등위접속사와 마찬가지로 문법적으로 대등한 역할을 하는 대상을 연결	both A and B either A or B not A but B 등
종속접속사	문법적으로 대등하지 않은 절을 연결. 종속접속사가 이끄는 절은 역할에 따라 명사절, 부사절, 관계절(형용사절)로 구분됨.	that, if, whether, when, before 등

● 명사절 접속사의 형태와 역할

(1) 형태: 명사절은 '명사절을 이끄는 접속사 + 주어 + 동사'의 형태입니다. 명사절을 이끄는 접속사에는 ① **that**, ② **if/whether**, ③ 의문사가 있습니다.

(2) 역할: 명사절은 이름 그대로 '명사'의 역할을 하므로, 문장 내에서 '**주어**', '**목적어**', '**보어**'의 역할을 합니다.

1 명사절의 종류 I

(1) that + 절

'that + 절' 형태의 명사절은 '~라는 것'으로 해석됩니다.

ⓐ 주어 역할

That the meeting was canceled was very disappointing.

회의가 취소되었다는 것은 매우 실망스러웠다.

→ that절이 문장에서 주어 역할

disappointing 실망스러운

ⓑ 보어 역할

The problem is **that the prices have increased.** 문제는 가격이 상승했다는 것이다.

→ that절이 동사 is의 보어 역할

ⓒ 목적어 역할

I know **that he is a diligent person.** 나는 그가 성실한 사람이라는 것을 알고 있다.

→ that절이 동사 know의 목적어 역할

diligent 성실한, 근면한

⊘ 중요 Point | that + 완전절

that이 이끄는 명사절에서 that 뒤에는 '완전한 문장의 형태 (완전절)'가 와야 합니다.
① 접속사 that + 주어 + 타동사 + 목적어
② 접속사 that + 주어 + 자동사

I think **that** you like my present. (접속사 that + 완전절)
나는 당신이 내 선물을 좋아할 것이라고 생각한다.

ⓓ that절을 목적어로 취하는 동사

아래의 동사들은 자주 출제되는 that절을 목적으로 취하는 동사들입니다.

언급/설명/발표	주장/요구/제안	생각/추측	인지
say 말하다	insist 주장하다	guess 추측하다	realize 깨닫다
mention 언급하다	maintain 주장하다	suppose 추측하다	recognize 인식하다
explain 설명하다	demand 요구하다	think 생각하다	
describe 묘사하다	require 요구하다	believe 믿다	
announce 발표하다	command 지시하다	imagine 상상하다	
	order 명령하다		
	propose 제안하다		
	recommend 추천하다		
	suggest 제안하다		

⊘ 중요 Point | 명사절 접속사 중요 공식 I

- 형태: 주어 + 타동사 + [_____ + 주어 + 동사]

→ 위와 같은 구조에서, 빈칸에는 **명사절 접속사**가 와야 합니다!

예제 1 The government announced _____ Flight AG405 had crashed yesterday.

(A) that　　(B) who　　(C) when　　(D) until

예제 1 풀이

빈칸 뒤에는 완전한 문장의 형태가 있고, 빈칸 앞의 동사 announce는 목적어를 필요로 한다. 그러므로 명사절을 이끄는 접속사인 that이 정답이다.

한줄요약

1. 명사절은 문장 내에서 주어, 보어, 목적어로 쓰인다.
2. that이 이끄는 명사절에서 접속사 that 뒤에는 완전한 문장의 형태가 온다.
3. that절을 목적어로 취하는 동사들을 암기하자.

빈칸에 들어갈 알맞은 말을 고르세요.

1. ------- there are not enough chairs in the conference room is a problem we must solve.

   (A) What

   (B) That

   (C) When

   (D) Which

   enough 충분한
   solve 해결하다

2. The main condition is ------- the complete payment must be made by June 15.

   (A) when

   (B) which

   (C) that

   (D) who

   condition 조건
   complete 완전한
   payment 지불, 지급

3. Mr. Kline knows ------- the information he needs is in a document in his office.

   (A) when

   (B) where

   (C) which

   (D) that

   information 정보
   document 문서

4. Because it was raining, the organizers said ------- the company picnic would be postponed.

   (A) what

   (B) how

   (C) when

   (D) that

   organizer 조직자, 주최자
   company picnic 회사 야유회
   postpone 연기하다

5. We are not sure who will announce ------- Ms. Jefferson will be resigning soon.

   (A) that

   (B) which

   (C) where

   (D) who

   announce 발표하다
   resign 사임하다

1. 해석 　회의실에 충분한 의자가 없다는 것은 우리가 반드시 해결해야 하는 문제이다.

해설 　빈칸부터 동사 is의 앞까지 완전한 절의 형태이며, 이는 문장 전체의 주어 역할을 하고 있다. 따라서 빈칸에는 명사절을 이끄는 접속사인 (B)의 that이 와야 한다.

정답 (B)

2. 해석 　중요한 조건은 6월 15일까지 완전한 지급이 이루어져야 한다는 것이다.

해설 　빈칸부터 문장의 끝까지가 동사 is의 보어 역할을 하고 있다. 빈칸 뒤에 완전한 절이 있으므로 명사절 접속사인 (C)의 that이 정답이 된다.

정답 (C)

3. 해석 　Kline 씨는 그가 필요로 하는 정보가 사무실에 있는 문서에 있다는 것을 깨달았다.

해설 　빈칸 뒤에 완전한 절이 있고, 빈칸부터 문장의 끝까지가 동사 knows의 목적어 역할을 하고 있으므로 명사절을 이끄는 접속사인 (D)의 that이 정답이 된다.

정답 (D)

4. 해석 　비가 내리고 있어서, 주최측은 회사 야유회가 연기되었다고 말했다.

해설 　빈칸 뒤에 완전한 절이 있으며, 동사 said의 목적어 역할을 하는 명사절을 만들기 위해서는 빈칸에 (D)의 that이 와야 한다. say는 that절을 목적어로 취하는 동사로 자주 출제된다.

정답 (D)

5. 해석 　우리는 Jefferson 씨가 곧 사임한다는 것을 누가 발표하게 될지 확실히 알지 못한다.

해설 　문장에서 announce 뒤에 완전절이 이어지고 있으므로 정답은 (A)이다. 이와 같이, '주어 + 타동사 + [_____ + 주어 + 동사]' 구조에서는 빈칸에 명사절 접속사가 와야 한다.

정답 (A)

(2) if/whether + 절

'if/whether + 절' 형태의 명사절은 '~인지 아닌지'로 해석되며, '불확실한
내용'을 의미할 때 사용됩니다. 항상 그런 것은 아니지만, '미래시제의 절'을 이끄는 경우가
많습니다.

ⓐ **주어 역할**: whether절만 사용될 수 있으며, if절은 사용될 수 없습니다.

Whether she will be promoted depends on her competence.

그녀가 승진될 것인지 아닌지는 그녀의 경쟁력에 달려 있다.

→ whether절이 문장의 주어 역할

ⓑ **보어 역할**: whether절만 사용될 수 있으며, if절은 사용될 수 없습니다.

My concern is **whether** the presentation will be successful.

내 관심사는 발표가 성공할지 아닐지이다.

→ whether절이 동사 is의 보어 역할

ⓒ **목적어 역할**: if절과 whether절 둘 다 사용될 수 있습니다.

We wonder **if** we will be able to meet the customer's needs.

우리는 우리가 고객의 요구를 충족시킬 수 있을지 없을지 궁금하다.

→ if절이 동사 wonder의 목적어 역할

✓ 중요 Point | if/whether + 완전절

> if/whether가 이끄는 명사절에서 접속사 if/whether 뒤에는 '완전한 문장의 형태'가 와야
> 합니다.
> ① 접속사 if/whether + 주어 + 타동사 + 목적어
> ② 접속사 if/whether + 주어 + 자동사

I wonder **if** you will like my present. (접속사 if + 완전절)

나는 당신이 내 선물을 좋아할지 모르겠다.

✓ 중요 Point | whether는 아래와 같은 형태로 사용되기도 합니다.

> ① **whether or not ~**: ~인지 아닌지 (if or not과 같이 사용될 수는 없습니다.)
> ② **whether A or B**: A이든지 B이든지
> ③ **whether to부정사**: 'to부정사'할 것인지

We must decide **whether** to go. 우리는 갈지 말지 결정해야 한다.

| 예제 1 | Ms. Beal needs to determine _____ she will accept the transfer. |
| | (A) from　(B) about　(C) whether　(D) without |

| 예제 2 | Brandon will have to choose _____ to run for election or not. |
| | (A) whether　(B) neither　(C) so that　(D) even if |

오른쪽 여백 (어휘)

promote 승진시키다
depend on ~에 달려 있다
competence 경쟁력

예제 1 풀이

빈칸 뒤에는 완전한 문장의
형태가 있고, 빈칸 앞의 동사
determine은 목적어를 필요로
한다. 그러므로 명사절을 이끄는
접속사인 whether가 정답이다.

예제 2 풀이

'whether + to부정사'는 '~일지
아닐지'를 의미한다. 정답은 (A)
이며, '선거에 출마할지를 선택
해야 할 것'이라는 의미이다.

ⓓ if/whether절을 목적어로 취하는 동사

아래의 동사들은 if/whether절을 목적으로 취하는 동사들입니다. 이 동사들은 '불확실하다'는 의미를 갖고 있습니다.

don't know 모르겠다 wonder 궁금하다 question 물어보다 ask 물어보다 be not sure 확실하지 않다 check 확인하다 decide 결정하다 determine 결정하다 be curious 궁금하다	+ if/whether (~인지 아닌지)

예제 3 Ms. Hamilton asked _____ she should rewrite the report.

(A) about　　(B) to　　(C) whether　　(D) soon

예제 3 풀이

빈칸 뒤에 완전한 문장의 형태가 있기 때문에 접속사인 (C)가 정답이다. 문장의 동사인 ask는 whether절을 목적어로 취할 수 있다.

ⓔ 전치사 + 명사절

전치사 뒤에는 원칙적으로 명사나 명사구가 올 수는 있지만 명사절은 올 수 없습니다. 그러나 아래와 같이 whether절은 전치사의 목적어로 사용되기도 합니다. (that절과 if절은 전치사의 목적어로 사용될 수 없습니다.)

I am concerned about **whether** the proposal will be approved.
나는 제안서가 승인을 받게 될지에 대해 걱정하고 있다.

Checkup Quiz 1 | 빈칸에 들어갈 말을 고르세요.

❶ I don't know _____ the meeting room is available. (whether / that)

❷ The best thing about this car is _____ it is fuel efficient. (if / that)

❸ The president is thinking about _____ to sign the treaty.
(whether / if)

❹ I am not sure _____ she can complete the project on time.
(that / if)

Checkup Quiz 1 정답
❶ whether
❷ that
❸ whether
❹ if

한줄요약

1. if/whether가 이끄는 명사절에서 if/whether 뒤에는 완전한 문장의 형태가 온다.
2. if/whether절은 '~인지 아닌지'로 해석된다.
3. if/whether절을 목적어로 취하는 동사들을 알아 두자.

연습문제 빈칸에 들어갈 알맞은 말을 고르세요.

1. Alice Dawson wonders ------- you are able to meet her sometime tomorrow in the morning.

    (A) if
    (B) since
    (C) however
    (D) while

wonder 궁금하다, 궁금해 하다
be able to ～할 수 있다
sometime 언젠가

2. I do not know ------- or not I have time to fly to Krakow during March.

    (A) if
    (B) during
    (C) because
    (D) whether

have time to ～할 시간이 있다
fly 비행하다

3. ------- the funds will be approved by the CEO is still not known yet.

    (A) Whether
    (B) Because
    (C) What
    (D) Which

fund 자금
approve 승인하다

4. Please be sure to check ------- the landscapers have completed all of their work.

    (A) why
    (B) which
    (C) if
    (D) while

landscaper 정원사, 조경사
complete 끝내다, 마치다

5. The intern asked ------- he should arrive at the courthouse before or after lunch.

    (A) even if
    (B) whatever
    (C) whether
    (D) when

intern 인턴사원
arrive 도착하다
courthouse 법원, 재판소

1. 해석   Alice Dawson은 당신이 내일 오전 중에 자신을 만날 수 있을지 궁금해 한다.

해설   빈칸 뒤에 완전한 절이 있으므로 명사절 접속사를 정답으로 골라야 한다. 정답은 (A)의 if인데, if는 명사절 접속사로 사용될 경우 '~인지 아닌지'로 해석되며 미래를 의미하는 절을 이끄는 경우가 많다.

정답 (A)

2. 해석   내가 3월 중에 크라쿠프로 비행할 시간이 있을지 없을지 모르겠다.

해설   빈칸 뒤에 'or not'이 있는 것으로 보아 (D)의 whether가 정답임을 쉽게 알 수 있다. if는 'if or not'과 같이 사용되지 않는다.

정답 (D)

3. 해석   최고경영자로부터 자금이 승인을 받게 될지는 아직 알 수 없다.

해설   문장 전체의 주어는 CEO 뒤에 있는 is이며, 빈칸부터 is 앞까지 완전한 절이 있으므로 명사절을 이끄는 접속사인 (A)의 whether가 정답이 된다. 주어 역할을 하는 경우 접속사로서 whether는 사용될 수 있지만 if는 사용될 수 없다.

정답 (A)

4. 해석   정원사들이 그들의 일을 끝냈는지 확실하게 확인하세요.

해설   빈칸부터 문장의 끝까지는 to부정사인 check의 목적어 역할을 하고 있다. 그런데 빈칸 뒤에 완전한 절이 있으므로 명사절을 이끄는 접속사인 (C)의 if가 정답이 된다.

정답 (C)

5. 해석   인턴 사원은 자신이 점심시간 이전과 이후 중에서 언제 법원에 도착해야 하는지 물어 보았다.

해설   ask는 if/whether 절을 목적어로 취하는 대표적인 동사이다. 빈칸 뒤의 구조를 보면 '_____ A or B'의 형태이므로 (C)의 whether가 정답이다. whether는 'whether A or B'와 같은 형태 이외에도 'whether or not ~', 'whether + to부정사'의 형태로도 쓰인다.

정답 (C)

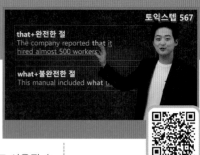

UNIT 44 명사절 III

2. 명사절의 종류 II: 의문사 + 절

마지막으로 학습할 명사절의 종류는 '의문사 + 절' 형태입니다. 의문사에는
① **의문대명사**, ② **의문형용사**, ③ **의문부사**가 있는데, 의문사는 명사절 접속사로 사용될 수
있습니다.

(1) 의문대명사절: what / which / who + 불완전한 절

의문대명사 뒤에 불완전한 절이 옵니다. 의문대명사 스스로가 절의 주어나 목적어의 역할을
합니다.

I know **what** we will receive. 나는 우리가 무엇을 받게 될지 알고 있다.

→ 의문대명사절의 동사인 receive는 타동사로서 목적어를 가져야 하는데, 뒤에 목적어가
없습니다.

→ 의문대명사의 what이 동사 receive의 목적어 역할을 하고 있습니다.

→ 이와 같이, 의문대명사절에서는 **의문대명사 뒤에 불완전한 절**이 옵니다.

✅ **중요 Point | 명사절 접속사 중요 공식 II**

> • 형태: _____ + (주어) + 동사 + 동사 ~.
>
> → 위와 같은 구조에서 빈칸에는 **명사절 접속사**가 와야 합니다!

(2) 명사절 접속사 that과 what의 구별

명사절 접속사 that과 what은 둘 다 명사절을 이끌 수 있습니다. 차이점은 that 뒤에는
완전한 절이, what 뒤에는 불완전한 절이 온다는 것입니다.

ⓐ that + 완전한 절

JTR, Inc. announced **that** it will hire over 500 workers.

JTR 주식회사는 그들이 500명 이상의 직원들을 고용할 것이라고 발표했다.

→ 명사절 접속사 that 뒤에 완전한 절이 있습니다.

ⓑ what + 불완전한 절

The waiter asked us **what** we wanted to order.

웨이터는 우리가 무엇을 주문하기를 원하는지 물어보았다.

→ 명사절 접속사 what 뒤에 목적어가 빠진 불완전한 절이 있습니다.

예제 1

_____ was made by the marketing team was not
announced at the meeting.

(A) That　　(B) If　　(C) Whether　　(D) What

예제 2

We think _____ Ms. Suzuki is an outstanding engineer.

(A) who　　(B) this　　(C) that　　(D) what

▶ 명사절의 구조

의문대명사	완전절

what which who	불완전절

예제 1 풀이

'빈칸 ~ team'이 문장의 주어
역할을 하므로 빈칸에는 명사절
접속사가 와야 한다. 그런데 빈
칸 뒤에 불완전한 절이 있으므로
(D)가 정답이다.

예제 2 풀이

빈칸부터 끝까지가 동사 think의
목적어 역할을 하고 있으므로 명
사절 접속사를 정답으로 골라야
한다. 예제 1과 달리 빈칸 뒤에
완전한 절이 있기 때문에 that이
정답이다.

(3) 의문부사절: when / where / how / why + 완전한 절

의문부사절에서는 의문부사 뒤에 완전한 절이 옵니다. 의문부사는 문장 내에서 '부사'의 기능만을 하기 때문입니다.

Mr. Ortiz could not remember **where** he parked his car.

Ortiz 씨는 그의 차를 어디에 주차했는지 기억하지 못했다.

→ 의문부사 where는 절에서 장소를 의미하는 부사의 역할을 하고 있습니다.

→ 따라서 where 뒤에는 완전한 문장의 형태가 와야 합니다.

cf. 의문부사 how는 형용사와 부사를 꾸며주기도 합니다.

I don't care **how** <u>much</u> money you paid for the camera.

나는 당신이 카메라에 얼마나 많은 돈을 지불했는지를 상관하지 않는다.

→ how가 부사인 much를 꾸며주고 있으며, 이때 how는 '얼마나'로 해석됩니다.

예제 3 After the keynote speech, we will learn _____ the company can grow rapidly.

(A) who (B) how (C) which (D) what

Checkup Quiz 1 | 각각의 접속사가 이끄는 명사절과 관련하여 빈칸에 O/×를 표시하세요. (1번의 정답을 참고하세요.)

명사절 접속사		접속사 뒤 절의 형태		전치사 뒤 사용 가능 여부
		완전한 절	불완전한 절	
❶	that	O	×	×
❷	what			
❸	whether			
❹	if			
❺	which			
❻	who			
❼	when			
❽	where			
❾	how			
❿	why			

예제 3 풀이

빈칸부터 끝까지는 동사 learn의 목적어 역할을 해야 하므로 명사절이 되어야 한다. 그런데 빈칸 뒤에 완전절이 있으므로 정답은 의문부사인 (B)의 how이다.

Checkup Quiz 1 정답

❶ O / × / ×
❷ × / O / O
❸ O / × / O
❹ O / × / ×
❺ × / O / O
❻ × / O / O
❼ O / × / O
❽ O / × / O
❾ O / × / O
❿ O / × / O

한줄요약

1. '의문대명사(who / which / what)' 뒤에는 불완전한 절이 옵니다.
2. 명사절 접속사 that 뒤에는 완전한 절이, what 뒤에는 불완전한 절이 옵니다.
3. '의문부사(when / where / how/ why)' 뒤에는 완전한 절이 옵니다.

1. The taxi driver needs to know ------- his client will meet him after his plane lands.

(A) why

(B) who

(C) where

(D) which

pick up ~를 차에 태우러 가다	
client 고객	
land 착륙하다	

2. Ms. Rose cannot recall ------- is supposed to call her to arrange a meeting at Hampton Metal.

(A) who

(B) how

(C) why

(D) that

recall 기억해 내다	
be supposed to ~하기로 되어 있다	
arrange 준비하다	
meeting 회의	

3. The tour guide told everyone ------- they were going to see at the museum.

(A) that

(B) what

(C) when

(D) where

tour guide 여행 가이드	
museum 박물관	

4. Mr. Crawford explained ------- he was unable to agree to the buyer's request.

(A) which

(B) why

(C) where

(D) who

explain 설명하다	
be unable to ~할 수 없다	
request 요청	

5. A spokesman for Topher, Inc. announced ------- the company was opening a branch in Melbourne.

(A) which

(B) who

(C) that

(D) while

spokesman 대변인	
announce 발표하다	
branch 지점, 지사	

1. 해석 택시 운전사는 비행기가 착륙한 이후에 어디에서 그의 고객과 만나야 하는지 알고 있어야 한다.

해설 빈칸 뒤에 완전한 절이 있으므로 의문부사인 why와 where 중에서 정답을 고른다. 문장을 해석해 보면 택시 운전사가 고객을 어디에서 태워야 하는지를 묻는 내용이므로 정답은 (C)이다.

정답 (C)

2. 해석 Rose 씨는 Hampton 금속에서의 회의 준비를 위해 누가 그녀에게 전화해야 하는지를 기억해 내지 못한다.

해설 빈칸 뒤에 불완전한 절이 있기 때문에 의문대명사인 who가 정답이다. 나머지 보기들은 모두 완전한 절 앞에 사용될 수 있다.

정답 (A)

3. 해석 투어 가이드는 모두에게 그들이 박물관에서 보게 될 것들을 말해 주었다.

해설 빈칸 뒤에 목적어가 생략된 불완전한 절이 있기 때문에 의문대명사 what이 정답이 된다.

정답 (B)

4. 해석 Crawford 씨는 그가 구매자들의 의견에 동의할 수 없었던 이유를 설명했다.

해설 빈칸 뒤에 완전한 절이 있으므로 불완전한 절 앞에 오는 의문대명사 which와 who는 정답에서 제외한다. 의문사인 why와 where 중에서 의미상 why가 적절하므로 정답은 (B)이다.

정답 (B)

5. 해석 Topher 주식회사의 대변인은 회사에서 멜버른에 지점을 개설 중이었다고 발표했다.

해설 완전한 절을 이끌어야 하므로 who와 which는 정답이 될 수 없다. 동사 announce의 목적어 역할을 하는 명사절을 만들기 위해서는 (C)의 that이 빈칸에 와야 한다.

정답 (C)

관계절 I

토익스텝 567

관계대명사는
문장을 연결시키는
대명사다!!

관계절은 '관계사 + 주어 + 동사'의 형태로, 문장에서 명사를 꾸며주는 형용사의 역할을 합니다. 관계절에는 '관계대명사절'과 '관계부사절'이 있는데, 먼저 관계대명사절에 대해 알아 보도록 하겠습니다.

● 관계대명사의 개념

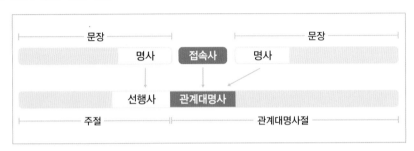

▶ 관계대명사는 문장을 연결시키는 대명사이다.
(= 형용사절 접속사)

1 관계대명사의 역할

관계대명사는 절과 절을 연결시켜 주면서, 스스로는 대명사의 역할을 합니다. 관계대명사가 이끄는 절인 **관계대명사절**은 앞에 있는 명사를 수식하는 **형용사 역할**을 하는데, 이때 수식을 받는 명사를 **선행사**라고 합니다.

She is a <u>film director</u> [**who** is very famous]. 그녀는 매우 유명한 영화 감독이다.
        (선행사)   (관계대명사절)

2 관계대명사의 종류

관계대명사에는 주격, 목적격, 소유격이 있으며, 선행사의 종류에 따라 달라집니다.

선행사	주격	목적격	소유격
사람	who	whom, who	whose
사물, 동물	which	which	whose, of which
사람, 사물, 동물	that	that	-

▶ **한정적 용법과 계속적 용법**
① **한정적 용법**: 관계대명사절이 선행사를 수식한다.
② **계속적 용법**: 선행사와 관계대명사 사이에 콤마가 있으며, 관계대명사절이 선행사를 부가 설명한다.

(1) 관계대명사절 만들어 보기

This is the house. The house is available. 이것은 집이다. 그 집은 이용 가능하다.
① 1단계: 중복되는 명사는 the house → 사물 명사
② 2단계: the house는 두 번째 문장에서 주어 역할 → **주격 관계대명사 사용**
③ 3단계: 선행사가 사물이며 주격이므로 관계대명사 which를 사용
→ This is the <u>house</u> **which** is available. 이것은 이용 가능한 집이다.

✅ 중요 Point | 관계대명사 that

① 콤마 뒤, 전치사 뒤에는 사용될 수 없습니다.
② the only, the very, the same 등과 함께 쓰여 선행사를 강조합니다.

3 명사절 접속사 that과 관계대명사 that의 차이: 선행사의 유무로 판단

▶ 관계대명사 문제 푸는 순서
① 동사 개수 확인
② 선행사 확인
③ 격 판단

(1) 명사절 접속사 that: that 앞에 선행사가 없으며, that절이 문장 내에서 명사의 역할을 합니다. 또한, that 뒤에 완전한 형태의 절이 옵니다.

I heard the news **that** the building will be renovated next month.
나는 그 건물이 다음 달에 개조될 것이라는 소식을 들었다.

(2) 관계대명사 that: that 앞에 선행사가 있으며, that절이 선행사를 수식합니다. 또한, that 뒤에 불완전한 형태의 절이 옵니다.

The building **that** is the biggest in the city will be renovated next month.
시에서 가장 큰 그 건물은 다음 달에 개조될 것이다.

⊘ 중요 Point │ 접속사절 묶는 법

> ① 동사 1 + [접속사 + 동사 2.]
> 접속사 앞 뒤에 동사가 있을 경우 접속사부터 두 번째 동사를 포함한 문장의 끝까지 묶습니다.
>
> ② [접속사 + 동사 1] + 동사 2
> 접속사 뒤에 동사가 두 개 있을 경우 접속사부터 두 번째 동사 바로 앞까지 묶습니다.

Supervisors [who **have completed** employee evaluations] **should send** them to Ms. Cartwright. 직원 평가서 작성을 마친 관리자들은 Cartwright 씨에게 보내야 한다.

Checkup Quiz 1 │ 빈칸에 들어갈 말을 고르세요.

❶ People _____ make reservations in advance will be given free gifts. (who / which)

❷ Unfortunately, the position _____ you applied for was already filled. (who / which)

❸ The building _____ will be owned by Mr. Hampton was designed by the firm Kevin & Morris. (who / that)

❹ The community center, _____ is located next to our office, is being renovated. (who / which)

Checkup Quiz 1 정답
❶ who
❷ which
❸ that
❹ which

한줄요약

-○ 1. 관계대명사는 문장을 연결하는 접속사의 역할을 하며, 관계대명사절은 선행사를 꾸미는 형용사의 역할을 한다.
-○ 2. 관계대명사 that과 명사절 접속사 that은 선행사의 유무로 구분한다.
-○ 3. 적절한 관계대명사를 고르는 순서를 기억하자.

빈칸에 들어갈 알맞은 말을 고르세요.

1. There are five problems ------- must be solved before the machine can be turned on again.

   (A) who
   (B) which
   (C) when
   (D) where

machine 기계장치
turn on (전원을) 켜다

2. The well ------- provided the home with fresh water was suddenly polluted with chemicals.

   (A) that
   (B) what
   (C) whose
   (D) who

well 우물
provide 제공하다, 공급하다
fresh water 담수, 민물
polluted 오염된
chemical 화학 물질

3. Ms. Jenkins, ------- lives in the suburbs, commutes one hour to her job each morning.

   (A) which
   (B) that
   (C) who
   (D) whom

suburb 교외
commute 출퇴근하다

4. Lots of people know the man ------- sells newspapers in the local subway station.

   (A) which
   (B) when
   (C) where
   (D) that

lots of 많은
newspaper 신문
local 지역의
subway station 지하철역

5. It was decided that the car ------- was not running properly should be repaired.

   (A) why
   (B) where
   (C) when
   (D) which

properly 올바르게, 적절하게
repair 수리하다

1. 해석　기계장치가 다시 켜지기 전에 해결되어야만 하는 다섯 가지의 문제가 있다.

해설　선행사인 problems가 사람이 아니며, 빈칸에는 주어 역할을 할 수 있는 관계대명사가 와야 한다. 따라서 정답은 (B)이다.

정답 (B)

2. 해석　가정에 담수를 공급했던 우물이 갑자기 화학 물질에 오염되었다.

해설　빈칸부터 'fresh water'까지가 하나의 절인데, 빈칸이 주어의 역할을 하고 있으므로 주격관계대명사절이다. 선행사인 well이 사물이므로 (A)의 that이 정답이다.

정답 (A)

3. 해석　Jenkins 씨는, 교외 지역에 살고 있는데, 매일 아침 한 시간 정도 걸려서 그녀의 직장에 출퇴근한다.

해설　선행사가 사람이므로 (C)와 (D) 중에서 정답을 고르면 되는데, 빈칸 뒤에 동사가 있으므로 주격관계대명사인 (C)의 who가 정답이 된다.

정답 (C)

4. 해석　많은 사람들이 지역의 지하철역에서 신문을 파는 남자를 알고 있다.

해설　선행사가 사람인 the man이고 빈칸은 관계대명사절의 주어 역할을 하고 있다. 따라서 (D)의 that이 정답이 된다.

정답 (D)

5. 해석　제대로 작동하지 않았던 자동차는 수리되어야 한다는 결정이 내려졌다.

해설　빈칸은 명사 자리인데, 선행사인 the car가 사물이므로 (D)의 which가 정답이 된다.

정답 (D)

UNIT 46 관계절 II

토익스텝 567

관계대명사의 격에는 주격, 목적격, 소유격이 있으며, 관계대명사의 역할에 따라 적절한 격을 선택해야 합니다.

4 관계대명사의 격

(1) 주격 관계대명사 (접속사 + 주어 역할)

선행사의 종류	관계대명사	이어지는 절의 형태
사람	who, that	+ 주어 + 동사 (불완전한 절)
사물, 동물	which, that	

→ 주격 관계대명사 뒤에는 **주어가 빠져 있는 불완전한 절**이 옵니다.

The company wants to hire individuals **who** are talented.
그 회사는 재능 있는 직원들을 채용하고 싶어 한다.

He cannot afford to buy the car **which** is expensive. 그는 비싼 차를 살 여유가 없다.

(2) 목적격 관계대명사 (접속사 + 목적어 역할)

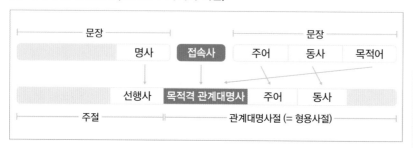

선행사의 종류	관계대명사	이어지는 절의 형태
사람	who(m), that	+ 주어 + 동사 + 목적어 (불완전한 절)
사물, 동물	which, that	

→ 목적격 관계대명사 뒤에는 **목적어가 빠져 있는 불완전한 절**이 옵니다.

All of the candidates **who(m)** I interviewed are eligible for the job.
내가 면접을 본 모든 지원자들이 업무에 적격이었다.

The package **which** Mr. Jones sent two days ago was returned to him.
Jones 씨가 이틀 전에 보냈던 소포가 그에게 다시 반송되었다.

> **예제 1** Mr. Gellar is a great artist _____ is recognized for many works.
>
> (A) who   (B) which   (C) in   (D) whom

▶ 선행사와 주격 관계대명사절의 동사의 수를 일치 시켜야 한다.

▶ 주격 관계대명사는 접속사의 역할뿐만 아니라, 관계대명사절의 주어 역할을 한다.

▶ 목적격 관계대명사가 관계대명사절의 목적어 역할을 하고 있기 때문에, 관계대명사절에 목적어가 있어서는 안 된다.

candidate 후보자
be eligible for ~에 자격이 있다

(예제 1 풀이)

선행사인 artist가 사람이며, 관계사절에 주어가 빠져 있기 때문에 정답은 (A)의 who이다.

(3) 전치사 + 목적격 관계대명사 (접속사 + 전치사의 목적어 역할)

▷ '전치사 + 명사'에서 명사는 전치사의 목적어이다.

선행사의 종류	전치사 + 관계대명사	이어지는 절의 형태
사람	전치사 + whom	+ 주어 + 동사 (완전한 절)
사물, 동물	전치사 + which	

→ 전치사 + 목적격 관계대명사 뒤에는 **완전한 절**이 옵니다.

Ms. Rogers is a staff member **with whom** I work.

Rogers 씨는 나와 함께 근무하는 직원이다.

I was on a business trip to Seoul **in which** I met a client.

나는 서울에 출장 가서 고객을 만났다.

▷ 관계대명사 앞의 전치사를 묻는 문제에서는 **선행사**와 **관계절의 동사**의 관계를 파악해야 한다.

(4) 소유격 관계대명사 (접속사 + 명사 수식 역할)

선행사의 종류	관계대명사	이어지는 절의 형태
사람	whose	+ 주어 + 동사 + 목적어 (완전한 절)
사물, 동물		

→ 전치사 + 소유격 관계대명사 뒤에는 **완전한 절**이 옵니다.

I lent some money to Mr. Baker, **whose** store will open soon.

나는 상점을 개업하는 Baker 씨에게 약간의 돈을 빌려 주었다.

한줄요약

1. 주격 관계대명사는 '접속사 + 주어' 역할을 하며, 주어가 빠진 불완전한 절이 뒤따른다.
2. 목적격 관계대명사는 '접속사 + 목적어' 역할을 하며, 목적어가 빠진 불완전한 절이 뒤따른다.
3. 소유격 관계대명사는 '접속사 + 명사 수식'의 역할을 하며, 완전한 절이 뒤따른다.

빈칸에 들어갈 알맞은 말을 고르세요.

1. Some candidates ------- Ms. Cantwell spoke with were eager to be offered positions.

   (A) which

   (B) whom

   (C) whose

   (D) when

   candidate 후보자
   be eager to ~을 하고 싶어하다
   position 직책

2. The building in ------- Liverpool Associates is located is on Third Avenue.

   (A) where

   (B) that

   (C) which

   (D) what

   be located in ~에 위치하다
   avenue 거리, 가, 로

3. Several people ------- homes were built last year reported problems with their electric connections.

   (A) who

   (B) which

   (C) whose

   (D) what

   report 보고하다
   electric 전기의
   connection 연결

4. There are several individuals with ------- Mr. Harper has traveled on business trips.

   (A) which

   (B) whom

   (C) what

   (D) when

   individual 개인
   business trip 출장

5. Ms. Cummings, ------- novel became a bestseller, plans to write a sequel this year.

   (A) who

   (B) that

   (C) which

   (D) whose

   novel 소설
   bestseller 베스트셀러
   sequel 속편

1.　해석　Cantwell 씨와 이야기를 나눈 후보자들은 제안된 직책을 맡고 싶어 했다.

　　　해설　빈칸은 관계대명사 자리이므로 when은 정답에서 제외되며, 선행사가 사람이므로 which 역시 정답이 될 수 없다. 관계대명사절은 '------- Ms. Cantwell spoke with'인데, 관계대명사의 목적어가 없기 때문에 목적격 관계대명사인 (B)의 whom이 정답이다.

　　정답 (B)

2.　해석　리버풀 협회가 있는 건물은 3번가에 위치하고 있다.

　　　해설　빈칸은 관계대명사가 와야 하는 자리이므로 where와 what은 정답에서 제외된다. 그런데 빈칸 앞에 전치사가 있으므로 정답은 (C)의 which이다. that이 관계대명사일 때 '전치사 + that'과 같이 사용될 수는 없다.

　　정답 (C)

3.　해석　작년에 건설된 집을 소유한 몇몇 사람들은 전기의 연결과 관련된 문제들을 보고했다.

　　　해설　선행사가 사람이므로 which는 정답에서 제외되며, 빈칸 뒤에 완전한 절이 있으므로 who와 what 역시 정답에서 제외된다. 정답은 소유격 관계대명사인 whose이다.

　　정답 (C)

4.　해석　Harper 씨와 함께 출장을 갔던 몇몇 사람들이 있다.

　　　해설　빈칸 앞에 전치사가 있으므로 목적격 관계대명사를 골라야 한다. 그런데 선행사가 사람인 individuals이므로 정답은 (B)의 whom이다.

　　정답 (B)

5.　해석　Cummings 씨는, 그의 소설이 베스트셀러가 됐는데, 올해 속편을 집필할 계획이다.

　　　해설　빈칸 뒤에 완전한 절이 있기 때문에 관계대명사인 who와 which는 정답이 될 수 없다. 빈칸이 포함된 절은 Ms. Cummings를 설명하는 형용사절의 역할을 하고 있으므로, 명사절 접속사인 that도 정답이 아니다. 정답은 소유격 관계대명사인 (D)의 whose이다.

　　정답 (D)

관계절 III

토익스텝 567

5. 관계대명사의 생략

5 관계대명사의 생략

(1) 목적격 관계대명사: 목적격 관계대명사인 that은 생략할 수 있습니다.

Every order **that** I make should be approved by Mr. Lopez.

→ Every order I make should be approved by Mr. Lopez.

내가 하는 모든 주문은 Lopez 씨의 승인을 받아야 한다.

(2) 주격 관계대명사 + be동사: '주격관계대명사 + be동사'는 생략할 수 있습니다.

ⓐ **능동인 경우:** 현재분사와 같이 능동의 의미를 가집니다.

I had a meeting with the staff member **who is** leading the project.

→ I had a meeting with the staff member leading the project.

나는 프로젝트를 이끌고 있는 직원과 회의를 했다.

ⓑ **수동인 경우:** 과거분사와 같이 수동의 의미를 가집니다.

I have been reviewing the report **which was** written by Grace.

→ I have been reviewing the report written by Grace.

나는 Grace가 작성한 보고서를 검토하고 있다.

▶ 분사에서 학습했던 것처럼, 현재분사 뒤에는 목적어가 있고, 과거분사 뒤에는 목적어가 없다.

6 관계부사

관계부사는 시간, 장소, 방법, 이유를 의미하는 선행사를 수식하며, 관계부사 뒤에는 완전한 절이 옵니다.

(1) 관계부사의 종류

종류	선행사	관계부사	이어지는 절의 형태
시간	the time, the day, the year…	when	
장소	the place, the building…	where	완전한 절
방법	the way	how*	
이유	the reason	why	

cf. how의 경우 다른 관계부사들과 달리 the way나 how 둘 중 하나만 써야 합니다.

I will let you know the time **when** the conference starts.

학회가 시작하는 시간을 당신께 알려 드리겠습니다.

This is a Web site **where** you can get many excellent materials.

이곳은 여러분이 많은 훌륭한 자료를 얻을 수 있는 웹사이트입니다.

This manual explains **how** you can install the software.

이 설명서는 당신이 소프트웨어를 설치하는 방법을 설명하고 있다.

▶ 부사는 문장의 구성 성분이 아니기 때문에, 관계부사 뒤에는 완전한 절이 와야 한다.

✓ **중요 Point** | 관계대명사절 vs. 관계부사절

> ① **관계대명사**: 뒤에 불완전한 절이 온다. (소유격 관계대명사는 예외)
> ② **관계부사**: 뒤에 완전한 절이 온다.

(2) 관계부사는 '전치사 + 관계대명사'로 바꾸어 쓸 수 있습니다.

> * 시간: when = 시간의 전치사 (in, at, on 등) + which
> * 장소: where = 장소의 전치사 (in, at, on, to 등) + which
> * 방법: how = in which
> * 이유: why = for which

Checkup Quiz 1 | 빈칸에 들어갈 말을 고르세요.

❶ Please remember the day _____ the interview will be conducted. (when / where)

❷ The Flamingo Hotel is the place _____ the annual year-end party will be held. (where / when)

❸ The company conducted a survey to find out the reason _____ employees were leaving. (why / when)

❹ Those are books _____ I want. (what / that)

Checkup Quiz 1 정답
❶ when
❷ where
❸ why
❹ that

▶ '선행사 _____ 문장' 구조에서 'what'은 오답!

7 복합관계사

(1) 복합관계대명사: 복합관계대명사는 선행사를 포함하고 있으며, 명사절을 이끕니다. 이미 선행사를 포함하고 있으므로 앞에 선행사가 올 수 없습니다.

> * whatever + 불완전절: 무엇이든지 (= anything which + 주어 + 동사)
> * whichever + 불완전절: 어느 것이든지 (= anything + which + 주어 + 동사)
> * whoever + 불완전절: 누구든지 (= anyone + who + 주어 + 동사)

We can deal with **whatever** problems you have.
저희는 당신에게 생기는 어떠한 문제든지 해결할 수 있습니다.

(2) 복합관계부사: 복합관계부사는 부사절을 이끕니다.

> * whenever + 완전절: 언제든지 (= no matter when + 주어 + 동사)
> * wherever + 완전절: 어디든지 (= no matter where + 주어 + 동사)
> * however + 완전절: 아무리 ~하더라도 (= no matter how + 주어 + 동사)

Whenever you want to talk with me, feel free to call me.
저와 이야기하고 싶을 때면 언제든지, 저에게 전화해 주세요.

[예제 1]
All of the articles in this month's magazine were written by young students _____ would like to become professional writers.

(A) whoever (B) who (C) whose (D) which

[예제 1 풀이]
빈칸 앞에 선행사인 students 가 있고, 빈칸에는 주어 역할을 하는 단어가 와야 하므로 정답은 (B)이다. 선행사가 있으므로 복합관계대명사인 whoever는 정답이 될 수 없다.

한 줄 요약

> 1. '목적격 관계대명사'와 '주격 관계대명사 + be동사'는 생략이 가능하다.
> 2. 관계부사에는 when, where, how, why가 있으며, 관계부사 뒤에는 완전한 절이 온다.

1. The keynote speaker asked about the time ------- she would give her talk.

   (A) where
   (B) which
   (C) when
   (D) who

keynote speaker 기조연설자
talk 연설, 강연

2. The mayor explained the reason ------- he was not running for reelection in a speech.

   (A) which
   (B) why
   (C) where
   (D) who

mayor 시장
explain 설명하다
run 출마하다
reelection 재선
speech 연설

3. It was decided that the place ------- the banquet would be was the Grand View Hotel.

   (A) why
   (B) when
   (C) what
   (D) where

decide 결정하다
banquet 연회

4. He cannot remember the year ------- he started working at Grayson International.

   (A) when
   (B) where
   (C) why
   (D) who

remember 기억하다
start working 근무를 시작하다

5. They will meet in the building ------- Standard Consulting has its offices.

   (A) which
   (D) what
   (C) where
   (D) when

consulting 상담, 컨설팅
office 사무실

1. 해석 기조연설자는 그녀가 연설하게 될 시간에 대해 문의했다.

해설 빈칸 뒤에 완전한 절이 있으므로 관계대명사인 which와 who는 정답이 될 수 없다. 빈칸 앞에 the time이 있으므로 시간의 관계부사인 (C)의 when이 정답이 된다.

정답 (C)

2. 해석 시장은 연설에서 그가 재선에 출마하지 않은 이유를 설명했다.

해설 빈칸 앞에 the reason이 있으므로 정답은 (B)의 why이다. 관계부사는 시간, 장소, 방법, 이유를 의미하는 선행사 뒤에 사용되며, 관계부사 뒤에는 완전한 절이 온다.

정답 (B)

3. 해석 연회가 열리는 장소가 Grand View 호텔이라는 것이 결정되었다.

해설 선행사가 장소를 나타내는 the place이므로, 정답은 관계부사 where이다. 정답은 (D)이다.

정답 (D)

4. 해석 그는 Grayson 인터내셔널에서 근무를 시작했던 해를 기억하지 못한다.

해설 시간을 의미하는 the year가 빈칸 앞에 있으므로 관계부사 when을 정답으로 고르면 된다.

정답 (A)

5. 해석 그들은 Standard 컨설팅이 사무실들을 소유하고 있는 건물에서 만날 것이다.

해설 빈칸 뒤에 완전한 절이 있으므로 빈칸에는 관계부사가 와야 한다. 선행사인 the building이 장소를 의미하므로 정답은 (C)의 where이다.

정답 (C)

UNIT 48 등위접속사와 상관접속사

이번 유닛에서는 병치 구문을 학습할 때 간략하게 다루었던 등위접속사와 상관접속사에 대해 보다 자세히 알아 보도록 하겠습니다.

1 등위접속사

(1) 등위접속사의 종류

등위접속사는 같은 등급의 문장 구성 요소를 연결하는 접속사입니다. 등위접속사를 선택하는 문제가 출제될 경우, 연결되어 있는 단어, 구, 문장의 의미를 파악하여 적절한 접속사를 선택해야 합니다.

and 그리고	but 그러나	or 또는
so 그래서	yet 그러나	for 왜냐하면

(2) 병치 구조

등위접속사는 같은 등급의 문장 구성 요소를 연결하는 접속사입니다. 즉, 단어와 단어, 구와 구, 절과 절을 서로 연결하는데, 이를 **구조병치**라고 합니다. 그리고, 구조병치에서 단어와 단어가 병치될 경우 두 단어의 품사는 동일해야 하는데, 이를 **품사병치**라고 합니다.

ⓐ 구조병치

He left on a business trip to Singapore **and** Malaysia.
그는 싱가포르와 말레이시아로 출장을 떠났다.

→ and 앞뒤에 단어와 단어가 연결

I am considering moving to another city **and** starting my own business.
나는 다른 도시로 이사해서 내 소유의 사업을 시작할 것을 고려하고 있다.

→ and 앞뒤에 구와 구가 연결

I left my ID card at home, **so** I cannot enter the laboratory.
신분증을 집에 두고 와서, 나는 연구실에 들어갈 수 없다.

→ so 앞뒤에 절과 절이 연결

⊘ 중요 Point | 접속사 for와 so

> for와 so의 경우 절과 절을 연결할 수는 있지만, 단어와 단어, 구와 구는 연결할 수 없습니다.

business trip 출장
consider 고려하다
ID card 신분증
laboratory 연구실

ⓑ 품사병치

Please send your résumé **and** cover letter. 당신의 이력서와 자기소개서를 보내 주세요.
→ and로 연결된 두 단어의 품사가 모두 **명사**입니다.

His lecture was boring **but** informative. 그의 강의는 지루했지만 유익했다.
→ but으로 연결된 두 단어의 품사가 모두 **형용사**입니다.

cover letter 자기소개서
informative 유익한

예제 1	Ms. Kelly offered her resignation, _____ it was turned down.
	(A) and　　(B) but　　(C) or　　(D) for

예제 1 풀이

빈칸 앞의 내용은 Kelly 씨가 사직서를 제출했다는 것이고 뒤의 내용은 그것이 거절되었다는 것이므로, 두 내용이 상반된다. 따라서 (B)의 but이 정답이다.

2 상관접속사

상관접속사는 '등위접속사 + 상관(관계) 있는 단어'의 형태로 짝을 이루어 사용되며, 등위접속사와 같이 같은 등급의 문장 구성 요소를 연결합니다.

(1) 상관접속사의 종류

상관접속사는 짝을 이루어 사용되기 때문에 통으로 외워 두어야 합니다.

both A and B A와 B 모두	either A or B A 또는 B 중 하나
neither A nor B A도 B도 아닌	not only A but also B A뿐만 아니라 B도
not A but B (= B as well as A) A가 아니라 B	

⊘ 중요 Point | 상관접속사의 수 일치

종류	동사의 수 일치
both A and B	복수동사 사용
either A or B / neither A nor B not only A but also B (= B as well as A) not A but B	모두 B에 일치

(2) 병치 구조

상관접속사 또한 등위접속사와 마찬가지로 병치구조를 가집니다.

Both Ms. Jones **and** Mr. Lambert will be promoted.

Jones 씨와 Lambert 씨 둘 다 승진될 것이다.

→ 상관접속사 both A and B에서 A와 B는 '단어'이며 '명사'입니다.

You can come to my office **either** by bus **or** on foot.

당신은 나의 사무실에 버스를 타거나 걸어서 올 수 있다.

→ 상관접속사 either A or B에서 A와 B는 '구'입니다.

예제 2 You must bring _____ a driver's license or a passport to the center.

(A) neither   (B) either   (C) both   (D) not

예제 2 풀이

a driver's license 뒤에 or가 있기 때문에, or와 함께 사용될 수 있는 either가 정답이 된다. 상관접속사는 짝을 이루어 사용되므로, 상관접속사들을 암기하고 있어야 쉽게 정답을 찾을 수 있다.

한줄 요약

1. 등위접속사와 상관접속사의 종류와 의미를 기억하자.
2. 상관접속사는 '등위접속사 + 상관(관계) 있는 단어' 형태이다.

빈칸에 들어갈 알맞은 말을 고르세요.

1. The weather has been pleasant during summer, ------- the farmer's crops are growing poorly.

   (A) or
   (B) but
   (C) when
   (D) because

weather 날씨
pleasant 쾌적한
crop 농작물
poorly 좋지 못하게

2. Neither the scientists in the lab ------- any other researchers could identify the disease.

   (A) or
   (B) and
   (C) so
   (D) nor

scientist 과학자
researcher 연구자
identify 발견하다, 식별하다
disease 질병

3. Mr. Clay remembered the address, ------- he could find the office easily.

   (A) and
   (B) because
   (C) yet
   (D) so

address 주소
easily 쉽게

4. Many of the dishes served at Julliard's are ------- high in nutrition and low in calories.

   (A) either
   (B) both
   (C) so
   (D) such

dish 요리
serve 제공하다
nutrition 영양소
calories 칼로리, 열량

5. Susan Pratt can remain at her current position, ------- she can transfer to an office in Lisbon.

   (A) so
   (B) or
   (C) and
   (D) when

current 현재의
position 직책
transfer 전근 가다

1. 　해석　여름 동안 날씨가 쾌적했지만, 농부의 농작물들은 잘 자라지 않는다.

　해설　빈칸 앞은 '여름 동안 날씨가 쾌적했다'는 내용이며, 뒤는 '농작물이 잘 자라지 않는다'는 내용으로 서로 상반된다. 따라서 (B)의 but이 정답이다.

정답 (B)

2. 　해석　연구실의 과학자들과 다른 연구자들도 질병의 정체를 밝히지 못했다.

　해설　상관접속사인 'neither A nor B'를 알고 있어야 풀 수 있는 문제로서 정답은 (D)이다. 이처럼 상관접속사는 반드시 암기해 두어야 한다.

정답 (D)

3. 　해석　Clay 씨는 주소를 기억하고 있어서, 사무실을 쉽게 찾을 수 있었다.

　해설　빈칸 앞의 내용의 결과가 빈칸 뒤의 내용이므로 '그래서'라는 의미의 접속사인 (D)의 so가 정답이 된다.

정답 (D)

4. 　해석　Julliard's에서 제공되는 많은 요리들은 영양가가 높고 칼로리는 낮다.

　해설　빈칸 뒤의 구조가 'A and B'인데, 보기 중에서 and와 어울려 상관접속사를 만드는 것은 (B)의 both이다.

정답 (B)

5. 　해석　Susan Pratt은 현 직책에 남아 있을 수도 있고, 리스본에 있는 사무실로 전근 갈 수도 있다.

　해설　'Susan Pratt이 현 직책을 유지하는 것'과 '리스본의 사무실로 전근하는 것'은 둘 다 선택 가능한 것들이다. 따라서 (B)의 or가 정답이 된다.

정답 (B)

UNIT 49 부사절 I

부사절은 문장에서 시간, 조건, 이유 등을 의미합니다. 부사절의 형태와 종류, 그리고 다양한 의미의 부사절 접속사에 대해 알아 보도록 하겠습니다.

1 부사절의 개요

부사절, 하나의 완전한 문장 + **부사절**

① 부사절의 형태는 '부사절 접속사 + 완전한 문장'의 형태입니다.
② 부사절의 의미에 따라 적절한 부사절 접속사를 사용해야 합니다. 부사절 접속사에는 because, after, although, once, until, while, when 등이 있습니다.

2 부사절의 자리

부사절은 주절의 앞과 뒤, 어디에든 올 수 있습니다.

(1) [주절] [부사절 (부사절 접속사 + 완전한 절)]

Dr. Moore could not participate in the conference **because** he was sick.
　　　　　　[주절]　　　　　　　　　　　　　　　[부사절]

Moore 박사는 아파서 컨퍼런스에 참가하지 못했다.

> participate in ~에 참가하다
> conference 컨퍼런스, 학회

(2) [부사절 (부사절 접속사 + 완전한 절)], [주절]

부사절이 주절 앞에 올 경우에는, 주절 앞에 콤마를 씁니다.

Because he was sick, Dr. Moore could not participate in the conference.
　　[부사절]　　　　　　　, [주절]

그는 아팠기 때문에, Moore 박사는 컨퍼런스에 참가하지 못했다.

✓ **중요 Point | 부사절 접속사의 자리**

'_____ S + V, S + V' 형태에서, 빈칸에는 부사절 접속사가 와야 한다.

3 부사절의 형태

부사절은 '부사절 접속사 + 완전한 절'의 형태입니다.

If it rains on Saturday, the event will be held indoors.
토요일에 비가 내린다면, 행사는 실내에서 열릴 것이다.

→ 부사절 접속사 if + 완전한 문장 (주어 + 자동사)

> indoors 실내에서

Ms. Perry approved the plan **although** she did not like it.
Perry 씨는 마음에 들지 않았음에도 불구하고 그 계획을 승인해 주었다.

→ 부사절 접속사 although + 완전한 문장 (주어 + 동사 + 목적어)

> approve 승인하다

> (예제 1 풀이)
> 빈칸 앞에 완전한 문장이 있고, 빈칸 뒤에도 완전한 문장이 있으므로 접속사를 정답으로 골라야 한다. 보기 중에서 접속사는 after뿐이므로 정답은 (C)이다.

예제 1 The school library will be open _____ the air-conditioning system is installed.

(A) in　　(B) during　　(C) after　　(D) to

4 부사절의 종류 I

(1) 시간을 나타내는 부사절 접속사

when ~할 때	after ~후에	by the time ~ 때까지
while ~하는 동안	until ~ 때까지	since ~ 이후로
before ~ 전에	as soon as ~하자마자	

Please turn off your computer **when** you leave the office. 퇴근할 때 컴퓨터를 꺼 주세요.

As soon as everything is ready, the presentation will start.
모든 것이 준비되면, 발표가 시작될 것이다.

turn off 끄다
leave the office 퇴근하다

(2) 조건을 나타내는 부사절 접속사

if ~이라면	unless ~이 아니라면
as long as ~하기만 하면	once 일단 ~하면
in the event (that) ~한 경우에는	in case (that) ~한 경우를 대비하여
given (that) ~을 고려해볼 때	considering (that) ~을 고려하면
providing (that) / provided (that) ~라고 가정하면	

> **providing vs. given**
> ① providing (= provided) 은 뒤에 that이 없어도 접속사!
> ② given은 뒤에 that이 없으면 전치사!

Unless you have any other appointments, you should attend the meeting.
다른 약속이 없다면, 당신은 회의에 참석해야 한다.

Considering that she is a college student, Emily is doing a good job.
그녀가 대학생임을 고려하면, Emily는 일을 잘 하고 있다.

appointment 약속
attend 참석하다

(3) 시간과 조건의 부사절의 특징

시간과 조건의 부사절에서는 **현재시제가 미래시제를 대신**합니다. 즉, will을 쓰지 않습니다.
시간과 조건을 나타내는 부사절 접속사 자체가 미래의 의미를 포함하고 있기 때문입니다.

I will pick you up **when** she arrives at the airport tomorrow.
당신이 내일 공항에 도착할 때 내가 당신을 태우러 갈 것이다.

If I have time, I will visit your office in the afternoon.
시간이 있으면, 오늘 오후에 당신의 사무실을 방문할 것이다.

> 주절은 미래, 부사절은 현재

pick someone up ~를 태우러 가다

예제 2 We will not reimburse you any expenses _____ you lose the receipts.

(A) from   (B) to   (C) whether   (D) if

예제 2 풀이
빈칸 앞뒤에 완전한 절이 있으므로 접속사를 정답으로 골라야 하는데, 문맥상 조건을 의미하는 접속사가 와야 하므로 (D)의 if가 정답이다.

한줄요약

○ **1.** 부사절 접속사 뒤에는 완전한 형태의 절이 온다.
○ **2.** 시간과 조건의 부사절에서는 현재시제가 미래시제를 대신한다. '주절은 미래, 부사절은 현재'의 구조를 꼭 기억하자.

빈칸에 들어갈 알맞은 말을 고르세요.

1. ------- the funds are received, the vendor will receive a check from Mr. Popov.

   (A) After

   (B) Unless

   (C) Although

   (D) However

   fund 자금
   vendor 판매 회사

2. ------- the assembly line malfunctions, a repair crew will be contacted at once.

   (A) Consequently

   (B) In the event

   (C) Despite

   (D) In case of

   assembly line 조립 라인
   malfunction 제대로 작동하지 않다
   repair crew 수리반, 정비사
   contact 연락하다
   at once 즉시

3. Vehicles will be allowed on the bridge ------- construction is complete.

   (A) as well as

   (B) in addition to

   (C) in order to

   (D) as soon as

   vehicle 자동차, 차량
   allow 허가하다
   construction 건설, 공사
   complete 완료된

4. Ms. Carrera will leave the office at 6:00 P.M. ------- she is still meeting her supervisor.

   (A) unless

   (B) since

   (C) if

   (D) where

   leave the office 퇴근하다
   supervisor 상사, 감독관

5. The highway leading to town was closed ------- the snow began falling heavily.

   (A) if

   (B) when

   (C) although

   (D) or

   highway 고속도로
   lead to ~로 이어지다
   closed 폐쇄된
   heavily 심하게

1.

해석 자금이 회수되고 난 뒤에, 판매 회사는 Popoov 씨로부터 수표를 받게 될 것이다.

해설 빈칸 뒤에 완전한 절이 있으므로 빈칸에는 접속사가 와야 한다. 따라서 정답은 (A)의 after이다. 이와 같이 부사절이 주절 앞에 올 경우에는 부사절 뒤에 콤마를 쓴다.

정답 (A)

2.

해석 조립 라인이 제대로 작동하지 않을 경우에는, 즉시 수리반에 연락이 갈 것이다.

해설 빈칸이 완전한 절 앞에 있으므로 전치사인 despite, in case of와 부사인 consequently는 모두 정답이 될 수 없다. 문장을 해석해 보면 조립 라인이 고장을 일으키는 상황을 가정하고 있으므로, '~한 경우에는'이라는 의미의 접속사인 (B)의 in the event가 빈칸에 오는 것이 가장 자연스럽다.

정답 (B)

3.

해석 공사가 완료되자마자 교량에 차량 통행이 허가될 것이다.

해설 빈칸은 접속사가 와야 하는 자리이므로 in addition to와 in order to는 정답이 될 수 없다. as well as는 절을 수반할 수도 있지만 '~와 마찬가지로, ~에 더하여'와 같은 의미로 사용되므로 문맥상 적절하지 않다. 따라서 정답은 (D)의 as soon as이다.

정답 (D)

4.

해석 그녀의 상사와 여전히 만나고 있는 것이 아니라면 Carrera 씨는 오후 6시에 퇴근할 것이다.

해설 빈칸 뒤는 '그녀가 여전히 상사를 만나고 있다'는 내용이고 빈칸 앞은 'Carrera 씨가 오후 6시에 퇴근할 것이다'라는 내용으로 둘은 양립할 수 없는 상황이다. 따라서 '만약 ~하지 않는다면'이라는 뜻인 (A)의 unless가 정답이 된다.

정답 (A)

5.

해석 눈이 심하게 내리기 시작했을 때 도시로 이어지는 고속도로가 폐쇄되었다.

해설 보기들 중 '폭설이 시작되었던 상황'과 '고속도로가 폐쇄되었던 상황'을 연결할 수 있는 것은 (B)의 when뿐이다.

정답 (B)

- 양보 부사절 접속사
토익스텝 567

although / though / even though / even if
~에도 불구하고 while / whereas ~인 반면

□ S + V, S + V.
➡ 이 자리문제로 가장 많이 출제됨

☆ 유사 전치사 구분하기! in spite of, des
notwithstandin

5 부사절의 종류 Ⅱ

(1) 이유를 나타내는 부사절 접속사

because / as / since ~ 때문에	in that ~라는 점에서
now that ~이므로, ~이기 때문에	

Employees didn't have to work overtime **because** the deadline had been extended. 마감 기한이 연기되었기 때문에 직원들은 야근을 할 필요가 없었다.
Now that he was considering retirement, Mr. Sanders turned down the promotion. 은퇴를 고려하고 있었기 때문에, Sanders 씨는 승진을 거절했다.

▶ in that절은 문장의 맨 앞에 위치할 수 없다.
• 주절 in that 완전절 (○)
• In that 완전절, 주절 (×)

(2) 양보를 나타내는 부사절 접속사

although / though / even though / even if ~에도 불구하고
while / whereas ~인 반면에

S&G, Inc. made more investments **although** its profits decreased.
수익이 감소했음에도 불구하고 S&G 주식회사는 투자를 확대했다.

▶ **양보의 전치사와 구분!**
in spite of, despite, notwithstanding

(3) 목적을 나타내는 부사절 접속사

so that ~할 수 있도록	in order that ~하기 위해서

You should arrive on time **so that** you <u>can</u> secure a seat.
자리를 확보하기 위해서 제시간에 도착하세요.

▶ so that 부사절의 동사 앞에는 조동사 can, could, may 등이 온다.

(4) 결과를 나타내는 부사절 접속사

so + 형용사/부사 + that... 매우 ~해서 (that 이하) 하다
such + (a) + 형용사 + 명사 + that... ~한 (명사)여서 (that 이하) 하다

Jennifer was **so busy that** she forgot to check her e-mail.
Jennifer는 너무 바빠서 이메일을 확인하는 것을 잊었다.
Chris is **such a competent employee that** many companies want to recruit him. Chris는 유능한 직원이어서 많은 회사에서 그를 스카우트하려 한다.

▶ so, such와 의미가 비슷한 very와 too 뒤에는 that절이 이어질 수 없다.

⊘ 중요 Point | so ~ that 구문 문제 풀이 방법

> so와 that 사이에는 형용사나 부사가 오기 때문에, so와 that을 삭제한 다음 문제를 풀면 쉽게 정답을 고를 수 있습니다.
>
> > **예** The business was so (successful / successfully) that he decided to open another branch.
>
> → 위 문장에서 so와 that이 없다고 생각하면 'the business was (successful / successfully)'가 되는데, be동사 뒤에는 보어가 와야 하므로 형용사인 successful이 정답이라는 것을 쉽게 알 수 있습니다.

6 접속사와 전치사 구별

의미가 같은 접속사와 전치사를 구별하는 문제가 출제되기 때문에, 접속사와 전치사를 확실히 구분할 수 있어야 합니다.

주절	부사절 접속사	부사절		부사절 접속사	부사절	,	주절
주절	전치사	단어, 구		전치사	단어, 구	,	주절

(1) 형태

접속사 뒤에는 완전한 절, 전치사 뒤에는 단어나 구가 옵니다.

(2) 의미가 같은 접속사와 전치사

의미	접속사	전치사(구)
~ 때문에	because, since, as	because of, due to, on account of, owing to
~일지라도	although, though, even though, even if	despite, in spite of
~하는 동안	while	during, for
~을 제외하고	except that	except for, excluding

Checkup Quiz 1 | 빈칸에 들어갈 말을 고르세요.

❶ _____ profits increased last year, the company announced that it will lay off some employees. (Despite / Even though)

❷ Mr. Fisher cannot arrive on time _____ the heavy traffic. (because / because of)

Checkup Quiz 1 정답

❶ Even though

❷ because of

7 부사절 접속사 + 분사구문 활용

부사절 접속사	+ 완전한 절 + 분사구문 + 목적어	,	주절

While <u>taking</u> the subway, many people use their smartphones.

지하철을 타는 동안, 많은 사람들은 스마트폰을 본다.

▶ that으로 끝나는 접속사 (so that, now that, given that) 뒤에는 분사구문이 올 수 없다.

한 줄 요약

- 1. 이유, 양보, 목적, 결과를 나타내는 부사절 접속사를 기억하자.
- 2. 접속사 뒤에는 완전한 절, 전치사 뒤에는 명사나 구가 온다.
- 3. 부사절 접속사 뒤에는 분사구문이 올 수도 있다.

1. Ms. Jenkins received a call from a deliveryman ------- he was unable to find her office.

    (A) however

    (B) since

    (C) although

    (D) even if

> receive a call 전화를 받다
> deliveryman 배달 기사

2. The manufacturing facility is ------- large that most workers take shuttle buses from building to building.

    (A) such

    (B) very

    (C) so

    (D) really

> manufacturing facility 제조 시설
> shuttle bus 셔틀버스

3. The telephone in the office kept ringing ------- Mr. Walters was conducting a brainstorming session.

    (A) during

    (B) if

    (C) whereas

    (D) while

> conduct (활동을) 하다, 수행하다
> brainstorming 브레인스토밍
> (창조적 집단 사고)

4. Everyone on the city council ------- Ms. Bannister voted in favor of the new regulation.

    (A) except for

    (B) in spite of

    (C) as well

    (D) in order to

> city council 시의회
> vote 투표하다
> regulation 규정
> except for ~을 제외하고
> in spite of ~에도 불구하고

5. ------- taking a plane to Dallas is faster, a trip by train will be more comfortable.

    (A) Because

    (B) If

    (C) Although

    (D) Moreover

> comfortable 편안한
> although ~에도 불구하고
> moreover 게다가, 더욱이

1. 해석   Jenkins 씨는 배달 기사가 그녀의 사무실을 찾지 못했기 때문에 기사에게서 전화를 받았다.

해설   빈칸 뒤의 내용이 빈칸 앞의 내용의 이유에 해당한다. 이유를 나타내는 부사절 접속사는 (B)의 since이다.

정답 (B)

2. 해석   그 제조 시설은 매우 커서 대부분의 직원들이 건물에서 건물로 셔틀 버스를 타고 이동한다.

해설   빈칸 뒤의 형용사 large 뒤에 that이 있는 것을 보고, 빈칸에는 (C)의 so가 와야 한다는 것을 떠올릴 수 있어야 한다. 참고로, such의 경우에는 'such + (a) + 형용사 + 명사 + that'의 형태로 사용된다.

정답 (C)

3. 해석   Walters 씨가 브레인스토밍을 회의를 하는 동안 사무실의 전화기는 계속 울리고 있었다.

해설   '사무실의 전화벨이 계속 울렸다'는 내용과 'Walters 씨가 브레인스토밍 회의를 하고 있었다'는 내용을 연결할 수 있는 것은 '~ 동안에'라는 의미의 시간의 접속사인 (D)의 while뿐이다. during은 전치사이므로 정답이 될 수 없다.

정답 (D)

4. 해석   Bannister 씨를 제외한 시의회의 모두가 새로운 규정에 찬성표를 던졌다.

해설   빈칸에 들어갈 적절한 전치사를 고르는 문제이다. 전치사와 함께 의미상 묶이는 것은 Ms. Bannister까지이며 voted는 문장 전체의 동사이다. 'Bannister 씨를 제외하고'라는 의미가 되어야 자연스러우므로 정답은 (A)의 except for이다.

정답 (A)

5. 해석   댈러스까지 비행기를 타고 가는 것이 더 빠르기는 하지만, 열차를 타고 이동하는 것이 더 편하다.

해설   '댈러스까지 비행기를 타고 가는 것이 더 빠르다'는 내용과 '열차를 타고 이동하는 것이 더 편하다'는 내용은 서로 상반되므로 양보의 접속사인 (C)의 although가 정답으로 가장 적절하다.

정답 (C)

UNIT 51

Part 6 단어 삽입

★ 긴 지문에 빈 칸이 4개 비어 있는 파트6!
포인트를 잘 잡고 접근해서 풀어봅니다!

파트 6는 지문을 읽고 네 개의 빈칸을 채우는 형식인데, 문제의 종류는 어휘와 문법 3문항, 문장 삽입 1문항입니다. 지문을 읽으며 문제를 풀어야 하기 때문에 쉽지는 않겠지만, 앞으로 설명하게 될 '포인트'를 활용한다면 충분히 공략할 수 있습니다.

● 단어 삽입 문제 접근법

포인트 1 첫 번째 문단은 빈칸이 없더라도 꼼꼼히 읽자!

지문의 주제와 목적을 파악해야 하므로 첫 부분은 잘 읽어야 합니다.

포인트 2 빈 칸 바로 뒤의 1~2줄에 유의하자!

정답의 단서는 빈칸의 바로 뒤에 제시되는 경우가 많기 때문에, 빈칸 바로 뒤의 문장에 집중해야 합니다.

포인트 3 시제 문제는 힌트가 아닌 문맥이 중요하다!

파트 5의 시제 문제에서는 힌트를 파악하는 것이 중요하지만, 파트 6의 시제 문제는 빈칸 주변 문장들의 문맥을 파악해서 풀어야 합니다.

포인트 4 '마침표 + 빈칸 + 콤마 [(._____,)]' 형태로 출제되는 연결어 찾기 문제는 빈칸 앞뒤 문장의 내용을 비교/대조하여 풀자!

연결어 문제의 경우 문장 앞뒤의 내용을 파악하여 적절한 접속부사나 전명구를 골라야 합니다.

▶ Unit 51과 52에 설명될 '파트 6 문제 공략 포인트'는 반드시 숙지해야 한다!

예제 **Questions 1-3** refer to the following article.

Convention Center to Be Renovated

by staff reporter Harold Groom

(Andersonville) – The Andersonville City Council just announced it will spend $5 million to renovate the convention center. The center was built in 1961 and looks much like it did ------- it first opened.
1.
The city ------- numerous events in the center. -------, bookings
2. **3.**
have decreased for the past two years. The work should improve the center's appearance and facilities. Work will begin immediately, starting with the interior. The entire project should take six months to complete.

---

announce 발표하다
renovate 개조하다
staff reporter 기자
city council 시의회
announce 발표하다
numerous 많은
booking 예약
improve 개선하다
appearance 겉모습, 외관
facility 시설
immediately 즉시

1. (A) where

    (B) when

    (C) how

    (D) why

2. (A) will host

    (B) hosted

    (C) hosts

    (D) hosting

3. (A) Moreover

    (B) In addition

    (C) However

    (D) Therefore

(해석)

컨벤션 센터 개조 공사

Harold Groom 기자

(앤더슨빌) – 앤더슨빌 시의회는 5백만 달러를 들여 컨벤션 센터를 개조 공사할 것이라고 발표했다. 센터는 1961년에 건설되었으며 처음 개장했을 때와 상당히 비슷한 모습이다. 시는 센터에서 많은 행사를 개최하고 있다. 하지만, 지난 2년 동안 예약이 감소했다. 작업은 센터의 외관과 시설들을 개선할 것이다. 작업은 즉시 시작될 것이며, 내부부터 시작될 것이다. 전체 프로젝트는 완료되는 데 6개월이 걸릴 것이다.

(정답 및 해설)

1. (B)

문법 문제로서 적절한 접속사를 골라야 한다. 빈칸 뒤의 내용이 '처음 열었을 때'가 되어야 하므로 시간을 의미하는 접속사인 (B)의 when이 정답이다.

2. (C)

적절한 시제를 고르는 문제이다. 도시가 행사들을 센터에서 개최한다는 일반적인 사실을 이야기 하므로 현재시제인 (C)가 정답이다.

3. (C)

빈칸 앞의 내용은 긍정적이지만 빈칸 뒤에서는 지난 2년간 예약이 줄어든 부정적인 사실이 언급되어 있다. 따라서 역접의 부사인 (C)의 However가 정답이다.

▶ **포인트 2**에 설명된 것처럼 빈칸 바로 뒤에 정답의 근거가 제시되어 있다.

▶ **포인트 3**의 설명대로, 해당 문장에 시제에 대한 직접적인 힌트는 없지만 문맥에 따라 시제를 결정한다.

⊘ **중요 Point** | 자주 출제되는 접속부사

---

similarly, in addition, as well as 또한
thus, therefore, hence, accordingly 따라서
namely, in other words 다시 말해서
otherwise 그렇지 않으면
by the way, incidentally 그건 그렇고
meanwhile, in the mean time 그 동안
instead 대신에
nevertheless, nonetheless 그럼에도 불구하고
then, subsequently 그 다음에, 이후에
moreover, also, further, furthermore 게다가, 뿐만 아니라

above all 무엇보다도
as a result, consequently 그 결과
specifically 구체적으로는
in that case 그런 경우라면
eventually, after all 결국, 마침내
on the contrary 반대로
however, yet 그러나, 그렇지만
anyhow, anyway 어쨌든, 아무튼

연습문제 지문을 읽고 빈칸에 들어갈 알맞은 말을 고르세요.

Questions 1-3 refer to the following advertisement.

Are you tired of working two part-time jobs yet still don't have enough money to pay for your food and rent? ------- why not enroll in evening classes at the Buriram Institute of Technology? You can learn to
1.
become a welder, plumber, electrician, or construction worker here. Our courses are inexpensive, but you ------- a lot. Our graduates are in high demand. 97% of them are hired full time within two months
2.
of graduating. The average starting ------- is $42,000 a year. Call 875-9473 for more information. Learn a
3.
new skill at the Buriram Institute of Technology and improve your life.

1. (A) Otherwise
   (B) However
   (C) Therefore
   (D) Then

3. (A) fare
   (B) salary
   (C) payment
   (D) fee

2. (A) will learn
   (B) learning
   (C) learned
   (D) learns

해석

두 가지 아르바이트를 하면서도 식비와 집세를 감당할 만큼의 충분한 돈을 벌지 못하는 상황에 지치셨나요? 그렇다면, 부리람 기술 학원의 강좌에 등록하는 것은 어떨까요? 여러분은 이곳에서 용접 기사, 배관공, 전기 기사, 또는 건설 노동자가 되기 위한 것들을 배울 수 있습니다. 저희 강좌는 비싸지 않지만, 여러분은 많은 것을 배울 수 있습니다. 우리 졸업생들에 대한 수요가 많습니다. 졸업생의 97퍼센트는 졸업 후 2개월 이내에 정규직으로 채용되고 있습니다. 평균 연봉은 42,000달러에서 시작합니다. 더 많은 정보를 얻으시려면 875-9473으로 전화해 주세요. 부리람 기술 학원에서 새로운 기술을 배워서 당신의 삶을 향상시키세요.

part-time job 시간제 일, 아르바이트   enough 충분한   rent 집세, 방세   enroll in ~에 등록하다   welder 용접 기사   plumber 배관공
electrician 전기 기사   inexpensive 비싸지 않은   graduate 졸업하다; 졸업생   average 평균

정답 및 해설

1. 연결어 문제로서, 본문의 '포인트 4'에 설명된 것처럼 빈칸 앞뒤의 내용을 파악하여 적절한 연결어를 골라야 한다. 빈칸 앞의 '두 가지 아르바이트를 하면서도 식비와 집세를 감당할 만큼의 충분한 돈을 벌지 못하는 상황에 지쳤는지'를 묻는 내용은 '강좌에 등록하라'고 권유하는 이유가 될 것이다. 그러므로, 빈칸에는 '그렇다면'이라는 의미의 then이 오는 것이 가장 자연스럽다.

정답 (D)

2. 시제를 묻는 문제이다. 본문의 '포인트 3'에 설명된 것처럼, 파트 6의 문법 문제에서는 빈칸에 포함된 문장에서 정답의 단서를 찾을 수 없는 경우가 많기 때문에 문맥을 파악하는 것이 중요하다. 지문을 해석해보면 '강좌에 등록할 경우 당신은 많은 것을 _____'이라는 의미가 될 것이므로 '배우게 될 것'이라는 의미의 미래 시제인 will learn이 정답이 된다.

정답 (A)

3. 어휘 문제의 경우, '포인트 2'에 설명된 것처럼, 빈칸이 포함된 문장이나, 바로 앞뒤의 문장에 집중해야 한다. 이 문제의 경우 빈칸에 포함된 문장이 '1년에 받을 수 있는 액수'를 안내하는 내용이기 때문에, 보기 중에서 '급여'를 의미하는 'salary'가 빈칸에 오는 것이 가장 적절하다. 나머지 보기들도 돈을 이야기하는 단어이긴 하나, 전체적인 문맥상 강좌를 수강하고 졸업한 학생들의 '평균 초봉'을 언급하고 있다는 사실에 주의하자.

정답 (B)

UNIT 52

Part 6 문장 삽입

● 문장 삽입 문제 접근법

포인트 1 전체 맥락보다 빈칸 바로 앞 뒤가 중요하다!

빈칸에 들어갈 문장은 결국 빈칸 바로 앞뒤를 연결하는 것이므로, 지문 전체의 맥락보다는 빈칸의 바로 앞뒤 문장을 연결하기에 자연스러운 보기를 정답으로 선택해야 합니다.

포인트 2 빈칸 뒤의 수식어구에 유의하자!

빈칸 뒤에 연결어로 시작되는 수식어구가 있을 경우 중요한 힌트가 됩니다. 예를 들어 빈칸 뒤에 'in addition(게다가)'이 있다면 추가적인 내용이 이어지는 것이므로 빈칸 뒤의 내용이 앞과 비슷할 것입니다.

> ▶ 'However (그러나)'가 있을 경우 반대되는 내용이 이어져야 한다.

포인트 3 대명사에 주의하자!

정관사나 대명사는 앞에서 언급한 것을 지칭할 때 쓰입니다. 따라서 정관사나 지시대명사가 있을 경우, 관련된 표현들이 있는지를 파악하여 정답을 고르는 데 활용할 수 있습니다.

> ▶ 정관사나 대명사 이외에도 '또한'을 의미하는 also와 같은 부사도 정답을 고르는 단서로 활용할 수 있다.

포인트 4 시제의 순서에 유의하자!

문장의 내용은 문맥상 연관성이 있더라도 시제의 순서상 문제가 없는지 파악해야 합니다. 예를 들어, 미래를 의미해야 하는 문장의 시제가 과거일 경우 이는 오답으로 처리해야 합니다.

예제 **Questions 1-2** refer to the following memo.

> To: All Staff
>
> From: Eric Bush
>
> Subject: ID Cards
>
> Date: November 12
>
> To improve security at the facility, all employees are receiving new ID cards. The cards will permit employees to enter and exit all the buildings in the complex. -------. Employees should visit room 301 to
>
> **1.**
>
> receive their new cards. Cards can be obtained any time this week between 9:00 A.M. and 5:00 P.M. Employees will have their pictures taken. -------. It should take ten minutes to make a single card. Those
>
> **2.**
>
> with questions should call Hilda Burgess at extension 54.

staff 직원
ID card 신분증
security 보안
facility 시설
permit 허가하다
complex (건물) 단지
access 접속하다
obtain 얻다, 획득하다
extension 내선번호

1. (A) They will also allow access to the computer system.

(B) There are two doors on each side of every building.

(C) Your cards will be delivered later this afternoon.

(D) You can start using your cards right now.

2. (A) Submit any color photograph of yourself.

(B) Your presence at the event is not required.

(C) So be sure to wear appropriate clothing.

(D) Some will be published in the local newspaper.

▷ 1번 문제의 경우 '포인트3'에 설명된 것처럼 보기의 대명사를 활용해서 문제를 풀어 보자.

해석

> 수신: 전 직원
> 발신: Eric Bush
> 제목: 신분증
> 날짜: 11월 12일
>
> 시설 보안을 개선하기 위해서, 모든 직원들은 새로운 신분증을 받게 됩니다. 직원들은 이 카드로 단지 내 모든 건물에 출입할 수 있을 것입니다. **또한 컴퓨터 접속도 가능할 것입니다.** 직원들은 새 카드를 받기 위해 301호로 방문해야 합니다. 오전 9시와 오후 5시 사이에 언제든지 카드를 수령할 수 있습니다. 직원들은 사진을 촬영하게 될 것입니다. **그러므로 적절한 복장을 착용하시기 바랍니다.** 카드 한 장을 만드는 데 10분 가량 소요될 것입니다. 문의 사항이 있는 분들은 내선번호 54번으로 Hilda Burgess에게 연락하시기 바랍니다.

1. (A) 또한 컴퓨터 접속도 가능할 것입니다.

(B) 모든 건물의 양측에는 문이 두 개 있습니다.

(C) 여러분의 카드는 오늘 오후 늦게 배송될 것입니다.

(D) 여러분은 즉시 카드 사용을 시작할 수 있습니다.

2. (A) 여러분의 컬러 사진을 제출하세요.

(B) 여러분이 행사에 참석할 필요는 없습니다.

(C) 그러므로 적절한 복장을 착용하시기 바랍니다.

(D) 몇몇은 지역 신문에 게재될 것입니다.

정답 및 해설

1. (A)

'포인트 3'에 설명된 것처럼 대명사를 활용하여 정답을 고르면 된다. (A)의 주어인 they가 빈칸 앞에 언급된 cards를 의미한다는 것을 파악할 수 있다면, (A)가 가장 부드럽게 연결되는 문장이라는 것을 알 수 있다.

▷ 1번 문제는 also를 단서로 활용하여 풀 수도 있다.

2. (C)

'포인트 2'에 설명된 '연결어'를 활용하여 문제를 풀 수 있다. (C)의 'so'는 앞의 내용에 대한 결과를 언급할 때 사용되는 연결어인데, '적절한 옷을 착용할 것'을 권하는 (C)의 내용에 대한 이유가 '사진을 촬영할 것'이라는 빈칸 앞의 내용임을 파악한다면 쉽게 정답을 고를 수 있다.

Questions 1-2 refer to the following letter.

Allison Reed

198 Liberty Lane

Hackensack, NJ 07602

Dear Ms. Reed,

It is my pleasure to inform you that the hiring committee has decided to offer you the position of senior quality control engineer. Congratulations.

We would like for you to start working here no later than August 12. You are welcome to begin sooner than that though. If you require assistance moving or finding a new residence, please contact William Morrison at extension 87. -------.
　　　　　　　　　　　　　　　　　　　　　　　　　　　　　　　　　　1.

Please find attached an employment contract. It contains all the information regarding your salary and benefits. -------. It also contains your job duties. Please read it carefully, sign it, and return it to us.
　　　　　　　2.

I hope to hear from you soon.

Sincerely,

Kevin Soroka

---

1. (A) Thank you for accepting our offer.

(B) I will send you his phone number later.

(C) Mr. Morrison just purchased a new home here.

(D) He would be glad to assist you.

2. (A) You can still apply for a part-time position here.

(B) They are the same as what we already discussed.

(C) Your orientation session will start on August 13.

(D) Please tell me how much you would like to earn.

Allison Reed
리버티가 198번지
뉴저지주 해컨색, 07602

Reed 씨께,

채용위원회에서 당신에게 선임 품질관리 기술자 직책을 제안하기로 결정했다는 소식을 전하게 되어 기쁩니다. 축하합니다.

늦어도 8월 12일부터는 이곳에서 근무를 시작할 수 있기를 바랍니다. 하지만 당신이 더 일찍 시작할 수 있다면 기꺼이 환영합니다. 새로운 거주지를 찾거나 이사하는 데 도움이 필요할 경우, 내선번호 87번으로 William Morrison에게 연락하세요. **그가 기꺼이 당신을 도울 것입니다.**

첨부된 고용계약서를 확인해 주세요. 당신의 급여와 복리후생에 대한 정보가 모두 포함되어 있습니다. **그것들은 우리가 이미 논의했던 것과 같습니다.** 직무에 대한 내용 또한 포함되어 있습니다. 신중히 읽은 후 서명하여 저희에게 다시 보내 주시기 바랍니다.

곧 회신해 주시기를 바랍니다.

Kevin Soroka 드림

pleasure 기쁨　inform 알리다　hiring committee 채용위원회　senior 선임의　no later than ~보다 늦지 않게　assistance 도움, 원조
residence 거주지　employment contract 고용계약서　regarding ~에 관하여　contain 포함하다　benefit 복리후생

1. (A) 저희의 제안을 수락해 주셔서 감사합니다.

　　(B) 나중에 그의 전화번호를 보내겠습니다.

　　(C) Morrison 씨는 이곳에 새 집을 구매했습니다.

　　(D) 그가 기꺼이 당신을 도울 것입니다.

2. (A) 당신은 이곳에 임시직을 지원할 수 있습니다.

　　(B) 그것들은 우리가 이미 논의했던 것과 같습니다.

　　(C) 당신의 오리엔테이션은 8월 13일에 시작될 것입니다.

　　(D) 희망 급여를 알려 주시기 바랍니다.

정답 및 해설

1. '포인트 3'에 설명된 것처럼 대명사를 활용하여 문제를 풀 수 있다. 빈칸 바로 앞에 언급된 William Morrison을 대신할 수 있는 대명사인 'He'로 시작하는 (D)가 정답인데, 이를 해석해 보면, '그가 당신을 기꺼이 도울 것이다'라는 의미로서 빈칸 앞의 내용과 자연스럽게 이어진다.

정답 (D)

2. 이 문제 역시 대명사를 단서로 풀 수 있다. (B)의 they가 지칭하는 것은 봉급과 복리후생을(salary and benefits) 의미하는데, 이것들에 대해 이미 토론했던 것과(what we already discussed) 같은 수준이라고 말하고 있다. 따라서 정답은 (B)이다.

정답 (B)

이번 유닛에서는 앞의 두 유닛에서 학습했던 내용을 활용하여 실전과 동일
한 형태의 연습 문제를 풀어 보면서, 실전 감각을 익혀 보도록 합시다.

예제 **Questions 1-4** refer to the following article.

City Makes Announcement on Eve of Festival
by staff reporter Jenny Nelson

(Norfolk) – The city's Transportation Department announced that it would increase the availability of public transportation for two weeks starting on July 10. That is the day the annual summer festival -------
1.
to begin.

-------. More than 15,000 people per day attended the festival last
2.
year. Festival organizers believe that number to increase this year.

-------, more buses and subways are needed for visitors.
3.

New bus and subway schedules will be posted online. They will also be available at all bus stops and subway stations. The city will not be raising fares during this time. It was ------- for doing that last year.
4.

---

announce 발표하다
availability 이용 가능성
annual 연례의
be set to ~하기로 예정되어 있다
attend 참가하다
organizer 주최자
post 게시하다
fare 운임

1. (A) sets
   (B) will set
   (C) is set
   (D) to set

2. (A) City officials are expecting record attendance this year.
   (B) Few people appear to be aware of the festival.
   (C) The festival will take place in several locations in the city.
   (D) The festival is being organized by Harold Lee.

3. (A) In addition
   (B) Despite this
   (C) However
   (D) As a result

4. (A) critic
   (B) criticized
   (C) criticism
   (D) critical

record 기록적인
be aware of ~을 알다
take place 개최되다
organize 조직하다, 준비하다
in addition 게다가
criticize 비판하다

시에서 축제 전야에 발표를 하다

Jenny Nelson 기자

(노포크) – 시의 교통부는 7월 10일부터 2주 동안 대중교통의 이용 가능성이 증가할 것이라고 발표했다. 이 날은 연례 하계 축제가 시작하기로 예정된 날이다.

시 공무원들은 올해 기록적인 참가를 예상하고 있다. 작년에는 하루 15,000명이 넘는 사람들이 축제에 참가했다. 축제 주최측은 올해 그 숫자가 증가할 것이라고 생각한다. 그 결과, 방문객들을 위해 더 많은 수의 버스와 지하철이 필요하다.

버스와 지하철의 신규 시간표는 온라인에 게시될 것이다. 시간표들은 모든 버스정류장과 지하철역에서도 볼 수 있을 것이다. 이 기간 동안 시에서는 운임을 인상하지 않을 것이다. 작년에 이렇게 해서 비판을 받았었다.

2. (A) 시 공무원들은 올해 기록적인 참가를 예상하고 있다.

(B) 축제에 대해 알고 있는 사람들은 거의 없는 것 같다.

(C) 축제는 도시의 여러 장소에서 열릴 것이다.

(D) 축제는 Harold Lee 씨에 의해 준비되고 있다.

1. (C)

적절한 시제의 동사를 고르는 문법 문제이다. 빈칸에 들어갈 동사의 주어 역할을 하는 것은 'the annual summer festival'인 '사물'이므로 수동의 의미인 (C)의 'is set'이 정답임을 알 수 있다. 'be set to'는 '~하도록 예정되어 있다'라는 의미이다.

2. (A)

문장 삽입 문제를 풀 때에는 빈칸 바로 앞뒤의 문장의 내용을 파악하는 것이 중요하다. 빈칸 바로 뒤에서 작년의 참가 인원과 이번 이벤트 참가자 수의 증가를 언급하고 있으므로 (A)가 오는 것이 문맥상 가장 자연스럽다.

3. (D)

'마침표 + 빈칸 + 콤마 (. -------,)'형태인 연결어를 묻는 문제인데, 연결어 문제는 앞뒤 문장의 내용을 비교/대조하여 풀어야 한다. 빈칸 앞에서 '참가자 수의 증가'를 말하고 있고, 빈칸 뒤에서는 '더 많은 버스와 전철이 필요할 것'이라는 내용이 이어지고 있다. 즉, 빈칸 앞 내용이 빈칸 뒤 내용의 원인이므로 정답은 (D)의 as a result이다.

4. (B)

be동사 뒤는 주격 보어 자리이므로 형용사와 분사가 모두 올 수 있다. 그런데, 바로 앞 문장에서 '이번에는 요금을 올리지 않을 것'이라고 했고, 빈칸 뒤에 있는 'doing that'이 '요금을 올렸던 것'을 의미하기 때문에, 작년에는 요금을 올리고 나서 '비판을 받았다'는 의미가 되는 것이 자연스럽다. 따라서 수동태 표현인 (B)의 criticized가 정답이 된다. 참고로, 'be critical of'는 '~에 비판적이다'라는 표현이다.

Questions 1-4 refer to the following notice.

Burlington State Park Closed

Due to the ------ snowfall during the past four days, Burlington State Park is now closed. The roads and
        1.

trails in the park are covered with several centimeters of snow. -------. Park rangers ------- that the roads
             2.   **3.**

are too dangerous for vehicles to drive on. The trails are also considered impossible to walk on. The park

will be closed until enough snow ------- to allow visitor to enjoy the park safely.
              4.

---

1. (A) heavy

    (B) heaviness

    (C) heavies

    (D) heavier

2. (A) Snowplows have already removed the snow.

    (B) This has resulted in several crashes.

    (C) The weather is always cold this time of the year.

    (D) Snow is falling regularly these days.

3. (A) will determine

    (B) have determined

    (C) determining

    (D) being determined

4. (A) falls

    (B) accumulates

    (C) melts

    (D) shovels

해석

벌링턴 주립 공원 폐쇄

지난 4일 동안의 폭설로 인하여, 벌링턴 주립 공원이 현재 폐쇄되었습니다. 공원 내의 도로와 오솔길이 수 센티미터의 눈으로 덮여 있습니다. **이는 몇 건의 사고를 일으켰습니다.** 공원 경비원들은 도로가 차량 운행에 너무 위험하다는 결론을 내렸습니다. 오솔길들 또한 걸어 다닐 수 없을 것으로 생각됩니다. 공원은 눈이 녹아서 방문객들이 안전하게 공원을 즐길 수 있을 때까지 폐쇄될 것입니다.

snowfall 강설, 강설량   **past** 지난   **closed** 문을 닫은   **trail** 오솔길, 작은 길   **crash** 사고   **park ranger** 공원 경비원   **determine** 결정하다
vehicle 탈것, 차량   **impossible** 불가능한

2. (A) 제설 차량이 벌써 눈을 치웠다.
　(B) 이는 몇 건의 사고를 일으켰다.
　(C) 매년 이 시기에는 날씨가 항상 춥다.
　(D) 요즘 눈이 자주 내리고 있다.

정답 및 해설

1. 빈칸 바로 뒤에 명사인 snowfall이 있기 때문에 빈칸에는 형용사가 와야 한다. 보기에서 형용사는 (A)와 (D)인데, 비교의 대상이 언급되지 않았기 때문에 (D)는 정답이 될 수 없다. 정답은 형용사의 원급인 (A)의 heavy이다.

정답 (A)

2. 문장 삽입 문제에서 보기에 대명사가 있을 경우, 그 대명사가 가리키는 대상이 앞에 있는지 확인해 볼 필요가 있다. 이 문제의 경우에도 (B)의 this가 빈칸 앞 문장의 내용 전체를 지칭한다는 것을 파악한다면 정답이 (B)임을 쉽게 알아낼 수 있다.

정답 (B)

3. 적절한 시제의 동사를 고르는 문법 문제이다. 지문의 내용에 따르면 현재 눈이 많이 쌓여 있는 상태에서 결정을 내린 것이므로 현재완료시제인 (B)의 have determined가 정답이 된다.

정답 (B)

4. 의미상 적절한 동사를 고르는 문제이다. 빈칸 뒤에 '방문객들이 안전하게 공원을 즐길 수 있다'는 내용이 있는데, 그러기 위해서는 눈이 '녹아야'할 것이다. 따라서 정답은 (C)의 melts이다.

정답 (C)

Part 7
지문 독해 전략

토익 독해의 절대적인 방법 '직독직해'

토익 파트 7은 제한된 시간 내에 많은 문제를 풀어야 하므로 독해 속도가 점수와 직결됩니다. 아래에 소개된 방법대로 '직독직해'를 반복적으로 연습함으로써 지문 읽는 속도를 끌어 올려야 합니다.

1 일반적인 해석 vs. 직독직해

아래의 예문을 활용하여 일반적인 해석과 직독직해를 비교해 봅시다.

> **예문**
>
> We are looking for a computer technician whose qualifications meet our standards.

(1) 일반적인 해석

> 우리는 자격들이 우리 기준을 충족시키는 컴퓨터 기술자를 찾는 중이다.

→ 일반적인 해석을 하려면 〈단어 파악 → 문장 구조 분석 → 문장 다듬기〉의 단계를 거쳐야 합니다.

▶ 일반적인 방식으로 해석하게 되면, 주어진 시간 내에 지문을 모두 읽을 수 없다.

(2) 직독직해 해석

> 우리는 / 찾는 중이다 / 컴퓨터 기술자를 / 그 사람의 자격이 / 충족시키는 / 우리 기준을

→ 위 해석을 문장이라고 볼 수도 없고, '~을'로 끝났기 때문에 말이 되지 않습니다. 하지만 이와 같이 순서대로 읽더라도 문제를 풀 수 있을 정도로 내용을 이해할 수는 있습니다. 또한, 정확한 문장으로 해석하는 것보다 훨씬 시간이 절약됩니다.

▶ 처음에는 직독직해를 통해 문장을 이해하기 어려울 수도 있지만, 직독직해만으로도 문장 및 지문을 이해할 수 있을 정도로 연습하는 것은 반드시 필요하다.

2 직독직해를 수월하게 하는 방법

(1) 명사와 동사에 밑줄을 긋는다

내용상 중요한 포인트는 명사와 동사에 있기 때문에, 직독직해가 익숙해질 때까지는 명사와 동사에 밑줄을 그으며 읽도록 합니다.

▶ 보어나 전치사구도 중요한 내용일 경우 밑줄을 긋는다.

(2) 고유명사와 숫자를 원으로 표시한다.

문제에 고유명사와 숫자가 있을 경우, 해당 정보를 파악해야 하므로 지문에 미리 표시해 두어야 합니다.

▶ 고유명사는 대문자로 시작하며, 숫자는 날짜, 시간 등의 정보를 의미한다

(3) 전체적으로 밑줄을 그어야 하는 경우

ⓐ 명사절 that절 – 주로 동사 바로 뒤의 that절
ⓑ 명령문 / 'please + 동사원형' / 조동사 의문문
ⓒ 등위접속사 but, so의 뒤 / ;의 뒤 / however의 뒤

3 직독직해 예시

아래 지문의 각각의 문장에 표시된 사항들을 확인하면서, 문장 아래에 직독직해된 내용을 오른쪽의 해석과 비교해 보세요.

To: All Managers
From: (David Crowley)
Subject: Training
Date: (October 11)

① The company will be adding an intranet system on (October 14.)
회사 / 추가한다 / 인트라넷 / 10월 14일

② This process should take the entire weekend to complete.
과정은 / 걸린다 / 주말 전체 / 완성하는 데

③ On (Monday,) (October 16), the intranet will be available for employees to use.
10월 16일 월요일 / 인트라넷 / 이용 가능하다 / 직원들 / 사용

④ We will hold training sessions on how to use the intranet system on (Monday,) (October 16,) and (Tuesday,) (October 17.)
개최할 것이다 / 교육 / 사용하는 법 / 인트라넷 / 10월 16일 월요일, 17일 화요일.

⑤ Participation is mandatory for all employees.
참가 / 의무적인 / 모든 직원들

⑥ Please see the attached schedule.
보세요 / 첨부된 일정

⑦ It shows when each department can participate in training.
보여준다 / 언제 / 각 부서가 / 참가할 수 있다 / 교육

⑧ Make sure your employees are aware of when they must attend the training course.
확실히 하세요 / 직원들 / 인식하다 / 언제 / 참가해야 한다 / 교육에

⑨ If you have any questions, please contact (Deanna Murray) at (extension 82.)
가진다 / 질문들 / 연락하세요 / Deanna Murray에게 / 내선번호 82로

▶ 해석

수신: 전 직원
발신: David Crowley
제목: 교육
날짜: 10월 11일

① 회사는 10월 14일에 인트라넷 시스템을 추가할 것입니다.

② 이 과정은 완성하는 데 주말 전체가 걸릴 것입니다.

③ 10월 16일 월요일, 인트라넷은 직원들 사용이 가능해질 것입니다.

④ 우리는 10월 16일 월요일과 17일 화요일에 인트라넷 사용법에 대한 교육을 개최할 것입니다.

⑤ 참석은 모든 직원에게 의무 사항입니다.

⑥ 첨부된 일정표를 보세요.

⑦ 이는 각 부서가 언제 참가할 수 있는지 알려 줍니다.

⑧ 여러분이 직원들에게 언제 교육에 참가해야 하는지 알려 주시기 바랍니다.

⑨ 질문이 있을 경우, 내선번호 82로 Deanna Murray에게 연락하세요.

⊘ 중요 Point | 직독직해 연습 순서

① 영문 지문에 원과 밑줄로 표시하면서 직독직해한다. 이때, 모르는 단어가 있더라도 일단 끝까지 읽는다.
② 해석을 읽으며 내용을 이해한다.
③ 다시 한 번 직독직해하며 영문 지문을 읽는다.
④ 모르는 단어를 찾아 암기한 다음 한 번 더 읽어본다.

*필요한 부분에 원과 밑줄로 표시하고, 문장 아래의 밑줄에 직독직해한 내용을 써 넣으세요.

To: customerservice@tkl.com
From: khampton@bridgewater.com
Subject: Order #859AN4
Date: August 18

To Whom It May Concern,

My name is Kris Hampton. Three days ago, I purchased several items from your Web site.

_____

I requested that you send them by 2-day express mail.

_____

The items arrived on time, but there are a couple of problems. First, I bought a Rudolph Marino

_____

women's wool sweater. I asked for a black sweater but received a gray one. In addition,

_____

the Harper's winter coat I ordered was a size medium. However, I wanted a size small.

_____

I want you to send the items I ordered to me. And how can I return the items I do not want?

_____

Please tell me what to do.

_____

Regards,
Kris Hampton

To: customerservice@tkl.com
From: khampton@bridgewater.com
Subject: Order #859AN4
Date: August 18

To Whom It May Concern,

My name is Kris Hampton. Three days ago, I purchased several items from your Web site.
제 이름 / Kris Hampton / 3일 전에 / 구매했다 / 물품들 / 웹사이트.
I requested that you send them by 2-day express mail.
요청했다 / 당신에 보냈다 / 그것들을 / 2일 속달우편으로

The items arrived on time, but there are a couple of problems. First, I bought a Rudolph Marino
물품들은 / 도착했다 / 제시간에 / 그러나 / 문제들이 있다 / 나는 샀다 / Rudolph Marino /
women's wool sweater. I asked for a black sweater but received a gray one. In addition, the Harper's
여성용 울 스웨터를 / 나는 요청했다 / 검정 스웨터 / 그러나 받았다 / 회색 스웨터 / Harper's
winter coat I ordered was a size medium. However, I wanted a size small.
겨울 코트 / 주문했다 / 미디엄 사이즈 / 하지만 / 원했다 / 스몰 사이즈.

I want you to send the items I ordered to me. And how can I return the items I do not want?
원한다 / 당신이 보내는 것 / 물품들 / 내가 주문했다 / 나에게 / 어떻게 / 물품을 돌려준다 / 원하지 않는다 /
Please tell me what to do.
말해달라 / 나에게 / 무엇을 해야 하는지

Regards,
Kris Hampton

수신: customerservice@tkl.com
발신: khampton@bridgewater.com
제목: 주문번호 859AN4
날짜: 8월 18일

관계자분께,

제 이름은 Kris Hampton입니다. 3일 전에, 웹사이트에서 상품들을 구매했습니다. 그것들을 이틀만에 도착하는 속달우편으로 보내 달라고 요청했습니다.

물품들은 제시간에 도착했지만 문제들이 있습니다. 첫째로, 저는 Rudolph Marino 여성용 울 스웨터를 구매했습니다. 검정 스웨터를 요청했지만 회색이 왔습니다. 또한, 제가 주문한 Harper's 겨울 코트는 미디엄 사이즈였습니다. 하지만 저는 스몰 사이즈를 원했습니다.

제가 주문한 상품들을 저에게 보내 주시기를 바랍니다. 그리고 제가 원하지 않는 상품들을 어떻게 반품해야 할까요? 어떻게 해야 하는지 알려 주세요.

Kris Hampton 드림

파트 7에서 각 지문의 첫 번째 문제는 주제나 목적을 찾는 문제인 경우가 많습니다. 지문의 초반부를 읽으면서 주제를 파악한다면 보다 수월하게 전체적인 내용을 이해할 수 있습니다.

1 첫 번째 문단에서 주제 및 목적 찾기

지문의 주제와 목적은 첫 번째 문단에서 파악할 수 있는 경우가 많기 때문에, 첫 번째 문단의 내용을 확실히 파악해야 합니다.

2 전체 맥락에서 주제 및 목적 추론하기

만약 첫 번째 문단에서 풀리지 않는다면, 전체 지문을 다 읽은 후 추론해서 주제를 찾아야합니다. 이와 같은 경우에는 주제 및 목적 문제를 해당 지문의 문제들 중 마지막에 푸는 것이 좋습니다.

▶ 주제 / 목적 문제 유형
주제 / 목적 문제는 아래와 같은 형태입니다.

What is the purpose of ~?
What ~ about ~?
What ~ discussed?
Why ~ written?

예제 **Questions 1** refers to the following e-mail.

To: Carla Bernard <cbernard@itp.com>

From: George Blair <georgeb@itp.com>

Subject: Meeting

Date: September 15

Ms. Bernard,

The monthly staff meeting just ended around an hour ago. I'd like you to know that everything went well. There was not a single problem with the room or the refreshments. I know that was your first time doing this, so it was a bit difficult. But you still managed to do a wonderful job preparing for the meeting. Congratulations on a job well done.

I'll be having another meeting next Tuesday. I'll send you the relevant information later today. I'm sure you'll do a great job preparing for it.

Regards,

George Blair

---

monthly 매달의
staff meeting 직원 회의
go well 잘 되다
refreshment 다과
manage to 간신히 ~하다, 성공하다
relevant 관련 있는

1. What is the purpose of the e-mail?

    (A) To make a complaint

    (B) To answer a question

    (C) To offer some praise

    (D) To provide some assistance

▶ 지문 분석

1. 유형
이메일

2. 내용 분석
  ① 첫 번째 문단이 지문의 대부분을 차지하고 있다. 회의 준비를 잘 해낸 것을 칭찬하는 내용이다.
  ② 두 번째 문단은 추가적인 내용으로서, 또 다른 회의 준비에 관한 내용이다.

해석

수신: Carla Bernard 〈cbernard@itp.com〉

발신: George Blair 〈georgeb@itp.com〉

제목: 회의

날짜: 9월 15일

Bernard 씨께,

1시간 전쯤에 월간 직원회의가 끝났습니다. 모든 것이 잘 진행되었다는 것을 당신에게 알립니다. 회의실이나 다과에 아무런 문제가 없었습니다. 당신이 이와 같이 처리한 것은 처음이라고 알고 있으며, 이는 어려운 일이었습니다. 하지만 그럼에도 불구하고 당신은 회의 준비를 잘 해냈습니다. 업무를 잘 처리한 것을 축하합니다.

다음 주 화요일에 또 다른 회의가 있을 것입니다. 관련 정보를 오늘 중으로 보내겠습니다. 당신이 훌륭하게 준비할 것이라고 믿습니다.

George Blair 드림

---

1. 이메일의 목적은 무엇인가?
  (A) 불만 사항을 알리기 위해서
  (B) 질문에 답하기 위해서
  (C) 칭찬하기 위해서
  (D) 도움을 주기 위해서

정답 및 해설

❶ 첫 번째 문단 파악하기

주제나 목적을 묻는 문제가 출제되면 지문의 첫 번째 문단을 정확하게 파악하는 것이 중요합니다. 첫 번째 문단의 내용은 회의가 잘 진행되었다는 사실을 알리고 있습니다.

❷ 주제 문장 찾기

첫 번째 문단의 마지막 부분에 'But you still managed to do a wonderful job preparing for the meeting'이라는 문장이 이 글의 주제를 나타내고 있습니다. 이와 같이, 지문에 but, however와 같은 역접의 접속사나 접속부사가 있을 경우, 그 뒤의 문장은 중요한 단서가 되는 경우가 많습니다.

❸ 정답 고르기

주제 문장의 내용은 '회의 준비를 잘 한 것에 대한 칭찬'이므로 정답은 (C)의 'To offer some praise'입니다.

정답 (C)

Questions 1-2 refer to the following memo.

MEMO

To: All Staff

From: Susan Kestrel

Date: April 4

RE: Mr. Burns

You should all be aware that Timothy Burns will be speaking here at the company tomorrow afternoon. As you may already know, he is a specialist in the marketing industry. In fact, he is responsible for a number of successful print ads and television commercials. He is coming tomorrow at the invitation of our CEO. Mr. Davis is a big fan of his work, and he hopes Mr. Burns can share some of his knowledge of the industry with you.

The talk will run from 2:00 to 3:30 in the afternoon. It will be held in the company auditorium on the third floor. There is no need to sign up or to get tickets. However, please inform your supervisor if you plan to attend the talk.

1. Why did Ms. Kestrel write the memo?

   (A) To announce the appearance of a speaker
   (B) To mention a new advertising campaign
   (C) To promote a concert series
   (D) To ask people to reserve tickets to an event

2. The word "run" in paragraph 2, line 1, is closest in meaning to

   (A) move
   (B) operate
   (C) perform
   (D) last

수신: 전 직원

발신: Susan Kestrel

날짜: 4월 4일

제목: Burns 씨

여러분들은 Timothy Burns가 우리 회사에서 내일 오후에 강연할 것이라는 사실을 알고 있을 것입니다. 이미 알고 있겠지만, 그는 마케팅 업계의 전문가입니다. 실제로, 그는 다수의 성공적인 인쇄물 광고와 텔레비전 광고 방송을 책임지고 있습니다. 그는 우리 사장님의 초청으로 내일 이곳에 옵니다. Davis 씨는 그의 작품에 대한 열광적인 팬이며, 그는 Burns 씨가 여러분들과 함께 그의 지식을 공유할 수 있기를 희망하고 있습니다.

강연은 오후 2시부터 3시 30분까지 계속될 것입니다. 이는 3층에 위치한 회사 강당에서 열릴 것입니다. 신청을 하거나 표를 구할 필요는 없습니다. 하지만, 강연에 참석할 것이라면 당신의 관리자에게 알려 주시기를 바랍니다.

aware 알고 있는   specialist 전문가   industry 산업   be responsible for ~에 책임이 있다   print ad 인쇄된 광고   commercial 광고 방송   invitation 초대   share 공유하다   knowledge 지식   run 계속되다   auditorium 강당   sign up 등록하다, 신청하다   supervisor 관리자, 감독관   attend 참석하다

1. Kestrel 씨는 회람을 왜 작성했는가?

(A) 강연자의 출연을 알리기 위해서

(B) 새로운 광고를 언급하기 위해서

(C) 연속 콘서트를 홍보하기 위해서

(D) 사람들에게 행사 티켓 예매를 부탁하기 위해서

2. 두 번째 문단 첫 번째 줄의 단어 "run"과 그 의미가 가장 유사한 것은?

(A) 이동하다

(B) 조작하다

(C) 수행하다

(D) 계속되다

1. 회람의 작성 목적을 묻는 문제이다. 주제와 목적을 묻는 문제를 풀 때에는 지문의 첫 번째 문단에 집중해야 한다. 첫 번째 문단의 첫 번째 문장인 'You should all be aware that Timothy Burns will be speaking here at the company tomorrow afternoon'에서 강연자를 소개하고 있으며, 그 이후로 강연자에 대한 소개가 이어지고 있다.

정답 (A)

2. 'The talk will run from 2:00 to 3:30 in the afternoon'에서 run은 '계속되다'라는 의미이다. 보기 중에서 이와 바꿔 쓸 수 있는 것은 (D)의 last이다.

정답 (D)

UNIT 56 Part 7
세부 정보 찾기

세부 정보 찾기 문제는 질문과 본문의 내용이 일치하는 것을 고르는 문제입니다. 지문에 명확하게 언급된 정보를 정답의 근거로 삼아야 하며, 추론해서는 안 된다는 사실에 주의해야 합니다.

Part 7 문제 풀이법   (3) 세부 정보 찾기

1. 질문에 대문자와 숫자에 동그라미를 치자.
   '직독직해'를 연습할 때처럼, 질문에 있는 대문자와 숫자에 동그라미를 쳐 두면 지문을 읽으면서 더 빨리 관련된 정보를 찾을 수 있습니다.

   Ex) What does Mr. Smith indicate in his letter?
   스미스씨는 편지에 무엇을 나타내는가?
   What will happen on March 4?
   3월 4일에 무엇이 벌어지는가?

1 질문에 대문자와 숫자에 동그라미를 치자.

'직독직해'를 연습할 때처럼, 질문에 있는 대문자와 숫자에 동그라미를 쳐 두면 지문을 읽으면서 더 빨리 관련된 정보를 찾을 수 있습니다.

▶ 세부 정보를 묻는 문제는 질문을 먼저 읽고 핵심을 파악하는 것이 중요하다.

2 일반적이지 않은 특이한 표현에 주목하자.

'What will be sent free of charge?'라는 문제를 예로 들면, 'free of charge'라는 표현에 집중하도록 합니다. 무료로 배송되는 것이 무엇인지 찾으면서 지문을 읽으면 문제를 푸는 시간을 줄일 수 있습니다.

▶ 세부 정보 찾기 문제 유형
indicate, state, mention 등의 동사가 문제에 나오면 세부 정보 찾기 문제이다.

3 '바꿔 쓰기(paraphrasing)'에 주의하자.

본문에 나온 단어 그대로 답이 나오지 않고, 비슷한 다른 말로 바꾸어 표현하여 정답으로 제시됩니다.

예제 Questions 1 refers to the following text message chain.

luncheon 오찬
pickup (물건을) 찾으러 감
prior to ~ 전에
pastry 페이스트리
(가루 반죽으로 만든 빵)
grocery store 식료품점
count on ~를 믿다

Mary Windsor　　　　　　**[11:01 A.M.]**
Jeff, the luncheon's starting in the conference room at noon. You need to make some pickups prior to it though.

Jeffery Glass　　　　　　**[11:02 A.M.]**
Where should I go?

Mary Windsor　　　　　　**[11:03 A.M.]**
We need some pastries from the bakery. We also need drinks from the grocery store.

Jeffery Glass　　　　　　**[11:04 A.M.]**
Is there anything else?

Mary Windsor　　　　　　**[11:05 A.M.]**
Before you visit those places, get the sandwiches from the restaurant. The store's delivery driver didn't come in today. And be back by 11:50.

Jeffrey Glass　　　　　　**[11:06 A.M]**
You can count on me.

---

1. Where does Ms. Windsor tell Mr. Glass to go first?

(A) To the grocery store

(B) To the bakery

(C) To the restaurant

(D) To the conference room

▶ 지문 분석

1. 유형
   문자 메시지

2. 내용 분석
   ① Windsor 씨가 Glass 씨에게 오찬을 위한 음식 및 음료를 사올 것을 지시하는 내용이다.
   ② 방문해야 하는 곳의 순서를 파악하는 것이 중요하다.

해석

Mary Windsor	[오전 11시 01분]

Jeff, 정오에 회의실에서 오찬이 시작돼요. 그 전에 당신이 몇 가지 찾아 와야 하기는 하지만요.

Jeffery Glass	[오전 11시 02분]

어디로 가야 하나요?

Mary Windsor	[오전 11시 03분]

제과점에서 페이스트리를 사와야 해요. 식료품점에서 음료도 사야 하고요.

Jeffery Glass	[오전 11시 04분]

다른 것은 없나요?

Mary Windsor	[오전 11시 05분]

그곳에 들르기 전에, 식당에서 샌드위치를 사세요. 오늘 식당 배달원이 출근하지 않았다고 하네요. 그리고 11시 50분까지 돌아 오세요.

Jeffrey Glass	[오전 11시 06분]

제게 맡겨 주세요.

1. Windsor 씨는 Glass 씨에게 어디로 가장 먼저 가라고 하는가?

(A) 식료품점으로   (B) 제과점으로

(C) 식당으로   (D) 회의실로

정답 및 해설

❶ 문제를 먼저 읽고 분석한다.

문제인 'Where does Ms. Windsor tell Mr. Glass to go first?'에서 주목해야 할 것은 '두 사람의 이름'과 'to go first'입니다. 즉, Glass 씨가 가장 먼저 방문해야 할 곳이 어디인지를 찾으면서 지문을 읽도록 합니다.

❷ 함정에 주의해야 한다.

언급된 장소들의 순서에 따르면 bakery → grocery store → restaurant 순이지만, restaurant가 언급된 부분의 내용을 살펴 보면 다른 장소에 들르기 전에 '식당에 들러서 샌드위치를 찾아 오라고(Before you visit those places, get the sandwiches from the restaurant)' 했습니다. 즉, 혼동을 유발하기 위해 bakery와 grocery store를 먼저 언급한 것입니다.

❸ 정답 고르기

함정에 주의하면서 가장 먼저 방문해야 할 장소를 고르면 정답은 (C)의 To the restaurant라는 것을 알 수 있습니다.   정답 (C)

Questions 1-2 refer to the following notice.

Summer Vacation at Anderson Academy

Anderson Academy will be closed from August 11 to 17. This is the annual summer vacation period at the school. All classes are suspended during that time. The makeup class schedule will be posted online and in the academy on July 30. If a makeup class conflicts with your schedule, please inform program coordinator Sheila Carter at the front desk or by calling her at 872-7255. No refunds will be offered for classes missed during the vacation period. While the academy is closed, nobody will be around to answer the telephone. Online inquiries should receive a response within 48 hours. We apologize in advance for any inconvenience suffered during this time.

1. According to the notice, what will happen on August 11?

   (A) Refunds will be issued.
   (B) A school will temporarily close.
   (C) Applications will be accepted.
   (D) A schedule will be posted.

2. What should a person who cannot attend a makeup class do?

   (A) Make an online inquiry
   (B) Sign a form on a bulletin board
   (C) Send an e-mail
   (D) Speak with an employee

Anderson 학원의 여름 휴가

Anderson 학원은 8월 11일부터 17일까지 문을 닫습니다. 이는 학교의 연례 여름 방학 기간입니다. 그 기간 동안 모든 수업은 중단됩니다. 보충 수업 일정은 7월 30일에 온라인과 학원에 게시될 것입니다. 보충 수업이 여러분의 일정과 충돌할 경우, 프런트 데스크에 있는 프로그램 코디네이터 Sheila Carter에게 알리거나 872-7255로 그녀에게 전화하세요. 휴가 기간 동안 듣지 못한 수업에 대해 환불되지 않을 것입니다. 학원 문을 닫는 동안, 전화를 받을 사람은 아무도 없을 것입니다. 온라인 문의는 48시간 이내에 응답을 받게 될 것입니다. 이 기간 동안 겪으실 불편에 대해 미리 사과 드립니다.

annual 매년의, 연례의   period 기간   suspend 중단하다   makeup 보충   post 게시하다   conflict 충돌하다, 상충하다   coordinator 조정자, 코디네이터   refund 환불   be around 주변에 있다   inquiry 문의   response 응답   apologize 사과하다   in advance 미리   inconvenience 불편함   suffer 겪다, 시달리다

1. 공지에 따르면, 8월 11일에 어떤 일이 있을 것인가?

(A) 환불이 이루어질 것이다.

(B) 학교가 일시적으로 문을 닫을 것이다.

(C) 지원서들이 받아들여질 것이다.

(D) 일정표가 게시될 것이다.

2. 보충 수업에 출석하지 못하는 사람은 무엇을 해야 하는가?

(A) 온라인으로 문의한다

(B) 게시판에 있는 양식에 서명한다

(C) 이메일을 보낸다

(D) 직원과 이야기한다

정답 및 해설

1. 질문의 날짜 'August 11'에 표시한 다음, 지문에서 해당 날짜가 언급된 부분을 찾아야 한다. 첫 번째 문장 'Anderson Academy will be closed from August 11 to 17'에 따르면 해당일에 학원이 문을 닫는데, 바로 뒤 문장에서 이 기간은 '학교의 여름 방학 기간'이라는(This is the annual summer vacation period)' 정보가 있다. 따라서 정답은 (B)이다.

정답 (B)

2. 질문에서 주목해야 할 키워드는 'cannot attend a makeup class do'이다. 보충 수업에 출석하지 못하는 사람들이 해야 할 일을 찾으면 되는데, 본문의 'If a makeup class conflicts with your schedule'이 문제에서 'cannot attend a makeup class'로 바뀌어 표현되었다. 지문에서 보충 수업 일정이 충돌하는 사람들이 해야 할 행동으로 언급된 것은 '프로그램 코디네이터 Sheila Carter와 이야기하는 것(please inform program coordinator Sheila Carter)'이다. 정답은 (D)이다.

정답 (D)

UNIT 57 Part 7
True / NOT True

True / NOT True 문제는 세부 정보 찾기 문제와 유사하며, 지문의 정보와 보기를 비교하여 일치하는 것, 또는 일치하지 않는 것을 찾아야 합니다. 세부 정보 찾기와 마찬가지로 지문의 정보를 근거로 하여 정답을 찾아야 하며, 추론을 통해 문제를 풀어서는 안 됩니다.

1 as / about / for 뒤의 내용에 주목하자.

문제에서 as / about / for 뒤의 내용에 주목해야 합니다. 예를 들어 'What is NOT mentioned as a requirement for award winners?'라는 문제에서, as 뒤의 내용인 '수상자의 요건'에 집중하면서 지문을 읽어야 합니다.

2 '바꿔 쓰기(paraphrasing)'에 주의하자.

세부 정보 찾기 유형과 마찬가지로 지문의 정보가 paraphrasing되는 경우가 대부분입니다. 따라서, 지문의 단어가 보기에 그대로 나올 경우에는 오히려 오답이 아닌지 의심해 보아야 합니다.

예제 **Questions 1** refers to the following e-mail.

To: Samantha Reeves <sreeves@crosstown.com>

From: Edgar Dooly <eddooly@ida.org>

Subject: IDA Conference

Date: April 28

Dear Dr. Reeves,

My name is Edgar Dooly. I am this year's organizer of the International Doctors' Association (IDA) annual conference. The conference is being held in Minneapolis, Minnesota, from September 5 to 8. We would be honored if you were the keynote speaker.

The conference theme is "Advances in Medical Technology." We would like you to talk about the recent vaccine you developed in your keynote speech. If you agree, we will cover the cost of transportation to and from Minneapolis. We can also provide you with a small speaking fee. Please let me know if you are available then.

Regards,

Dr. Edgar Dooly

Conference Organizer, IDA

▶ **True / NOT True 문제 유형**

What is true about ~?
What is mentioned ~?
What is NOT mentioned as ~?
What is NOT indicated about ~?

▶ **부정어의 예시**
아래의 부정어들을 알아 두어야 한다.
not, never, hardly, seldom, rarely, neither, no, nor

organizer 주최자, 조직자
conference 컨퍼런스, 회의
honored 영광스러운
keynote speaker 기조연설자
theme 주제
recent 최근의
vaccine 백신
develop 개발하다
transportation 이동

1. Which of the following statements is NOT true about the conference?

(A) It will have Dr. Dooly as the keynote speaker.

(B) It is held every year.

(C) It is about medical technology.

(D) It will take place in September.

해석

수신: Samantha Reeves ⟨sreeves@crosstown.com⟩
발신: Edgar Dooly ⟨eddooly@ida.org⟩
주제: IDA 컨퍼런스
날짜: 4월 28일

Reeves 박사님께,

제 이름은 Edgar Dooly입니다. 저는 올해 국제의사협회 (IDA) 연례 컨퍼런스의 주최자입니다. 컨퍼런스는 미네소타 미네아폴리스에서 9월 5일부터 8일까지 개최됩니다. 귀하께서 기조연설자가 되어 주신다면 영광이겠습니다.

컨퍼런스의 주제는 "의학 기술의 발전"입니다. 기조연설에서 귀하께서 개발하신 최신 백신에 대해 강연해 주시기를 바랍니다. 동의하신다면, 저희가 귀하의 미네아폴리스 왕복 교통비를 부담할 것입니다. 또한 소정의 강연료도 드릴 것입니다. 그때 가능하신지 여부를 알려 주시기 바랍니다.

Edgar Dooly 박사 드림
컨퍼런스 주최자, IDA

1. 컨퍼런스에 대해서 사실이 아닌 문장은?
(A) Dooly 박사가 기조연설자가 될 것이다.
(B) 매년 개최된다.
(C) 의학 기술에 대한 것이다.
(D) 9월에 개최될 것이다.

▶ 지문 분석

1. 유형
   이메일

2. 내용 분석
   ① 첫 번째 문단의 내용은 Reeves 박사에게 컨퍼런스의 기조연설을 부탁하는 것으로서, 지문의 주제를 담고 있다.
   ② 두 번째 문단에서는 컨퍼런스의 주제, 강연 조건 등의 부가적인 정보가 제시되어 있다.

정답 및 해설

❶ 문제에서 about 뒤의 내용에 집중한다.

　NOT True 문제로서, about 뒤의 내용인 'the conference'에 집중해야 합니다. 즉, 컨퍼런스에 대한 내용으로 지문의 내용과 일치하지 않는 것을 골라야 합니다.

❷ 정답 고르기

　첫 번째 문단의 마지막 문장인 'We would be honored if you were the keynote speaker'에서, 이메일을 받는 사람인 Reeves 씨가 '기조연설자(keynote speaker)'라는 것을 알 수 있습니다. 따라서, 이메일을 보내는 사람인 Dooly 박사가 기조연설자일 것이라는(It will have Dr. Dooly as the keynote speaker) (A)의 내용은 본문과 일치하지 않는 내용입니다.

정답 (A)

Questions 1-2 refer to the following notice.

Payment Methods at Greenville Electric and Gas

All Greenville Electric and Gas customers should be aware that there are some changes being instituted in the payment methods here. As of October 1, personal checks will no longer be accepted. Those mailed to us will be returned to the sender, and the balance on the account will remain unpaid. Cash payments may be made in person by visiting any of our five offices located throughout the city. Visit www.geag.com/wherearewe to find the office which is located nearest you. Payment may also be made by automatic bank transfer. To sign up for this method, please visit www.geag.com/banktransfer and follow the listed steps. Those individuals who experience problems or who require assistance can call our 24-hour-a-day hotline at 888-2922.

1. According to the notice, what is true about paying with a check?

   (A) It may only be done by Greenville residents.

   (B) It is acceptable for long-term customers.

   (C) It requires the payment of an extra fee.

   (D) It will not be permitted after October 1.

2. Why would a person call the number listed in the notice?

   (A) To get help signing up for a payment method

   (B) To inquire about a charge on a bill

   (C) To change an address a bill is sent to

   (D) To schedule a visit to activate electric or gas service

---

그린빌 전기 가스의 지불 방식

그린빌 전기 가스의 모든 고객들은 지불 방식에 도입되는 몇 가지 변경 사항을 숙지하셔야 합니다. 10월 1일부터, 개인 수표는 더 이상 받지 않습니다. 저희에게 우편으로 도착하는 개인 수표들은 발송인에게 반송될 것이며, 계좌의 잔고는 미납 상태로 유지될 것입니다. 시 전역에 위치하고 있는 다섯 개의 지점들 중 어느 곳이든 방문하여 직접 현금을 지불하실 수 있습니다. www.geag.com/wherearewe에 방문하여 가장 가까운 곳에 위치한 사무소를 찾아보세요. 자동이체를 통해 지불하실 수도 있습니다. 이 방식에 등록하기 위해, www.geag.com/banktransfer에 방문하여 작성되어 있는 절차를 따라 하시기 바랍니다. 문제가 있거나 도움이 필요하신 분들은 저희의 24시간 상담 전화인 888-2922로 연락하세요.

---

payment 지급, 지불   method 방식   customer 고객   institute 도입하다   personal check 개인 수표   balance 잔고   account 계좌
unpaid 미납의   automatic bank transfer 자동이체   step 단계   experience 겪다   hotline 상담 전화

1. 공지에 따르면, 수표로 지불하는 것에 대해 사실인 것은?

  (A) 그린빌 주민들에게만 허용된다.

  (B) 장기적인 고객들에게만 허용된다.

  (C) 추가 요금을 지불해야 한다.

  (D) 10월 1일 이후에는 허용되지 않을 것이다.

2. 왜 공지에 적혀 있는 번호로 전화해야 하는가?

  (A) 지불 방식에 등록하는 데 도움을 받기 위해서

  (B) 고지서의 요금에 대해 문의하기 위해서

  (C) 고지서를 수령할 주소를 변경하기 위해서

  (D) 전기나 가스 서비스를 활성화하기 위한 방문 일정을 잡기 위해서

정답 및 해설

1. 질문의 about 뒤의 내용에 주목해야 하는데, 'paying with a check'은 '수표로 지불하는 것'을 의미한다. 수표에 대해 언급된 문장은 'As of October 1, personal check will no longer be accepted'이므로, '10월 1일 이후에는 허용되지 않는다는(It will not be permitted after October 1)' 내용의 (D)가 정답이 된다. 나머지 보기들은 모두 지문에서 언급되지 않았다.

정답 (D)

2. 지문의 마지막 문장에 전화번호가 있는데, 지불 방식에 등록하는 것에 문제가 있거나 도움이 필요한 사람들에게(who experience problems or who require assistance) 해당 번호로 전화하라고 안내하는 내용이므로 정답은 (A)이다.

정답 (A)

Part 7
문장 삽입 / 추론

문장 삽입 문제와 추론 문제 유형은 단일 지문에서 어려운 유형으로 분류할 수 있습니다. 아래의 접근법을 예제 및 연습문제에 적용시켜 문제를 풀어 본다면 이와 같은 유형에 자신감을 얻을 수 있을 것입니다.

1 문장 삽입 문제는 파트6의 유형과 비슷하다.

- 지문 전체의 맥락도 중요하지만, 빈칸 바로 앞뒤의 연결을 잘 살펴야 합니다.
- 'the / this / 대명사'와 같이 앞에 언급된 것을 다시 언급하는 표현에 주의해야 합니다.
- 일반적인 표현이 아닌 특이한 표현들, 즉, 숫자, 대문자, 내용상의 특이한 사항 등에 주목해야 합니다.

2 추론 문제는 지문의 전체적인 내용을 이해해야 한다.

- 세부 사항 찾기 문제와 같이 한두 문장이 아닌 단락이나 지문 전체의 내용을 이해해야 문제를 풀 수 있는 경우도 있습니다.
- paraphrasing에 주의해야 합니다.

▶ 문장 삽입 문제 지문 읽는 순서
① 문제를 먼저 읽고 삽입할 문장 분석하기
② 지문 끝까지 읽기
③ 삽입할 위치 찾기
④ 나머지 문제 읽고 풀기

▶ 추론 문제 유형
suggest about, imply, infer 등의 동사가 문제에 나오면 추론 문제이다.

예제 **Questions 1** refers to the following letter.

February 21

Dear Mr. Palmer,

Thank you for visiting my company to demonstrate your products last week. —[1]—. My boss and I were impressed with everything you showed us. We are interested in ordering several of the items. We believe they would sell well at our stores around the country. —[2]—.

However, the prices you quoted us were a bit too high. Is there any way you can provide the items at lower prices? —[3]—. If we make a bulk order, can we get a discount? Please let me know if this is possible. Perhaps another meeting in person would help us come to an agreement. —[4]—.

I look forward to hearing from you soon.

Regards,

Erica Hanlon

---

demonstrate 시연하다
impressed 깊은 인상을 받은
quote 견적을 내다
bulk order 대량 발주
come to an agreement 합의에 도달하다

1. In which of the positions marked [1], [2], [3], and [4] does the following sentence best belong?

"Ten percent off would be ideal for us."

(A) [1]

(B) [2]

(C) [3]

(D) [4]

▶ 지문 분석

1. 유형
  편지

2. 내용 분석
  ① 첫 번째 문단에서 제품 구매에 대한 관심을 표명하고 있다.
  ② 두 번째 문단에 지문의 주제인 '제품 가격 할인 요청'이 언급되어 있다.

해석

2월 21일

Palmer 씨께

지난주에 제품 설명을 위해 저희 회사에 방문에 주셔서 감사합니다. 저의 상사와 저는 보여 주셨던 모든 것에 깊은 인상을 받았습니다. 저희는 몇몇 제품들에 관심이 있습니다. 저희의 국내 상점에서 그것들을 판매할 수 있으리라 생각합니다.

하지만, 귀하께서 말씀하셨던 가격은 너무 비쌉니다. 더 낮은 가격에 제품을 공급해 주실 방법이 있는지요? **10퍼센트의 할인이라면 저희로서는 가장 좋습니다.** 대량 발주를 한다면, 할인을 받을 수 있을까요? 가능한지 알려 주시기 바랍니다. 직접 회의를 한 번 더 한다면 합의에 도달하는 데 도움이 될 것 같습니다.

회신을 고대하겠습니다.

Erica Hanlon 드림

---

1. [1], [2], [3], 그리고 [4] 중에서 다음의 문장이 위치하기에 가장 적절한 곳은?
"10퍼센트의 할인이라면 저희로서는 가장 좋습니다."
(A) [1]   (B) [2]
(C) [3]   (D) [4]

정답 및 해설

❶ 문제를 먼저 읽고 삽입할 문장 분석
문제에 제시되어 있는 문장은 'Ten percent off would be ideal for us'인데, 이 문장에서 키워드는 'ten percent off'입니다.

❷ 지문 끝까지 읽기
지문을 읽으면서 주어진 문장의 키워드인 'ten percent off'와 연관된 내용을 찾도록 합니다.

❸ 삽입할 위치 찾기
'ten percent off'는 '할인'과 관련된 표현인데, 두 번째 문단이 제품의 가격 및 할인과 관련된 내용입니다. 제시된 문장은 받고자 하는 할인율을 의미하므로, '제시된 가격은 너무 높고, 더 낮은 가격에 물품을 공급받을 수 있는지(However, the prices you quoted us were a bit too high. Is there any way you can provide the items at lower prices?)' 묻는 내용의 바로 뒤인 [3]이 정답으로 가장 적절합니다.

정답 (C)

Questions 1-2 refer to the following online chat discussion.

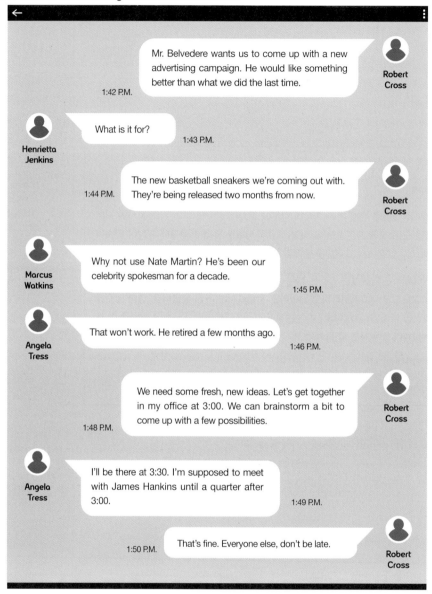

Robert Cross 1:42 P.M.
Mr. Belvedere wants us to come up with a new advertising campaign. He would like something better than what we did the last time.

Henrietta Jenkins 1:43 P.M.
What is it for?

Robert Cross 1:44 P.M.
The new basketball sneakers we're coming out with. They're being released two months from now.

Marcus Watkins 1:45 P.M.
Why not use Nate Martin? He's been our celebrity spokesman for a decade.

Angela Tress 1:46 P.M.
That won't work. He retired a few months ago.

Robert Cross 1:48 P.M.
We need some fresh, new ideas. Let's get together in my office at 3:00. We can brainstorm a bit to come up with a few possibilities.

Angela Tress 1:49 P.M.
I'll be there at 3:30. I'm supposed to meet with James Hankins until a quarter after 3:00.

Robert Cross 1:50 P.M.
That's fine. Everyone else, don't be late.

1. What is suggested about Mr. Watkins?

   (A) He helped design a new product.

   (B) He is planning to retire in a few months.

   (C) He is not very familiar with Nate Martin.

   (D) He just started working at the company.

2. At 1:49 P.M., what does Ms. Tress imply when she writes, "I'll be there at 3:30"?

   (A) She will not arrive at the meeting on time.

   (B) She is not in her office right now.

   (C) She prefers to meet sooner than planned.

   (D) She does not have much time today.

Robert Cross	**[1:42 P.M.]**

Belvedere 씨는 우리가 새로운 광고 캠페인을 생각해 내기를 원하고 있어요. 그는 지난번에 우리가 했던 것보다 더 나은 것을 바라고 있어요.

Henrietta Jenkins [1:43 P.M.]

무엇에 관한 것인데요?

Robert Cross [1:44 P.M.]

우리가 출시할 신제품 농구화예요. 2개월 후에 출시될 거예요.

Marcus Watkins [1:45 P.M.]

Nate Martin을 활용하는 것은 어때요? 그는 10년 동안 우리의 홍보 대사잖아요.

Angela Tress [1:46 P.M.]

안 될 거예요. 그는 몇 달 전에 그만두었어요.

Robert Cross [1:48 P.M.]

뭔가 신선하고 새로운 아이디어가 필요해요. 제 사무실에서 3시에 모이도록 하죠. 몇 가지 가능한 것들을 생각해내기 위해 브레인스토밍을 해봐요.

Angela Tress [1:49 P.M.]

3시 30분까지 갈게요. 3시 15분까지 James와 회의해야 하거든요.

Robert Cross [1:50 P.M.]

좋아요. 다른 분들은 늦지 마세요.

---

come up with 생각해 내다　**sneakers** 운동화　**release** 출시하다　**celebrity spokesman** 제품을 홍보해주는 유명인　**retire** 그만두다
be supposed to ~하기로 되어 있다

1. Watkins 씨에 대해 무엇이 암시되는가?

(A) 그는 신제품 디자인을 도왔다.

(B) 그는 몇 달 후에 퇴직할 계획이다.

(C) 그는 Nate Martin에 대해 잘 모른다.

(D) 그는 회사에서 일을 막 시작했다.

2. 오후 1시 49분에, Tress 씨가 "3시 30분까지 갈게요"라고 할 때 그녀가 암시하는 것은?

(A) 그녀는 회의에 제시간에 도착할 수 없다.

(B) 그녀는 지금 사무실에 없다.

(C) 그녀는 예정보다 일찍 회의하기를 원한다.

(D) 그녀는 오늘 시간이 많지 않다.

정답 및 해설

1. Watkins 씨가 1시 45분에 'Nate Martin을 활용할 것(Why not use Nate Martin?)'을 제안했는데, Tress 씨가 '그는 몇 달 전에 그만 두었다고(He retired a few months ago.)' 대답했다. 그러므로 Watkins 씨는 Nate Martin에 대해 잘 알지 못한다는 내용의 (C)가 정답이 된다.

정답 (C)

2. 인용된 문장인 'I'll be there at 3:30.' 앞의 내용을 보면, Cross 씨가 3시에 사무실에 모이자고(Let's get together in my office at 3:00.) 제안했다. 따라서, 정해진 시간에 도착할 수 없다는 것을 암시한다고 보는 것이 타당하다.

정답 (A)

Part 7
이중 지문

이중 지문은 2개의 지문을 읽고 관련된 5문항을 푸는 형식입니다. 실제 시험에서는 총 2세트, 10문항의 문제가 출제되므로 Part 7에서 차지하는 비중이 높습니다. 아래에 설명되어 있는 이중 지문의 공략법을 학습한 다음, 이를 활용하여 예제를 풀면서 이중 지문을 정복해 봅시다.

● **이중 지문 공략법**

이중 지문은 읽는 순서를 달리하자!

이중 지문 문제는 지문이 두 개여서 부담스럽게 느껴지지만, 각각의 지문은 비교적 짧고 쉽습니다. 읽는 순서를 달리하여 지문을 하나씩 분석한 다음, 문제를 풀 때 개념을 취합하는 방식으로 접근한다면 생각보다 쉽게 풀 수 있습니다.

⊘ 중요 Point | 이중 지문 읽는 순서 TIP!

① 1~2번 문제 읽기: 1번과 2번 문제에서 보기를 제외하고 문제만 먼저 읽습니다.
② 지문 1을 읽고 1번과 2번 풀기: 지문 1을 읽고 1번과 2번을 먼저 풉니다. 만약 풀리지 않거나 애매하다면 일단 넘어갑니다.
③ 3~5번 문제 읽기: 보기는 읽지 않고 나머지 문제만 먼저 읽습니다.
④ 지문 2를 읽고 나머지 문제 풀기: 지문 2를 읽고 나머지 문제를 풉니다. 3번 문제와 4번 문제는 두 지문의 정보를 연계해서 푸는 문제일 확률이 높습니다.

예제 **Questions 1-3** refer to the following advertisement and e-mail.

Engineering Position Available

Eastin Robotics is searching for an engineer for one of its laboratories. Applicants must have two years of relevant job experience. A college degree in engineering is required. So is an ability to work well on a team. The person hired will have to work long hours and sometimes on weekends. Overtime work will be compensated. To apply, send a cover letter, a résumé, and a list of engineering projects you have worked on to job@eastinrobotics.com.

To: job@eastinrobotics.com

From: franka@megamail.com

Date: June 24

Subject: Engineering Position

search for ~를 찾다
engineer 기술자, 공학자
laboratory 연구실
relevant 관련 있는
compensate 보상하다
cover letter 자기소개서
résumé 이력서

To Whom It May Concern,

My name is Frank Allen. I am applying for the engineering position at your company. I believe I am highly qualified for the job.

I graduated from college with a degree in robotics engineering two years ago. Since then, I have worked as an engineer at Robo Tech. I have already been promoted once. Currently, I am the leader of my team. All of my employees and I get along very well. I'm willing to work hard from Monday through Friday. I do not want to leave Robo Tech, but I would like to work in my hometown. That is why I am applying to your company.

Please call me at 802-912-7363 to schedule an interview. I look forward to hearing from you.

Regards,

Frank Allen

apply for ~에 지원하다
highly 매우, 상당히
qualified 자격을 갖춘
degree 학위
robotics engineering 로봇공학
promote 승진시키다
be willing to 기꺼이 ~하다
look forward to ~을 고대하다

1. In the advertisement, the word "compensated" in line 5 is closest in meaning to

(A) considered

(B) paid

(C) assumed

(D) approved

2. What is the e-mail mostly about?

(A) A job application

(B) A performance review

(C) A letter of recommendation

(D) A request for more information

3. Which qualification for the position does Mr. Allen NOT have?

(A) The ability to work on weekends

(B) Two years of experience

(C) A college degree

(D) The ability to work well on a team

엔지니어 직책 지원 가능

Eastin 로보틱스는 연구실에 근무할 엔지니어를 찾고 있습니다. 지원자들은 2년의 직무 관련 경력이 있어야 합니다. 공학 학사 학위가 필요합니다. 팀에서의 근무 또한 잘할 수 있어야 합니다. 채용된 사람은 하루 종일 장시간 일해야 하며 주말에도 가끔 일하게 될 것입니다. 초과 근무에 대해서는 보상이 있을 것입니다. 지원하시려면, 자기소개서, 이력서, 그리고 작업했던 공학 프로젝트 목록을 job@eastinrobotics.com으로 보내 주시기 바랍니다.

수신: job@eastinrobotics.com
발신: franka@megamail.com
날짜: 6월 24일
제목: 엔지니어 직책

관계자 분께,

제 이름은 Frank Allen입니다. 저는 귀사의 엔지니어 직책에 지원합니다. 제가 직책에 상당한 자격을 갖추고 있다고 생각합니다.

저는 2년 전 로봇공학 학사 학위를 취득하고 졸업했습니다. 그때 이후로, 저는 Robo Tech에서 엔지니어로 근무하고 있습니다. 저는 이미 한 번 승진했습니다. 현재, 저는 제 팀의 리더입니다. 저의 모든 직원들과 저는 매우 잘 지내고 있습니다. 저는 기꺼이 월요일부터 금요일까지 열심히 일합니다. 저는 Robo Tech를 떠나고 싶지 않지만, 제 고향에서 일하고 싶습니다. 이것이 제가 귀사에 지원한 이유입니다.

면접 일정을 정하기 위해 802-912-7363으로 전화해 주세요. 회신을 기다리겠습니다.

Frank Allen 드림

1. 광고에서, 5번째 줄의 단어 "compensated"와 의미가 유사한 것은?
(A) considered
(B) paid
(C) assumed
(D) approved

2. 이메일은 주로 무엇에 관한 것인가?
(A) 입사 지원
(B) 인사 고과
(C) 추천서
(D) 더 많은 정보 요청

3. Allen 씨가 직책을 위한 자격으로 보유하고 있지 않은 것은?
(A) 주말에 근무하는 것
(B) 2년 간의 경력
(C) 학사 학위
(D) 팀에서 근무를 잘 하는 것

▶ 지문 분석

1. 유형
광고문 – 이메일

2. 내용 분석
① 광고문: 채용 직책에 대한 지원 자격 및 지원 방식에 대해 언급하고 있음
② 이메일: 구직자 자신의 지원 동기 및 직무 적격성에 대해 상세히 언급하고 있음.

3. 풀이 전략
지원 자격 및 직무 적격성과 관련된 '연계 정보를 묻는 문제'가 출제될 것을 예상할 수 있다.

1. 동의어 찾기 문제

복수지문 문제에서는 동의어를 찾는 문제가 출제됩니다. 단순하게 같은 의미의 어휘를 선택할 수 있도록 출제되지 않고, 전후 문맥을 파악하여 대체할 수 있는 어휘를 묻기 때문에 지문의 내용을 정확히 해석할 수 있어야 합니다.

compensated는 '보상되는'이라는 의미인데, 이는 초과 근무(overtime work)에 대한 수당이 지급된다는 것을 의미하므로 (B)의 paid(지불되는)가 가장 유사한 보기입니다.

정답 (B)

2. 주제를 묻는 문제

지문의 주제를 묻는 질문 유형입니다. 이메일의 주제를 묻고 있는데, 초반부에 'I am applying for the engineering position at your company.'라는 문장을 통해서 '입사 지원'이 목적임을 알 수 있으므로 정답은 (A)입니다.

정답 (A)

3. 연계 정보를 묻는 문제

두 지문의 정보를 연계하여 푸는 문제이기 때문에 질문과 연관되는 내용을 각각의 지문에서 찾은 뒤 보기에 매칭시켜 정답을 찾으면 됩니다. 광고에서 언급된 자격은 2년간의 경력, 팀에서 일을 잘하는 것, 장시간 일하는 것, 그리고 주말에도 근무하는 것입니다. 이메일에서 Allen 씨가 언급한 자격들 중 이에 일치하는것은 로봇공학 학사학위 소지, 2년 이상의 관련 경력, 그리고 팀에서 근무를 잘 하는 것입니다. Allen 씨가 언급한 내용들 중에서 주중에 일을 열심히 한다는 내용은 있지만(I'm willing to work hard from Monday through Friday) 주말에 일하는 것에 대해서는 언급되지 않았으므로 정답은 (A)입니다.

정답 (A)

▷ **이중 지문의 유형**
이중지문은 이메일과 다른 하나의 지문으로 구성되는 경우가 가장 많고, 회람, 공지, 광고, 양식, 기사 등이 서로 연결되어 구성될 수 있다.

▷ 동의어 찾기 문제는 주어진 단어 자체의 뜻을 모르더라도 문맥을 파악하여 정답을 고를 수 있다.

▷ 주제와 목적을 묻는 문제의 단서는 지문의 초반부에 제시되는 경우가 많다.

▷ 복수 지문 문제에서는 세트당 최소한 1문제 이상의 연계 정보를 묻는 문제가 출제된다.

Questions 1-5 refer to the following receipt and letter.

Bayshore, Inc.
45 Ocean Drive, Tampa, FL 33605

Customer Name: Adrian Jacobs

Address: 532 Coldwater Road, Biloxi, MI 39504

Telephone Number: (203) 383-7100

E-Mail Address: adrian-jacobs@primemail.com

Membership Number: 85573-39332

Order Date: May 17

Delivery Date: May 19

Order Number: 466094-33AL

Item Number	Description	Quantity	Price
KRT094	men's red windbreaker (large)	1	$12.99
TWE113	men's white T-shirt (large)	1	$15.99
XDE948	women's blue blouse (small)	1	$35.99
RGM335	women's black dress (small)	1	$79.99
		Subtotal	$144.96
		Shipping	N/A
		Tax	$8.70
		Total	$153.66

*Your order has been paid by the credit card ending in 8373.

*Orders of $100 or more will be shipped by 2-day air at no charge.

Customer Service Department

Bayshore, Inc.

45 Ocean Drive

Tampa, FL

33605

May 22

Dear Sir/Madam,

I am writing to you regarding order number 466094-33AL, which I placed on the seventeenth of May. While I received all of the items I purchased on time, there was a problem with one of them. I am referring to item number XDE948. A size large was sent, so my wife will be unable to wear it to a dinner party we're attending tomorrow night.

Please find the item enclosed. Since my wife cannot wear it, we are returning it and would like to have the payment we made on it returned. There is no need to refund my credit card. You can just give me store credit as I intend to make another purchase sometime next month.

In addition, my family used to receive your monthly catalog in the mail, but we have not gotten anything since February. Have you ceased publication of it? If not, would you please resume mailing it to us?

Thank you.

Adrian Jacobs

1. According to the receipt, which of the following statements is NOT true?

   (A) Mr. Jacobs has a membership at Bayshore, Inc.

   (B) Four separate clothing items were purchased.

   (C) The next-day air shipping option was selected.

   (D) The order was paid for by a credit card.

2. Why did Mr. Jacobs receive free shipping?

   (A) All members do not pay for shipping.

   (B) He used a special coupon.

   (C) He spent enough money to qualify.

   (D) The company provides it for all customers.

3. In the e-mail, what problem does Mr. Jacobs mention?

   (A) An order was not received on time.

   (B) The wrong color was sent.

   (C) Some items went to an incorrect address.

   (D) A product arrived in the wrong size.

4. How much store credit will Mr. Jacobs receive?

   (A) $12.99

   (B) $15.99

   (C) $35.99

   (D) $79.99

5. What does Mr. Jacobs request?

   (A) The renewal of his membership

   (B) The exchange of an item

   (C) The sending of a catalog

   (D) The discounting of an item

Bayshore 주식회사
오션로 45번지, 탬파, 플로리다, 33605

고객명: Adrian Jacobs	주문일자: 5월 17일
주소: 콜드워터로 532번지, 빌록시, 마이애미, 39504	배송일자: 5월 19일
전화번호: (203) 383-7100	주문번호: 466094-33AL
이메일 주소: adrian-jacobs@primemail.com	
회원번호: 85573-39332	

물품번호	상세	수량	가격
KRT094	남성용 바람막이 (대)	1	$12.99
TWE113	남성용 흰색 티셔츠 (대)	1	$15.99
XDE948	여성용 파란색 블라우스 (소)	1	$35.99
RGM335	여성용 검정색 드레스 (소)	1	$79.99
		소계	$144.96
		배송비	N/A
		세금	$8.70
		총계	$153.66

*귀하의 주문은 8373으로 끝나는 신용카드로 결제되었습니다.
*100달러 이상의 주문에 대해 항공 운송으로 2일에 한해 무료로 배송
  될 것입니다.

고객서비스부서
Bayshore 주식회사
오션로 45번지
탬파, 플로리다
33605

5월 22일

관계자 분께,

466094-33AL에 관하여 메일을 작성하고 있는데, 5월 17일에 주문한 것입니다. 구매했던 모든 품목들을 제시간에 받았지만, 그것들 중 하나에 문제가 있었습니다. XDE948을 문의합니다. 라지 사이즈가 배송되었는데, 제 아내는 우리가 오늘 밤에 참석해야 하는 저녁 파티에 그것을 입고 갈 수가 없게 되었습니다.

동봉된 상품을 확인해 주세요. 제 아내가 그것을 입을 수 없기 때문에, 저희는 그것을 반품하고 지불했던 금액을 돌려 받고자 합니다. 신용카드 금액을 환불하실 필요는 없습니다. 다음 달에 다른 상품을 구매하려고 하니 스토어 크레딧으로 주셔도 됩니다.

덧붙여, 저희 가족은 우편으로 월간 카탈로그를 받곤 했습니다만, 2월부터 받지 못하고 있습니다. 발행을 중단시킨 것인가요? 그렇지 않다면, 다시 저희에게 보내 주실 수 있나요?

Adrian Jacobs 드림

regarding ~에 관하여   place (주문을) 하다   on time 제시간에   refer 문의하다; 언급하다   enclose 동봉하다   store credit 반환하는 물건의 값이 적힌 표   used to ~하곤 했다   cease 중단시키다   publication 발행   resume 재개하다

1. 영수증에 따르면, 다음 중 사실이 아닌 진술은 무엇인가?
   (A) Jacobs 씨는 Bayshore 주식회사의 회원 자격을 갖고 있다.
   (B) 네 가지 다른 종류의 물품들이 구매되었다.
   (C) 익일 특급 항공 운송 옵션이 선택되었다.
   (D) 주문은 신용카드로 지불되었다.

2. Jacobs 씨는 왜 무료 배송을 받았는가?
   (A) 모든 회원들은 배송료를 지불하지 않는다.
   (B) 그는 특별 쿠폰을 사용했다.
   (C) 그는 자격을 얻을 만큼 충분한 돈을 썼다.
   (D) 회사에서 모든 고객들에게 그것을 제공하고 있다.

3. 이메일에서, Jacobs 씨가 언급한 문제는 무엇인가?
   (A) 주문품을 제시간에 받지 못했다.
   (B) 잘못된 색상이 배송되었다.
   (C) 몇몇 상품이 잘못된 주소로 배송되었다.
   (D) 잘못된 사이즈의 상품이 도착했다.

4. Jacobs 씨가 받게 될 스토어 크레딧은 얼마인가?
   (A) 12.99달러
   (B) 15.99달러
   (C) 35.99달러
   (D) 79.99달러

5. Jacobs 씨는 무엇을 요청하는가?
   (A) 회원 자격 갱신
   (B) 물품의 교환
   (C) 카탈로그 발송
   (D) 물품의 할인

정답 및 해설

1. 첫 번째 지문의 마지막 문장에서 '10달러 이상의 주문이나 항공 운송 2일에 한하여 배송료가 무료라는 (Orders of $100 or more will be shipped by 2–day air at no charge)' 내용은 있지만, 익일 특급 항공 운송 옵션이 선택되었다는 내용은 언급되지 않았다.

정답 (C)

2. 100달러 이상의 주문에 대해 무료로 배송된다고 했는데, Jacobs 씨가 주문한 총액이 100달러가 넘는다. 따라서 정답은 (C)이다

정답 (C)

3. 이메일에서, 라지 사이즈를 받았지만 아내가 입을 수 없다는(A size large was sent, so my wife will be unable to wear it) 내용이 언급되어 있다.

정답 (D)

4. 두 지문의 정보를 연계하여 풀어야 하는 문제이다. Jacobs 씨는 환불을 요청하고 있는데, 이메일에서 문제가 있다고 언급한 물품의 번호는 XDE948이다. 그런데 영수증에 따르면 해당 품목의 가격은 35.99달러이다.

정답 (C)

5. 이메일의 마지막 부분에서 월간 카탈로그를 받았었는데(my family used to receive your monthly catalog) 2월부터 오지 않는다고(but we have not gotten anything since February) 말한 다음, 다시 보내 줄 것을(would you please resume mailing it to us) 요청하고 있다.

정답 (C)

UNIT 60

Part 7
삼중 지문

삼중지문은 3개의 지문을 읽고 관련된 5문항을 푸는 형식입니다. 실제 시험에서는 총 3세트, 15문항의 문제가 출제되며, 시험의 가장 마지막 부분에 위치합니다. 이중 지문과 비교하여 Part 7에서 차지하는 비중이 더 높습니다.

● **삼중 지문 공략법**

전체 흐름을 파악하며 읽자!

삼중 지문은 세 지문들 중에서 어느 지문의 정보들을 연계해서 풀어야 할지 예상할 수 없기 때문에, 지문들의 전체적인 흐름을 파악하는 것이 중요합니다. 아래에 소개된 TIP을 활용하여 삼중지문 예제를 풀어 보도록 합시다.

☑ 중요 Point | 삼중 지문 TIP!

① 첫 번째 문제는 첫 번째 지문에서 반드시 풀린다.
② 하나의 지문을 읽을 때마다 옆에 한 줄 정도로 요약을 작성해 가면서 읽으면, 전체적인 흐름을 파악하는 데 도움이 된다.

예제 **Questions 1-3** refer to the following article, e-mail, and memo.

> ### New Businesses Coming to Concord
> #### by economics reporter Jason West
>
> Concord (May 28) – Since January, several companies have announced they are opening offices or factories in Concord. This is due mainly to recruitment efforts by Mayor Kirk Chamberlain.
>
> Most firms are hiring between ten and thirty new employees. However, one plans to employ up to 1,000 workers. Harper Motors is building a factory outside the city limits. It should take sixteen months to complete. When the factory opens, it will run twenty-four hours a day. Harper Motors is already looking for new employees. It plans to start training them six months from now.

To: Jason Bowman <jbowman@toprealty.com>
From: David Remlinger <davidr@sigma.com>
Subject: Visit
Date: October 11
Dear Mr. Bowman,
Thank you for the list of properties you sent me last week. I just received confirmation that my training program will begin in December. So I need to move my family to Concord by next month.

mainly 주로
recruitment 채용
up to (최대) ~까지
announce 발표하다
recruitment 채용
firm 기업
city limits 시의 경계
complete 완료하다, 끝마치다

property 부동산
confirmation 확인
impress 깊은 인상을 주다
disposable 이용가능한
similar to ~와 비슷한

My wife and I were impressed with the property at 99 Ashton Road. Is it still available? We would love to see it. We plan to be in Concord during the last weekend in October. If that place has been sold, please find others similar to it to show us.

Regards,

David Remlinger

To: All Staff, Top Realty
From: Jason Bowman
Subject: Homes
Date: October 20

All of you should be receiving numerous inquiries about homes. Now that so many businesses are coming to Concord, the population of the city and the surrounding area is increasing. As such, housing prices are also rising since there's a shortage of homes. Please advise your clients about the changes in prices. Suggest making purchases quickly before prices rise even higher.

realty 부동산
inquiry 질문, 문의
now that ~이므로
shortage 부족

1. In the article, what is suggested about Concord?

   (A) There are many jobs available for its residents.

   (B) It is the largest city in the state.

   (C) Most of its residents live in apartment buildings.

   (D) It has a highly educated workforce.

2. What is most likely true about Mr. Remlinger?

   (A) He moved to Concord one year ago.

   (B) He was hired by Harper Motors.

   (C) He needs a home in a quiet neighborhood.

   (D) He wants a house with three bedrooms.

3. What is the purpose of the memo?

   (A) To provide a sales strategy

   (B) To ask for assistance

   (C) To mention some available properties

   (D) To complain about a problem

신규 기업체들 콩코드시에 진출

경제부 기자 Jason West

콩코드 (5월 28일) – 1월부터, 몇몇 회사들은 콩코드 시에 사무실이나 공장을 열 것이라고 발표했다. 이는 주로 Kirk Chamberlain 시장의 신규 모집 노력 덕분이었다.

대부분의 기업들은 10에서 30명의 신규 직원들을 고용하고 있다. 하지만, 한 곳은 1,000명에 이르는 직원들을 채용할 계획이다. Harper 자동차는 시의 경계 밖에 공장을 건설하고 있다. 완공까지는 6개월이 소요될 것으로 예상된다. 공장이 문을 열면, 24시간 내내 가동될 것이다. Harper 자동차는 이미 신규 직원들을 찾는 중이다. 지금부터 6개월 뒤에 교육이 시작될 계획이다.

수신: Jason Bowman ⟨jbowman@toprealty.com⟩
발신: David Remlinger ⟨davidr@sigma.com⟩
제목: 방문
날짜: 10월 11일

Bowman 씨께,

지난주에 보내 주셨던 부동산 목록에 대해 감사합니다. 저의 교육 프로그램이 12월에 시작될 것이라는 확인을 지금 받았습니다. 그래서 저는 제 가족을 다음 달에 콩코드로 이주시켜야 합니다.

제 아내와 저는 애쉬톤로 99번가의 주택에 깊은 인상을 받았습니다. 거래가 가능한가요? 저희는 그곳을 보고 싶습니다. 저희는 10월 마지막 주 동안 콩코드에 있을 계획입니다. 만약 그곳이 팔렸다면, 그와 비슷한 곳을 찾아 저희에게 보여 주시기 바랍니다.

David Remlinger 드림

수신: Top 부동산의 전 직원
발신: Jason Bowman
제목: 주택
날짜: 10월 20일

여러분들 모두 집에 대해 많은 문의를 받고 있을 것입니다. 많은 기업체들이 콩코드시에 진출하고 있기 때문에, 시와 그 주변 지역의 인구가 증가하고 있습니다. 그래서, 주택의 부족해서 주택 가격 또한 상승하고 있습니다. 의뢰인들에게 가격의 변동에 대해 조언해 주시기를 바랍니다. 가격이 너무 높게 상승하기 전에 빨리 구매할 것을 제안하세요.

▶ 지문 분석

1. 유형
기사-이메일-회람

2. 내용 분석
① 기사: 다수의 기업체가 콩코드 시에 진출하고 있음.
② 이메일: 새로 고용된 직원이 집을 구하려는 내용
③ 회람: 부동산 수요 증가에 따른 대책을 제안하는 부동산 회사의 회람

3. 풀이 전략
세 지문이 서로 직접 주고받는 내용이 아니기 때문에, 지문들 사이의 간접적인 연관성을 찾아 정보를 연계시켜야 한다.

1. 기사에서, 콩코드시에 대해 암시된 것은 무엇인가?

    (A) 거주자들이 근무 할 수 있는 직장이 많이 있다.

    (B) 주 내에서 가장 큰 도시이다.

    (C) 대부분의 거주자들이 아파트에 산다.

    (D) 노동자들의 교육 수준이 높다.

2. Remlinger 씨에 대해 사실인 것은 무엇인가?

    (A) 그는 1년 전에 콩코드로 이사했다.

    (B) 그는 Harper 자동차에 고용되었다.

    (C) 그는 조용한 마을에 있는 집이 필요하다.

    (D) 그는 세 개의 침실이 있는 집을 원한다.

3. 회람의 목적은 무엇인가?

    (A) 판매 전략을 제시하려고

    (B) 도움을 요청하려고

    (C) 거래 가능한 주택들을 언급하려고

    (D) 문제에 대해 항의하려고

(정답 및 해설)

1. 추론 문제

추론 문제로서, 보기들 중 암시되어 있는 것을 찾아야 합니다. 기사의 내용이 '다수의 기업이 콩코드시에 진출하여 많은 일자리들이 창출되고 있다'는 것이므로 (A)를 정답으로 고를 수 있습니다.

정답 (A)

2. 연계 정보를 묻는 문제

Remlinger씨에 대해서 사실일 가능성이 있는 보기를 골라야 합니다. 두 번째 지문에서, Remlinger 씨는 자신의 교육이 곧 시작되어서(my training program will begin) 가족들과 함께 콩코드시로 이주해야 한다고 언급했고, 첫 번째 지문에서 Harper 자동차가 대규모 채용을 진행하고 있다고 했습니다. 두 정보를 바탕으로 판단할 경우 '그가 Harper 자동차에 채용되었다'는 내용의 (B)가 정답임을 추론할 수 있습니다.

정답 (B)

3. 목적을 묻는 문제

메모의 목적을 묻고 있는데, 지문의 마지막 부분에서 가격이 상승하고 있기 때문에 가격이 오르기 전에 빠르게 구매하라고 제안하라는(Please advise your clients about the changes in prices. Suggest making purchases quickly before prices rise even higher) 판매 전략을 제시하고 있으므로 정답은 (A)입니다. 메모 지문 자체가 일반적으로 사장이나 부서장이 직원들에게 보내는 지시나 공지라는 것을 생각해 봅시다.

정답 (A)

▶ 삼중 지문의 첫 번째 문제는 첫 번째 지문에 단서가 있다.

▶ 추론 문제는 지문의 전반적인 내용을 파악해야 하므로 다소 어려울 수 있다. 각각의 보기를 지문의 정보들과 대조하며 문제를 해결해야 한다.

▶ 연계 정보를 묻는 문제는 세트당 최소한 한 문제 이상 포함된다. 지문을 읽으며 한 줄 요약을 해 두면 지문의 흐름을 파악할 수 있어서 문제를 푸는 데 도움이 된다.

Questions 1-5 refer to the following information, order form, and e-mail.

Washington Gardening Center
Planting Services

At the Washington Gardening Center, we don't just sell trees, flowers, bushes, and other plants; we also help by planting them.

Here are our rates:

★ Tree (up to 1 meter in height): $20
★ Tree (1-3 meters in height): $30
★ Tree (3 or more meters in height): $50
★ Bush: $15
★ Flower: $2

We will dig the hole where you instruct us, put the tree, bush, or flower in the ground, stake it, and water it.

We also guarantee our work for one year. Should you have any problems with your plants being uprooted or falling over, contact us, and we'll come over at once to solve the problem.

You can arrange our planting services at the store when you make a purchase from us. Or if you purchase your plants elsewhere and simply need our experts to assist you with the planting process, just visit www.washingtongardencenter.com/orderform and complete the online form.

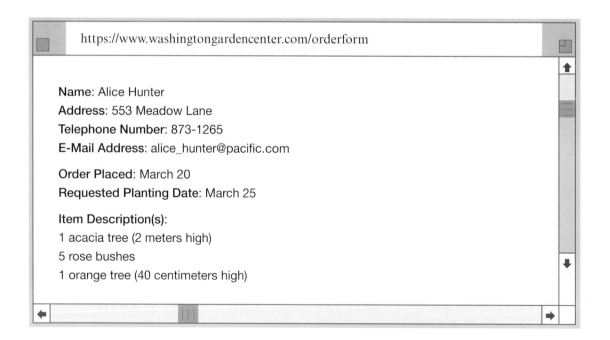

https://www.washingtongardencenter.com/orderform

Name: Alice Hunter
Address: 553 Meadow Lane
Telephone Number: 873-1265
E-Mail Address: alice_hunter@pacific.com

Order Placed: March 20
Requested Planting Date: March 25

Item Description(s):
1 acacia tree (2 meters high)
5 rose bushes
1 orange tree (40 centimeters high)

To: alice_hunter@pacific.com
From: ivan@washingtongardencenter.com
Subject: Your Order
Date: March 22

Dear Ms. Hunter,

We received your order and will gladly visit your home to plant the items you requested. However, according to the weather service, we're getting some sudden cold weather on the day that you requested planting. Temperatures below freezing could be harmful to your orange tree, especially since it is so young. It appears as though the weather the following day will be warm enough to permit planting. I would therefore like to send my team to your place then.

In addition, please be sure to bring your plants inside on the night it is supposed to get cold. If they are exposed to too much cold weather before being planted, it could cause them to die or make them grow more slowly.

Please contact me at 598-2362 anytime to provide confirmation of my request.

Regards,

Ivan Gray
Washington Garden Center

1. What is mentioned about the Washington Garden Center's planting services?

   (A) They are only provided for in-store purchases.
   (B) They require full payment to be made in advance.
   (C) They are provided for free to some customers.
   (D) They are guaranteed for a twelve-month period.

2. How much must Ms. Hunter pay to have her acacia tree planted?

   (A) $15
   (B) $20
   (C) $30
   (D) $50

3. Why does Mr. Gray want to change the date his team visits Ms. Hunter?

   (A) The weather conditions are going to worsen.
   (B) His team is fully booked on the day she requested.
   (C) Snow is supposed to fall on the selected day.
   (D) The store is not open on Sundays.

4. When does Mr. Gray want his team to visit Ms. Hunter?

   (A) On March 24
   (B) On March 25
   (C) On March 26
   (D) On March 27

5. What does Mr. Gray advise Ms. Hunter to do?

   (A) Download a manual on tree care
   (B) Put her plants in a warm place
   (C) Visit his store in person
   (D) Sign up for a special gardening class

Washington 원예용품점
재식 서비스

Washington 원예용품점에서, 저희는 나무, 꽃, 관목, 그리고 다른 식물들의 판매만을 하는 것이 아닙니다;
저희는 그것들을 심는 것 또한 도와 드립니다.

금액은 다음과 같습니다:

★ **나무 (1미터 이하)**: 20달러
★ **나무 (1-3미터)**: 30달러
★ **나무 (3미터 이상)**: 50달러
★ **관목**: 15달러
★ **꽃**: 2달러

당신이 지시하는 곳에 저희가 구덩이를 파고, 나무, 관목, 또는 꽃을 심은 다음 물을 줄 것입니다.

저희는 또한 작업에 대해 1년 간 보증해 드립니다. 식물이 뽑히거나 쓰러지는 등의 문제가 발생할 경우, 저희에게 연락하시면, 즉시 방문하여 문제를 해결할 것입니다.

구매하실 때 상점에서 재식 서비스를 처리하실 수 있습니다. 또는 다른 곳에서 구매하셨거나 식물을 심는 과정에서 저희의 도움만을 필요로 하실 경우, www.washingtongardencenter.com/orderform에 접속하여 온라인 양식을 작성해 주세요.

gardening center 원예용품점   planting 심기, 재식(栽植)   bush 관목   rate 요금   instruct 지시하다   guarantee 보장하다
uproot 뿌리째 뽑다   fall over 쓰러지다   come over 들르다   arrange 마련하다, 일을 처리하다   elsewhere 다른 곳에서

https://www.washingtongardencenter.com/orderform

이름: Alice Hunter
주소: 미도우가 553번지
전화번호: 873-1265
이메일주소: alice_hunter@pacific.com

주문일: 3월 20일
재식 요청일: 3월 25일

품목 상세:
아카시아 나무 1그루 (2미터)
장미 나무 5그루
오렌지 나무 1그루 (40미터)

수신: alice_hunter@pacific.com
발신: ivan@washingtongardencenter.com
제목: 귀하의 주문
날짜: 3월 22일

Hunter 씨께,

저희는 귀하의 주문을 받았고 요청하신 품목들을 심어드리기 위해 댁에 방문하게 되어 기쁩니다. 하지만, 일기예보에 따르면, 나무 심기를 요청하신 날에 갑작스런 추위가 찾아 온다고 합니다. 기온이 영하로 떨어지면 오렌지나무에 해로울 수 있는데, 어린 나무이기 때문에 특히 그렇습니다. 그 다음 날에는 나무를 심기에 충분할 정도로 온화할 것으로 예상됩니다. 그래서 저는 그때 저희 팀을 댁으로 보내려고 합니다.

또한, 날씨가 쌀쌀해지는 밤에 귀하의 식물들을 실내에 두시기 바랍니다. 심기 전에 너무 차가운 날씨에 노출되면, 식물들이 죽거나 성장이 더딜 수도 있습니다.

저의 요청을 확인하시려면 언제든지 598-2362로 연락해 주세요.

Ivan Gray 드림
Washington 원예 용품점

---

weather service 기상 관측 업무   **especially** 특히, 유난히   **be supposed to** ~하기로 되어 있다   **expose** 노출시키다   **confirmation** 확인

1. Washington 원예 용품점의 재식 서비스에 대해 언급된 것은 무엇인가?

   (A) 매장에서 구매한 것들에 대해서만 제공된다.

   (B) 미리 대금을 완납해야 한다.

   (C) 몇몇 고객들에게 무료로 제공된다.

   (D) 12개월 동안 보증된다.

2. Hunter 씨는 아카시아나무를 심는 데 얼마를 지불해야 하는가?

   (A) 15달러

   (B) 20달러

   (C) 30달러

   (D) 50달러

3. Gray 씨는 왜 자신의 팀이 Hunter 씨에게 방문하는 날짜를 변경하려 하는가?

   (A) 날씨 상태가 나빠지고 있다.

   (B) 그녀가 요청한 날 그의 팀이 예약이 꽉 차 있다.

   (C) 선택한 날 눈이 내릴 것이다.

   (D) 일요일에는 상점이 문을 열지 않는다.

4. Gray 씨는 언제 그의 팀이 Hunter 씨를 방문하기를 원하는가?

   (A) 3월 24일에

   (B) 3월 25일에

   (C) 3월 26일에

   (D) 3월 27일에

5. Gray 씨는 Hunter 씨에게 무엇을 하라고 조언하는가?

   (A) 나무 관리에 대한 설명서를 다운로드한다

   (B) 식물들을 따뜻한 장소에 둔다

   (C) 직접 그의 상점을 방문한다

   (D) 특별 조경 강좌에 등록한다

1. 언급된 정보를 묻는 문제로서, 각각의 보기를 지문의 정보와 대조해 보아야 한다. 첫 번째 지문에 식물의 종류에 따른 요금이 있으며, 무료로 서비스를 제공한다는 정보나, 대금을 미리 완납해야 한다는 정보는 없으므로 (B)와 (C)는 정답이 될 수 없다. 그리고, 지문의 마지막 부분에서 다른 곳에서 구매했거나 재식 서비스만을 제공받고 싶을 경우에도(Or if you purchase your plants elsewhere and simply need our experts to assist you with the planting process) 서비스 신청이 가능하다는 내용이 있으므로 (A)도 정답이 아니다. 정답은 1년 동안 작업을 보증해 준다는(We also guarantee our work for one year.) 내용과 일치하는 (D)이다. 보기에서 1년이라는 기간이 12개월로 바뀌어 표현되었다.

정답 (D)

2. 정보 연계 문제이다. 두 번째 지문에 따르면 Hunter 씨는 2미터 높이의 아카시아 나무 1그루를 구입했다. 그런데 첫 번째 지문의 가격표에서 1∼3미터 높이의 나무를 심는 데 드는 비용이 30달러이다. 따라서 정답은 (C)이다.

정답 (C)

3. 날씨의 상태가 나빠지고 있다는 내용의 보기 (A)가 정답이 된다. 그의 팀이 예약이 가득 찼다거나(His team is fully booked), 선택한 날짜에 눈이 내린다거나(Snow is supposed to fall on the selected day), 요청한 날짜가 일요일이라는 정보는 없으므로 (B), (C), (D)는 모두 정답이 될 수 없다.

정답 (A)

4. 정보 연계 문제이다. 세 번째 지문에서 Gray 씨는 Hunter 씨가 요청한 다음 날에 나무를 심기에 충분할 만큼 날씨가 좋아질 것 같고(It appears as though the weather the following day will be warm enough to permit planting) 그때 팀을 보내겠다고(I would therefore like to send my team to your place then) 말하였다. 그런데 두 번째 지문에서 나무 심기를 요청한 날짜가 3월 25일이므로 정답은 (C)이다.

정답 (C)

5. 세 번째 지문에서 Gray 씨는 날씨가 쌀쌀해지는 밤에 식물들을 실내에 두라고(please be sure to bring your plants inside on the night it is supposed to get cold) 조언하고 있으므로 정답은 (B)이다. 나머지 내용은 모두 지문에서 찾아 볼 수 없는 내용들이다.

정답 (B)

Part 5 빈칸에 들어갈 알맞은 말을 고르세요.

1. Not only Mr. Martinson ------- his two assistants will be attending the accounting seminar.

    (A) yet
    (B) but also
    (C) and so
    (D) either

2. The application requires ------- all individuals describe their job experience.

    (A) whom
    (B) which
    (C) that
    (D) where

3. I am curious ------- you are planning to register for the session on Tuesday or Thursday.

    (A) if
    (B) because
    (C) although
    (D) what

4. The security guard asked ------- umbrella was sitting on the bench.

    (A) whose
    (B) whom
    (C) who
    (D) where

5. Anyone ------- is interested in a transfer should contact Ms. Grierson in HR at once.

    (A) who
    (B) which
    (C) why
    (D) how

6. Any employee ------- is ill needs to report to the office.

    (A) who
    (B) whose
    (C) whom
    (D) which

7. The workers have to know ------- they can replace the broken parts.

    (A) where
    (B) how
    (C) who
    (D) when

8. Not only are people from the local area coming, but there will ------- be many foreigners at the event.

    (A) such
    (B) neither
    (C) and
    (D) also

9. ------- that there is not much time remaining, everyone must work faster.

    (A) Approving
    (B) Resulting
    (C) Considering
    (D) Adding

10. Jennifer Brandt wants to hire a new assistant ------- she can reduce her workload.

    (A) so that
    (B) such
    (C) even so
    (D) how

GO ON TO THE NEXT PAGE

Questions 11-14 refer to the following memo.

To: All Employees

From: K.R. Stallings

Subject: Policy Change

Date: May 28

As of this Thursday, a new policy regarding taking time off will go into effect. The previous system has proved to have too many faults. So the entire ------- will now be computerized.
11.

To request vacation, go to the company Web site and click on the "Time Off" icon. -------.
12.
You'll have to provide the dates you want to take off as well as the reason for your request. You will receive an ------- response the following business day.
13.

We understand that this new method will take some time to get used to. ------- you have any
14.
problems with the software, contact the IT Department at once.

---

11. (A) event
    (B) technique
    (C) procedure
    (D) appearance

12. (A) Then, follow the prompts.
    (B) Enjoy your time off.
    (C) That's all there is to it.
    (D) Talking to your manager is
        recommended.

13. (A) automated
    (B) automate
    (C) automates
    (D) automating

14. (A) Because
    (B) Consequently
    (C) If
    (D) So

Questions 15-16 refer to the following advertisement.

Bryce Realty

Bryce Realty is the top name for quality housing in Davenport and the surrounding area. If you're looking to buy a home, drop by our office at 87 Lancaster Drive. One of our real estate agents will be glad to listen to your needs and will then find a place ideal for you. Don't worry about your budget. We have houses and apartments for people of all income levels. If you're looking to sell your residence, we can assist you, too. We'll find a buyer and arrange the contract for a modest fee. You only pay us if a contract gets signed. Call 233-9811 or visit www.brycerealty.com to learn how Bryce Realty can help you.

---

15. Who most likely would be interested in the advertisement?

(A) A person who wants to rent an apartment

(B) A person who wants to purchase a house

(C) A person who wants to sign a short-term lease on an apartment

(D) A person who wants to remodel a house

16. According to the advertisement, what can the employees at Bryce Realty do?

(A) Prepare houses for sale

(B) Provide housing loans to buyers

(C) Negotiate the terms of a contract

(D) Match buyers with sellers

GO ON TO THE NEXT PAGE

Devon Harrison's Return to Publishing

by staff reporter Lisa Bloom

Pittsburgh (March 29) – After a wait of nearly a decade, Devon Harrison has finally released a new novel. Harrison made a name for himself in the thriller genre with the publication of his first novel, *Mountain High*, fifteen years ago. *Mountain High* was later turned into a successful movie, bringing Mr. Harrison even more fame.

After that, his follow-up novel, *Danger Zone*, sold more than two million copies. He published two more novels, including *The Spy*, featuring his main character, Dan Lamont, soon afterward. But then he took a break from writing. Now, ten years later, he's back with his newest work. Entitled *Berlin Station*, it's a thriller that is sure to keep you on the edge of your seat as you read. You don't want to miss this book at all. You can pick it up online or at your local bookstore.

17. What is the article mainly about?

(A) An upcoming book-signing event
(B) The life of a local author
(C) The works created by a certain author
(D) A novel that will be turned into a movie

18. What is Ms. Bloom's opinion of Mr. Harrison's most recent book?

(A) It is not as good as his first book.
(B) It is a book that people should read.
(C) It is the best book in the thriller genre.
(D) It is not a very exciting thriller.

Questions 19-20 refer to the following advertisement.

Home Appliance Grand Sale
at
Alewife Electronics
224 Maple Drive

We are having a winter blowout sale

All home appliances must go

We are overstocked and need to make space for next year's models,

so our loss is your gain

Get the following great deals from December 15 to 31:

- Refrigerators and stoves: 40% off

- Washers and dryers: 20% off

- Microwave ovens and toasters: 30% off

- Blenders and coffeemakers: 50% off

Shoppers spending $300 or more qualify for free delivery everywhere within the city limits

We are open seven days a week from 9:00 A.M. to 9:00 P.M.

Our highly trained staff of professionals is waiting to help you

Act now and start the new year with new appliances

---

19. What is NOT true about the sale?

(A) It will come to an end in December.

(B) A physical store is where it is taking place.

(C) All of the items at a store are discounted.

(D) Its purpose is to replace old items with new ones.

20. What is mentioned about Alewife Electronics?

(A) It will deliver some purchased items for free.

(B) Its staff members can assemble all of its products.

(C) It has several locations throughout the city.

(D) Its doors close on national holidays.

GO ON TO THE NEXT PAGE

Call for Papers

The European Chemistry Association (ECA) is holding this year's conference in Berlin, Germany, from November 3-6. All ECA members and those individuals interested in chemistry are invited to attend. Members must pay a registration fee of €80 while nonmembers must pay €110. Registration may be made online or at the conference itself. Those who wish to present papers at the conference must submit them by July 31. Those selected to speak will be informed by August 16. The daily schedule for the conference will be announced on September 10. Visit www.eca.org/conference for more information.

Chiara Santoro

Via Paolo Gaidano 12

Florence, Italy 50131

August 15

Dear Ms. Santoro,

The paper you wrote entitled "New Chemical Processes for Making Plastics" has been accepted for presentation at the European Chemistry Association (ECA) conference. You will read your paper on the second day. The time has not yet been determined. Please complete the confirmation form included with this letter and mail it before September 15.

It is my understanding that you are not a member of the ECA. I encourage you to become one as you can obtain several benefits. Among them is networking with our members, many of whom are influential in Europe.

The ECA has arranged a special deal with the Berlin Garden Hotel, which is located across the street from the conference center. Should you wish to stay there, use code ICADISCOUNT when making a reservation. You will receive fifty percent off the regular price.

If you have any questions regarding the conference, please contact me.

Rudolph Spitz

Organizer, ECA Conference

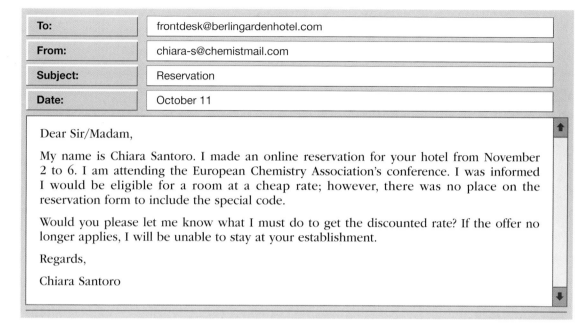

To:	frontdesk@berlingardenhotel.com
From:	chiara-s@chemistmail.com
Subject:	Reservation
Date:	October 11

Dear Sir/Madam,

My name is Chiara Santoro. I made an online reservation for your hotel from November 2 to 6. I am attending the European Chemistry Association's conference. I was informed I would be eligible for a room at a cheap rate; however, there was no place on the reservation form to include the special code.

Would you please let me know what I must do to get the discounted rate? If the offer no longer applies, I will be unable to stay at your establishment.

Regards,

Chiara Santoro

---

21. According to the announcement, what is true about the conference?

(A) Its registration fee is the same for everyone.

(B) It is held two times each year.

(C) It is only open to ECA members.

(D) Its schedule will be released in September.

22. What does Mr. Spitz suggest about Ms. Santoro?

(A) She must pay €110 to attend the conference.

(B) She has attended a previous ECA event.

(C) She must make some changes to her paper.

(D) She submitted a paper for the previous year's conference.

23. What does Mr. Spitz encourage Ms. Santoro do?

(A) Join an organization

(B) Arrive at the conference early

(C) Send her complete paper soon

(D) Return a form online

24. What is the purpose of the e-mail?

(A) To confirm a reservation

(B) To request a cheaper price

(C) To make a room selection

(D) To change the dates of a stay

25. What is indicated about Ms. Santoro?

(A) She is employed as a professor of chemistry at a university.

(B) She signed up to become a member of the ECA.

(C) She has visited Berlin several times in the past.

(D) She plans to check in to her hotel before the conference begins.

열심히 해오셨습니다!
마지막으로 총정리 한 번 해볼까요?

● 하나하나 열심히 공부해오신 모든 개념과 이론을 마지막으로 한 번 더
정리해보면 문제풀이에도 앞으로 많은 도움이 되실 거예요!

RC 문제 풀이법 총정리,
영준쌤의 영상으로 확인하세요!

Half Test 1

READING TEST

In the Reading test, you will read a variety of texts and answer several different types of reading comprehension questions. The entire Reading test will last 35 minutes. There are three parts, and directions are given for each part. You are encouraged to answer as many questions as possible within the time allowed.

You must mark your answers on the separate answer sheet. Do not write your answers in your test book.

PART 5

Directions: A word or phrase is missing in each of the sentences below. Four answer choices are given below each sentence. Select the best answer to complete the sentence. Then mark the letter (A), (B), (C), or (D) on your answer sheet.

1. The terms of Mr. Hanover's ------- are clearly stated in the contract he signed.

    (A) employed
    (B) employee
    (C) employment
    (D) employing

2. ------- it appears there will be rain, the groundbreaking ceremony must be held indoors.

    (A) Since when
    (B) In order that
    (C) However
    (D) As long as

3. While some customers preferred the original flavor, ------- liked the new taste produced by Melvin Foods.

    (A) another
    (B) any other
    (C) others
    (D) other

4. Most of the employees were ------- of how they were treated by upper management.

    (A) appreciative
    (B) appreciate
    (C) appreciation
    (D) appreciated

5. Six out of ten people ------- felt that the prices at Hendrickson's Clothing were too high.

    (A) graphed
    (B) responded
    (C) measured
    (D) surveyed

6. Julie Masterson is ------- unable to be present for the opening day of the biomedical conference.

    (A) favorably
    (B) regrettably
    (C) recently
    (D) approvingly

7. Ms. Molina informed her staff that she was not to be interrupted ------- in case of an emergency.

(A) therefore

(B) addition

(C) except

(D) before

8. Mr. Longman was advised to propose a realistic ------- date for the building plans he was drawing.

(A) complete

(B) completion

(C) completed

(D) completely

9. Mr. Keller hopes to attend the opening performance at the theater ------- his busy schedule.

(A) in spite of

(B) thanks

(C) with regard to

(D) in opposition to

10. The park was ------- farmland but was transformed around five years ago.

(A) original

(B) origin

(C) originally

(D) origins

11. Products manufactured by Soft Pro are no longer in ------- at any local stores.

(A) space

(B) shop

(C) stock

(D) shelf

12. Edward Reynolds is being required to complete the ------- by the end of the workday.

(A) type

(B) task

(C) applicant

(D) approval

13. The rules at Carter, Inc. have become ------- since certain individuals were taking advantage of them.

(A) restrict

(B) more restrictive

(C) most restrictively

(D) restriction

14. Officials from headquarters will ------- routine inspections at the local branch next week.

(A) conduct

(B) conduction

(C) conducting

(D) be conducted

15. Susan Carter, the acting supervisor, requested that ------- be given the job permanently.

(A) her

(B) she

(C) herself

(D) hers

GO ON TO THE NEXT PAGE

PART 6

Directions: Read the texts that follow. A word, phrase, or sentence is missing in parts of each text. Four answer choices for each question are given below the text. Select the best answer to complete the text. Then mark the letter (A), (B), (C), or (D) on your answer sheet.

Questions 16-19 refer to the following letter.

Dear Mr. Wilson,

After ------ consideration, the hiring committee has decided to offer you the position of associate
    16.
engineer at Sweetwater Engineering. The ------- of the offer are the same as those we mentioned at
    17.
your second interview. We can also provide some financial assistance with your move as you will be

traveling across the country. -------.
    18.

Should you decide to work for us, please sign the enclosed contract and mail it to me. We hope you

can start no later than August 21. If there are any matters you wish -------, please contact me at (832)
    19.
839-7263.

I look forward to receiving a positive response from you.

Regards,

Louise Martel

---

16. (A) carefulness
    (B) caring
    (C) careful
    (D) carefully

17. (A) terms
    (B) situations
    (C) appearances
    (D) duties

18. (A) I suggest talking to Harvey Smith about that.
    (B) Your first paycheck will be arriving soon.
    (C) I hope you arrived here in Dover safely.
    (D) Your second interview is scheduled for next week.

19. (A) discuss
    (B) discussing
    (C) have discussed
    (D) to discuss

To: <undisclosed recipients>

From: billsanders@topmart.com

Subject: New App!

Date: April 3

Dear Valued Customer,

We at Top Mart thank you ------- shopping at our stores. We are proud of our products and services,
20.
and our prices simply can't be beat.

Now, shopping at Top Mart is about to become easier than ever. -------. Simply download it by
21.
clicking here, and you can shop at Top Mart from anywhere in the world. You'll gain access to special
prices only available online, and we'll even ------- free delivery on all purchases for the next two
22.
weeks.

Be sure to enter your Top Mart Members Club number when -------. Then, you can start earning
23.
points that will give you even more discounts.

Sincerely,

Bill Sanders

CEO, Top Mart

---

20. (A) to
(B) for
(C) with
(D) at

21. (A) We've just opened ten new stores.
(B) There's a big sale on our Web site.
(C) You are eligible for our special shoppers' club.
(D) We'd like to introduce our new app.

22. (A) sell
(B) provide
(C) approach
(D) trade

23. (A) registration
(B) register
(C) registering
(D) registered

GO ON TO THE NEXT PAGE

PART 7

Directions: In this part you will read a selection of texts, such as magazine and newspaper articles, e-mails, and instant messages. Each text or set of texts is followed by several questions. Select the best answer for each question and mark the letter (A), (B), (C), or (D) on your answer sheet.

Questions 24-25 refer to the following text message chain.

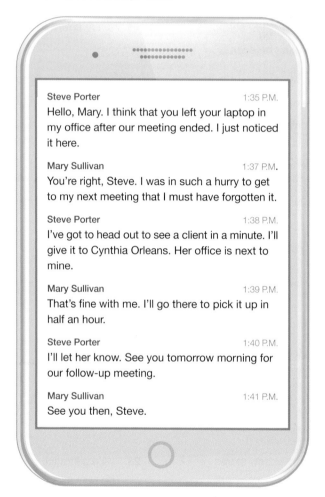

Steve Porter	1:35 P.M.

Hello, Mary. I think that you left your laptop in my office after our meeting ended. I just noticed it here.

Mary Sullivan   1:37 P.M.

You're right, Steve. I was in such a hurry to get to my next meeting that I must have forgotten it.

Steve Porter   1:38 P.M.

I've got to head out to see a client in a minute. I'll give it to Cynthia Orleans. Her office is next to mine.

Mary Sullivan   1:39 P.M.

That's fine with me. I'll go there to pick it up in half an hour.

Steve Porter   1:40 P.M.

I'll let her know. See you tomorrow morning for our follow-up meeting.

Mary Sullivan   1:41 P.M.

See you then, Steve.

---

24. Why did Mr. Porter contact Ms. Sullivan?

(A) To ask when she has time to meet him

(B) To mention where his office is located

(C) To inform her about his newest client

(D) To tell her about an item she forgot

25. At 1:39 P.M., what does Ms. Sullivan imply when she writes, "That's fine with me"?

(A) She knows where Ms. Orleans's office is.

(B) She approves of Mr. Porter meeting a client.

(C) She appreciates Mr. Porter's offer to visit her office.

(D) She agrees to meet Mr. Porter tomorrow.

The Pirate's Cove: A Review
by Edgar Smith

A new restaurant with a novel appearance opened in Glastonbury one week ago, and once I heard about it, I simply had to check it out. The Pirate's Cove, owned by Dillon Masters, has an interior resembling a pirate ship. In addition, everyone on the serving staff wears a pirate uniform. When I arrived, the waiting list was more than an hour long. Fortunately, I had booked a table, so I was seated promptly.

The menu is heavily focused on fish and seafood. For meat lovers, there are also steak and chicken dishes. I tried the fried cod, the ceviche, the seafood platter, and the fried octopus. Each dish was delicious although the cod was overpriced considering the fairly small portion I was served.

Overall, the restaurant was a fun place to dine at thanks to the atmosphere, and the food was quite good. My server was attentive and appeared promptly anytime I started looking for her. I wholeheartedly recommend the Pirate's Cove as a great place to take your family for a meal. The Pirate's Cove is located at 87 Winter Boulevard and is open from Monday to Saturday from 11 A.M. to 10 P.M.

26. What is suggested about the Pirate's Cove?
   (A) It is Mr. Masters' second restaurant.
   (B) It is located inside a shopping center.
   (C) It is a popular place for people to eat at.
   (D) It only serves fish and seafood.

27. What complaint does Mr. Smith make about the Pirate's Cove?
   (A) One item cost too much.
   (B) The serving staff was poorly trained.
   (C) It does not accept reservations.
   (D) Some of the food was undercooked.

28. What does Mr. Smith compliment about the Pirate's Cove?
   (A) Its pleasant atmosphere
   (B) Its extensive menu
   (C) Its convenient location
   (D) Its long hours

GO ON TO THE NEXT PAGE

Repair Work on City Sidewalks

The city of Richmond will be engaging in repair work on sidewalks in the downtown area that were damaged in the recent storm for the next three weeks. Work will begin on Monday, June 3, and should end on Friday, June 21. All repair work will be done between the hours of 6:00 A.M. and 8:00 P.M. While the sidewalks are being repaired, pedestrians and bicyclists will still be able to walk alongside the roads and can access all of the stores on those streets. The repair schedule can be viewed at www.richmondcity.gov/sidewalkrepairs. Individuals who want to request additional repairs should call 863-9112.

29. What is NOT mentioned about the repair work?
    (A) It will not interfere with people walking downtown.
    (B) It is scheduled for the month of June.
    (C) It will prevent people from going to stores.
    (D) It is necessary because a storm caused some problems

30. Why would a person most likely call the telephone number listed?
    (A) To apply for a job on a repair crew
    (B) To find out about the repair schedule
    (C) To complain about noise problems
    (D) To report a problem with a sidewalk

Questions 31-33 refer to the following letter.

Cynthia Robarts
58 Robertson Road
Columbia, SC 29228

December 11

Dear Ms. Robarts,

Your recent application for membership in the Skylark Hotel membership club has been accepted. Enclosed, please find your membership card. It contains your membership number, which you should use when making bookings from now on. —[1]—. When making a booking in person at any of our 254 hotels worldwide, simply present the card to the check-in clerk. If you make an online reservation, you can enter the number in the space when prompted.

You need to set up an online account to activate your membership. —[2]—. Please go to www.skylarkhotel.com/membershipclub and then click on "Create a New Account." If you encounter any problems, you can call us at 1-888-547-0483 at any time, and one of our customer service representatives can assist you in the registration process. —[3]—.

We have also included a small booklet that describes all the benefits you are eligible to receive as a member of our club. Among them are discounted stays in rooms, free access to our members-only lounges, and the opportunity to get upgrades on rooms. —[4]—. Be sure to read the material thoroughly.

Again, welcome to the club. We hope to see you at one of our hotels soon.

Sincerely,

Clark Kinesin
Vice President
Skylark Hotel

---

31. What did Ms. Robarts receive with the letter?

(A) A reservation confirmation

(B) A card

(C) A coupon book

(D) An itinerary

32. Why might Ms. Robarts contact a customer service representative?

(A) To get assistance creating an account

(B) To find out which benefits she qualifies for

(C) To ask for help making a booking

(D) To request a refund on her membership fee

33. In which of the positions marked [1], [2], [3], and [4] does the following sentence best belong?

"You can even get reduced rates on transportation between the hotel and the airport."

(A) [1]

(B) [2]

(C) [3]

(D) [4]

GO ON TO THE NEXT PAGE

Questions 34-36 refer to the following article.

Bannister Acquires WTM, Inc.

by staff reporter Clark Wingo

Richmond (August 21) – In a shocking announcement last night, a spokeswoman for local electronics manufacturer Bannister stated that the company had reached an agreement to purchase WTM, Inc. for the price of $17.4 million.

WTM is a Springfield-based company specializing in the production of high-end machinery. Most of its products are sold to firms in Asia, a market that Bannister is known to be interested in expanding to. CEO Bruce Davidson remarked, "We hope to use the contacts WTM already has in China and other countries in East and Southeast Asia to sell our own products there."

The merger is expected to be complete before the end of the month. Mr. Davidson remarked that nobody at WTM will be laid off. In fact, he mentioned that the company is likely to expand, so it will be obtaining new employees in September. Some WTM executives will move to Bannister's headquarters once the merger is finalized. Other than that, the only change will be that WTM will become known as WTM Bannister.

Jarvis Hatfield, an analyst for Manufacturing Digest, called the decision by Bannister a sharp move that should help it increase its market share. Other analysts were uniform in expressing their appreciation of the merger.

34. What is suggested about the merger?
(A) It was done because Bannister is losing money.
(B) It will affect some factories located in Asia.
(C) It came as a surprise to most people.
(D) It will not take place until the end of September.

35. What change will NOT happen as a result of the merger?
(A) A new facility will be constructed.
(B) A company will acquire a new name.
(C) More workers will be hired.
(D) Some employees will be transferred.

36. The word "sharp" in paragraph 4, line 3, is closest in meaning to
(A) clever
(B) sudden
(C) poor
(D) loud

To: All Staff
From: Erin Crow
Subject: Building Closure
Date: April 19

The recent spring rains have been heavier than normal and have resulted in severe damage to some sections of the building. As many of you are well aware, water is leaking from the roof, and the basement currently has nearly half a foot of water in it. As such, safety inspectors have decided this building is unsafe and must be closed until it can be repaired.

Effective at 2:00 P.M. today, all personnel must evacuate the building until further notice. Please be sure to take everything you will need to do work for the next two weeks. We advise taking all electronic items, including laptops and tablet computers. If you believe you will need any paper files during this time, take them. Staffers from Maintenance will be bringing boxes around to everyone in the next half hour. Use them to put your items in. If you require assistance removing the boxes from the building, request it when they are dropped off.

We are currently seeking a temporary location to set up our office. Until we can acquire one, all employees should work from their personal residences. If you need to see any clients in person, arrange to meet them at their offices or at someplace mutually convenient for both sides.

Should you have any questions, requests, or problems, contact me at extension 76 or Larry Bright at extension 81 at once.

37. Why is the building being closed?

(A) Water is leaking from pipes in the basement.

(B) Heavy winds caused damage to the roof.

(C) Storms damaged parts of the building.

(D) Snowfall caused sections of the roof to collapse.

38. What does Ms. Crow recommend the staff do?

(A) Take essential items out of the building

(B) Depart the building immediately

(C) Visit the Maintenance Department for boxes

(D) Explain the situation to their customers

39. According to the memo, where are employees expected to work for now?

(A) At the new temporary office

(B) At their clients' offices

(C) At a nearby coffee shop

(D) At their homes

40. How does Ms. Crow expect to be contacted?

(A) By memo

(B) On the telephone

(C) In person

(D) By e-mail

GO ON TO THE NEXT PAGE

To: All Staff, Marketing Department
From: Janice Greene
Subject: Job Performance
Date: July 12

It has been brought to my attention that the last several marketing campaigns we have created have failed to meet expectations. Sales of virtually all of our products are down this year, and a large amount of the blame is being placed on us. CEO Hamels is demanding improvement. If there isn't a noticeable difference in sales in the next three months, several of us are going to find ourselves out of work.

I've therefore decided to bring in an outside consultant from WPM Consulting. The consultant, Deborah Messing, is going to lead a one-day workshop focusing on ways to improve job performance. Ms. Messing is able to make it here on July 17 or 19. I'll let you know the date we decide on within the next two days.

If there is anything you hope Ms. Messing will discuss, please inform me at once. In addition, if you have any concerns about your job performance, I'm willing to discuss the matter with you anytime.

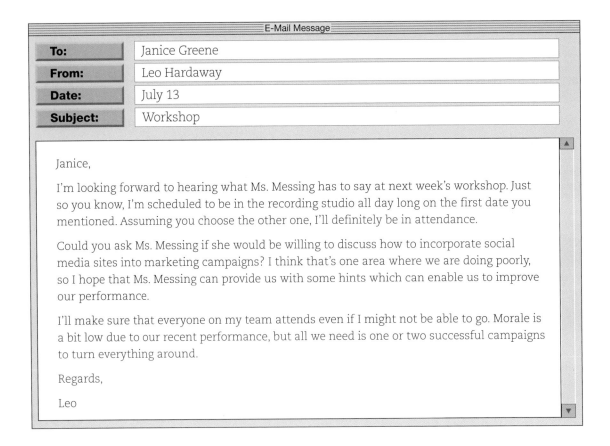

E-Mail Message

To:	Janice Greene
From:	Leo Hardaway
Date:	July 13
Subject:	Workshop

Janice,

I'm looking forward to hearing what Ms. Messing has to say at next week's workshop. Just so you know, I'm scheduled to be in the recording studio all day long on the first date you mentioned. Assuming you choose the other one, I'll definitely be in attendance.

Could you ask Ms. Messing if she would be willing to discuss how to incorporate social media sites into marketing campaigns? I think that's one area where we are doing poorly, so I hope that Ms. Messing can provide us with some hints which can enable us to improve our performance.

I'll make sure that everyone on my team attends even if I might not be able to go. Morale is a bit low due to our recent performance, but all we need is one or two successful campaigns to turn everything around.

Regards,

Leo

41. According to the memo, what is the problem?

(A) Some TV commercials were poorly produced.

(B) A company's sales have declined.

(C) The employees feel they are overworked.

(D) A special event has to be canceled.

42. In the memo, the words "bring in" in paragraph 2, line 1, are closest in meaning to

(A) consider

(B) appoint

(C) hire

(D) carry

43. On which date will Mr. Hardaway be out of the office?

(A) July 13

(B) July 17

(C) July 18

(D) July 19

44. What does Mr. Hardaway request that Ms. Greene do?

(A) Have a speaker discuss a certain topic

(B) Give a lecture on a social media site

(C) Consult with him about a job applicant

(D) Rate the performance of his team

45. What is suggested about Mr. Hardaway?

(A) He has led workshops in the past.

(B) He is Ms. Greene's immediate supervisor.

(C) He is a member of the Marketing Department.

(D) He frequently travels for business.

GO ON TO THE NEXT PAGE

Dover Foods
New Products

Dover Foods is pleased to announce the following new products coming out in August. Buyers interested in these and other products should contact Kevin Maddox at kmaddox@dover.com to obtain free samples and to make purchases.

Toasted Oat Cereal (product number AKT68A) – Kids will love this delicious cereal made from 100% organic oats. Price: $4.59/carton

Frozen Pepperoni and Sausage Pizza (product number TRK11W) – This pizza needs only four minutes in the microwave before it's ready to eat. Price: $5.99/box

Corn Chips (product number MMH65P) – Try these corn chips with salsa to enjoy a great snack between meals. Price: $1.89/bag

Cherry Soda (product number KRT38B) – This carbonated drink has a cherry taste that will drive you wild. Also comes in a diet version (product number KRT38C). Price: $0.49/can

To:	kmaddox@dover.com
From:	marybaker@causeway.com
Subject:	Causeway Groceries
Date:	August 16

Dear Mr. Maddox,

I greatly appreciated the new food products you sent to my store two weeks ago. We conducted some taste tests and determined that most of them will sell well. Please send the following items as soon as possible:

KRT38B – 1,000 units
TRK11W – 200 units
AKT68A – 550 units

I'll make another order sometime next month. Once we determine approximately how many of each item we can sell on a monthly basis, we should set up a regular delivery schedule.

Please charge my company account for these items. You'll be paid in the normal manner.

Regards,

Mary Baker
Causeway Groceries

Causeway Groceries
is having a special
Autumn Sale
From September 15 to 30

Check out some of these special offers:

▶ 30% off fresh fruits and vegetables
▶ 25% off fresh meat
▶ 35% off all beverages
▶ 20% off all goods from our bakery

We are located at 48 Western Avenue and are always open

If you find something for a cheaper price at another store,
show us, and we'll sell it to you for that price and give you another 20% off

Inquire about our delivery service at the information counter
Get free delivery inside the city limits for purchases of $50 or more
Pay $10 for delivery to anywhere within 50km of our store

46. What does Dover Foods provide for its customers?

(A) Monthly catalogs

(B) Complimentary products

(C) Next-day shipping

(D) Discounts on bulk purchases

47. Which of the following items did Ms. Baker NOT order?

(A) The cereal

(B) The pizza

(C) The chips

(D) The soda

48. What can be inferred about Ms. Baker?

(A) She was recently appointed to her position.

(B) She has done business with Dover Foods before.

(C) She runs one of her company's supermarkets.

(D) She has little experience in the food service industry.

49. What is most likely true about Causeway Groceries?

(A) It sells products made by Dover Foods.

(B) It has special sales during every season.

(C) It only gives discounts to regular shoppers.

(D) It recently renovated its in-store bakery.

50. How can a shopper get items delivered at no cost?

(A) By signing up for a loyalty card

(B) By spending more than $20

(C) By having them sent inside a city

(D) By ordering items online

Stop! This is the end of the test. If you finish before time is called, you may go
back to Parts 5, 6, and 7 and check your work.

Half Test 2

READING TEST

In the Reading test, you will read a variety of texts and answer several different types of reading comprehension questions. The entire Reading test will last 35 minutes. There are three parts, and directions are given for each part. You are encouraged to answer as many questions as possible within the time allowed.

You must mark your answers on the separate answer sheet. Do not write your answers in your test book.

PART 5

Directions: A word or phrase is missing in each of the sentences below. Four answer choices are given below each sentence. Select the best answer to complete the sentence. Then mark the letter (A), (B), (C), or (D) on your answer sheet.

1. Children younger than three years of age are ------- from paying an admission fee to the gallery.
   (A) exempt
   (B) assumable
   (C) revealed
   (D) allowed

2. The board of directors ------- the decision to hire Mark Murphy as the new CEO tomorrow.
   (A) are approved
   (B) have been approving
   (C) will approve
   (D) will have been approved

3. Edward Reaper is considering ------- changes to the proposal he received from Lisa May.
   (A) signification
   (B) significantly
   (C) significance
   (D) significant

4. The reporter was granted an ------- interview with Miles Simpson, a local billionaire.
   (A) excluded
   (B) exclusive
   (C) exclusion
   (D) excluding

5. Scientists must take steps at once to ensure that the results ------- correctly.
   (A) interpret
   (B) will interpret
   (C) are interpreting
   (D) are interpreted

6. Aaronson Electronics offers a wide ------- of products sold by domestic and international firms.
   (A) class
   (B) scan
   (C) source
   (D) range

7. ------- mechanics are in high demand for positions at garages nowadays.

(A) Skill

(B) Skills

(C) Skilled

(D) Skillfully

8. After the contract goes into effect, it cannot be changed for the entire -------.

(A) duration

(B) payment

(C) signature

(D) scene

9. ------- the tour takes so long, participants are given the opportunity to rest in the middle.

(A) Because

(B) How

(C) Why

(D) After

10. According to the memo, bad weather was ------- for half of the deliveries being delayed.

(A) responsible

(B) response

(C) responsibly

(D) responding

11. Cornell Motors decreased production last month ------- a lack of raw materials needed for the manufacturing process.

(A) because

(B) in addition

(C) due to

(D) in response of

12. Several people in the tour group decided to take a walk ------- the river.

(A) beneath

(B) alongside

(C) aboard

(D) without

13. The city government will construct another bridge over the river ------- traffic problems.

(A) will reduce

(B) is reducing

(C) has reduced

(D) to reduce

14. The request for more funding for the R&D Department was approved ------- the CEO.

(A) at

(B) by

(C) with

(D) on

15. An anonymous ------- to the charity was received during the past week.

(A) donate

(B) donor

(C) donated

(D) donation

GO ON TO THE NEXT PAGE

PART 6

Directions: Read the texts that follow. A word, phrase, or sentence is missing in parts of each text. Four answer choices for each question are given below the text. Select the best answer to complete the text. Then mark the letter (A), (B), (C), or (D) on your answer sheet.

Questions 16-19 refer to the following notice.

Renovation Work on Cornell Building

The Cornell Building will undergo renovations starting this Saturday, March 21. The repairs are expected to be complete within ten days. -------. However, the most intrusive work will take place
16.
between 7:00 P.M. and 5:00 A.M. to ------- disturbing the businesses here. There will be repairs
17.
on the building's lobby, all of the elevators and escalators, and the basement parking lot. -------,
18.
electricians will work on the wiring on every floor in the building. For a complete schedule of the
work, please visit the ------- office on the first floor and ask to speak with Ronald Morrison. We
19.
apologize in advance for any inconvenience caused by the work.

16. (A) Funding was approved by the owner.
    (B) Work will be done at all hours of the day.
    (C) The building will be closed during that time.
    (D) We need some people to help with the work.

17. (A) avoid
    (B) reject
    (C) appear
    (D) reveal

18. (A) As a result
    (B) Therefore
    (C) In addition
    (D) In other words

19. (A) manage
    (B) management
    (C) managing
    (D) manager

Questions 20-23 refer to the following memo.

To: All Employees

From: Cynthia Henley

Subject: Important Notice

Date: December 11

-------. This is a problem for the company since we expect to report a lower profit than in past years.
  20.
As a result, there will be some changes in our ------- policies.
                                     21.

Next week, an employee from HR will visit each department to discuss these changes. -------
                                                                              22.
employees must be in attendance for this mandatory event. The new rules will be strictly enforced.

Departments will also not be permitted to spend more money than they have been given next year.

So department heads are encouraged to ensure that their employees only purchase necessary items.

Spending too much ------- in penalties and even the termination of employment.
                      23.

---

20. (A) This year, every department has gone over its budget.
    (B) Due to the poor economy, we have to lay off some workers.
    (C) Several employees have been performing poorly.
    (D) The price of the company's stock rose slightly yesterday.

21. (A) spend
    (B) spender
    (C) spending
    (D) spent

22. (A) Some
    (B) No
    (C) All
    (D) Every

23. (A) has resulted
    (B) may result
    (C) could have resulted
    (D) is resulting

GO ON TO THE NEXT PAGE

PART 7

Directions: In this part you will read a selection of texts, such as magazine and newspaper articles, e-mails, and instant messages. Each text or set of texts is followed by several questions. Select the best answer for each question and mark the letter (A), (B), (C), or (D) on your answer sheet.

Questions 24-25 refer to the following e-mail.

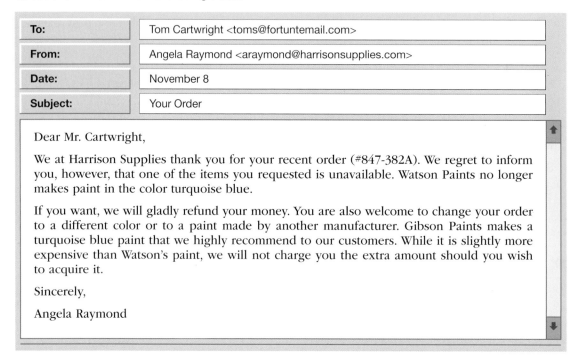

To:	Tom Cartwright <toms@fortuntemail.com>
From:	Angela Raymond <araymond@harrisonsupplies.com>
Date:	November 8
Subject:	Your Order

Dear Mr. Cartwright,

We at Harrison Supplies thank you for your recent order (#847-382A). We regret to inform you, however, that one of the items you requested is unavailable. Watson Paints no longer makes paint in the color turquoise blue.

If you want, we will gladly refund your money. You are also welcome to change your order to a different color or to a paint made by another manufacturer. Gibson Paints makes a turquoise blue paint that we highly recommend to our customers. While it is slightly more expensive than Watson's paint, we will not charge you the extra amount should you wish to acquire it.

Sincerely,

Angela Raymond

---

24. Why did Ms. Raymond send the e-mail to Mr. Cartwright?

(A) To apologize for a delay in an order

(B) To state that an item cannot be acquired

(C) To recommend purchasing a different color

(D) To respond to a request by Mr. Cartwright

25. What does Ms. Raymond offer Mr. Cartwright?

(A) The opportunity to return a product

(B) A discount coupon

(C) A replacement product at no extra cost

(D) Free membership in a customer club

Ancient Roman Weapons Exhibit

All of the 164 items that are on display in this exhibit were generously loaned to the Freemont Museum from the private collection of Mr. Robert Calvino. The weapons displayed come from both the Roman Republic and the Roman Empire periods. These items have also been previously exhibited at the Bellevue Museum in Seattle, the Griswold Museum in Lexington, and the Porterhouse Museum in Manchester. These items will remain here on exhibit in Hartford from September 1 to December 31.

26. Where is the exhibit taking place?

(A) In Manchester

(B) In Hartford

(C) In Seattle

(D) In Rome

27. According to the information, what is true about the exhibit?

(A) It will be at the museum for an entire year.

(B) It is part of the museum's permanent collection.

(C) It contains items owned by Mr. Calvino.

(D) It features items only from the Roman Empire.

GO ON TO THE NEXT PAGE

Questions 28-31 refer to the following online chat discussion.

👤	Sylvia Jagger	10:04 A.M.	I just visited the records room to retrieve the file on the Murray case. But several file cabinets are missing from the room. Does anyone know what happened?
👤	Claude Morrison	10:07 A.M.	You didn't get the memo I sent?
👤	Sylvia Jagger	10:08 A.M.	What memo?
👤	Rachel Potts	10:10 A.M.	I informed everyone about this two days ago. We're running out of space in the records room, so we moved a lot of files to our warehouse.
👤	Sylvia Jagger	10:11 A.M.	I was out of the country from last week until this morning, so I haven't had a chance to get caught up on everything. What do I have to do to obtain the files?
👤	Claude Morrison	10:13 A.M.	Fill out a requisition form and submit it to me. I'll arrange for them to be sent to you from the warehouse. It should take about four days for you to get everything if you give me the form by 4:30 today.
👤	Sylvia Jagger	10:14 A.M.	That's not sufficient. I have a meeting with Mr. Murray tomorrow afternoon.
👤	Steve Dumbarton	10:16 A.M.	Sylvia, I'm driving to the warehouse today. Tell me what you want, and I'll bring it back for you.
👤	Sylvia Jagger	10:17 A.M.	I appreciate that, Steve.

Send

---

28. Why did Ms. Jagger start the online chat discussion?

(A) To ask for the key to the records room

(B) To complain about files being out of order

(C) To find out where some documents are

(D) To learn where the warehouse is located

29. What is suggested about Ms. Jagger?

(A) She frequently travels abroad for work.

(B) She took some personal time off last week.

(C) She already filled out a requisition form.

(D) She did not read Mr. Morrison's memo.

30. At 10:14 A.M., what does Ms. Jagger imply when she writes, "That's not sufficient"?

(A) She cannot wait four days to get some paperwork.

(B) She has to attend a meeting in a few minutes.

(C) She expects Mr. Morrison to retrieve some items in person.

(D) She will complain about the problem to her supervisor.

31. What does Mr. Dumbarton offer to do?

(A) Drive Ms. Jagger to her destination

(B) Fill out some forms for Mr. Morrison

(C) Pick up some documents Ms. Jagger needs

(D) Visit Mr. Murray's office in person

Questions 32-35 refer to the following e-mail.

To: Stacy Barnes <stacy-b@castaway.com>
From: Shelly Bouchard <shellb@wellbornsnacks.com>
Date: March 11
Subject: Snacks

Dear Ms. Barnes,

Thank you so much for sending the samples of the snacks your company manufactures. My store and several others had several events where we gave away samples to our customers, and the results were almost overwhelmingly positive. —[1]—. More than 85% of our customers indicated they were interested in purchasing more of the items. The Wellborn Double Chocolate Chip Cookies were a huge hit and garnered the most compliments. —[2]—.

I would like to submit an order for several of your snacks. However, before I can do that, I would like to arrange a conference call with you. Several store managers and the company CEO want to ask you a few questions regarding your products. —[3]—. Please let me know when you have time. This Friday in the afternoon would work best for all of us.

In addition, since we will likely be making a large order and hope to become a regular customer, I wonder if it is possible to get a discount on the items we buy. —[4]—. I'd love to find out what prices you offer for bulk orders.

I look forward to hearing from you soon and to doing business with you.

Regards,

Shelly Bouchard
Castaway Groceries

---

32. What is one reason Ms. Bouchard sent the e-mail?

(A) To find out when some snacks will be available to sell

(B) To offer a suggestion on how to market some food products

(C) To express her appreciation for some free items she received

(D) To determine when a face-to-face meeting can be arranged

33. What is indicated about Castaway Groceries?

(A) It sells high-end food items.

(B) It is having a big sale soon.

(C) It operates multiple stores.

(D) It has been in business for a decade.

34. What does Ms. Bouchard ask about?

(A) The type of shipping Wellborn Snacks uses

(B) The ingredients used in some snacks

(C) How soon she can receive her first order

(D) What reduced prices she may qualify for

35. In which of the positions marked [1], [2], [3], and [4] does the following sentence best belong?

"Mr. Washington is particularly interested in inquiring about your relationships with other buyers."

(A) [1]

(B) [2]

(C) [3]

(D) [4]

GO ON TO THE NEXT PAGE

Questions 36-40 refer to the following advertisement and e-mail.

There are only 6 more days

for you to take advantage of the super summer sale at

Broadway Clothes

Check out these discounts:

- ◆ 25% off all baby's, toddler's, and children's clothes
- ◆ 30% off all men's clothes
- ◆ 35% off selected women's clothes, including dresses and skirts
- ◆ 20% off all shoes

We have top brand-name items
We have an extensive selection of styles, sizes, and colors

Come to our store in Cumberland at
349 Aberdeen Drive

We're open every day except Sundays from 10:00 A.M. to 8:00 P.M.

www.broadwayclothes.com
Sale ends on September 3

To:	service@broadwayclothes.com
From:	susang@greenway.com
Subject:	My Purchase
Date:	September 5
Attachment:	receipt

To Whom It May Concern,

Hello. My name is Susan Gregor. I moved to Cumberland last month and have been impressed with your store. As a result, I've done a great deal of shopping at it. I was pleasantly surprised by the summer sale. There were several items which I wanted to purchase that are normally priced slightly out of my price range, but thanks to the sale, I was able to acquire them.

I bought a couple of dresses, some shoes for my children, and a suit for my husband yesterday. However, when I got home and looked at my receipt, I was stunned to find that the advertised discounts had not been applied. I have attached a copy of the receipt for you to look at. Would you please calculate the discount I qualify for and then refund the money to my credit card? I would appreciate that.

Regards,

Susan Gregor

36. According to the advertisement, what is true about Broadway Clothes?

(A) It has a sale each season of the year.

(B) It is closed on weekends and national holidays.

(C) It is moving to a new location soon.

(D) It sells a wide range of clothes.

37. How much of a discount would a person buying shoes for a toddler receive?

(A) 20%

(B) 25%

(C) 30%

(D) 35%

38. Why did Ms. Gregor write the e-mail?

(A) To ask about a sale

(B) To suggest an improvement

(C) To find out an exchange policy

(D) To make a complaint

39. What is suggested about Ms. Gregor?

(A) She went shopping with her husband recently.

(B) She did not visit Broadway Clothes on a Sunday.

(C) She intends to return some clothes to the store.

(D) She paid for her items with a check.

40. Why will Ms. Gregor's request most likely be declined?

(A) The discount was already applied.

(B) Her children have worn the clothes.

(C) The sale had already ended.

(D) All sales at the store are final.

GO ON TO THE NEXT PAGE

Questions 41-45 refer to the following memo, schedule, and e-mail.

To: Sarah Arnold
From: Richard Turner
Subject: Next Week
Date: March 4

I'll be visiting Philadelphia next week to visit my regular clients, but I also want to set up meetings with two potential new customers. The first is Tina Peterson at Clearwater Systems, and the other person is Jerry Montana at Birmingham Industries. Both have expressed interest in acquiring some of our products, so I know they're eager to meet. I'll e-mail you their contact information later this afternoon. Upon receiving it, please get in touch with them and request meetings. You should already have the schedule including the meetings I've already set up, so just arrange them whenever I have free time. I'd rather see them in the afternoon or evening, but the morning is acceptable if there are no other options. As soon as you secure meetings, please inform me.

Schedule for Richard Turner
For March 10-14

Day	Time	Person	Note
Monday, March 10	10:00 A.M. – 11:30 A.M.	Jerry Montana	Give presentation and product demonstration
	1:30 P.M. – 4:00 P.M.	Erica Lambert	Sign contract
Tuesday, March 11	No meetings scheduled		
Wednesday, March 12	11:00 A.M. – 3:00 P.M.	Dennis Roswell	Tour factory and negotiate new agreement
Thursday, March 13	9:00 A.M. – 11:00 A.M.	Simon Chin	Attend presentation
	2:00 P.M. – 4:00 P.M.	Tina Peterson	Introductory meeting
Friday, March 14	10:00 A.M. – 5:00 P.M.	Sydney Reeves	Give presentation and take part in seminar

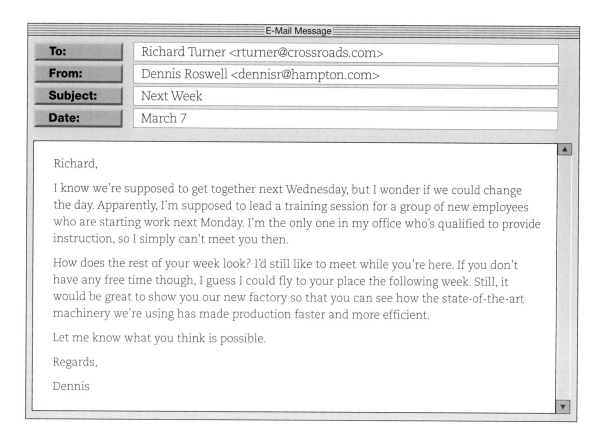

E-Mail Message

To:	Richard Turner <rturner@crossroads.com>
From:	Dennis Roswell <dennisr@hampton.com>
Subject:	Next Week
Date:	March 7

Richard,

I know we're supposed to get together next Wednesday, but I wonder if we could change the day. Apparently, I'm supposed to lead a training session for a group of new employees who are starting work next Monday. I'm the only one in my office who's qualified to provide instruction, so I simply can't meet you then.

How does the rest of your week look? I'd still like to meet while you're here. If you don't have any free time though, I guess I could fly to your place the following week. Still, it would be great to show you our new factory so that you can see how the state-of-the-art machinery we're using has made production faster and more efficient.

Let me know what you think is possible.

Regards,

Dennis

---

41. In the memo, what does Mr. Turner suggest about Ms. Peterson?

(A) She plans to sell some items to him.

(B) She works in another country.

(C) She is the president of her company.

(D) She is expecting to be contacted by him.

42. In the memo, the word "secure" in line 10 is closest in meaning to

(A) protect

(B) suggest

(C) arrange

(D) provide

43. When will Mr. Turner visit Birmingham Industries?

(A) On Monday

(B) On Wednesday

(C) On Thursday

(D) On Friday

44. Why is Mr. Roswell unable to meet with Mr. Turner?

(A) He will be interviewing job applicants.

(B) He has to provide some training.

(C) He will learn to use some equipment.

(D) He needs to fly out of town next week.

45. How most likely will Mr. Turner respond to Mr. Roswell's request?

(A) By offering to meet him on Tuesday

(B) By flying to meet him the following week

(C) By setting up a videoconference

(D) By arranging a tour of a factory at his firm

GO ON TO THE NEXT PAGE

Questions 46-50 refer to the following Web site, schedule, and e-mail.

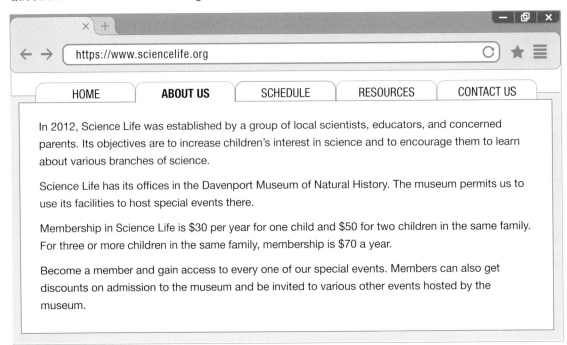

Special Events in September

November 4 – Fossil Hunting (Gray River) 9:00 A.M. – 5:00 P.M.
Travel to the Gray River with paleontologist Gayle Rice to dig for fossils. All equipment is provided. Only children ages 10-17 are eligible.

November 11 – Our Ecosystem (Brady Room) 1:00 P.M. – 3:00 P.M.
Learn about the local ecosystem and which plants and animals live in it. Some live animals will be present. All ages invited.

November 18 – Observe the Night Sky (Lincoln Observatory) 9:00 P.M. – 1:00 A.M.
View the night sky from the Lincoln Observatory on the outskirts of town. Parents must accompany their children. Preregistration is required. Limited to 50 people. All ages invited.

November 25 – How to Become a Scientist (Gold Room) 2:00 P.M. – 4:00 P.M.
Meet local scientists Marvin Dane and Eric Caldwell. They will discuss their lives as scientists and answer questions about what they do. All ages invited.

Call 498-3922 or e-mail news@sciencelife.org to obtain more information or to reserve a space at the observatory event.

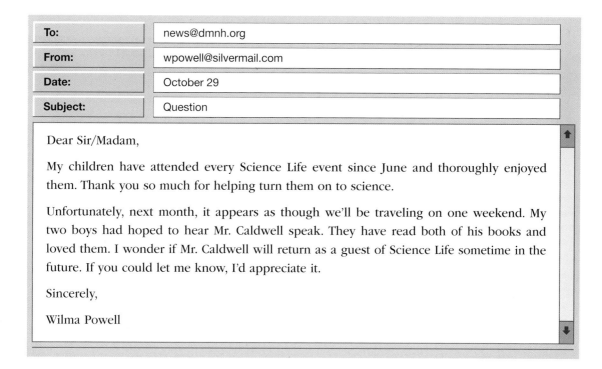

To:	news@dmnh.org
From:	wpowell@silvermail.com
Date:	October 29
Subject:	Question

Dear Sir/Madam,

My children have attended every Science Life event since June and thoroughly enjoyed them. Thank you so much for helping turn them on to science.

Unfortunately, next month, it appears as though we'll be traveling on one weekend. My two boys had hoped to hear Mr. Caldwell speak. They have read both of his books and loved them. I wonder if Mr. Caldwell will return as a guest of Science Life sometime in the future. If you could let me know, I'd appreciate it.

Sincerely,

Wilma Powell

46. According to the Web site, why was Science Life established?

(A) To let scientists meet young children

(B) To encourage children to become scientists

(C) To train people to become science teachers

(D) To promote the learning of science

47. What is NOT mentioned as a benefit of membership in Science Life?

(A) Invitations to special events

(B) Free admission at a museum

(C) The ability to attend special events

(D) Reduced entrance fees

48. What is suggested about Our Ecosystem?

(A) It will be held at a museum.

(B) A local professor will host it.

(C) The number of attendees is limited.

(D) An extra fee to attend it is required.

49. What is most likely true about Ms. Powell's children?

(A) They live within walking distance of the museum.

(B) They visit the museum every weekend.

(C) They go on museum-sponsored field trips.

(D) Their membership fee costs $50.

50. Which event will Ms. Powell's children most likely be unable to attend?

(A) Fossil Hunting

(B) Our Ecosystem

(C) Observe the Night Sky

(D) How to Become a Scientist

Stop! This is the end of the test. If you finish before time is called, you may go back to Parts 5, 6, and 7 and check your work.

정답 및 해설

- 예제 / Checkup Quiz 해석
- Review Test / Half Test 정답 · 해석 · 해설

Chapter 1
문장 성분과 동사

UNIT 1 주어와 동사   p.014

예제 1 그 학생은 일요일까지 보고서를 제출해야만 한다.

(A) study
(B) stupid
(C) strong
(D) student

예제 2 그 제작사는 많은 주민들을 화나게 했다.

(A) productive
(B) produce
(C) production
(D) produced

어휘 | productive 생산적인   produce 생산하다   production 생산; 영화 제작사

Checkup Quiz 1

❶ George의 지원서는 받아들여졌다.
❷ 많은 제품들이 시장에 소개되었다.

어휘 | accept 받아들이다   application 지원서   introduce 소개하다

예제 3 모든 학생들은 매일 학교에 간다.

(A) girl
(B) gasoline
(C) go
(D) growth

어휘 | gasoline 휘발유   growth 성장

예제 4 그는 내일 회의에서 새로운 시스템을 보여 줄 것이다.

(A) showed
(B) to show
(C) showing
(D) show

Checkup Quiz 2

❶ 회사는 더 많은 직원들을 채용하기로 결정했다.
❷ 많은 학생들이 세미나에 참석한다.

어휘 | decision 결정   decide 결정하다   participate 참석하다
participation 참석

UNIT 2 목적어, 보어, 수식어 I   p.018

예제 1 그는 오늘 아침에 나에게 선물을 주었다.

(A) to present
(B) presenting
(C) present
(D) presently

어휘 | present 주다; 선물   presently 현재, 지금

예제 2 문제가 있을 경우, 우리를 찾아 주세요.

(A) our
(B) we
(C) us
(D) you

Checkup Quiz 1

❶ 그의 팀은 생산을 중단했다.
❷ 당신은 상사에게서 승인을 받아야 한다.

어휘 | production 생산   permission 승인

예제 3 Kim 씨는 가장 우수한 지원자이다.

(A) apply
(B) appliance
(C) application
(D) applicant

어휘 | apply 지원하다   appliance 기기   application 지원서
applicant 지원자

UNIT 3 목적어, 보어, 수식어 II   p.022

예제 1 그녀는 행복해 보인다.

(A) go
(B) become
(C) are
(D) happy

예제 2 Lee 씨는 그 문서를 중요하게 생각한다.

(A) important
(B) import
(C) importantly
(D) importance

어휘 | import 수입하다   importance 중요성

Checkup Quiz 1

❶ 한국에서는 언제든지 인터넷 서비스를 이용할 수 있다.

❷ 고객들은 그 신제품 자동차가 믿을 만하다고 생각한다.

어휘 | available 이용할 수 있는   reliable 믿을 만한

Checkup Quiz 2

❶ 회사의 사장은 최신 제품을 보여주었다.

❷ 설문에 따르면, 신제품의 가격이 너무 비싸다.

❸ 우리는 우리의 공장이 시내에 위치할 것으로 예상한다.

어휘 | newest 최신의   product 제품   facility 시설
downtown area 시내 중심가

UNIT 4 명사 I
p.026

예제1 그의 친절함은 나에게 매우 도움이 되었다.

(A) kindness

(B) kind

(C) kindly

(D) kinds

어휘 | kindness 친절함   kindly 친절하게   kind 종류

예제2 당신은 파티에 참석하기 위해 초대장이 필요하다.

(A) invite

(B) invited

(C) invitation

(D) to invite

어휘 | invite 초대하다   invitation 초대장

UNIT 5 명사 II
p.030

Checkup Quiz 1

❶ 우리는 그의 연구의 중요성을 인식하고 있다.

❷ 추가 장비를 위한 모든 요청서를 제출해 주세요.

어휘 | recognize 인식하다   research 연구   submit 제출하다
request 요청서   additional 추가적인   equipment 장비

예제1 설명서는 소프트웨어 설치에 대한 완전한 정보를 제공한다.

(A) install

(B) installer

(C) installed

(D) installation

Checkup Quiz 2

❶ 당신에게 정보를 보내는 데 10분 정도 걸릴 것이다.

❷ 우리는 신입사원들을 위해 최신 장비를 구매할 것이다.

❸ 공장의 기계장치는 정전 때문에 현재 사용할 수 없다.

❹ 영수증을 가지고 있다면, 우리는 당신에게 환불해 줄 수 있다.

UNIT 6 명사 III
p.034

예제1 몇몇의 팀원들이 경기장에 있다.

(A) Much

(B) Little

(C) Less

(D) Several

Checkup Quiz 2

❶ 그는 언제 그의 집에 가구를 장만했나요?

❷ 우리는 다가오는 시즌을 위한 새로운 기계장치를 구매해야 한다.

어휘 | machinery 기계장치   upcoming 다가오는, 곧 있을

UNIT 7 대명사 I
p.038

예제1 나는 나의 가방을 어머니에게 드리고 싶다.

(A) me

(B) mine

(C) myself

(D) my

예제2 Wilson 씨는 발표를 준비해야 했다.

(A) her

(B) herself

(C) hers

(D) she

Checkup Quiz 1

❶ 우리는 세미나에 참석해야 한다.

❷ 나의 목표는 훌륭한 축구선수가 되는 것이다.

❸ 나는 직접 그 문제를 해결할 것이다.

어휘 | participate 참석하다   deal with 처리하다, 해결하다

예제 1 그는 우리의 제품들이 다른 회사들의 제품들보다 더 좋다고 생각했다.

(A) this

(B) that

(C) these

(D) those

예제 2 ADR 스피커는 클래식 음악 청취를 좋아하는 사람들을 위해 제작되었다.

(A) those

(B) that

(C) other

(D) me

Checkup Quiz 1

❶ 그녀는 두 마리의 고양이를 가지고 있다. 한 마리는 흰색이고, 다른 하나는 검은색이다.

❷ Kim 씨의 가정에는 세 명의 아들이 있다. 한 명은 교사, 다른 한 명은 의사, 그리고 나머지 한 명은 택시 운전사이다.

❸ Lee 씨의 가정에는 여섯 명의 아들이 있다. 한 명은 교사, 한 명은 의사, 그리고 나머지는 모두 치과의사이다.

예제 1 Stewart 씨는 파란색 셔츠를 원했지만, 그의 친구는 다섯 벌의 셔츠 중에서 어느 한 가지를 원했다.

(A) another

(B) the other

(C) each other

(D) other

Checkup Quiz 3

❶ 그 고객은 직접 항의의 이메일을 보냈다.

❷ 그녀는 상자를 받자마자, 그것을 우리에게 보여주었다.

❸ 그녀의 시험 성적은 나의 성적보다 더 좋았다.

❹ 회사는 5년 이상 근무한 직원들의 급여를 인상하기로 결정했다.

어휘 | by oneself 혼자서, 홀로   grade 성적   salary 급여

Checkup Quiz 1

❶ 보고서를 작성하기 전에 정보를 수집할 필요가 있다.

❷ 신규 소프트웨어 덕분에 직원들이 효율적으로 일할 수 있게 되었다.

어휘 | collect 수집하다   necessary 필요한   efficiently 효율적으로

Checkup Quiz 2

❶ 효과적인 작문 능력은 구직할 때 매우 유용하다.

❷ 우리는 정보를 안전하게 보관해야 한다.

❸ 그 신제품은 나에게 상당히 인상적이었다.

❹ 학교의 많은 학생들이 질병으로 고생하고 있다.

❺ 그녀는 4분기를 위한 창의적인 전략을 제시했다.

어휘 | apply for ~에 지원하다   impressive 인상적인   suffer 겪다
diseases 질병   come up with 제시하다, 제안하다

Checkup Quiz 1

❶ 우리는 사실 기차를 놓쳤다.

❷ 당신은 정말로 강하다.

예제 1 지난달부터 금액이 현저하게 증가해 왔다.

(A) notice

(B) noticing

(C) noticeable

(D) noticeably

예제 2 모든 지원서들은 7일 이내에 신중하게 검토될 것이다.

(A) care

(B) careful

(C) carefully

(D) caring

Checkup Quiz 2

❶ Bruno's 피자는 버스정류장에서 5분 정도의 거리에 편리하게 위치해 있다.

❷ 삭제된 파일들을 복구하는 것은 기술적으로 가능하다.

❸ 회사는 공석에 적극적으로 직원을 채용하고 있다.

❹ 최고경영자와의 회의는 정확히 오후 2시에 시작될 것이다.

어휘 | conveniently 편리하게　restore 복원하다, 복구하다
precisely 정확하게

UNIT 12 부사 II
p.058

Checkup Quiz 1
❶ 그는 월간 보고서를 하루 이틀 늦게 제출했다.
❷ 주차장은 건물 근처에 위치해 있다.

예제 1 그는 아직 정책을 고안하지 않았다.

(A) yet
(B) still
(C) never
(D) already

예제 2 우리가 당신의 허가를 받을 때까지 당신의 정보는 공개되지 않을 것이다.

(A) until
(B) in
(C) then
(D) therefore

Checkup Quiz 2
❶ 학생들에게 명확하게 이야기해 주세요.
❷ 회의는 일요일마다 정기적으로 열린다.
❸ 건강은 음식과 직접적으로 연관이 있다.
❹ 열심히 일하는 것이 항상 성공을 보장하지는 않는다.
❺ 방이 사용 중이다; 그래서 모든 직원들은 다른 곳을 사용하라는 요청을 받았다.

어휘 | regularly 정기적으로　directly 직접적으로　occupied 사용 중인

UNIT 13 비교급과 최상급 I
p.062

Checkup Quiz 1
❶ 사장은 관리자만큼 유능한 신규 직원을 채용했다.
❷ 최근에 구매된 보호복은 내가 사용했던 것만큼 믿을 만하다.
❸ 우리는 가능한 한 빨리 파일들을 당신에게 보내도록 할 것이다.

어휘 | manager 관리자　purchase 구매하다　protective suit 안전복

Checkup Quiz 2
❶ Steve는 시험이 작년만큼 쉬웠다고 생각했다.
❷ 엔지니어는 새로운 장비를 이전 장비만큼 능숙하게 다룬다.

어휘 | engineer 엔지니어, 기술자　equipment 장비　skillfully 능숙하게

Checkup Quiz 3
❶ 재활용지 봉투는 플라스틱 봉투만큼 저렴하다.
❷ 에너지 절약형 자동차는 전기 자동차만큼 효율적이다.
❸ 우리의 상점은 바로 옆의 상점만큼 많은 매력적인 상품들을 보유하고 있다.
❹ 최고경영자는 가능한 한 자주 사무실을 방문해야 한다.

어휘 | recycled paper 재활용지　attractive 매력적인　frequently 빈번하게

UNIT 14 비교급과 최상급 II
p.066

Checkup Quiz 1
❶ 최신 소프트웨어 덕분에, 직원들이 이전보다 더 빠르게 일할 수 있다.
❷ 내가 생각했던 것보다 상황이 더 복잡하다.

어휘 | situation 상황　complicated 복잡한

예제 1 그 오래된 건물을 철거하는 것이 그것을 개조하는 것보다 훨씬 더 비용효율적이다.

(A) very
(B) such
(C) too
(D) much

어휘 | demolish 철거하다　cost effective 비용효율적인　renovate 개조하다, 보수하다

예제 2 그는 다른 사람들에게 보다 명확하게 발언했다.

(A) clear
(B) clearly
(C) clearance
(D) clean

예제 3 음향기기들은 10년 전보다 더 손쉽게 이용 가능하다.

(A) ready
(B) readily
(C) readiness
(D) read

어휘 | device 장비   available 사용 가능한   decade 10년
readily 손쉽게

예제 4 당신이 더 많은 의견을 들을수록, 더 나은 결정을
내리게 된다.

(A) better
(B) best
(C) very
(D) much

어휘 | opinion 의견   decision 결정

UNIT 15 전치사 I
p.070

예제 1 행사는 내일 오후 4시에 개최될 예정이다.

(A) on
(B) at
(C) to
(D) for

어휘 | event 행사   take place 개최되다

예제 2 2주 뒤에 중요한 컨퍼런스가 있을 것이다.

(A) in
(B) at
(C) to
(D) with

예제 3 나는 우리가 내일 저녁까지 이 프로젝트를 마무리
해야만 한다고 알고 있다.

(A) on
(B) by
(C) until
(D) at

UNIT 16 전치사 II
p.074

예제 1 4번기는 다음 주 금요일까지 공사 중일 것이다.

(A) on
(B) at
(C) under
(D) by

어휘 | under construction 공사 중인

UNIT 17 전치사 III
p.078

예제 1 그 팀의 구성원들은 발권 오류 때문에 세미나에 갈
수 없다.

(A) because
(B) already
(C) each other
(D) because of

Checkup Quiz 1

❶ 7월 15일에, Mensa가 신규 앨범을 발매했다.
❷ 나는 이곳에서 3년 동안 근무해 왔다.
❸ 직원평가서를 다음 주 월요일까지 제출해 주세요.
❹ 첫날부터 당신의 상사에게 좋은 인상을 주는 것은 중요하다.
❺ 두 단체 사이에 중요한 문제들이 있다.
❻ 사무실에 도착하자마자, 저에게 전화해 주세요.
❼ 그녀는 한정된 시간 때문에 모두에게 회신 전화를 할 수
는 없었다.
❽ 그 팀은 열 명의 팀원들로 구성되어 있다.
❾ 그들이 하는 일에 집중할 필요는 없다.
❿ 나이프를 이용해서 조심스럽게 고기의 양쪽 면에 소스를
바르세요.

어휘 | release 발표하다   submit 제출하다   employee evaluation
직원평가서   impression 인상   limited 제한된, 한정된
consist of ~으로 구성되다   concentrate 집중하다

UNIT 18 동사 I
p.082

Checkup Quiz 1

❶ 그 선물은 우리의 고객들을 만족시킬 것이다.
❷ 그들은 항상 문제에 대해 불만을 제기한다.
❸ 정부는 매년 세금을 인상한다.
❹ 이 문서에는 우리 회사의 로고가 있다.
❺ 그녀는 어려움들을 극복할 수 있었다.

어휘 | satisfy 만족시키다   complain 불평하다, 항의하다   present
보여 주다, 나타내다   overcome 극복하다

Checkup Quiz 2

❶ 그는 10년 전에 일본으로 떠났다.
❷ 당신은 먼저 안내데스크에 연락해야 한다.
❸ 그들은 한국에 머무르는 동안 많은 어려움에 직면했다.

어휘 | information desk 안내데스크   face 직면하다

예제 1 Wilson 주식회사는 회계직에 지원자들을 받고 있다.

(A) accept

(B) accepted

(C) **accepting**

(D) acceptance

어휘 | applicant 지원자   accept 받아들이다

Checkup Quiz 1

❶ Casey와 Andre는 현재 같은 프로젝트의 일을 하고 있다.

❷ 그녀의 사무실에서 그녀를 보았을 때 Thompson 씨는 통화 중이었다.

❸ 우리는 이번 주 금요일에 런던으로 비행 중일 것이다.

예제 2 신청서는 10월 20일까지 제출되어야 한다.

(A) submit

(B) submitting

(C) **submitted**

(D) submissive

어휘 | application form 신청서   submit 제출하다

예제 3 Taylor 박사는 6개월 동안 충분한 실험을 실시했다.

(A) conduct

(B) **conducted**

(C) conducts

(D) conducting

Checkup Quiz 2

❶ 사과는 두 조각으로 분리되었다.

❷ 많은 사람들이 그 회사의 성공에 기여했다.

❸ 그 결정은 지난 일요일에 나의 상사가 내린 것이다.

❹ 우리의 보고서가 업데이트되었다.

어휘 | contribute 기여하다   update 갱신하다, 최신 정보를 알려 주다

Checkup Quiz 1

❶ 당신은 우리에게 결과를 설명해야 한다.

❷ 모든 직원은 우리의 고객들의 전화를 받을 준비가 되어 있다.

예제 1 우리는 세미나에 참석할 것이다.

(A) attend

(B) **participate**

(C) go

(D) break

어휘 | attend 참석하다   participate 참여하다

Checkup Quiz 2

❶ Kim 씨는 나를 합리적인 사람이라고 생각한다.

❷ Gomez 씨는 우리에게 장비에 대해 간략한 설명을 해 주었다.

❸ 우리는 2시간 전에 공항에 도착했다.

❹ 사고는 택시 운전사 때문에 일어났다.

❺ 어제, 모든 직원은 내년도 회사 예산을 논의했다.

어휘 | reasonable 합리적인   explanation 설명   occur 일어나다 budget 예산

Review Test 1
p.094

정답

1 (D)	**2** (B)	**3** (D)	**4** (D)	**5** (C)
6 (D)	**7** (A)	**8** (C)	**9** (C)	**10** (B)
11 (A)	**12** (C)	**13** (C)	**14** (C)	**15** (D)
16 (D)	**17** (B)	**18** (B)	**19** (C)	**20** (B)

1

Rutgers 씨는 오늘밤에 최고경영자가 결정할 사항을 알리기 위해서 목록에 있는 모두에게 연락할 것이다.

(A) contacted

(B) to contact

(C) contacting

(D) **contact**

어휘 | list 목록   contact 연락하다

해설 | 빈칸 앞에 조동사 will이 있기 때문에 동사 원형인 (D)의 contact가 정답이다.

2

이곳에 입사 지원하기를 원한다면 당신이 이야기를 나눠야 할 사람은 Reed 씨이다.

(A) persons

(B) **person**

(C) personality

(D) personable

어휘 | apply for a job 입사 지원을 하다   personality 성격, 인격
personable 매력적인

해설 | 빈칸은 보어 자리인데, 사람인 Reed 씨와 동격이어야 하므
로 사람을 의미하는 단수 명사인 person이 정답이 된다.

3
부서의 예산이 증가해서, 몇 대의 새 컴퓨터들이 주문될 수
있다.

(A) Because of

(B) According to

(C) Despite

(D) Now that

어휘 | department 부서   budget 예산   despite ~에도 불구하고
now that ~이기 때문에

해설 | 빈칸 뒤에 주어 동사가 갖춰진 완전한 절이 있으므로, 문장
의 구조상 접속사인 (D)가 정답이 된다.

4
대통령이 국민들의 세금을 인상하자는 제안을 했을 때 여론
은 그에게서 등을 돌렸다.

(A) tax

(B) taxation

(C) taxing

(D) taxes

어휘 | public opinion 여론   turn against ~에게서 등을 돌리다
propose 제안하다   raise 인상하다   citizen 시민

해설 | '세금을 인상하다'라는 표현을 완성하기 위해 빈칸에는 명
사가 와야 한다. 그런데 tax는 가산명사로 취급되므로 (D)가 정답
이다.

5
Kenmore 다리의 건설은 끝마치는 데 1년 정도가 소요될
예정이다.

(A) constructive

(B) construct

(C) construction

(D) constructed

어휘 | complete 완료하다   constructive 건설적인   construct
건설하다   construction 건설

해설 | 빈칸은 주어 자리인데, 빈칸 앞에 부정관사인 the가 있으므
로 명사인 (C)의 construction이 정답이 된다.

6
편지는 신규 회원이 주택보유자협회에 가입할 경우 받게
되는 혜택을 설명하고 있다.

(A) associate

(B) associating

(C) associative

(D) association

어휘 | describe 묘사하다, 설명하다   benefit 수당, 혜택, 이득
homeowner 주택 보유자   associate 연상하다   associative
연상의; 연합의   association 협회

해설 | 빈칸 앞에 소유격인 homeowners'가 있으므로 한정사 뒤
에 올 수 있는 명사인 (D)의 association이 정답이다.

7
설명서에 따르면, 그 기계는 문제를 감지할 때마다 스스로
해결할 수 있다.

(A) itself

(B) its

(C) it

(D) to it

어휘 | according to ~에 따르면   instructions 설명서   machine
기계   detect 감지하다

해설 | 빈칸은 동사 clean의 목적어가 와야 하는 자리인데, 문장을
해석해 보면, 문제가 있을 경우 기계가 스스로 해결한다는 의미이
다. 따라서 재귀대명사인 (A)의 itself가 정답이 된다.

8
남은 음식과 음료가 있어서, Thompson 씨는 웨이터에게
조금 요청했다.

(A) all

(B) every

(C) some

(D) other

어휘 | leftover 남은 음식   request 요청하다

해설 | 빈칸에는 'leftover food and drinks'를 대신할 수 있는 대명
사가 와야 하는데, 이는 복수형이므로 (C)의 some이 정답이 된다.

9
Sampson 씨는 그의 처부모님 댁에 더 가까이에 살기 위해
다른 도시로 이주하기로 결정했다.

(A) the others

(B) other

(C) another

(D) each other

어휘 | transfer 옮기다, 이동하다　in-laws 인척 (시부모 댁, 처부모 댁)

해설 | 빈칸 뒤에 명사인 city가 있기 때문에, 빈칸에는 부정형용사가 와야 한다. city가 단수명사이므로 (C)의 another가 정답이다.

10

인사 고과를 주는 관리자들은 그들의 직원들에게 건설적인 비판을 전달해야 한다.

(A) construction

(B) constructive

(C) constructing

(D) constructed

어휘 | supervisor 감독자, 관리자　performance review 인사 고과　criticism 비판, 비평　constructive 건설적인

해설 | 빈칸 뒤에 명사인 criticism이 있으므로 정답은 형용사인 (B)의 constructive이다.

11

주가는 12월 동안 10퍼센트 정도 하락하기 전까지 1년 내내 천천히 상승했다.

(A) slowly

(B) slow

(C) slowness

(D) slowing

어휘 | stock 주식　throughout ~동안 내내　around 대략

해설 | 빈칸이 없어도 문장이 성립하기 때문에, 빈칸에는 부사가 들어가야 한다. 따라서 정답은 부사인 (A)의 slowly이다.

12

회계 부서의 몇몇 사람들은 복리 후생 서류를 아직 제출하지 않았다.

(A) already

(B) never

(C) yet

(D) still

어휘 | individual 개인　Accounting Department 회계 부서　turn in 제출하다　form 양식, 서류

해설 | 의미상 적절한 부사를 골라야 한다. 문장을 해석해 보면 '서류를 아직 제출하지 않았다'라는 의미가 되어야 자연스러우므로 정답은 (C)의 yet이다. yet은 부정문에서 '아직'이라는 뜻으로 사용된다.

13

일자를 확정할 수 있도록 가능한 한 빨리 이메일에 응답해 주시기 바랍니다.

(A) quick

(B) quicker

(C) quickly

(D) quickest

어휘 | respond 회신하다　so that ~ ~하기 위해서　confirm 확인해 주다

해설 | 원급 비교의 경우 빈칸 앞뒤의 'as ~ as'가 없다고 생각하고 문제를 풀면 쉽게 풀 수 있다. 위 문제의 경우에도 이와 같이 생각해 보면 부사인 quickly가 정답임을 쉽게 알 수 있다.

14

Edgar Wellman은 부팀장 직책에 가장 적격인 지원자이다.

(A) many

(B) much

(C) most

(D) more

어휘 | qualified 자격을 갖춘　applicant 지원자　assistant manager 부팀장, 대리

해설 | 빈칸 앞에 the가 있고, 'the + 비교급, the + 비교급'의 형태가 아니기 때문에 최상급을 정답으로 고르면 된다. 보기 중에서 최상급은 (C)의 most이다.

15

고객이 그때쯤 사무실에 있을 것이라고 했으므로 도쿄에 있는 고객에게 현지 시간으로 1시 30분에 전화해 주세요.

(A) in

(B) on

(C) for

(D) at

어휘 | client 의뢰인, 고객　local time 현지 시간　indicate 나타내다

해설 | 시간 앞에는 전치사 at을 써야 하므로 정답은 (D)이다.

16

시내에 작은 오솔길이 강을 따라 약 10킬로미터 가량 뻗어 있다.

(A) throughout

(B) about

(C) into

(D) along

어휘 | trail 오솔길　run (길이) 뻗다, 이어지다　throughout
~을 관통하여　into ~ 안으로　along ~을 따라서

해설 | 오솔길(trail)이 강을 따라서(along) 뻗어 있다고 묘사되어
야 적절한 표현이 되므로 정답은 (D)의 along이다.

17

보안 요원은 비상 상황이 발생할 때 해야 할 일에 대해 강연
했다.

(A) as a result of

(B) in case of

(C) as opposed to

(D) in order to

어휘 | security guard 보안 요원　give a talk 강연하다
emergency 비상　situation 상황　as a result of ~의 결과로서
in case of ~에 대비하여, ~이 발생할 때에는　as opposed to
~와는 대조적으로

해설 | 문맥상 '응급 상황이 발생할 때에는'이라는 내용이 되어야
자연스러우므로 (B)의 in case of가 정답이 된다.

18

근로자들은 연간 5일까지의 병가를 받을 수 있으며 계속해
서 회사로부터 임금을 받는다.

(A) taking

(B) take

(C) taken

(D) takes

어휘 | up to ~까지　sick days 병으로 인한 휴가일

해설 | 빈칸 앞에 조동사 can이 있기 때문에 동사의 원형인 (B)의
take가 정답이다.

19

최근의 마케팅 켐페인 덕분에 많은 도시의 역사적인 건물들
의 관광객이 증가했다.

(A) increasing

(B) was increased

(C) has increased

(D) been increasing

어휘 | tourism 관광업, 관광객　recent 최근의
marketing campaign 마케팅 켐페인 (홍보)

해설 | 빈칸에는 동사가 와야 하는 자리이므로 분사로 시작되는
(A)와 (D)는 정답에서 제외된다. 빈칸 뒤의 내용이 '최근의 마케
팅 켐페인 덕분에'라는 내용이므로, 과거진행형인 (B)는 시간을
고려할 때 정답이 될 수 없다. 정답은 현재완료인 (C)이다.

20

의사는 그녀의 환자에게 약국에 들러 처방된 약을 가져 갈
것을 상기시켰다.

(A) said

(B) reminded

(C) recommended

(D) noted

어휘 | patient 환자　pharmacy 약국　prescription 처방전, 처방된 약

해설 | 보기 중에서 4형식으로 쓸 수 있는 동사는 remind뿐이다.
remind는 'remind A to 동사원형', 또는 'remind A that절'의 형
태로 사용되어 'A에게 ~할 것을 상기시키다'라는 의미로 쓰인다.

Chapter 2
수 일치, 시제, 태, 준동사, 가정법

UNIT 21　수 일치 I
p.098

Checkup Quiz 1

❶ 그녀의 창백한 얼굴은 그녀가 아프다는 것을 암시한다.

❷ 신규 사업의 전망은 상당히 유망하다.

어휘 | pale 창백한　imply 암시하다　prospect 가능성, 가망
promising 유망한

예제 1 　몇몇 학생들이 학교에서 영어를 매우 열심히 공부
한다.

(A) studying

(B) to study

(C) study

(D) studies

UNIT 22　수 일치 II
p.102

예제 1 　항공기의 모든 승객들은 도쿄로 가고 있다.

(A) is

(B) are

(C) been

(D) being

어휘 | passenger 승객　flight 항공기　head 향하다, 가다

예제 2 회사는 합의에 동의했다.

(A) has agreed

(B) agree

(C) have agreed

(D) were agreeing

어휘 | settlement 합의, 해결

Checkup Quiz 1

❶ 통계학은 고등학생들에게 매우 어렵다.

❷ 사람들의 수가 매우 빠르게 증가하고 있다.

❸ 선거에 대한 발언들이 녹음되었다.

❹ 신규 고객들은 다음 방문을 위한 할인권을 받았다.

❺ 그 지역에 많은 학생들이 있었다.

❻ 나의 형과 나는 당신의 방문을 고대하고 있다.

❼ 이 가정용 전자제품 할인 쿠폰은 8월 31일까지 유효하다.

❽ 목록의 모든 상품들이 고객들에게 배송되었다.

❾ 영화에 관심 있는 사람들은 연락해 주세요.

어휘 | statistics 통계, 통계학   statement 진술   voucher 할인권, 쿠폰   home appliance 가정용 전자제품   valid 유효한

23 능동태와 수동태 I   p.106

예제 1 그 정책은 직원들에 의해 공동으로 기획되었다.

(A) joined

(B) joining

(C) jointly

(D) joins

어휘 | policy 정책   jointly 공동으로

Checkup Quiz 1

❶ Scott 씨는 그녀의 태도로 고객에게 좋은 인상을 주었다.

❷ 보고서는 Lewis 씨에 의해 제시간에 제출되었다.

❸ 정부는 초등학생부터 고등학생까지 무상 교육을 제공한다.

❹ 회사는 2002년에 설립되었다.

어휘 | impress 인상을 주다   establish 설립하다

24 능동태와 수동태 II   p.110

Checkup Quiz 1

❶ 많은 변화들이 있었다.

❷ 연례 컨퍼런스에서 그 주제가 논의되고 있다.

❸ 이 영화는 Johnson 씨에 의해 연출되었다.

❹ 어린이들은 특별한 관리를 받아야 한다.

예제 1 새로운 컴퓨터를 구매하기 전에 예전 것은 폐기될 것이다.

(A) have removed

(B) are removing

(C) will be removed

(D) would be removing

어휘 | annual 연례의, 해마다의   direct 연출하다   treat 대하다, 대우하다

25 능동태와 수동태 III   p.114

Checkup Quiz 1

❶ 관리자는 예산 제안서를 받았다.

❷ 모든 신규 구독자들은 특별 할인을 받을 것이다.

어휘 | manager 관리자   budget 예산   proposal 제안서   subscriber 구독자

Checkup Quiz 2

❶ 육류를 먹지 않는 사람들은 채식주의자라 불린다.

❷ Martin 씨는 그의 부서에서 최고의 사원으로 여겨진다.

어휘 | vegetarian 채식주의자   department 부서

26 시제 I   p.118

Checkup Quiz 1

❶ Woods 박사는 대개 버스로 출근한다.

❷ 우리의 직원들은 자주 함께 만난다.

Checkup Quiz 2

❶ S&J 주식회사는 50년 전에 설립되었다.

❷ Petronas 타워는 한때 세계에서 가장 높은 건물이었다.

❸ Lee 씨는 지난달에 컨퍼런스에 참석했다.

Checkup Quiz 3

❶ WSY 보험은 다음 달에 마이애미에 신규 지점을 개설할 것이다.

❷ 싱가포르에서 온 바이어들이 곧 공항에 도착할 것이다.

❸ 한국의 경제는 내년에 2퍼센트 성장할 것이다.

어휘 | insurance 보험   branch 지점, 지사

Checkup Quiz 1

❶ Moore 씨는 지금 우체국에 가는 중이다.

❷ 그 도로는 현재 작업자들에 의해 포장되고 있다.

❸ 새로운 팩스 기기가 다음 주에 도착할 것이다.

어휘 | post office 우체국   pave (도로를) 포장하다

Checkup Quiz 2

❶ Williamson 씨는 어제 오후 3시에 피아노를 연습하고 있었다.

❷ Givens 박사는 내가 방문했을 때 학생들에게 강의를 하고 있었다.

어휘 | practice 연습하다   lecture 강의

Checkup Quiz 3

❶ 나는 내일 오전 10시에 런던으로 비행하고 있을 것이다.

❷ 세계 경제가 내년 이맘때에는 더 좋아지고 있을 것이다.

UNIT 28 시제 III
p.126

Checkup Quiz 1

❶ 도로 수리 작업이 시작된 이후로, Main 로에 교통 체증이 있어 왔다.

❷ 이사회는 지난 이틀 동안 예산 제안서를 검토했다.

어휘 | repair 수리   traffic jam 교통 체증   board of directors 이사회

Checkup Quiz 2

❶ 그는 올해 말까지 군복무를 하게 될 것이다.

❷ 그녀가 경기장에 도착하기 전에, 경기가 시작되었다.

어휘 | military 군대

UNIT 29 시제 IV
p.130

Checkup Quiz 1

❶ 최고경영자는 회의 이후에 매출 결과를 발표할 것이다.

❷ 모든 학생은 금요일까지 보고서를 제출해야 한다.

어휘 | announce 발표하다   imperative 반드시 해야 하는

UNIT 31 to부정사 II
p.138

Checkup Quiz 1

❶ 영업부서에서는 신규 직원들을 모집하려고 한다.

❷ Anderson 씨는 오늘밤에 바이어들을 만날 것을 기억하고 있다.

어휘 | intend 의도하다   recruit 모집하다

예제 1 Steve는 고객들에게 예의를 지킬 것을 약속했다.

(A) be

(B) to be

(C) been

(D) has been

Checkup Quiz 2

❶ 부상 위험을 감소시키기 위한 노력으로서, 모든 직원은 안전복을 입어야 한다.

❷ 모든 회사는 안전하고 쾌적한 근무 환경을 제공할 의무가 있다.

어휘 | risk 위험   injury 부상   protective clothing 안전복
reduce 감소시키다   obligation 의무   pleasant 즐거운, 쾌적한

Checkup Quiz 3

❶ 모든 직원들은 기한을 맞추기 위해서 초과 근무를 해야 한다.

❷ 귀하의 요청을 처리하기 위해서, 신분증을 제시하고 서류를 작성해 주세요.

어휘 | overtime 초과 근무   deadline 기한   request 요청
fill out 작성하다

UNIT 32 to부정사 III
p.142

Checkup Quiz 1

❶ 최고경영자는 모든 직원들이 세미나에 참석할 것이리고 기대했다.

❷ 관리자는 내가 일찍 퇴근하는 것을 허가했다.

❸ 나는 즉시 레포트를 제출하라는 요구를 받았다.

어휘 | allow 허락하다   promptly 즉시, 정확히 제 시간에

UNIT 33 동명사 I p.146

예제 1 당신이 파일을 검토한 것이 내가 발표를 성공적으로 하는 데 도움이 되었다.

(A) You
(B) Your
(C) To you
(D) For you

Checkup Quiz 1

❶ 회사는 다음 달에 신제품의 판매를 시작할 것이다.
❷ Harris 씨는 그의 직원들을 관리하는 것에 능숙하다.
❸ 그는 발생하는 어떠한 문제라도 즉시 해결하는 것으로 잘 알려져 있다.

어휘 | be good at ~에 능숙하다 resolve 해결하다 arise 생기다, 발생하다

Checkup Quiz 2

❶ 우리는 지역의 소식을 발표하는 것을 취소했다.
❷ 신규 직원들을 모집하는 것은 쉽다.
❸ 그들은 주말에 산책하는 것을 즐긴다.
❹ 최신의 정보를 유지하는 것은 우리의 산업에 필수적이다.

어휘 | cancel 취소하다 up-to-date 최신의 essential 필수적인 industry 산업

UNIT 34 동명사 II p.150

Checkup Quiz 1

❶ Gardner 씨는 컴퓨터를 능숙하게 사용한다.
❷ Kwon 씨는 판매 지원을 책임지게 될 것이다.
❸ 모든 애플리케이션은 화면을 터치함으로써 작동할 것이다.

어휘 | in charge of ~을 담당하고 있는 application 애플리케이션, 응용프로그램

Checkup Quiz 2

❶ Miller 씨는 어젯밤에 팩스를 보낸 것을 기억하지 못한다.
❷ Steve는 내일 부사장을 만나야 한다는 것을 잊고 있었다.

어휘 | vice president 부사장

Checkup Quiz 3

❶ 시의회는 연말까지 도서관 개조 공사를 마무리할 것이다.

❷ 사람들의 집중을 방해하지 않도록 박물관에서는 핸드폰 사용을 삼가 주세요.

어휘 | council 의회 avoid 피하다 distract 주의를 분산시키다

UNIT 35 동명사 III p.154

Checkup Quiz 1

❶ 그녀는 신문에서 광고를 확인했다.
❷ 그녀는 회사를 위한 광고에 전념했다.

어휘 | be dedicated to ~에 전념하다

예제 1 당신의 전화를 받자마자 나는 사전에서 "pond"라는 단어를 급히 찾아보았다.

(A) receive
(B) receiving
(C) to receive
(D) receives

UNIT 36 분사 I p.158

Checkup Quiz 1

❶ 그는 수집된 자료들을 분류했다.
❷ 우리는 반복적인 실수를 저질러서 기한을 맞추지 못한다.
❸ 지역의 상점들은 그들의 제품에 대한 수요가 증가해서 기뻐한다.
❹ 낮은 출생률은 유럽 국가들에서 시급한 문제이다.
❺ 당신이 해야 하는 유일한 일은 동봉된 서류를 작성하는 것이다.
❻ 예상되는 예산 삭감에 준비하기 위해서 회사는 직원들을 해고할 것이다.
❼ 첨부된 파일들을 확인한 다음, 당신의 의견을 주세요.

어휘 | classify 분류하다 demand 수요 birthrate 출생률 lay off 해고하다

UNIT 37 분사 II p.162

Checkup Quiz 1

❶ Lopez 씨는 매출액을 확인했을 때 놀랐다.
❷ 나는 액션 영화가 흥미진진하기 때문에 좋아한다.

어휘 | sales figures 매출액

Checkup Quiz 2

❶ 고객관리부서의 모든 직원들은 고객들을 만족시키기 위해 최선을 다하고 있다.

❷ Chris는 면접 결과를 듣고 실망했다.

어휘 | job interview 면접

UNIT
38 분사 III   p.166

Checkup Quiz 1

❶ 회사에 제출된 보고서는 나에 의해 다시 작성되었다.

❷ 그 장비를 사용하는 사람들은 안전 규정을 준수해야 한다.

❸ 회사는 구성원들에 의해 발생되는 피해에 대한 책임을 가지고 있다.

❹ 보증서는 온라인으로 구매된 제품에 대해서만 유효하다.

어휘 | comply with ~을 준수하다   regulation 규정
be responsible for ~을 책임지다   damage 피해, 손상
warranty 보증서   valid 유효한

UNIT
39 분사 IV   p.170

Checkup Quiz 1

❶ 늦게 제출되어서, 기사는 수정되지 않았다.

❷ 경찰을 보았을 때, 도둑은 도망쳤다.

❸ 이탈리아에 머무르는 동안, Erin은 밀라노에 두 번 방문했다.

❹ 뉴스를 듣고 나서, 나는 무엇을 해야 할지 결정할 수 없었다.

❺ 정기 검사를 하면, 우리는 건물의 문제를 발견하게 될 것이다.

어휘 | article 기사   edit 편집하다, 수정하다   thief 도둑
routine check 정기 검사

예제 1 계약서를 수정할 때, 당신의 이름의 철자를 확인하는 것을 기억하세요.

(A) revising

(B) revise

(C) revises

(D) has revised

어휘 | revise 수정하다   spell 철자

UNIT
40 가정법   p.174

Checkup Quiz 1

❶ 내일 비가 내린다면, 야유회는 취소될 것이다.

❷ 내가 당신이라면, 전근을 신청할 텐데.

❸ 당신이 사무실을 방문했더라면, 부사장을 만났을 텐데.

❹ 당신의 도움이 필요하다면, 당신에게 도움을 요청할 텐데.

❺ 충분한 돈을 벌었더라면, 당신은 최신형 휴대폰을 구입했을 텐데.

❻ 고객을 만나지 못한다면, 사무실로 복귀하세요.

어휘 | excursion 야유회   postpone 연기하다   put in for ~을 요청하다   transfer 전근

Review Test 2   p.178

정답

1 (B)	2 (C)	3 (D)	4 (C)	5 (C)
6 (D)	7 (A)	8 (B)	9 (A)	10 (B)
11 (A)	12 (C)	13 (C)	14 (C)	15 (C)
16 (C)	17 (A)	18 (A)	19 (D)	20 (B)

1

가장 경험이 많은 사원인 Chamberlain 씨가 내일 출장을 간다.

(A) has gone

(B) is going

(C) are going

(D) be gone

어휘 | experienced 경험이 있는, 능숙한   business trip 출장

해설 | 주어가 3인칭 단수이므로 (A)와 (B) 중에서 정답을 골라야 한다. (A)의 has gone은 현재완료인데, 문장의 마지막 부분에 미래를 의미하는 표현인 tomorrow가 있으므로 이는 정답이 될 수 없다. 따라서 정답은 (B)의 is going이다.

2

Sellers 씨가 결정을 내리기 전에 많은 선택지들이 그녀에 의해 고려되었다.

(A) considered

(B) was considering

(C) were considered

(D) have considered

어휘 | a number of 다수의   option 선택할 수 있는 것
make a decision 결정하다   consider 고려하다

해설 | 'a number of'는 복수명사 앞에 쓰이는 수량형용사이다. 빈칸 뒤에 'by + 행위자'가 있고 주어가 'consider'라는 행동을 할 수 없는 추상명사이므로, 수동태 동사인 (C)의 were considered가 정답이 된다.

3

그 아동은 실종되었다고 보고되어서, 경찰은 도시에서 그를 찾아보기 시작했다.

(A) reported
(B) reports
(C) is reporting
(D) was reported

어휘 | missing 실종된   search 수색하다, 찾아보다   report 보고하다

해설 | '보고하다'라는 의미로 사용된 report는 타동사로서 목적어를 필요로 하는데, 빈칸 뒤의 missing은 형용사로서 목적어가 아닌 보어이다. 즉, 타동사 뒤에 목적어가 없으므로 수동태인 (D)를 정답으로 고르면 된다.

4

모든 해외 바이어들은 거래하기 전에 정부에 등록되어 있어야만 한다.

(A) registered
(B) registering
(C) be registered
(D) have registered

어휘 | foreign 외국의   buyer 바이어, 구매자   government 정부   deal 거래   register 등록하다

해설 | 조동사의 수동태를 완성하는 문제이다. 조동사의 수동태는 '조동사 + be + p.p.'의 형태이므로, 정답은 (C)이다.

5

마케팅 부서는 새로운 화장품 제품에 대한 고객들의 반응에 놀랐다.

(A) surprised
(B) is surprising
(C) was surprised
(D) has surprised

어휘 | reaction 반응   consumer 고객   cosmetics 화장품   line 상품의 종류

해설 | 빈칸 뒤에 'by + 행위자'가 있는 전형적인 수동태 문장으로서, 정답은 (C)의 was surprised이다. surprise는 '놀라게 하다'라는 의미의 타동사로서, 주어가 놀랐다는 의미가 되려면 수동태가 되어야 한다.

6

눈 오는 날씨 때문에, 지난주 그 지역 대부분의 배송이 지연되었다.

(A) delaying
(B) are delayed
(C) will be delayed
(D) were delayed

어휘 | on account of ～ 때문에   delivery 배달, 배송

해설 | 문장의 마지막에 last week이라는 과거를 의미하는 부사구가 있다. 따라서 과거형인 (D)의 were delayed가 정답이 된다.

7

Richmond의 몇몇 회사들은 현재 경력이 있는 사람들을 채용하고 있다.

(A) are hiring
(B) have been hired
(C) hire
(D) should be hired

어휘 | experienced 경력이 있는, 경험이 많은   individual 개인

해설 | 문장의 맨 뒤에 right now가 있으므로 현재진행시제가 되어야 한다는 것을 알 수 있다. 따라서 (A)의 are hiring이 정답이 된다.

8

청구서가 도착했을 때쯤, Blaine 씨가 은행간 이체를 통해 지불을 완료했다.

(A) has made
(B) had made
(C) will have made
(D) will have been made

어휘 | bill 청구서   full payment 완납   bank transfer 은행간 이체

해설 | 'by the time + 과거시제'가 있을 경우에는 과거완료시제가 사용된다. 따라서 정답은 (B)의 had made이다.

9

채용 관리자는 지원자가 3월 14일까지 결정을 내려야 한다고 주장했다.

(A) make
(B) makes
(C) is made
(D) has made

어휘 | hiring manager 채용 관리자 insist 주장하다 applicant 지원자

해설 | 주장을 의미하는 동사인 insist가 있을 경우, that절의 동사는 원형이어야 한다. 따라서 정답은 (A)이다.

10

시내에 있는 토지의 개발을 원해서, Dixon 씨는 건축 회사를 고용했다.

(A) developing
(B) to develop
(C) will develop
(D) can develop

어휘 | downtown 시내에 architectural firm 건축 회사

해설 | 동사 wish 뒤에는 to부정사가 와야 하므로 (B)가 정답이 된다.

11

접수 담당자는 그녀의 관리자에게 Greene 씨가 긴급 회의를 원한다는 것을 알리는 것에 동의했다.

(A) to inform
(B) will inform
(C) has informed
(D) informed

어휘 | receptionist 접수 담당자 supervisor 감독자, 관리자
emergency 비상, 응급 inform 알리다

해설 | 빈칸에는 동사 agreed의 목적어가 와야 한다. 보기 중에서 to부정사 형태인 (A)의 to inform이 이와 같은 역할을 할 수 있다.

12

회사가 직원들을 위해 세미나 등록비를 지불하는 것은 사려 깊다.

(A) pays
(B) for paying
(C) to pay
(D) to be paid

어휘 | considerate 사려 깊은 registration fee 등록비 seminar 세미나

해설 | It은 가주어이며, 빈칸에는 진주어를 이끌 수 있는 to부정사가 와야 한다. 따라서 정답은 (C)의 to pay이다.

13

Sanderson 씨는 제시간에 공항에 도착하지 않아서 비행기를 놓친 것을 후회한다.

(A) arrived
(B) to arrive
(C) arriving
(D) had arrived

어휘 | regret 후회하다 in time 제시간에 arrive 도착하다

해설 | regret은 to부정사와 동명사를 모두 목적어로 취할 수 있는데, 'regret + to부정사'는 '~하게 되어 유감이다'라는 의미이고, 'regret + 동명사'는 '~했던 것을 후회한다'는 뜻이다. 문장을 해석해 보면 Sanders 씨가 공항에 제시간에 도착하지 못한 과거의 행동을 후회한다는 의미가 되어야 자연스러우므로 정답은 (C)의 arriving이다.

14

회사의 사장은 즐겁게 Dunham 주식회사와 협상을 했다.

(A) negotiates
(B) to be negotiated
(C) negotiating
(D) was negotiating

어휘 | president 사장, 의장 lawyer 변호사 negotiate 협상하다

해설 | 동사 enjoy 뒤에 오는 목적어는 동명사여야 하기 때문에 정답은 (C)의 negotiating이다.

15

Wilson 씨는 시내에 사무실을 개업하는 것이 더 많은 고객을 확보하는 결과를 가져올 것이라고 믿는다.

(A) opens
(B) opened
(C) opening
(D) be opened

어휘 | office 사무실 downtown 시내에 client 고객

해설 | 빈칸은 that절의 주어 자리이므로 주어 역할을 할 수 있는 (C)의 opening이 정답이 된다. opening은 명사화된 동명사로서 바로 뒤에 명사가 따라 올 수 있다.

16

몇몇의 초대받은 손님들은 선약 때문에 만찬에 참석하지 못했다.

(A) invitation
(B) invite
(C) invited
(D) inviting

어휘 | guest 고객　attend 출석하다　dinner 식사, 만찬　prior 사전의　obligation 의무, 약속　invitation 초대　invite 초대하다

해설 | 손님들(guests)이 '초대된(invited)' 것이므로 과거분사인 (C)의 invited가 정답이 된다.

17
그 영화는 관람한 관객들 중 대부분의 사람들에게 상당히 실망스러웠다.

(A) disappointing
(B) disappoints
(C) disappointment
(D) disappointed

어휘 | majority 대다수　audience 청중, 관객

해설 | 영화가 '실망스러운(disappointing)' 것이지, 영화가 '실망할 수는(disappointed)' 없기 때문에 정답은 (A)이다.

18
고객들은 Chamberlain 완구의 직원들에 의해 그들에게 증정된 선물들에 감사했다.

(A) given
(B) gave
(C) were giving
(D) had been given

어휘 | customer 고객　appreciate 고마워하다　staff 직원

해설 | 빈칸에는 gifts를 수식하는 분사가 와야 하는 자리인데, 선물(gifts)은 주어지는(given) 것이므로 정답은 (A)의 given이다.

19
건설팀의 노고 덕분에 공장은 예상된 것보다 두 달 먼저 문을 열었다.

(A) expects
(B) expectation
(C) expecting
(D) expected

어휘 | factory 공장　thanks to ~ 덕분에　construction 건설

해설 | 접속사 than 뒤에 바로 분사가 오는 형태의 분사구문이다. '예상 보다 일찍 개업했다'는 내용이 되어야 하는데, 우리말로 생각하면 정답을 고르기가 다소 까다롭다. 분사구문에서 생략된 부분을 복원해보면 'than (the factory) (was) ------- (to open)'인데, 생략된 주어인 factory가 능동적으로 무엇인가를 예상할 수는 없기 때문에 '예상된'이라는 의미의 과거분사 expected가 정답이 된다.

20
제시간에 사무실에 도착했다면 Hamilton 씨는 최고경영자를 만났을 텐데.

(A) arrives
(B) had arrived
(C) will arrive
(D) is arriving

어휘 | on time 제시간에　arrive 도착하다

해설 | 주절의 동사가 'could have p.p.'이므로, 가정법 과거완료 구문을 완성하기 위해서는 if절의 동사를 'had p.p.' 형태로 써야 한다. 정답은 (B)이다.

Chapter 3
병렬 구조, 절, 접속사, 파트 6 & 7

UNIT 41 병치와 도치　p.182

예제 1 Jones 씨는 모든 지원서를 검토했고 나에게 면접 일정을 잡아 달라고 부탁했다.

(A) asked
(B) ask
(C) to ask
(D) is asked

UNIT 42 명사절 I　p.186

예제 1 정부는 어제 AG405 항공기가 추락했다고 발표했다.

(A) that
(B) who
(C) when
(D) until

어휘 | crash 추락하다

UNIT 43 명사절 II　p.190

예제 1 Beal 씨는 전근을 받아들일 것인지를 결정해야 한다.
(A) from
(B) about
(C) whether

(D) without

어휘 | determine 결정하다   accept 받아들이다

예제 2 Brandon은 선거에 출마할지 하지 않을지 여부를 선택해야 할 것이다.

(A) whether
(B) neither
(C) so that
(D) even if

어휘 | run for election 선거에 출마하다

예제 3 Hamilton 씨는 보고서를 다시 작성해야 하는지 여부를 물어 보았다.

(A) about
(B) to
(C) whether
(D) soon

Checkup Quiz 1

❶ 나는 회의실이 사용 가능한지 아닌지 모르겠다.
❷ 이 차의 가장 좋은 점은 연비가 좋다는 것이다.
❸ 대통령은 조약에 서명할지 여부를 고민하는 중이다.
❹ 나는 그녀가 제시간에 프로젝트를 마무리할지 아닐지 확실히 모르겠다.

어휘 | available 이용 가능한   fuel efficient 연비가 좋은   treaty 조약

UNIT 44 명사절 III
p.194

예제 1 마케팅 팀에 의해 만들어진 것은 회의 때 발표되지 않았다.

(A) That
(B) If
(C) Whether
(D) What

예제 2 우리는 Suzuki 씨가 훌륭한 기술자라고 생각한다.

(A) who
(B) this
(C) that
(D) what

어휘 | outstanding 걸출한, 훌륭한

예제 3 기조연설이 끝나면, 우리는 회사가 빠르게 성장할 수 있는 방법에 대해 배울 것이다.

(A) who
(B) how
(C) which
(D) what

어휘 | keynote speech 기조연설   rapidly 빠르게

UNIT 45 관계절 I
p.198

Checkup Quiz 1

❶ 미리 예약한 사람들은 무료 선물을 받을 것이다.
❷ 불행하게도, 귀하께서 지원하신 직책은 이미 충원되었습니다.
❸ Hampton 씨가 소유하게 될 건물은 Kevin & Morris 사에 의해 설계되었다.
❹ 시민 회관은, 우리 사무실 옆에 위치해 있는데, 보수 공사되고 있다.

어휘 | reservation 예약   in advance 미리   position 직책
apply for ~에 지원하다   community center 시민 회관

UNIT 46 관계절 II
p.202

예제 1 Gellar 씨는 많은 작품들로 인정받는 위대한 예술가이다.

(A) who
(B) which
(C) in
(D) whom

어휘 | recognize 인정하다

UNIT 47 관계절 III
p.206

Checkup Quiz 1

❶ 면접이 진행되는 날짜를 기억하세요.
❷ Flamingo 호텔은 연례 송년회가 열릴 장소이다.
❸ 회사는 직원들이 퇴사하는 원인을 파악하기 위해 설문을 실시했다.
❹ 저것들은 내가 원하는 책들이다.

어휘 | conduct 시행하다, 실시하다   year-end party 송년회
survey 설문

328

예제 1 이달의 잡지에 실린 모든 기사들은 전문 작가가 되고 싶어 하는 젊은 학생들에 의해 작성되었다.

(A) whoever

(B) who

(C) whose

(D) which

어휘 | article 기사   magazine 잡지   professional 전문적인

예제 1 Kelly 씨는 사직서를 제출했지만, 받아들여지지 않았다.

(A) and

(B) but

(C) or

(D) for

어휘 | offer one's resignation ~의 사표를 제출하다   turn down 거절하다

예제 2 당신은 운전면허증이나 여권을 시설로 가지고 와야 한다.

(A) neither

(B) either

(C) both

(D) not

어휘 | driver's license 운전면허증   passport 여권   center 중앙 시설

예제 1 학교 도서관은 냉난방 시설의 설치를 마치고 나서 문을 열 것이다.

(A) in

(B) during

(C) after

(D) to

어휘 | install 설치하다

예제 2 당신이 영수증들을 분실한다면 우리는 어떠한 비용도 상환해 주지 않을 것이다.

(A) from

(B) to

(C) whether

(D) if

어휘 | reimburse 배상하다, 변상하다   expense 비용, 지출   receipt 영수증

Checkup Quiz 1

❶ 매출이 증가했음에도 불구하고, 회사는 몇몇 직원들을 해고할 것이라고 발표했다.

❷ Fisher 씨는 교통 혼잡 때문에 제시간에 도착하지 못한다.

어휘 | turnover 매출액   lay off 해고하다   on time 제시간에

정답

Part 5				
1 (B)	**2** (C)	**3** (A)	**4** (A)	**5** (A)
6 (A)	**7** (B)	**8** (D)	**9** (C)	**10** (A)

Part 6				
11 (C)	**12** (A)	**13** (A)	**14** (C)	

Part 7				
15 (B)	**16** (D)	**17** (C)	**18** (B)	**19** (C)
20 (A)	**21** (D)	**22** (A)	**23** (A)	**24** (B)
25 (D)				

Part 5

1

Martinson 씨뿐만 아니라 보좌역 두 명 또한 회계 세미나에 참석할 것이다.

(A) yet

(B) but also

(C) and so

(D) either

어휘 | assistant 조수, 보좌역, 보조자   attend 참석하다   accounting 회계   seminar 세미나

해설 | 문장의 맨 앞에 not only를 보자마자 그 뒤에 'but (also)'가 있어야 한다는 생각이 들어야 한다. 정답은 (B)이다.

2

지원서는 모든 사람들이 그들의 직무 경력을 설명할 것을 요구한다.

(A) whom

(B) which

(C) that

(D) where

어휘 | application 지원서 individual 개인 describe 설명하다, 묘사하다 job experience 직무 경력

해설 | 이 문제와 같이 '주어 + 타동사 + _____ + 주어 + 동사'의 형태에서 빈칸에는 명사절 접속사가 와야 한다는 것을 파악할 수 있어야 한다. 명사절을 이끄는 접속사 that이 정답이다.

3

나는 당신이 화요일이나 목요일의 수업에 등록할 것인지 궁금하다.

(A) if

(B) because

(C) although

(D) what

어휘 | curious 궁금해 하다 register 등록하다 session 학년, 학기, 수업

해설 | 빈칸 뒤에 완전한 절이 있으므로 명사절 접속사를 정답으로 고른다. 보기 중에서 명사절 접속사는 (A)의 if이다. be curious는 if/whether절을 목적어로 취한다.

4

경호원은 누구의 우산이 벤치에 있었는지를 물어 보았다.

(A) whose

(B) whom

(C) who

(D) where

어휘 | security guard 경호원, 보안 요원 umbrella 우산 sit (어떤 곳에) 있다

해설 | 빈칸 뒤에 완전한 절이 있으므로 불완전한 절을 이끄는 whom, who는 정답에서 제외된다. 빈칸 뒤에 주어 역할을 하는 명사인 umbrella를 수식할 수 있는 것을 골라야 하므로 정답은 (A)의 whose이다.

5

전근에 관심이 있는 분은 즉시 인사과의 Grierson 씨에게 연락하세요.

(A) who

(B) which

(C) why

(D) how

어휘 | transfer 전근 contact 연락하다

해설 | 선행사가 사람인 anyone이며, 빈칸에는 주어 역할을 할 수 있는 관계대명사가 와야 하므로 정답은 (A)의 who이다.

6

아픈 직원은 사무실에 보고해야 한다.

(A) who

(B) whose

(C) whom

(D) which

어휘 | ill 아픈, 병든 report 보고하다 office 사무실

해설 | 주어 역할을 할 수 있는 관계대명사를 골라야 하는데 선행사가 사람이기 때문에 (A)의 who가 정답이 된다.

7

노동자들은 그들이 고장 난 부품을 교체할 수 있는 방법을 알고 있어야 한다.

(A) where

(B) how

(C) who

(D) when

어휘 | replace 교체하다 broken 고장 난 part 부분, 부품

해설 | 방법을 의미하는 선행사를 골라야 하므로 (B)의 how가 정답이 된다.

8

행사에는 지방의 지역에서 오는 사람들뿐만 아니라 많은 외국인들도 있을 것이다.

(A) such

(B) neither

(C) and

(D) also

어휘 | local 지방의, 현지의 area 지역 foreigner 외국인 event 행사

해설 | 문장 맨 앞의 'not only'를 보고 뒤에 'but also'가 나와야 한다는 것을 파악해야 한다. 정답은 (D)의 also이다. 'not only A but also B'에서 A와 B에 절이 오는 경우에는 'Not only + 동사 + 주어, but + 주어 + (be동사·조동사 + also / also + 일반동사)' 형태의 도치가 일어 난다.

9

시간이 많이 남아 있지 않은 것을 고려하면, 모두가 더 빨리 일해야만 한다.

(A) Approving

(B) Resulting

(C) Considering

(D) Adding

어휘 | remain 남아 있다　consider 고려하다

해설 | 빈칸에는 조건을 나타내는 부사절 접속사가 와야 하는 자리인데 빈칸 뒤에 that이 있다. 'considering that'이 '~을 고려하면'이라는 의미로 사용되므로 정답은 (C)이다.

10

Jennifer Brandt는 자신의 업무량을 줄이기 위해서 신규 보조 사원을 고용하고 싶어 한다.

(A) so that

(B) such

(C) even so

(D) how

어휘 | assistant 조수, 보조자　reduce 줄이다　workload 업무량

해설 | '자신의 업무량을 줄이는 것'은 Jennifer Brandt가 신규 보조 사원을 고용하고 싶어 하는 것의 이유일 것이므로 (A)의 so that이 정답이다.

(Part 6)

[11-14]

> 수신: 전 직원
> 발신: K.R. Stallings
> 제목: 정책 변경
> 날짜: 5월 28일
>
> 목요일부터, 휴가 신청과 관련된 신규 정책이 실시될 것입니다. 이전의 시스템에 너무 많은 오류가 있는 것으로 판명되었습니다. 그래서 이제 전체적인 절차가 컴퓨터화될 것입니다.
>
> 휴가를 요청하기 위해서, 회사 웹사이트에 가서 "Time Off" 아이콘을 누르세요. **그리고 나서, 프롬프트를 따르세요.** 당신은 휴가 신청 이유와 원하는 휴가 일자를 작성해야 할 것입니다. 바로 다음 영업일에 자동 회신을 받게 됩니다.
>
> 새로운 방식에 익숙해질 때까지 시간이 필요하다는 점을 이해하고 있습니다. 소프트웨어에 문제가 있을 경우, IT 부서로 즉시 연락하시기 바랍니다.

어휘 | policy 정책　as of ~부터　regarding ~에 관하여
time off 휴식, 휴가　go into effect 효력이 발생되다, 실시되다

fault 결점, 단점　procedure 절차　computerized 컴퓨터화된
prompt 프롬프트 (컴퓨터상에 나타나는 지시 사항)　take off 떠나다
request 요청　response 답장　business day 평일, 영업일
method 방법　at once 즉시

11

(A) event

(B) technique

(C) procedure

(D) appearance

해설 | 두 번째 문단의 내용이 휴가 신청 절차와 관련된 구체적인 내용이기 때문에, 빈칸에는 '절차'를 의미하는 명사인 procedure가 와야 한다. 정답은 (C)이다.

12

(A) 그리고 나서, 프롬프트를 따르세요.

(B) 휴가를 즐기세요.

(C) 그것이 전부입니다.

(D) 관리자에게 말하는 것을 추천합니다.

해설 | 문장 삽입 문제는 빈칸 앞뒤의 내용을 파악하여 정답을 선택해야 한다. 빈칸 앞의 문장은 '홈페이지에 가서 "Time Off" 아이콘을 누르라'는 내용이며, 뒤의 내용은 희망 휴가 일자와 사유를 입력하라는 내용이다. 보기 중에서 휴가를 신청하는 중간 절차로서 적절한 내용은 '프롬프트를 따르라'는 내용의 (A)이다.

13

(A) automated

(B) automate

(C) automates

(D) automating

해설 | 명사를 수식할 수 있는 분사인 automated와 automating 중에서 정답을 고르면 된다. 수식을 받는 명사인 response가 '자동화된(automated)' 것이지, 다른 대상을 '자동화할 (automating)' 수는 없으므로 정답은 (A)이다.

14

(A) Because

(B) Consequently

(C) If

(D) So

해설 | 적절한 접속사를 고르는 문제인데, '소프트웨어와 관련된 문제가 있으면 IT 부서에 연락하라'는 내용이 되어야 자연스러우므로 정답은 (C)의 If이다.

[15-16]

Bryce 부동산

Bryce 부동산은 데번포트와 주변 지역에서 고급 주택으로 가장 유명합니다. 주택 구입을 원하신다면, 랭커스터로 87번지에 있는 저희 사무실에 방문해 주세요. 저희의 부동산 중개인들 중 한 명이 고객님께서 필요로 하시는 것을 들은 다음 가장 알맞은 장소를 찾을 것입니다. 예산에 대해서는 걱정하실 필요가 없습니다. 저희는 모든 소득 수준의 고객님을 위한 주택과 아파트를 보유하고 있습니다. 주택을 매도하고 싶으시다면, 그것 또한 저희가 도와 드릴 수 있습니다. 구매자를 찾아서 합리적인 가격에 계약을 준비해 드리겠습니다. 계약이 체결되는 경우에만 수수료를 지불하시면 됩니다. Bryce 부동산이 고객님을 어떻게 도와 드리는지에 대해 알고 싶다면 233-9811로 전화해 주시거나 www.brycerealty.com을 방문하세요.

어휘 | realty 부동산   quality 고급의, 양질의   housing 주택; 주택 공급   surrounding 주변의   drop by 들르다   real estate agent 부동산 중개인   budget 예산   income 소득   residence 주택   arrange 준비하다   contract 계약(서)   modest 적당한   fee 수수료

15
누가 광고에 관심을 가질 것 같은가?
(A) 아파트를 임대하려는 하는 사람
(B) 주택을 구입하려는 사람
(C) 아파트 단기 임대 계약을 원하는 사람
(D) 주택을 리모델링하려는 사람

해설 | 지문의 초반부에서, 주택을 구매하고자 하는 사람에게 방문해 달라는(If you're looking to buy a home, drop by our office at 87 Lancaster Drive) 내용이 언급되어 있다. 따라서 정답은 (B)이다. 부동산 광고이기는 하지만 임대와 관련된 내용은 없기 때문에 (A)와 (C)는 정답이 될 수 없다.

16
광고에 따르면, Bryce 부동산의 직원들은 무엇을 할 수 있는가?
(A) 할인 판매되는 주택들을 준비한다
(B) 구매자들에게 주택 구입 대출금을 제공한다
(C) 계약 조건을 협상한다
(D) 구매자와 판매자를 연결한다

해설 | 세부 정보를 찾는 문제이다. 본문에서 Bryce 부동산에서 할 수 있는 일로 언급된 것은 구매자에게 가장 알맞은 집을 찾아 주는 것(find a place ideal for you), 판매자들을 돕는 것(If you're looking to sell your residence, we can assist you,

too)이다. 따라서 (D)가 정답이다.

[17-18]

Devon Harrison 출판계에 복귀
Lisa Bloom 기자

피츠버그 (3월 29일) - 거의 10년의 기다림 끝에, Devon Harrison이 마침내 신간 소설을 출간했다. Harrison은 15년 전 자신의 첫 번째 소설 *산처럼 높은*을 출간하면서 스릴러 장르에서 유명해졌다. *산처럼 높은*은 이후에 성공적으로 영화화 되어서, Harrison 씨에게 훨씬 더 많은 명성을 가져다 주었다.

그 후에, 그의 후속 소설, *위험지대*가 200만부 이상 판매되었다. 그는 곧이어 그의 주요 등장인물인 Dan Lamont가 등장하는 *스파이*를 포함한 두 권의 소설을 더 출간했다. 하지만 그리고 나서 그는 집필을 멈추고 휴식에 들어갔다. 이제, 10년이 지난 후, 그가 최신 작품으로 돌아왔다. *베를린역*이라는 제목의 이 스릴러물은 읽는 동안 당신을 완전히 매료시킬 것이라고 확신한다. 당신은 이 책을 놓치는 것을 원하지 않을 것이다. 온라인이나 지역의 서점에서 구매할 수 있다.

어휘 | decade 10년   release 발표하다, 공개하다   make a name 유명해지다   thriller 스릴러물   genre 장르   publication 출간   turn into ~이 되다   follow-up 후속편   feature 주연으로 하다   afterward 그 후에   entitle 제목을 붙이다   on the edge of one's seat 완전히 매료된

17
기사는 주로 무엇에 대한 것인가?
(A) 곧 있을 책 사인회 행사
(B) 지역 작가의 일생
(C) 어느 작가에 의해 만들어진 작품들
(D) 영화화 될 소설

해설 | 첫 번째 문단은 Devon Harrison이 집필한 새로운 소설이 발간되었다는 내용이며, 두 번째 문단에서 그의 여러 가지 작품들이 설명되어 있다. 따라서 정답은 (C)이다.

18
Harrison 씨의 가장 최근의 책에 대한 Bloom 씨의 의견은 무엇인가?
(A) 그의 첫 번째 책만큼 좋지는 않다.
(B) 사람들이 읽어야 할 책이다.
(C) 스릴러 장르에서 최고의 책이다.
(D) 그다지 흥미로운 스릴러는 아니다.

해설 | 지문의 마지막 부분에서 Harrison 씨의 가장 최근의 책인 *베를린역*이 흥미진진하고(Entitled *Berlin Station*, it's a thriller that is sure to keep you on the edge of your seat as you read) 놓치지 말아야 한다고(You don't want to miss this book at all) 소개되어 있다. 따라서 정답은 (B)이다.

[19-20]

가전제품 대규모 할인 행사
Alewife 전자
메이플가 224번지

우리는 동계 파격 세일을 실시합니다
모든 가전제품들이 판매되어야 합니다
재고가 너무 많은 상태이며 내년 모델을 위한 공간을 확보가 필요합니다
따라서 우리의 손실이 여러분의 이득입니다

12월 15일부터 31일까지 아래의 좋은 거래 조건을 잡으세요.
- ◆ 냉장고와 난로: 40% 할인
- ◆ 세탁기와 건조기: 20% 할인
- ◆ 전기 오븐과 토스터: 30% 할인
- ◆ 블렌더와 커피메이커: 50% 할인

300달러 이상 구매하시는 고객분들께는 시 경계 이내의 모든 지역에 무료로 배송해 드립니다

우리는 일주일 내내 오전 9시부터 오후 9시까지 영업합니다
고도로 훈련된 우리의 전문적인 직원들이 여러분을 돕기 위해 기다리고 있습니다
지금 바로 행동에 옮겨서 새로운 가전제품과 함께 새해를 맞이하세요.

어휘 | home appliance 가전제품   blowout sale 파격 세일
overstocked 재고 과잉의   loss 손실   gain 이득   deal 거래
qualify 자격을 얻다   city limits 시의 경계   professional 전문가

19
할인 행사에 대해 사실이 아닌 것은 무엇인가?
(A) 12월에 종료될 것이다.
(B) 오프라인 매장에서 실시된다.
(C) 매장의 모든 제품들이 할인된다.
(D) 세일의 목적은 오래된 제품들을 새 제품들로 교체하기 위해서이다.

해설 | 세일 기간은 12월 15일부터 31일까지라고 했으므로(Get the following great deals from December 15 to 31) (A)는 지문에 언급되어 있는 내용이며, 매장의 주소가 명시되어 있으므로 (B)도 옳은 정보이다. 세일의 목적이 신제품을 위한 공간 확보라고(need to make space for next year's models) 했으므로 (D) 또한 정답이 될 수 없다. 할인되는 몇몇 제품들이 명시되어 있으므로, 모든 제품이 할인된다는 내용의 (C)는 잘못된 정보이다.

20
Alewife 전자에 대해 언급된 것은 무엇인가?
(A) 몇몇 구입품에 대해 무료로 배송할 것이다.
(B) 직원들이 모든 제품을 조립할 수 있다.
(C) 시 전역에 몇몇 지점이 있다.
(D) 국경일에는 영업을 하지 않는다.

해설 | 직원들이 전문가라는(Our highly trained staff of professionals) 내용은 있지만, 모든 제품을 조립할 수 있는지는 알 수 없으므로 (B)는 정답이 될 수 없으며, 1주일 내내 영업한다고(We are open seven days a week) 했으므로 (D)도 정답이 아니며, 지점에 대한 내용은 언급되어 있지 않으므로 (C)도 정답이 될 수 없다. 300달러 이상 구매한 고객들에게 무료로 배송한다는(Shoppers spending $300 or more qualify for free delivery) 정보가 있으므로 (A)가 정답이 된다.

[21-25]

논문 공모

유럽화학협회(ECA)는 11월 3일부터 6일까지 독일 베를린에서 올해의 컨퍼런스를 개최합니다. 모든 ECA 회원들과 화학에 관심 있는 분들은 참석할 수 있습니다. 회원들은 등록비 80유로를 지불해야 하며 비회원은 110유로를 지불해야 합니다. 등록은 온라인이나 컨퍼런스 현장에서 가능할 것입니다. 컨퍼런스에 논문을 발표하기를 원하시는 분들은 7월 31일까지 제출하셔야 합니다. 발표에 선정되시는 분들께는 8월 16일까지 알려 드리겠습니다. 컨퍼런스 일일 일정표는 9월 10일에 발표될 것입니다. 더 많은 정보를 원하시면 www.eca.org/conference에 방문해 주세요.

어휘 | paper 논문   chemistry 화학   association 협회
individual 개인   invite 초대하다   registration fee 등록비
submit 제출하다

Chiara Santoro
파올로 가이다노 거리 12번지
피렌체, 이탈리아 50131

8월 15일

Santoro 씨께,

"플라스틱 제조를 위한 새로운 화학 처리 공정"이라는 제목의 귀하의 논문이 유럽화학협회(ECA) 컨퍼런스 발표 논문으로 채택되었습니다. 두 번째 날에 발표하시게 됩니다. 시간은 아직 정해지지 않았습니다. 편지에 동봉된 확인 양식을 작성하여 9월 15일까지 우편으로 보내 주시기 바랍니다.

귀하는 ECA의 회원이 아니라고 알고 있습니다. 회원이 되셔서 여러 가지 혜택을 얻을 수 있게 되기를 권합니다. 혜택들 중에는

저희 회원 분들과의 인적 네트워크 형성이 있는데, 많은 회원들이 유럽에서 영향력 있는 분들입니다.

ECA는 베를린 가든호텔과 함께 특가 상품을 준비해 두고 있는데, 호텔은 컨퍼런스 센터에서 도로 건너편에 있습니다. 그곳에 투숙하기를 원하신다면, 예약하실 때 ICADISCOUNT 코드를 사용하세요. 정가의 15%를 할인 받게 됩니다.

컨퍼런스와 관련하여 질문이 있으실 경우, 저에게 연락해 주세요.

Rudolph Spitz
ECA 컨퍼런스 조직 위원

어휘 | entitle 제목을 붙이다   confirmation 확인   encourage 권하다
obtain 얻다   benefit 이익, 혜택   networking 인적 네트워크
influential 영향력 있는   arrange 준비하다   special deal 특가 상품
make a reservation 예약하다   regular price 정상 가격

수신: frontdesk@berlingardenhotel.com
발신: chiara-s@chemistmail.com
제목: 예약
날짜: 10월 11일

관계자 분께,

제 이름은 Chiara Santoro입니다. 저는 온라인 상에서 11월 2일부터 6일까지 귀하의 호텔을 예약했습니다. 저는 유럽화학협회의 컨퍼런스에 참가할 것입니다. 제가 저렴한 요금으로 객실을 이용할 자격이 된다고 들었습니다; 하지만, 예약 서류에 특별 코드를 입력하는 곳이 없었습니다.

할인을 받으려면 무엇을 해야 하는지 알려 주시겠습니까? 할인이 더 이상 적용되지 않는다면, 저는 그곳에 머무를 수 없을 것입니다.

Chiara Santoro 드림

어휘 | be eligible for 자격이 있다, 대상이 되다   rate 요금   offer 할인
apply 적용하다   establishment 시설

21

안내문에 따르면, 컨퍼런스에 대해 맞는 것은 무엇인가?

(A) 모든 사람에게 등록비가 동일하다.
(B) 매년 두 번 개최된다.
(C) ECA 회원들에게만 공개된다.
(D) 컨퍼런스 일정은 9월에 공개될 것이다.

해설 | 일일 일정표는 9월 10일에 발표될 것이라고(The daily schedule for the conference will be announced on September 10) 언급되어 있으므로 정답은 (D)이다. 등록비는 회원이 80유로로, 비회원이 110유로로 차이가 있다고 했으므로 (A)와 (C)는 정답이 될 수 없으며, 매년 두 번 개최된다는 정보도 찾을 수 없으므로 (B) 또한 오답이다.

22

Spitz 씨가 Santoro에 대해 암시하고 있는 것은 무엇인가?

(A) 그녀는 컨퍼런스 참가를 위해 110유로를 지불해야 한다.
(B) 그녀는 ECA의 예전 행사에 참가했었다.
(C) 그녀는 논문에서 몇 가지 수정을 해야 한다.
(D) 그녀는 작년 컨퍼런스에 논문을 제출했었다.

해설 | 연계 정보를 묻는 문제이다. 두 번째 지문에서 Santoro 씨가 ECA의 회원이 아니라는(It is my understanding that you are not a member of the ECA) 정보를 찾을 수 있는데, 첫 번째 지문에서 비회원은 컨퍼런스 등록비로 110유로를 지불해야 한다고(nonmembers must pay €110) 했다. 따라서 정답은 (A)이다.

23

Spitz 씨는 Santoro 씨에게 무엇을 하라고 권하는가?

(A) 협회에 가입한다
(B) 컨퍼런스에 일찍 도착한다
(C) 완전한 논문을 논문 빨리 보낸다
(D) 온라인으로 양식을 회신한다

해설 | 편지의 두 번째 문단에서 Spitz 씨는 Santoro 씨가 ECA의 회원이 아니라는 것을 알고 있다고 말한 뒤에, 회원이 되어 여러 가지 혜택을 누리라고 권유하고(I encourage you to become one as you can obtain several benefits) 있다. 따라서 정답은 (A)이다.

24

이메일의 목적은 무엇인가?

(A) 예약을 확인하려고
(B) 더 저렴한 요금을 요청하려고
(C) 객실을 선택하려고
(D) 투숙일을 변경하려고

해설 | 목적을 묻는 문제의 단서는 첫 번째 문단에 있는 경우가 많다. Santoro 씨는 본인이 할인을 받을 자격이 있지만 할인 코드를 입력할 곳을 찾지 못했다고(I was informed I would be eligible for a room at a cheap rate; however, there was no place on the reservation form to include the special code) 말하고 있으므로, 정답은 (B)이다.

25

Santoro 씨에 대해 암시된 것은 무엇인가?

(A) 그녀는 대학에서 화학을 가르치는 교수이다.
(B) 그녀는 ECA의 회원이 되기 위해 신청했다.
(C) 그녀는 예전에 몇 번 베를린을 방문했었다.
(D) 그녀는 컨퍼런스가 시작되기 전에 호텔에 체크인할 계획이다.

해설 | 이메일에서 Santoro 씨가 투숙하려는 일정은 11월 2일에서 6일까지인데, 첫 번째 지문에서 컨퍼런스의 일정이 11월 3일부터 시작된다는 정보가 있다. 따라서 Santoro 씨는 컨퍼런스가 시작되기 전에 호텔에 체크인하려는 것을 알 수 있다. 정답은 (D)이다.

Half Test 1

p.280

정답

Part 5

1 (C)	2 (D)	3 (C)	4 (A)	5 (D)
6 (B)	7 (C)	8 (B)	9 (A)	10 (C)
11 (C)	12 (B)	13 (B)	14 (A)	15 (B)

Part 6

16 (C)	17 (A)	18 (A)	19 (D)	20 (B)
21 (D)	22 (B)	23 (C)		

Part 7

24 (D)	25 (A)	26 (C)	27 (A)	28 (A)
29 (C)	30 (D)	31 (B)	32 (A)	33 (D)
34 (C)	35 (A)	36 (A)	37 (C)	38 (A)
39 (D)	40 (B)	41 (B)	42 (C)	43 (B)
44 (A)	45 (C)	46 (B)	47 (C)	48 (B)
49 (A)	50 (C)			

Part 5

1

Hanover 씨의 고용 조건은 그가 서명한 계약서에 분명하게 명시되어 있다.

(A) employed
(B) employee
(C) employment
(D) employing

어휘 | terms 계약 조건   clearly 분명하게   state 진술하다. 명시하다   contract 계약서   employment 고용

해설 | 소유격인 'Mr. Hanover's' 뒤에 빈칸이 있는데, 소유격 뒤에는 명사가 와야 하므로 정답은 (C)이다.

2

비가 내릴 것 같기 때문에, 기공식은 실내에서 열려야 한다.

(A) Since when
(B) In order that
(C) However
(D) As long as

어휘 | groundbreaking ceremony 기공식   indoors 실내에서   since when 언제부터   as long as ~하는 한; ~이기 때문에

in order that ~하기 위해서

해설 | 접속사를 고르는 문제이다. 문맥상 '비가 내릴 것 같기 때문에'라는 의미가 되어야 자연스러우므로 정답은 (D)이다. (C)의 however는 접속부사이므로, 문장의 맨 앞에 사용될 수 없다.

3

몇몇 고객들은 원래의 맛을 선호했지만, 다른 사람들은 Melvin 푸드에서 만든 새로운 맛을 좋아했다.

(A) another
(B) any other
(C) others
(D) other

어휘 | customer 고객   prefer 선호하다   flavor 맛, 풍미   taste 맛

해설 | 적절한 대명사를 선택하는 문제이다. 종속절의 주어가 'some customers'인데, 해석해 보면 문맥상 '나머지 모두'를 의미하는 대명사를 골라야 한다. 따라서 정답은 (C)의 others이다.

4

대부분의 직원들은 고위경영진으로부터 받았던 대우에 감사했다.

(A) appreciative
(B) appreciate
(C) appreciation
(D) appreciated

어휘 | treat 대하다   upper management 고위 경영진   be appreciative of ~에 감사하다

해설 | 빈칸은 be동사 뒤에 있으므로 보어 자리이다. 보어로 사용될 수 있는 품사는 명사와 형용사이므로 동사인 (B)는 정답에서 제외되며, 과거분사는 전치사와 함께 사용될 수 없기 때문에 (D)의 appreciated 또한 정답이 아니다. 주어가 사람인 employees인데, 명사인 appreciation은 '사람'과 동격이 될 수 없기 때문에 (C) 또한 오답이다. 정답은 형용사인 (B)이다. '~에 감사하다'라는 뜻의 'be appreciative of'는 통으로 외워두는 것이 좋다.

5

설문에 참여한 10명 중 6명은 Hendrickson 의류의 상품 가격이 너무 높다고 생각했다.

(A) graphed
(B) responded
(C) measured
(D) surveyed

어휘 | out of ~ 중에서   graph 그래프로 나타내다   respond 응답하다   measure 측정하다   survey 설문 조사하다

정답 및 해설 **335**

해설 | 문맥상 적절한 어휘를 골라야 하는데, 보기 중에서 '설문 조사된 (설문 조사에 참여한)'이라는 의미인 (D)의 surveyed가 가장 적절하다. (A)의 graphed는 사람을 수식할 때 사용될 수 없으며, (B)는 빈칸 앞에 who가 있다면 정답이 될 수 있다.

6

Julie Masterson는 유감스럽게도 생물의학학회의 개회식에 참석하지 못한다.

(A) favorably

(B) regrettably

(C) recently

(D) approvingly

어휘 | **present** 참석한   **opening day** 개회일   **biomedical** 생물 의학의   **conference** 회의, 학회   **favorably** 호의적으로   **regrettably** 유감스럽게   **recently** 최근에   **approvingly** 찬성하여

해설 | 적절한 의미의 부사를 골라야 한다. 문장을 해석해보면 'Julie Masterson'이 개회식에 참석하지 못한다'는 뜻이므로, '유감스럽게'라는 의미인 (B)의 regrettably가 정답으로 가장 적절하다. 문장의 시제가 과거(was)라면 (C)의 recently도 정답이 될 수 있다.

7

Molina 씨는 비상 상황을 제외하면 방해 받지 않겠다고 직원들에게 통지했다.

(A) therefore

(B) addition

(C) except

(D) before

어휘 | **inform** 통지하다, 알리다   **staff** 직원   **interrupt** 방해하다, 가로막다   **in case of** ~의 경우   **emergency** 비상사태   **therefore** 그러므로   **except** ~외에는

해설 | 문맥상 빈칸에는 '~을 제외하고'라는 뜻의 전치사 except가 오는 것이 의미상 가장 적절하다. 참고로 전치사와 접속사 앞에는 except for가 아닌 except를 사용한다.

8

Longman 씨는 그가 그리고 있는 건물 설계도 작업의 현실적인 완료일을 제시하라는 권고를 받았다.

(A) complete

(B) completion

(C) completed

(D) completely

어휘 | **realistic** 현실적인   **completion** 완료, 완성   **building plan** 건물 설계도

해설 | '완료 일자'를 표현할 때에는 'completing date'와 같이 표현하므로 정답은 (B)이다.

9

Keller 씨는 바쁜 일정에도 불구하고 극장의 개막 공연에 참석하기를 원한다.

(A) in spite of

(B) thanks

(C) with regard to

(D) in opposition to

어휘 | **attend** 참석하다   **performance** 공연   **in spite of** ~에도 불구하고   **with regard to** ~와 관련하여   **in opposition to** ~에 반대하여

해설 | '바쁜 일정'과 '공연 참석'은 상반되는 내용이므로 '~에도 불구하고'라는 의미의 전치사인 (A)의 in spite of가 빈칸에 와야 한다.

10

그 공원은 원래 농지였지만 5년 전쯤에 변경되었다.

(A) original

(B) origin

(C) originally

(D) origins

어휘 | **farmland** 농지   **transform** 변형시키다, 변경시키다   **around** 약, ~쯤

해설 | 빈칸을 제외하더라도 완전한 문장이기 때문에, 빈칸은 부사 자리이다. 따라서 정답은 (C)이다.

11

Soft Pro에 의해 제조된 제품들은 지역 상점에 더 이상 재고가 없다.

(A) space

(B) shop

(C) stock

(D) shelf

어휘 | **manufacture** 제조하다   **no longer** 더 이상 ~ 아닌   **in stock** 재고가 있는   **local** 지역의   **shelf** 선반

해설 | '재고가 있는'이라는 표현인 'in stock'을 알아 두어야 한다. 정답은 (C)이다.

12

Edward Reynolds는 근무가 끝나기 전까지 업무를 끝낼
것을 요구 받고 있다.

(A) type

(B) task

(C) applicant

(D) approval

어휘 | require 요구하다   complete 완료하다   type 유형   task
업무   applicant 지원자   approval 승인

해설 | 적절한 의미의 명사를 골라야 하는데, '완료하다'라는 의미
의 동사 complete의 목적어로 사용되기에 의미상 가장 적절한
것은 (B)의 task이다.

13

특정 개인들이 악용했기 때문에 Carter 주식회사의 규칙들
은 더욱 엄격해졌다.

(A) restrict

(B) more restrictive

(C) most restrictively

(D) restriction

어휘 | rule 규칙   individual 개인   take advantage of ~을 악용
하다, 이용하다   restrict 제한하다   restrictive 엄격한
restrictively 엄격하게   restriction 제한

해설 | 동사 become은 보어를 필요로 하는 동사이므로 동사인
(A)와 부사인 (C)는 정답에서 제외된다. '규칙(rules)'이 '제한
(restriction)'과 동일한 의미가 될 수는 없으므로 명사인 (D) 또
한 정답으로 적절하지 않다. 정답은 형용사의 비교급인 (B)이다.

14

본사의 임원들은 다음 주에 지점에서 정례적인 점검을 실시
할 것이다.

(A) conduct

(B) conduction

(C) conducting

(D) be conducted

어휘 | official 임원, 공무원   headquarters 본사, 본부   routine
정례적인   inspection 사찰, 순시, 점검   conduct 수행하다, 지휘하다

해설 | 빈칸 앞에 조동사가 있으므로 동사의 원형인 (A)의
conduct가 정답이 된다.

15

직무 대행 관리자인 Susan Carter는 그녀가 상임 직책을
얻어야 한다고 요구했다.

(A) her

(B) she

(C) herself

(D) hers

어휘 | acting 대리의, 직무 대행의   request 요구하다
permanently 영구적으로, 상임으로

해설 | 빈칸은 that절의 주어 자리이므로 주격 대명사인 (B)의 she
가 정답이 된다.

Part 6

[16-19]

친애하는 Wilson 씨께,

신중히 고려한 뒤에, 채용 위원회에서는 귀하에게 Sweetwater
엔지니어링의 보조 엔지니어 직책을 제안하기로 결정했습니
다. 제안의 조건은 2차 면접에서 우리가 논의했던 것들과 동일합니
다. 만약 귀하가 다른 지방에서 이주해 와야 할 경우에는 귀하
의 이주에 대해 약간의 재정 지원도 가능합니다. 이에 대해서는
Harvey Smith와 상의하시기 바랍니다.

우리와 함께 일하기로 결정하신다면, 동봉된 계약서에 서명하
여 저에게 우편으로 보내 주시기 바랍니다. 우리는 귀하가 늦어
도 8월 21일부터 근무를 시작할 수 있기를 바랍니다. 논의하고
싶은 문제가 있을 경우, (832) 839-7263으로 저에게 연락하세
요. 귀하로부터 긍정적인 회신을 받게 되기를 고대합니다.

Louise Martel 드림

어휘 | consideration 숙고   committee 위원회   associate 부,
보조의   interview 면접   provide 제공하다   financial 재정적인
assistance 지원, 원조   enclosed 동봉된   look forward to ~을
고대하다   positive 긍정적인   response 응답, 회신

16

(A) carefulness

(B) caring

(C) careful

(D) carefully

해설 | 빈칸에는 명사인 consideration을 수식하는 역할을 하는
형용사가 와야 하므로, 형용사인 (C)의 careful이 정답이 된다.

17

(A) terms

(B) situations

(C) appearances

(D) duties

어휘 | terms (계약의) 조건   situation 상황   appearance 출석, 출두   duty 의무

해설 | 문맥상 적절한 의미의 어휘를 고르는 문제이다. 제안의 '조건들'이 두 번째 면접 때 언급되었던 것과 같다는 의미가 되어야 자연스러우므로 (A)의 terms가 정답이 된다. terms는 합의나 계약 등의 조건을 의미한다.

18

(A) 이에 대해서는 Harvey Smith와 상의하시기 바랍니다.
(B) 귀하의 첫 급여가 곧 지급됩니다.
(C) 귀하가 Dover에 안전하게 도착했기를 바랍니다.
(D) 귀하의 2차 면접은 다음 주에 예정되어 있습니다.

해설 | 빈칸 앞의 문장은 이사할 때 도움을 줄 수 있다는 내용이다. 관련된 내용을 담당하고 있는 사람의 이름을 알려 주고 있는 (A)가 이어지기에 가장 자연스러운 문장이다.

19

(A) discuss
(B) discussing
(C) have discussed
(D) to discuss

해설 | 빈칸 앞의 동사 wish는 to부정사를 목적어로 취한다. 따라서 정답은 (D)의 to discuss이다.

[20-23]

수신: 〈undisclosed recipients〉
발신: billsanders@topmart.com
제목: 새로운 앱!
날짜: 4월 3일

소중한 고객님들께,

Top 마트의 직원들은 저희 상점에서 쇼핑하시는 여러분께 감사를 드립니다. 우리는 우리의 제품을 자랑스럽게 생각하며, 가격은 정말 최고입니다.

이제, Top 마트에서의 쇼핑은 이전보다 더 쉬워집니다. **우리는 새로운 앱을 소개하려 합니다.** 여기를 클릭해서 앱을 다운로드하기만 하면, 여러분은 전 세계 어느곳에서든 Top 마트에서 쇼핑할 수 있습니다. 여러분은 오직 온라인서만 제공되는 특가 행사에 접속할 수 있을 것이며, 우리는 2주일 동안 모든 구매에 대해 무료 배송을 제공할 것입니다.

등록하실 때 Top 마트 회원 번호를 꼭 입력하세요. 그러면, 여러분은 더 많은 할인을 받게 되는 포인트를 얻기 시작할 수 있습니다.

Bill Sanders 드림
최고경영자, Top 마트

어휘 | valued 소중한   customer 고객   be proud of ~을 자랑스러워 하다   can't be beat 최고이다   be about to 막 ~하려 하다   gain access to ~에 접속하다   delivery 배송

20

(A) to
(B) for
(C) with
(D) at

해설 | '~에 감사하다'라는 표현은 'thank you for ~'이다. 정답은 (B)이다.

21

(A) 우리는 10곳의 신규 점포를 개점했습니다.
(B) 우리의 웹사이트에서 대규모 할인 행사가 있습니다.
(C) 여러분은 특별고객클럽에 가입할 자격이 있습니다.
(D) 우리는 새로운 앱을 소개하려 합니다.

해설 | 빈칸 뒤 문장의 대명사 it이 정답의 중요한 단서로서, 보기의 문장에서 it이 가리키는 것을 찾으면 된다. '여기를 클릭하여 그것을 다운로드하라(Simply download it by clicking here)'고 했는데, 보기 중에서 다운로드할 수 있는 것은 (D)의 새로운 앱 (new app)뿐이므로 정답은 (D)이다.

22

(A) sell
(B) provide
(C) approach
(D) trade

해설 | 빈칸이 포함된 문장을 해석해 보면, 2주일 동안 모든 주문에 대해 무료 배송을 제공한다는 내용이므로 '제공하다'라는 뜻의 provide가 정답으로 가장 적절하다.

23

(A) registration
(B) register
(C) registering
(D) registered

해설 | 빈칸 앞에 접속사가 있으므로 명사인 (A)와 (B)는 정답이 될 수 없고, 분사인 (C)와 (D) 중에서 정답을 골라야 한다. 문장을 해석해 보면, 의미상 능동인 현재분사 registering이 와야 하므로 정답은 (C)이다.

Part 7

[24-25]

> **Steve Porter** [오후 1시 35분]
> 안녕, Mary. 우리 회의가 끝난 후 제 사무실에 노트북을 두고 갔더군요. 지금 알게 되었어요.
>
> **Mary Sullivan** [오후 1시 37분]
> 맞아요, Steve. 잊고 있었던 다음 회의에 가느라 정말 서두르고 있었어요.
>
> **Steve Porter** [오후 1시 38분]
> 제가 고객을 만나러 곧 출발해야 해요. 노트북을 Cynthia Orleans에게 맡길게요. 그녀의 사무실은 제 사무실 옆에 있어요.
>
> **Mary Sullivan** [오후 1시 39분]
> 저는 괜찮아요. 30분 뒤에 찾으러 갈게요.
>
> **Steve Porter** [오후 1시 40분]
> 그녀에게 알려 줄게요. 내일 아침 후속 회의 때 봐요.
>
> **Mary Sullivan** [오후 1시 41분]
> 그때 봐요, Steve.

어휘 | laptop 노트북 컴퓨터   notice 알다, 의식하다   in a hurry 서둘러, 급히   head out ~으로 향하다, 출발하다   in a minute 곧, 즉시   follow-up 후속 조치, 후속편

24

Porter 씨는 왜 Sullivan 씨에게 연락했는가?

(A) 그녀가 그를 만날 시간을 묻기 위해서
(B) 그의 사무실 위치를 언급하기 위해서
(C) 그녀에게 그의 신규 고객을 알리기 위해서
(D) 그녀가 잊은 물건에 대해 알려 주기 위해서

해설 | 지문의 초반부에서 목적의 단서를 찾을 수 있다. Porter 씨는 첫 번째 대화에서 'I think that you left your laptop in my office after our meeting ended'라고 하였으므로, 노트북 컴퓨터를 회의실에 두고 간 것을 알리기 위해 말을 걸었다고 볼 수 있다. 따라서, '노트북을 두고 갔다(you left your laptop)'는 내용을 '잊은 물건(an item she forgot)'으로 paraphrasing한 (D)가 정답이다.

25

오후 11시 39분에, Sullvan 씨가 "That's fine with me"라고 쓸 때 그녀가 의미하는 것은?

(A) 그녀는 Orleans 씨의 사무실 위치를 알고 있다.
(B) 그녀는 Porter 씨가 고객과 만나는 것을 승인한다.
(C) 그녀는 그녀의 사무실에 방문한다는 Porter 씨의 제안에 감사한다.
(D) 그녀는 내일 Porter 씨를 만나는 것에 동의한다.

해설 | 인용된 문장의 앞을 보면, 노트북을 Cynthia Orleans에 사무실에 맡겨 두겠다는 내용이 있다. 이에 대해 '저는 괜찮아요(That's fine with me)'라고 답하였으므로, Sullivan 씨가 Orleans 씨의 사무실 위치를 알고 있다고 볼 수 있다. 따라서 정답은 (A)이다.

[26-28]

> **The Pirate's Cove: 리뷰**
> Edgar Smith
>
> 지난주에 신기한 외관의 새로운 식당이 글래스톤베리에서 개업했는데, 식당에 대해 들었을 때, 나는 그곳을 확인해야만 했다. Dillon Masters가 소유하고 있는 Pirate's Cove의 내부는 해적 선처럼 생겼다. 또한, 서빙하는 모든 직원은 해적 유니폼을 입고 있다. 도착했을 때, 1시간 이상의 대기자 명단이 있었다. 다행스럽게도, 테이블을 예약해 두었기 때문에, 나는 즉시 앉을 수 있었다.
>
> 메뉴는 생선과 해산물에 아주 많이 집중되어 있다. 육류를 좋아하는 사람들을 위해, 스테이크와 닭 요리들이 있다. 대구 튀김, 세비체, 해산물 모둠 요리, 그리고 문어 튀김을 먹어 보았다. 각각의 요리는 맛있었지만 제공되었던 양에 비해 대구의 가격이 너무 비쌌다.
>
> 전체적으로, 식당은 분위기 덕분에 식사하기에 즐거운 곳이었고, 음식도 상당히 괜찮았다. 나를 담당했던 직원은 배려심이 있었는데 내가 그녀를 찾기 시작할 때마다 즉시 나타났다. 가족과 함께 식사를 하러 갈 훌륭한 장소로서 Pirate's Cove를 진심으로 추천한다. Pirate's Cove는 윈터 거리 87번지에 위치해 있고 월요일부터 토요일까지 오전 11시부터 오후 10시까지 영업한다.

어휘 | pirate 해석   cove 만   novel 새로운, 신기한   resemble 닮다, 비슷하다   book 예약하다   promptly 신속하게   cod 대구   ceviche 세비체 (해산물 샐러드의 일종)   platter 접시; 모둠 요리   overpriced 너무 비싼   portion 1인분   atmosphere 분위기   attentive 배려하는   wholeheartedly 진심으로

26

Pirate's Cove에 대해 암시된 것은 무엇인가?

(A) Masters 씨의 두 번째 식당이다.
(B) 쇼핑 센터 내에 위치해 있다.
(C) 사람들이 식사하기 위한 장소로 인기가 있다.
(D) 생선과 해산물만을 제공한다.

해설 | 첫 번째 문단에서 1시간 넘게 기다려야 할 정도의 대기자 명단이 있었다고(the waiting list was more than an hour long) 했으므로, Pirate's Cove는 인기가 좋은 식당임을 알 수 있다. 정답은 (C)이다.

27

Smith 씨가 Pirate's Cove에 대해 불평한 것은 무엇인가?

(A) 한 가지 요리가 너무 비싸다.

(B) 서빙하는 직원이 형편없이 훈련되어 있었다.

(C) 예약을 받지 않는다.

(D) 몇몇 음식들이 덜 익었다.

해설 | Smith 씨는 전체적으로 식당에 대해 호평을 하고 있지만, 한 가지 좋지 않게 언급한 내용은 대구의 가격이 비싸다는 (although the cod was overpriced) 것이다. 따라서 정답은 (A)이다.

28

Smith 씨가 Pirate's Cove에 대해 칭찬한 것은 무엇인가?

(A) 즐거운 분위기

(B) 다양한 메뉴

(C) 편리한 위치

(D) 긴 영업 시간

해설 | 본문에서 Smith 씨가 식당에 대해 좋게 언급한 내용들은 음식이 맛있고(Each dish was delicious / the food was quite good), 식당의 분위기가 좋다는(the restaurant was a fun place to dine at thanks to the atmosphere) 점이다. 보기 중에서 이와 일치하는 것은 (A)뿐이다.

[29-30]

시내 인도의 보수 작업

리치먼드시는 3주 후에 최근 폭풍우에 의해 피해를 입은 시내의 인도들을 보수합니다. 작업은 6월 3일 월요일에 시작될 것이며 6월 21일 금요일에 끝날 것입니다. 모든 보수 작업은 오후 6시부터 8시 사이에 진행될 것입니다. 인도가 보수되고 있는 동안, 보행자들과 자전거 사용자들은 계속해서 도로 옆쪽으로 통행할 수 있으며 거리에 있는 모든 상점들을 이용할 수 있습니다. 보수 일정은 www.richmondcity.gov/sidewalkrepairs에서 확인할 수 있습니다. 추가적인 보수 요청을 원하시는 분들은 863-9112로 전화해 주세요.

어휘 | repair 보수, 수리   sidewalk 인도, 보도   downtown 시내   recent 최근의   pedestrian 보행자   bicyclist 자전거 사용자   alongside ~와 함께, 나란히   access 접근하다   individual 개인   additional 추가적인

29

보수 작업에 대해 언급되지 않은 것은 무엇인가?

(A) 시내를 돌아다니는 사람들을 방해하지 않을 것이다.

(B) 6월에 실시될 예정이다.

(C) 사람들이 상점에 방문하지 못하게 할 것이다.

(D) 보수 작업은 폭풍으로 인한 몇 가지 문제들 때문에 필요하다.

해설 | 인도를 보수하는 중에도 거리의 상점을 모두 이용할 수 있다고(can access all of the stores on those streets) 하였으므로 (C)는 지문에 언급된 정보와 일치하지 않는 내용이다.

30

작성된 전화번호로 왜 전화할 것 같은가?

(A) 수리반에 지원하기 위해서

(B) 보수 작업 일정에 대해 알아 보기 위해서

(C) 소음 문제에 대해 항의하기 위해서

(D) 보도의 문제를 알리기 위해서

해설 | 지문의 마지막 부분에 추가적인 수리 요청을 원하는 사람들에게 전화해 달라는(Individuals who want to request additional repairs should call 863-9112) 내용이 있으므로, '보도의 문제를 알리기 위해서'라는 내용의 (D)가 정답이 된다.

[31-33]

Cynthia Robarts
로버트슨로 58번지
콜럼비아, 사우스캐롤라이나주 29228

12월 11일

Robarts 씨께,

최근에 Skylark 호텔의 회원 신청하신 것이 수락되었습니다. 동봉되어 있는 회원 카드를 확인해 주시기 바랍니다. 카드에는 귀하의 회원 번호가 있는데, 지금부터 예약하실 때에는 이것을 사용하셔야 합니다. 전 세계에 있는 우리의 254개 호텔 어느 곳에서든 현장에서 예약하실 때, 체크인 직원에게 카드를 제출만 하시면 됩니다. 온라인으로 예약하실 경우, 메시지가 표시되면 공간에 번호를 입력하시면 됩니다.

회원 자격을 활성화하기 위해 온라인 계정을 준비해야 합니다. www.skylarkhotel.com/membershipclub에 방문하여 "새로운 계정 생성"을 눌러 주세요. 문제가 생길 경우, 언제든지 888-547-0483으로 전화하시면, 고객서비스직원이 등록 과정을 도와 드릴 것입니다.

우리 클럽의 회원으로서 받을 수 있는 모든 혜택이 설명되어 있는 소책자도 동봉합니다. 혜택에는 할인된 가격에 투숙하는 것, 회원 전용 라운지 이용하기, 그리고 객실 업그레이드의 기회가 포함되어 있습니다. **귀하는 호텔과 공항을 오가는 교통비도 할인 받을 수 있습니다.** 자료를 자세히 읽어 주세요.

다시 한 번, 클럽 가입을 환영합니다. 곧 저희 호텔에서 뵙기를 바랍니다.

Clark Kinesin 드림

부회장
Skylark 호텔

어휘 | application 지원   membership 회원 자격   accept 받아
들이다   enclose 동봉하다   contain 포함하다   booking 예약
worldwide 전 세계적인   when prompted 메시지가 표시되면
set up 마련하다, 준비하다   activate 활성화하다   encounter 맞닥
뜨리다   registration 등록   booklet 소책자   describe 설명하다
be eligible to ~할 자격이 있다   thoroughly 철저히

31

Robarts 씨는 편지와 함께 무엇을 받았는가?

(A) 예약 확인서

(B) 카드

(C) 쿠폰북

(D) 일정표

해설 | 본문에서 편지에 동봉되었다고 언급된 것은 회원 카드와
(Enclosed, please find your membership card) 클럽의 회원
으로서 받을 수 있는 혜택이 설명되어 있는 소책자(We have also
included a small booklet that describes all the benefits you
are eligible to receive as a member of our club)이다. 따라서
(B)가 정답이 된다.

32

Robarts 씨는 왜 고객서비스직원에게 연락해야 하는가?

(A) 계정을 만드는 데 도움을 받기 위해서

(B) 그녀가 받을 혜택을 알아 보기 위해서

(C) 예약할 때 도움을 요청하기 위해서

(D) 회비의 환불을 요청하기 위해서

해설 | 전화번호가 언급되어 있는 두 번째 문단에는 새로운 계정
을 만드는 절차가 설명되어 있다. 전화번호가 언급된 부분을 보
면, 문제가 생기면(If you encounter any problems) 전화를 하
라고 안내하고 있다. 즉, 계정을 만드는 과정에서 문제가 생기면
전화를 하라는 의미이므로 정답은 (A)이다.

33

[1], [2], [3], 그리고 [4] 중에서 아래의 문장이 들어가기에
가장 적절한 곳은 어디인가?

"귀하는 호텔과 공항을 오가는 교통비도 할인 받을 수 있습
니다."

(A) [1]

(B) [2]

(C) [3]

(D) [4]

해설 | 제시된 문장의 내용은 '교통비도 할인 받을 수 있다'는 것이
므로, 할인과 같은 혜택이 언급된 문장 뒤에 위치하면 된다. 세 번
째 문단에 이와 같은 혜택이 언급되어 있으므로 정답은 (D)이다.

[34-36]

Bannister가 WTM사를 인수한다

Clark Wingo 기자

리치먼드 (8월 21일) – 어젯밤의 충격적인 발표에 따르면, 전
자 기기 제조사 Bannister의 대변인은 회사가 1천 740만 달러
에 WTM 주식회사를 인수하는 데 합의에 도달했다고 발표했다.

WTM은 스프링필드에 기반을 두고 있는 회사로서 고성능 기계
장치 생산을 전문으로 하고 있다. 제품의 대부분은 아시아 지역
의 기업들에 판매되고 있는데, 이는 Bannister가 확장에 관심을
두고 있는 시장이다. 최고경영자 Bruce Davidson은, "우리는
WTM이 이미 보유하고 있는 중국 및 동아시아와 동남아시아의
다른 국가들과의 관계를 활용하여 그곳에서 우리의 제품을 판
매하게 되기를 희망합니다"라고 말했다.

합병은 월말까지 완료될 예정이다. Davidson 씨는 WTM에서
아무도 해고되지 않을 것이라고 발표했다. 실제로, 그는 회사가
확장할 것이어서, 9월에 신규 직원들을 채용할 것이라고 했다.
합병이 마무리되면 WTM의 몇몇 경영진은 Bannister의 본사로
이동할 것이다. 그 이외에는, WTM이 WTM Bannister로 알려
지게 될 것이라는 점이 유일한 변화이다.

Manufacturing Digest의 분석가인 Jarvis Hatfield는 Bannister
의 결정이 시장 점유율에 도움이 될 현명한 행동이라고 말했다. 다
른 분석가들도 합병의 평가에 대해 같은 의견이었다.

어휘 | shocking 충격적인   announcement 발표
spokeswoman 대변인   electronics 전자 기기   manufacturer
제조업체   reach an agreement 합의에 도달하다   high-end
고성능의; 고가의   machinery 기계장치   expand 확장되다
remark 발언하다   merger 합병   lay off 해고하다   executives
경영진   headquarters 본사   finalize 완결하다   analyst 분석가
sharp 날카로운, 현명한   market share 시장 점유율   uniform
한결 같은   appreciation 평가; 인정

34

합병에 대해 암시된 것은 무엇인가?

(A) Bannister가 금전적인 손실을 보고 있어서 이루어졌다.

(B) 아시아에 있는 몇몇 공장에 영향을 줄 것이다.

(C) 대부분의 사람들을 놀라게 했다.

(D) 9월 말까지는 일어나지 않을 것이다.

해설 | 첫 번째 문장에 'In a shocking announcement last night'
이라는 내용이 있으므로, 합병의 발표가 충격적이라는 것을 알 수
있다. 따라서 정답은 (C)이다. 합병의 목적은 Bannister가 아시아
시장으로 확장하는 것에 관심이 있기 때문이라고 했으므로 (A)는

합병의 원인을 잘못 언급한 것이다. 합병이 아시아에 있는 공장에 영향을 준다는 정보도 없으므로 (B)도 정답이 아니며, 합병은 9월 말에 마무리될 것이라고 했으므로 (D) 또한 정답이 될 수 없다.

35
합병의 결과로 일어날 변화가 아닌 것은 무엇인가?

(A) 새로운 공장이 건설될 것이다.
(B) 회사는 새로운 이름을 갖게 될 것이다.
(C) 더 많은 직원들이 채용될 것이다.
(D) 몇몇 직원들이 이동될 것이다.

해설 | 합병의 결과로 언급된 것은, 회사 명칭의 변경(WTM will become known as WTM Bannister), 신규 직원 채용(it will be obtaining new employees), 그리고 경영진의 이동(Some WTM executives will move to Bannister's headquarters)이다. 지문에 새로운 공장이 건설될 것이라는 내용은 언급되어 있지 않으므로 정답은 (A)이다.

36
네 번째 문단 세 번째 줄의 단어 "sharp"와 의미가 가장 유사한 것은?

(A) clever
(B) sudden
(C) poor
(D) loud

해설 | sharp는 '날카로운, 뾰족한'이라는 의미를 갖고 있기도 하지만, 지문에서는 '현명한'이라는 의미로 사용되었으므로 정답은 (A)이다.

[37-40]

수신: 전 직원
발신: Erin Crow
제목: 건물 폐쇄
날짜: 4월 19일

최근에 내린 봄비가 비정상적으로 많이 와서 건물의 몇몇 구역이 심한 피해를 입었습니다. 여러분들 대다수가 알고 있는 것처럼, 지붕에서 물이 새고 있고, 지하층은 현재 거의 절반 정도 물에 잠겨 있습니다. 그리하여, 안전 검사관이 이 건물은 안전하지 않고 수리될 때까지 폐쇄되어야 한다고 결정했습니다.

오늘 오후 2시부터 적용되므로, 모든 직원들은 추후 통보가 있을 때까지 건물 떠나 있어야 합니다. 2주 동안 근무하는 데 필요한 모든 것을 챙기세요. 노트북과 태블릿 컴퓨터를 포함한 모든 전자기기를 챙기시기 바랍니다. 이 기간 동안 서류 파일이 필요하다고 생각하시면, 그것들도 챙기세요. 30분쯤 뒤에 유지보수부서 직원들

이 모두에게 상자를 가져다 줄 것입니다. 여러분의 물품들을 거기에 넣으세요. 건물에서 상자를 옮기는 데 도움이 필요하다면, 그 직원들이 들를 때 도움을 요청하세요.

우리는 현재 사무실을 설치할 임시 장소를 물색하고 있습니다. 장소를 확보할 때까지, 모든 직원들은 재택 근무를 해야 합니다. 고객을 직접 만나야 한다면, 고객의 사무실이나 양측이 서로 편리한 장소로 회의를 잡으세요.

질문, 요청, 또는 문제가 있을 경우, 즉시 내선번호 76번으로 저에게 연락하시거나 81번으로 Larry Bright에게 연락하세요.

어휘 | closure 폐쇄 leak 새다 basement 지하 safety inspector 안전 검사관 effective 효력이 있는 personnel 인원, 직원들 evacuate 떠나다, 피난하다 further notice 추후 통보 electronic item 전자기기 staffer 직원 Maintenance 유지보수부서 assistance 도움 remove 치우다, 버리다 drop off ~에 들르다 temporary 임시의 acquire 얻다 personal 개인의 residence 주택 client 고객 arrange 준비하다, 마련하다 mutually 상호간에 convenient 편리한 extension 내선번호

37
건물은 왜 폐쇄되는가?
(A) 지하층의 파이프에서 물이 샌다.
(B) 강풍으로 인해 지붕이 피해를 입었다.
(C) 폭풍으로 인해 건물의 일부가 파손되었다.
(D) 눈으로 인해 지붕의 일부가 무너졌다.

해설 | 첫 번째 문단에서 폭풍으로 인한 피해가 언급되어 있다. 따라서 정답은 (C)이다. 물이 샌다는 내용이 있기는 하지만, 물은 지하층이 아닌 지붕에서 새고 있으므로 (A)를 정답으로 고르는 실수를 해서는 안 된다.

38
Crow 씨는 직원들에게 무엇을 하라고 충고하는가?
(A) 건물에서 필수적인 물품들을 가져간다
(B) 건물에서 즉시 떠난다
(C) 유지보수부에 방문하여 상자를 가져간다
(D) 고객들에게 상황을 설명한다

해설 | 두 번째 문단 중반부에서 업무에 필요한 전자기기 등을 챙기라는 내용이 있으므로 정답은 (A)이다. 두 번째 문단에 건물을 떠나라는 내용이 있기는(all personnel must evacuate the building until further notice) 하지만, 언제 떠나야 하는지에 대해서는 언급되어 있지 않으므로 (B)는 정답이 될 수 없다.

39

회람에 따르면, 직원들은 당분간 어디에서 근무해야 하는가?

(A) 새로운 임시 사무실에서
(B) 고객들의 사무실에서
(C) 가까운 커피숍에서
(D) 그들의 집에서

해설 | 세 번째 문단 초반부에 임시 사무실을 구할 때까지는 직원들이 재택 근무를 해야 한다는(all employees should work from their personal residences) 내용이 언급되었으므로 정답은 (D)이다. 고객의 사무실은 회의 장소로 언급된 것일 뿐 업무 장소로 언급된 것이 아니다.

40

Crow 씨에게는 어떻게 연락해야 하는가?

(A) 메모로
(B) 전화로
(C) 직접
(D) 이메일로

해설 | Crow 씨는 마지막 문장에서 자기 자신의 내선번호를 알려주고 있다. 따라서 정답은 (B)이다.

[41-45]

> 수신: 마케팅 부서 전 직원
> 발신: Janice Greene
> 제목: 업무 능력
> 날짜: 7월 12일
>
> 저는 우리가 만들었던 지난 몇 건의 마케팅 캠페인들이 기대에 미치지 못했다는 사실에 관심을 갖게 되었습니다. 사실상 올해 우리의 모든 제품들은 침체를 맞았고, 이에 대한 대부분의 책임은 우리에게 있습니다. 최고경영자인 Hamels는 개선을 요구하고 있습니다. 앞으로 3개월 이내에 판매에 확실한 변화가 없다면, 우리들 중 몇몇은 실직할 수도 있을 것입니다.
>
> 그래서 WPM 컨설팅의 외부 컨설턴트를 초빙하기로 결정했습니다. 컨설턴트인 Deborah Messing이 업무 능력을 향상시키는 방법에 초점을 맞춘 하루 동안의 워크샵을 진행할 것입니다. Messing 씨는 7월 17일이나 19일에 이곳에서 교육을 진행할 수 있습니다. 이틀 내에 날짜를 결정하여 알려드리겠습니다.
>
> Messing 씨가 논의하기를 원하는 사항이 있다면, 저에게 즉시 알려 주세요. 또한, 여러분의 업무 능력에 대한 고민이 있다면, 저는 언제든지 그 문제를 여러분과 논의하겠습니다.

어휘 | job performance 업무 능력　bring attention to ~에 관심을 가져오다　marketing campaign 마케팅 캠페인 (제품 판매 촉진 활동)　expectation 기대　virtually 사실상　place the blame for ~에게

책임을 지우다　demand 요구하다　improvement 개선　noticeable 분명한　out of work 실직한　at once 즉시　in addition 게다가, 덧붙여　concern 걱정, 우려

> 수신: Janice Greene
> 발신: Leo Hardaway
> 날짜: 7월 13일
> 제목: 워크샵
>
> Janice,
>
> 저는 Messing 씨가 다음 주에 워크샵에서 할 강연을 듣는 것을 고대하고 있어요. 당신도 아시다시피, 저는 당신이 언급했던 첫 번째 날에 하루 종일 녹음실에서 일정이 있어요. 다른 날을 선택하신다면, 저는 확실히 참석할 수 있을 거예요.
>
> Messing 씨가 소셜 미디어 사이트를 마케팅 캠페인에 연계시키는 방법을 논의해 줄 수 있는지 문의해 주겠어요? 저는 이것이 우리가 잘 하지 못하는 분야라고 생각해서, Messing 씨가 우리의 성과를 향상시킬 수 있는 몇 가지 힌트를 줄 수 있으면 좋겠어요.
>
> 제가 가지 못하게 되더라도 우리 팀원들은 모두 참석할 수 있도록 할게요. 최근 우리의 성과 때문에 사기가 떨어져 있지만, 모든 것이 호전될 수 있도록 우리 모두에게 한두 가지 성공적인 캠페인이 필요해요.
>
> Leo 드림

어휘 | assuming ~라면, ~라고 가정하고　definitely 확실히　in attendance 참석한　incorporate 혼합하다　poorly 저조하게, 형편없이　enable ~을 할 수 있게 하다　morale 사기, 의욕　turn around 호전시키다

41

회람에 따르면, 무엇이 문제인가?

(A) 몇몇 TV 광고들이 형편없이 제작되었다.
(B) 회사의 판매가 줄어들었다.
(C) 직원들이 혹사당한다고 생각한다.
(D) 특별 행사가 취소될 수밖에 없다.

해설 | 지문의 초반부에서 올해의 제품 판매량이 하락했다는(Sales of virtually all of our products are down this year) 정보를 찾을 수 있다. 따라서 정답은 (B)이다. 마케팅 캠페인들이 기대에 미치지 못했다는 내용은 있지만, 그것만으로는 TV 광고가 형편없이 제작되었다고 단정지을 수 없으므로 (A)는 정답이 될 수 없다.

42

회람에서, 두 번째 문단 첫 번째 줄의 어휘 'bring in'과 그 의미가 가장 유사한 것은?

(A) consider

(B) appoint

(C) hire

(D) carry

해설 | bring in은 '데리고 오다'라는 의미인데, 컨설턴트를 강연에 초빙한다는 내용의 문장에 사용되었다. 보기 중에서 이와 같은 의미를 가진 동사는 (C)의 hire이다.

43

Hardaway 씨가 사무실에 없는 날은 언제인가?

(A) 7월 13일

(B) 7월 17일

(C) 7월 18일

(D) 7월 19일

해설 | 정보 연계 문제이다. 두 번째 지문에서 Hardaway 씨는 '언급했던 첫 번째 날에 하루 종일 녹음실에 있어야 한다고(I'm scheduled to be in the recording studio all day long on the first date you mentioned) 말했다. 그런데 첫 번째 지문에서 언급된 첫 번째 날짜는 7월 17일이므로 정답은 (B)이다.

44

Hardaway 씨가 Greene 씨에게 요청한 것은 무엇인가?

(A) 연설자가 특정한 주제를 논의하도록 한다

(B) 소셜 미디어 사이트에 대해 강의한다

(C) 한 입사 지원자에 대해 그와 상의한다

(D) 그의 팀 성과를 평가한다

해설 | Hardaway 씨가 Greene 씨에게 워크샵이 열리는 날짜를 알려달라는 것 이외에도, Messing 씨가 워크샵 때 논의하기를 원하는 주제를 전달하고(Could you ask Ms. Messing if she would be willing to discuss how to incorporate social media sites into marketing campaigns) 있다. 따라서 정답은 (A)이다.

45

Hardaway 씨에 대해 암시된 것은 무엇인가?

(A) 그는 예전에 워크샵을 총괄했다.

(B) 그는 Greene 씨의 직속 상사이다.

(C) 그는 마케팅 부서의 구성원이다.

(D) 그는 자주 출장을 간다.

해설 | 두 번째 지문에서 Hardaway 씨는 팀원들을 참석시키겠다고(I'll make sure that everyone on my team attends) 하면서, 직원들의 사기가 떨어져 있다고(Morale is a bit low due to our recent performance) 했다. 첫 번째 지문에서 마케팅 캠페인이

기대에 미치지 못했다는 정보가 있으므로 Hardaway 씨는 마케팅 부서에 소속되어 있다고 볼 수 있다. 따라서 정답은 (C)이다.

[46-50]

Dover 푸드
신제품

Dover 푸드는 아래의 신제품을 8월에 출시하게 되었다는 소식을 전하게 되어 기쁩니다. 이 제품들과 다른 제품들에 관심이 있는 구매자들은 무료 샘플을 받고 제품을 구매하기 위해서 kmaddox@dover.com으로 Kevin Maddox 에게 연락하셔야 합니다.

구운 귀리 시리얼 (제품번호 AKT68A) – 100% 유기농 귀리로 만든 이 맛있는 시리얼을 아이들이 좋아합니다. 가격: 4.59달러/상자

냉동 페페로니 소시지 피자 (제품번호 TRK11W) – 이 피자는 단 5분 동안만 전자레인지에 데우면 먹을 준비가 끝납니다. 가격: 5.99달러/박스

콘칩 (제품번호 MMH65P) – 식사와 식사 사이에 훌륭한 간식을 즐기기 위해 이 콘칩을 살사 소스와 함께 드셔 보세요. 가격: 1.89달러/봉지

체리 소다 (제품번호 KRT38B) – 이 탄산음료는 당신을 유쾌하게 만들어 줄 체리 맛이 납니다. 다이어트 버전도 있습니다. (제품번호 KRT38C). 가격: 0.49달러/캔

어휘 | be pleased to 기쁘게 ~하다   come out 생산되다   obtain 얻다   organic 유기농의   oat 귀리   carbonated drink 탄산음료   wild 유쾌한

수신: kmaddox@dover.com
발신: marybaker@causeway.com
제목: Causeway 식료품점
날짜: 8월 16일

Maddox 씨께,

2주 전에 저희 점포로 신제품들을 보내 주셔서 정말 감사합니다. 저희는 몇몇 제품들을 맛보았고 대부분의 제품들이 잘 팔릴 것이라는 결정을 내렸습니다. 아래의 제품들을 가능한 한 빨리 보내 주세요.

KRT38B – 1,000개
TRK11W – 200개
AKT68A – 550개

다음 달에 또 다른 주문을 하겠습니다. 각각의 제품들이 1개월 기준으로 대략 얼마나 판매되는지 파악되면, 정기적인 배송 일정을 준비해야 할 것 같습니다.

본 제품들에 대해 회사 계좌로 비용을 청구해 주세요. 통상적인 방법으로 지급 받으실 것입니다.

Mary Baker
Causeway 식료품점

어휘 | conduct (행동을) 하다   determine 결정하다
approximately 대략   set up 수립하다, 준비하다   regular 정기적인
delivery 배송   charge 청구하다   account 계좌   in the normal
manner 통상적인 방법으로

Causeway 식료품점에서
9월 15일부터 30일까지
가을 할인 행사를 합니다.

아래의 특별 할인 행사를 확인하세요:

▶ 신선한 과일과 야채 30%
▶ 신선한 육류 25%
▶ 음료 전 품목 35%
▶ 빵집의 모든 제품 20%

저희는 웨스턴가 48번지에 위치해 있으며 언제나 영업합니다

다른 상점에서 제품의 가격이 더 낮은 것을 발견하실 경우,
저희에게 보여 주시면, 해당 가격에 드릴 뿐 아니라 20%를
추가로 할인해 드리겠습니다

배송 서비스에 대해서는 안내 창구에 문의하세요
50달러 이상 구매하실 경우 시내에 한하여 무료로 배송해 드립니다
저희 상점에서 50km 이내라면 어느 곳이든
배송료가 10달러입니다

어휘 | beverage 음료   inquire 문의하다   information counter
안내 창구

46

Dover 푸드가 고객에게 제공하는 것은 무엇인가?

(A) 월간 카탈로그
(B) 무료 제품
(C) 익일 배송
(D) 대량 구매에 대한 할인

해설 | 첫 번째 지문에서 무료 샘플을 얻으려면 연락하라는
(contact Kevin Maddox at kmaddox@dover.com to obtain
free samples and to make purchases) 내용이 언급되어 있으므
로, Dover 푸드는 무료 제품을 제공한다는 것을 알 수 있다. 정답
은 (B)이다.

47

Baker 씨가 주문하지 않은 제품은 무엇인가?

(A) 시리얼
(B) 피자
(C) 칩

(D) 소다

해설 | 두 번째 지문의 제품번호들과 첫 번째 지문의 제품번호를
비교해 보면, Baker 씨가 주문한 것은 체리 소다, 냉동 피자, 그리
고 구운 귀리 시리얼이다. 따라서 정답은 (C)이다.

48

Baker 씨에 대해 추론할 수 있는 것은 무엇인가?

(A) 현재 직책에 최근에 임명되었다.
(B) 이전에도 Dover 푸드와 거래했다.
(C) 그녀 회사의 슈퍼마켓들 중 하나를 운영하고 있다.
(D) 식품 공급 업계에서의 경험이 거의 없다.

해설 | 두 번째 지문의 마지막 문장의 늘 하던 방식대로 지급될 것
이라는(You'll be paid in the normal manner) 내용으로 미루어
보아, Baker 씨는 Dover 푸드와 예전부터 거래해오고 있음을 알
수 있다. 정답은 (B)이다.

49

Causeway 식료품에 대해 무엇이 사실인 것 같은가?

(A) Dover 푸드에서 제조한 제품들을 판매한다.
(B) 매 시즌 특별 할인 행사를 한다.
(C) 단골 고객들에게만 할인을 해준다.
(D) 최근에 매장에 있는 제과점을 재단장했다.

해설 | Causeway 식료품은 두 번째 지문에서 신제품들을 주문하
고 있는데, 첫 번째 지문을 통해 이 제품들은 Dover 푸드의 제품
임을 알 수 있다. 또한, 세 번째 지문에서 첫 번째 지문의 신제품
들의 일부가 할인 행사 포함되고 있다는 것도 확인할 수 있다. 정
답은 (A)이다.

50

쇼핑객은 어떻게 무료로 상품을 배송 받을 수 있는가?

(A) 고객 카드를 신청함으로써
(B) 20달러 이상 구매함으로써
(C) 상품들을 시내에 배송함으로써
(D) 온라인으로 주문함으로써

해설 | 세 번째 지문의 마지막 부분에서 50달러 이상 구매 고객에
게는 시 경계 내에 한하여 무료로 배송한다는(Get free delivery
inside the city limits for purchases of $50 or more) 내용이
있다. 보기 중에서 무료 배송과 관련된 내용은 (C)뿐이다.

정답

Part 5

1 (A)	2 (C)	3 (D)	4 (B)	5 (D)
6 (D)	7 (C)	8 (A)	9 (A)	10 (A)
11 (C)	12 (B)	13 (D)	14 (B)	15 (D)

Part 6

16 (B)	17 (A)	18 (C)	19 (B)	20 (A)
21 (C)	22 (C)	23 (B)		

Part 7

24 (B)	25 (C)	26 (B)	27 (C)	28 (C)
29 (D)	30 (A)	31 (C)	32 (C)	33 (C)
34 (D)	35 (C)	36 (D)	37 (A)	38 (D)
39 (B)	40 (C)	41 (D)	42 (C)	43 (A)
44 (C)	45 (A)	46 (D)	47 (B)	48 (A)
49 (D)	50 (D)			

Part 5

1

3세 미만의 어린이들은 미술관 입장료 지불이 면제된다.

(A) exempt
(B) assumable
(C) revealed
(D) allowed

어휘 | admission fee 입장료 gallery 미술관 exempt 면제되는 assumable 가정할 수 있는 revealed 드러난

해설 | 3세 미만 어린이들은 입장료가 면제된다는 의미가 되어야 자연스러우므로 '면제되는'이라는 뜻의 exempt가 빈칸에 오는 것이 가장 적절하다.

2

이사회에서는 내일 새로운 최고경영자로 Mark Murphy를 선임하는 결정을 승인할 것이다.

(A) are approved
(B) have been approving
(C) will approve
(D) will have been approved

어휘 | the board of directors 이사회 decision 결정 approve 승인하다

해설 | 주어와 동사가 능동의 관계이며 문장의 마지막에 미래를 나타내는 표현인 tomorrow가 있으므로 미래 시제인 (C)의 will approve가 정답이 된다.

3

Edward Reaper는 Lisa May로 부터 받은 제안서의 중요한 변경 사항들을 신중히 생각하는 중이다.

(A) signification
(B) significantly
(C) significance
(D) significant

어휘 | consider 숙고하다, 여기다 proposal 제안서 signification 의미 significantly 상당히 significance 중요성 significant 중요한

해설 | 빈칸은 명사 changes를 수식하는 역할을 해야 하므로, 형용사인 (D)의 significant가 정답이 된다.

4

그 리포터는 지역의 억만장자인 Miles Simpson과의 독점 인터뷰를 허락 받았다.

(A) excluded
(B) exclusive
(C) exclusion
(D) excluding

어휘 | be granted ~을 허락 받다 exclusive 전용의, 독점의 exclusion 제외, 배제

해설 | 빈칸에 올 단어는 명사 interview를 수식해야 하므로 명사인 exclusion은 정답에서 제외된다. excluded는 '제외되는', exclusive는 '독점의', excluding은 '제외하는'이라는 의미인데, 빈칸에 오기에 가장 적절한 것은 (B)이다.

5

과학자들은 결과가 반드시 올바르게 이해될 수 있도록 하기 위해서 즉시 조치를 취해야만 한다.

(A) interpret
(B) will interpret
(C) are interpreting
(D) are interpreted

어휘 | take steps 조치를 취하다 ensure 보장하다, 반드시 ~이게 하다 correctly 정확하게 interpret 설명하다, 해석하다, 이해하다

해설 | 종속절의 주어인 the results와 동사인 interpret과는 수동의 관계이므로 수동형인 (D)의 are interpreted가 정답이 된다.

6

Aaronson 전자는 국내와 해외의 업체에 의해 판매되는 다양한 제품들을 제공한다.

(A) class

(B) scan

(C) source

(D) range

어휘 | offer 제공하다　a wide range of 다양한　domestic 국내의
international 국제적인　firm 기업　class 종류　scan 정밀 검사
source 자료, 근원

해설 | 빈칸을 포함하는 구가 '다양한'이라는 의미가 되어야 하는
데, 이와 같은 표현은 'a wide range of'이다. 정답은 (D)이다.

7
요즘 차량 정비소의 일자리에 숙련된 정비사들에 대한 수요
가 많다.

(A) Skill

(B) Skills

(C) Skilled

(D) Skillfully

어휘 | mechanic 정비사　demand 수요　garage 차량 정비소
nowadays 요즘　skilled 숙련된

해설 | 빈칸은 mechanics를 수식하는 자리인데, 보기 중에서 명
사를 수식할 수 있는 것은 과거분사인 (C)의 skilled뿐이다.

8
계약서의 효력이 발생된 이후에는, 전체 기간 동안 변경될
수 없다.

(A) duration

(B) payment

(C) signature

(D) scene

어휘 | contract 계약　go into effect 효력이 발생되다　entire 전체의
duration 기간　payment 지불　signature 서명　scene 현장

해설 | '계약의 효력이 발생하면 전체의 _____ 동안' 변경될
수 없다'는 내용인데, 빈칸에 들어가기에 적절한 의미의 명사는
'기간'을 의미하는 (A)의 duration이다.

9
관광이 오래 걸릴 것이기 때문에, 참가자들은 중간에 휴식을
취할 기회를 갖게 된다.

(A) Because

(B) How

(C) Why

(D) After

어휘 | participant 참가자　opportunity 기회　rest 휴식을 취하다
in the middle 도중에

해설 | '관광이 오래 걸리는 것'은 '중간에 휴식을 취하는 것'의 원
인이 될 것이므로, (A)의 because가 빈칸에 오는 것이 가장 자연
스럽다.

10
회람에 따르면, 좋지 않은 날씨 때문에 배송의 절반이 지연
되었다.

(A) responsible

(B) response

(C) responsibly

(D) responding

어휘 | according to ~에 따르면　delivery 배달　delay 연기하다
be responsible for ~에 책임이 있다

해설 | be동사의 보어 역할을 할 수 있는 것은 responsible과
responding인데, '책임이 있는'이라는 뜻의 responsible이 빈칸
에 오는 것이 자연스럽다. be responsible for는 자주 출제되므
로 하나의 단어처럼 암기해 두자.

11
Cornell 자동차는 생산 공정에 필요한 원재료의 부족으로
인해 지난달 생산량을 줄였다.

(A) because

(B) in addition

(C) due to

(D) in response of

어휘 | decrease 감소시키다　production 생산　lack 부족
raw material 원재료　in addition 게다가

해설 | '원재료의 부족'은 '생산량 감소'의 원인이 될 것이므로
because와 due to 중에서 정답을 고르면 된다. 빈칸 뒤에는 완전한
절이 아닌 구가 있기 때문에 전치사인 (C)의 due to가 정답이다.

12
단체 여행객의 몇몇 사람들은 강을 따라 산책하기로 결정
했다.

(A) beneath

(B) alongside

(C) aboard

(D) without

어휘 | several 몇몇의　take a walk 산책하다　beneath ~의 아래에
alongside ~을 따라서　abroad 해외로

해설 | '강을 따라서'와 같은 의미가 되어야 자연스러운 문장이 되
기 때문에 (B)의 alongside가 정답이다.

13

시 정부는 교통 문제를 줄이기 위해서 강 위에 다리를 하나 더 건설할 것이다.

(A) will reduce

(B) is reducing

(C) has reduced

(D) to reduce

어휘 | government 정부　construct 건설하다　traffic 교통 reduce 줄이다, 감소시키다

해설 | 빈칸 앞까지가 완전한 문장이기 때문에 빈칸에는 동사가 올 수 없으므로 (A), (B), (C)는 모두 정답이 될 수 없다. to부정사 인 (D)의 reduce가 정답이다.

14

연구개발부서의 추가 재정 지원 요청이 최고경영자에게 승 인을 받았다.

(A) at

(B) by

(C) with

(D) on

어휘 | request 요청　funding 재정 지원　R&D Department 연구개발부서　approve 승인하다

해설 | 수동태 문장으로서, 행위자인 the CEO 앞에는 전치사 by 가 와야 한다. 정답은 (B)이다.

15

지난주 동안 자선 단체에 익명의 기부가 있었다.

(A) donate

(B) donor

(C) donated

(D) donation

어휘 | anonymous 익명의　charity 자선 단체　donate 기부하다 donor 기부자　donation 기부

해설 | 문장에 주어가 없기 때문에 빈칸은 명사가 와야 하는 자리 이다. 보기 중에서 donor와 donation이 명사인데, 의미상 '기부' 라는 뜻의 donation이 적절하다.

Part 6

[16-19]

Cornell 빌딩의 보수 작업

Cornell 빌딩에서 3월 21일 토요일부터 보수 작업이 시작됩니 다. 10일 이내에 수리 작업이 완료될 것으로 예상됩니다. **작업**

은 매일 하루 종일 진행될 것입니다. 하지만, 대부분의 거슬리는 작업은 이곳의 사업체들을 방해하지 않기 위해 오후 7시에서 오 전 5시 사이에 있을 것입니다. 빌딩 로비, 모든 엘리베이터와 에 스컬레이터, 그리고 지하 주차장에 수리 작업이 있을 것입니다. 또한, 전기 기사들이 건물의 모든 층에서 배선 작업을 할 것입니 다. 작업의 전체 일정을 알고 싶으시다면, 1층의 관리 사무소를 방문하여 Ronald Morrison과 이야기하시기 바랍니다. 작업으 로 인한 불편에 대해 미리 사과의 말씀을 드립니다.

어휘 | renovation 개조, 보수　undergo 겪다　repair 수리 complete 완료하다　within ～이내에　intrusive 거슬리는 take place 일어나다　disturb 방해하다　business 사업체, 가게, 회사　electrician 전기 기사　wiring 배선　apologize 사과하다 in advance 미리　inconvenience 불편

16

(A) 재정 지원은 소유주에 의해 승인되었습니다.

(B) 작업은 매일 하루 종일 진행될 것입니다.

(C) 건물은 그 기간 동안 폐쇄될 것입니다.

(D) 우리는 작업을 도울 사람들이 필요합니다.

해설 | 빈칸 뒤의 연결어 however가 있으므로, 빈칸 뒤의 문장과 반대되는 내용을 정답으로 고르면 된다. however가 포함된 문장 은 대부분의 작업이 오후 7시에서 오전 5시에 진행된다는 내용인 데, '하루 종일 작업이 진행된다'는 내용의 (B)가 반대되는 의미의 문장이다.

17

(A) avoid

(B) reject

(C) appear

(D) reveal

해설 | 빈칸 앞의 내용은 특정 시간에만 작업을 진행한다는 것인 데, 이는 사업체들을 방해하는 것을 피하기 위해서일 것이다. 따 라서 '피하다'라는 뜻의 (A)가 정답이 된다.

18

(A) As a result

(B) Therefore

(C) In addition

(D) In other words

해설 | 빈칸 앞과 뒤의 내용이 모두 작업의 종류와 관련된 내용이 다. 따라서 추가적인 내용을 언급할 때 사용되는 연결어인 (C)의 in addition이 빈칸에 오기에 가장 적절하다.

19

(A) manage

(B) management

(C) managing

(D) manager

해설 | 빈칸 앞에 정관사 the가 있으므로 명사를 정답으로 골라야 한다. 의미상 '관리실, 관리 사무소'가 되어야 하므로 (B)의 management가 정답이 된다.

[20-23]

> 수신: 전 직원
>
> 발신: Cynthia Henley
>
> 제목: 중요한 공지
>
> 날짜: 12월 11일
>
> **올해, 모든 부서가 예산을 초과했습니다.** 지난 몇 년보다 낮은 수익을 발표할 것으로 예상되어서 이는 회사로서 문제입니다. 그 결과, 우리의 소비 정책에 몇 가지 변화가 있을 것입니다.
>
> 다음 주에, 인사 부서의 직원이 이러한 변화를 논의하기 위해 각 부서에 방문할 것입니다. 전 직원들은 이 의무적인 행사에 반드시 참석해야 합니다. 새로운 규정들은 엄격하게 시행될 것입니다.
>
> 또한 모든 부서들이 내년에 할당된 것보다 많은 금액을 사용하는 것은 허가되지 않을 것입니다. 그러므로 부서장들은 직원들이 꼭 필요한 물품만을 구매하도록 할 것을 권합니다. 지나치게 많은 지출에는 처벌이 뒤따를 수 있으며 해고를 불러 올 수도 있습니다.

어휘 | department 부서　budget 예산　profit 수익　policy 정책 in attendance for ~에 참석하는　mandatory 의무적인　strictly 엄격하게　enforce 시행하다　be encouraged to ~하기를 권하다 penalty 처벌　termination 종료　employment 고용

20

(A) 올해, 모든 부서가 예산을 초과했습니다.

(B) 좋지 않은 경제 상황 때문에, 우리는 몇몇 직원들을 해고해야 합니다.

(C) 몇몇 직원들은 업무를 잘 수행하지 못했습니다.

(D) 어제 회사의 주가가 급격하게 상승했습니다.

해설 | 빈칸 뒤의 지시대명사인 this가 가리키는 내용이 무엇인지 고르면 된다. 빈칸 뒤의 문장은 '작년의 수익이 낮다'는 내용이므로, 돈과 관련된 문제인 (A)가 정답으로 가장 적절하다.

21

(A) spend

(B) spender

(C) spending

(D) spent

해설 | 수익이 떨어진 상황의 결과로서 지출 정책이 변경되는 내용이므로, '지출'을 의미하는 (C)의 spending이 정답이 된다.

22

(A) Some

(B) No

(C) All

(D) Every

해설 | 해당 교육이 의무적인(mandatory) 것이므로 모든 직원이 참가해야 할 것이다. '모든'을 의미하는 (C)와 (D) 중에서 정답을 고르면 되는데, 빈칸 뒤에 복수 명사인 employees가 있으므로 정답은 (C)이다.

23

(A) has resulted

(B) may result

(C) could have resulted

(D) is resulting

해설 | 지출이 많을 경우 일어날 일에 대해 언급하고 있으므로, 미래를 의미하는 내용의 (B)가 정답이 된다.

Part 7

[24-25]

> 수신: Tom Cartwright 〈toms@fortuntemail.com〉
>
> 발신: Angela Raymond 〈araymond@harrisonsupplies.com〉
>
> 날짜: 11월 8일
>
> 제목: 귀하의 주문
>
> Cartwright 씨께,
>
> Harrison 물품점의 저희들은 귀하의 최근의 주문(#847-382A)에 대해 감사 드립니다. 하지만, 요청하신 상품들 중 하나가 판매되지 않는다는 사실을 알려 드리게 되어 유감입니다. Watson 페인트사는 터퀴스블루색 페인트를 더 이상 생산하지 않습니다.
>
> 원하신다면, 지불하신 금액을 기꺼이 환불해 드리겠습니다. 귀하의 주문을 다른 색으로 변경하시거나 다른 제조사에서 생산한 페인트로 변경하시는 것도 좋습니다. 저희가 고객님들께 강력히 추천해 드리는 것은 Gibson 페인트사에서 생산하는 터퀴스블루 페인트입니다. 이 제품이 Watson 사의 제품보다 약간 비싸기는 하지만, 이를 구매하실 경우 추가 비용은 청구되지 않을 것입니다.
>
> Angela Raymond 드림

어휘 | recent 최근의　inform 알리다　request 요청하다 available 이용 가능한　turquoise blue 터퀴스블루 (터키 옥 빛깔)

refund 환불하다 manufacturer 제조사 acquire 획득하다, 구입하다

24

Raymond 씨는 왜 Cartwright 씨에게 이메일을 보냈는가?

(A) 주문 배송 지연에 대해 사과하려고

(B) 한 제품이 구매될 수 없다는 사실을 언급하려고

(C) 다른 색상의 구매를 추천하려고

(D) Cartwright 씨의 요구에 응답하려고

해설 | 목적을 묻는 문제는 첫 번째 문단에 단서가 있는 경우가 대부분이다. 첫 번째 문단에서 주문한 물품들 중 하나가 판매되지 않는 상황이라고(We regret to inform you, however, that one of the items you requested is unavailable) 언급되어 있으므로, 정답은 (B)이다.

25

Raymond 씨는 Cartwright 씨에게 무엇을 제공하는가?

(A) 제품을 반품할 기회

(B) 할인 쿠폰

(C) 추가 비용 없는 대체 상품

(D) 무료 고객 클럽 회원 자격

해설 | 문제의 해결을 위해 Raymond 씨가 제안하는 방법은 두 가지인데, 첫째는 환불이며(If you want, we will gladly refund your money) 둘째는 다른 제조사의 제품을 구입하는 것(You are also welcome to change your order to a different color or to a paint made by another manufacturer)이다. 따라서 정답은 (C)이다. 보기에 환불에 대한 내용은 없다.

[26-27]

> ### 고대 로마 무기 전시회
>
> 전시회에 전시된 164점은 모두 Robert Calvino 씨가 개인 소장품들을 Freemont 박물관에 관대하게 대여한 것입니다. 전시된 무기들은 공화정 로마 시기와 로마 제국 시기의 것입니다. 전시품들은 이전에 시애틀의 Bellevue 박물관, 렉싱턴의 Griswold 박물관, 그리고 맨체스터의 Porterhouse 박물관에서도 전시되었습니다. 전시품들은 9월 1일부터 12월 31일까지 하트포드의 전시관에 전시될 것입니다.

어휘 | ancient 고대의 weapon 무기 generously 관대하게 loan 빌려주다 private 개인의 collection 수집품 previously 이전에

26

전시는 어디에서 개최되는가?

(A) 맨체스터에서

(B) 하트포드에서

(C) 시애틀에서

(D) 로마에서

해설 | 지문의 마지막 부분에서 전시품이 전시되었던 여러 장소가 언급되고 있는데, 마지막 문장인 'These items will remain here on exhibit in Hartford from September 1 to December 31.' 에서 전시회가 열리는 장소가 하트포드임을 알 수 있다. 정답은 (B)이다.

27

정보문에 따르면, 전시품에 대해 옳은 것은 무엇인가?

(A) 1년 내내 박물관에 전시될 것이다.

(B) 박물관의 영구 소장품에 속해 있다.

(C) Calvino 씨의 소장품들을 포함하고 있다.

(D) 로마 제국 시기의 전시품들만 포함하고 있다.

해설 | 첫 번째 문장에서 Calvino 씨의 개인 소장품을 대여하여 전시하고 있다고(... from the private collection of Mr. Robert Calvino) 하였으므로 (C)가 정답이다. 전시 기간은 9월 1일부터 12월 31일까지라고(from September 1 to December 31) 했으므로 (A)는 정답이 아니며, 전시품들이 박물관이 영구소장품이라는 정보는 찾을 수 없으므로 (B)도 정답이 아니다. 공화정 로마 시기의 무기들도 전시되어 있으므로(The weapons displayed come from both the Roman Republic and the Roman Empire periods) (D) 또한 정답이 될 수 없다.

[28-31]

> **Sylvia Jagger** [오전 10시 04분]
> Murray 사건 파일을 찾으려고 기록실에 방금 들렀어요. 하지만 몇몇 파일 보관함이 없어졌네요. 무슨 일이 일어난 것인지 아는 사람 있나요?
>
> **Claude Morrison** [오전 10시 07분]
> 제가 보낸 회람을 받지 못했어요?
>
> **Sylvia Jagger** [오전 10시 08분]
> 무슨 회람요?
>
> **Rachel Potts** [오전 10시 10분]
> 제가 이틀 전에 모두에게 이에 대해 알렸어요. 기록실에 공간이 부족해서, 많은 파일들을 창고로 옮겼어요.
>
> **Sylvia Jagger** [오전 10시 11분]
> 제가 지난주부터 오늘 아침까지 해외에 있었기 때문에, 모든 일을 파악할 수가 없었어요. 파일을 구하려면 어떻게 해야 할까요?
>
> **Claude Morrison** [오전 10시 13분]
> 요청 서류를 작성해서 저에게 주세요. 창고에서 당신에게 그것들을 보내도록 제가 조치할 거예요. 오늘 4시 30분까지 서류를 주시면 모든 것을 받으시는 데 4일 정도 걸릴 거예요.

Sylvia Jagger [오전 10시 14분]

그것으로는 충분하지 않아요. 내일 오후에 Murray 씨와의 회의가 있어요.

Steve Dumbarton [오전 10시 16분]

Sylvia, 제가 오늘 차를 몰고 창고에 갈 거예요. 무엇이 필요한지 알려 주시면, 가져다 드릴게요.

Sylvia Jagger [오전 10시 17분]

고마워요, Steve.

어휘 | records room 기록실　retrieve 되찾아오다; 검색하다　case 사건　run out of 다 써버리다　warehouse 창고　catch up on (정보를) 알아내다　obtain 얻다, 획득하다　fill out 작성하다 requisition 요청　submit 제출하다　sufficient 충분한

28

Jagger 씨는 온라인 채팅을 왜 시작했는가?

(A) 기록실의 열쇠에 대해 물어보려고

(B) 정리되지 않은 파일들에 대해 항의하려고

(C) 몇몇 서류들이 어디에 있는지 알아보려고

(D) 창고가 어디에 있는지 알아보려고

해설 | Jagger 씨는 첫 번째 메시지에서 기록실에서 파일을 찾고 있는데, 캐비닛을 찾을 수 없다고(file cabinets are missing from the room) 말하였다. 따라서 정답은 (C)이다.

29

Jagger 씨에 대해 무엇이 암시되어 있는가?

(A) 자주 출장을 간다.

(B) 지난주에 개인적인 시간을 가졌다.

(C) 이미 요청 서류를 작성했다.

(D) Morrison 씨의 회람을 읽지 못했다.

해설 | 10시 10분의 메시지에서 Potts 씨는 자신이 이틀 전에 파일을 옮긴 사실을 모두에게 알렸다고 했다. 그리고 Morrison 씨가 자신이 보낸 회람을 받지 못했는지(You didn't get the memo I sent?) 되묻고 있으므로 정답이 (D)임을 유추할 수 있다.

30

오전 10시 14분에, Jagger 씨가 "그것으로는 충분하지 않아요"라고 작성할 때 그녀가 암시하는 것은 무엇인가?

(A) 그녀는 서류를 받기 위해 4일을 기다릴 수 없다.

(B) 그녀는 몇 분 뒤에 회의에 참석해야 한다.

(C) 그녀는 Morrison 씨가 직접 몇몇 항목들을 찾아 갈 것으로 예상하고 있다.

(D) 그녀는 자신의 상사에게 문제에 대해 항의할 것이다.

해설 | 인용된 문장의 앞 메시지에서 자료를 수령하는 데 4일이 걸린다고 했다. 이에 대해 '충분하지 않다'고 답한 것이므로 4일을 기다릴 수는 없다는 내용의 (A)가 정답으로 가장 적절하다.

31

Dumbarton 씨는 무엇을 제안하는가?

(A) Jagger 씨를 목적지까지 차로 데려다 준다

(B) Morrison 씨를 위해 서류를 작성한다

(C) Jagger 씨가 필요로 하는 문서들을 가져온다

(D) Murray 씨의 사무실에 직접 방문한다

해설 | Dumbarton 씨는 오늘 창고에 갈 것이라고 하며, Jagger 씨가 원하는 파일들이 무엇인지 알려준다면 그것들을 갖다 줄 수 있다고(Tell me what you want, and I'll bring it back for you) 제안하였다. 따라서 정답은 (C)이다.

[32-35]

수신: Stacy Barnes 〈stacy-b@castaway.com〉
발신: Shelly Bouchard 〈shellb@wellbornsnacks.com〉
날짜: 3월 11일
제목: 스낵

Barnes 씨께,

귀사에서 생산한 스낵의 샘플들을 보내 주셔서 대단히 감사합니다. 저희와 다른 여러 점포들에서 고객들에게 샘플을 보내는 행사를 했는데, 그 결과는 압도적으로 긍정적이었습니다. 85퍼센트 이상의 고객들이 제품들을 더 많이 구입하는 데 관심을 가지고 있는 것 같습니다. Wellborn 더블 초콜릿칩 쿠키가 가장 인기가 좋아서 가장 많은 호평을 받았습니다.

귀사의 여러 가지 스낵을 주문하고 싶습니다. 하지만, 그렇게 하기 전에, 귀하와 전화로 회의를 하고 싶습니다. 몇몇 점포의 매니저들과 최고경영자가 귀사의 제품과 관련하여 몇 가지 문의하고 싶어 합니다. **Washington 씨는 다른 바이어들과 귀사의 관계에 대해 문의하는 데 특별히 관심을 갖고 있습니다.** 언제 시간이 괜찮을지 알려 주시기 바랍니다. 이번 주 금요일 오후가 저희 모두에게는 가장 좋습니다.

또한, 저희는 대량으로 주문할 것이고 단골 고객이 되고자 하기 때문에, 구매하는 제품들에 할인이 적용될 수 있을지 궁금합니다. 대량 주문에 대해 얼마의 가격이 책정되는지 알고 싶습니다.

곧 회신해 주실 것과 귀사와 거래하게 되기를 고대합니다.

Shelly Bouchard 드림
Castaway 식료품점

어휘 | snack 스낵, 과자, 간식　manufacture 제조하다 overwhelmingly 압도적으로　positive 긍정적인　indicate 표현하다　garner 얻다, 모으다　compliment 칭찬, 찬사　regarding ~에 관하여　large order (= bulk order) 대량 주문　regular customer 단골 고객   look forward to ~을 고대하다

32

Bouchard 씨가 이메일을 보낸 한 가지 이유는 무엇인가?

(A) 스낵을 판매할 수 있게 될 시기를 알아보려고

(B) 몇몇 식료품을 홍보할 방법을 제안하기 위해서

(C) 그녀가 받은 몇 가지 무료 상품에 대해 감사하기 위해서

(D) 대면 회의 일정을 확정하기 위해서

해설 | Bouchard 씨가 이메일을 작성한 목적은 스낵 샘플에 대한 감사함의 표현, 스낵 제품의 구매 의사 전달, 화상 회의의 일정 조율, 거래 조건 문의 등이 있다. 보기들 중에서 이에 해당하는 것은 (C)뿐이다.

33

Castaway 식료품점에 대해 암시된 것은 무엇인가?

(A) 고가의 식료품을 판매한다

(B) 곧 대규모 할인 행사를 한다.

(C) 다수의 점포들을 운영한다.

(D) 10년 동안 사업을 해오고 있다.

해설 | 첫 번째 문단의 'My store and several others had several events ~'와 두 번째 문단의 'Several store managers and the company CEO want to ask you a few questions ~'를 통해서 Castaway 식료품점은 여러 점포를 운영하고 있다는 사실을 유추할 수 있다. 정답은 (C)이다.

34

Bouchard 씨는 무엇에 대해 문의하는가?

(A) Wellborn 스낵이 이용하는 배송의 유형

(B) 몇몇 스낵에 사용된 재료

(C) 첫 번째 주문품을 얼마나 빨리 받을 수 있는지

(D) 그녀가 받을 수 있는 할인가

해설 | 이메일에서 Bouchard 씨가 문의한 것은 화상 회의를 할 수 있는 시간과(Please let me know when you have time) 대량 구매할 때 할인 받을 수 있는 가격(I'd love to find out what prices you offer for bulk orders)이다. 따라서 정답은 (D)이다. 배송의 유형, 스낵에 사용된 재료, 그리고 주문품의 배송 시기에 대해서는 지문에 언급되어 있지 않다.

35

[1], [2], [3], 그리고 [4] 중에서 아래의 문장이 들어가기에 가장 적절한 곳은 어디인가?

"Washington 씨는 다른 바이어들과 귀사의 관계에 대해 문의하는 데 특별히 관심을 갖고 있습니다."

(A) [1]

(B) [2]

(C) [3]

(D) [4]

해설 | 주어진 문장은 Castaway 식료품점에서 Wellborn 사에 문의하는 것들 중 한 가지 구체적인 내용이다. [3] 앞의 내용이 몇몇 점포 관리자들과 최고경영자가 제품과 관련된 몇 가지 질문을 하고자 한다는(Several store managers and the company CEO want to ask you a few questions regarding your products) 것이므로, 해당 문장은 [3] 뒤에 이어지는 것이 가장 자연스럽다. 정답은 (C)이다.

[36-40]

Broadway 의류에서

대규모 하계 할인 행사의 혜택을 누릴 수 있는 기간이

6일밖에 남지 않았습니다

아래의 할인율을 확인하세요:

◆ 영유아복과 아동복 전 품목 25%

◆ 남성복 전 품목 30%

◆ 드레스와 스커트를 포함한 엄선된 여성복 일부 품목 35%

◆ 신발 전 품목 20%

저희는 최고의 브랜드 품목들을 보유하고 있으며
아주 많은 스타일, 사이즈, 그리고 색상들을 보유하고 있습니다

애버딘로 349번지
컴벌랜드에 있는 저희 상점으로 오세요

일요일을 제외하고 매일 오전 10시부터 오후 8시까지
영업합니다

www.broadwayclothes.com
할인 행사는 9월 3일까지입니다

어휘 | take advantage of ~을 활용하다   check out 확인하다
toddler 유아   selected 선택된   brand-name 상표가 붙은
extensive 아주 많은   selection 선택된 것

수신: service@broadwayclothes.com
발신: susang@greenway.com
제목: 본인의 구매
날짜: 9월 5일
첨부: 영수증

관계자 분께,

안녕하세요. 제 이름은 Susan Gregor입니다. 저는 지난달에 컴벌랜드로 이사했는데 당신의 매장에 깊은 인상을 받았습니다. 그 결과, 그곳에서 쇼핑을 많이 했습니다. 저는 하계 할인 행사

에 기분 좋게 놀랐습니다. 사고 싶지만 생각하는 가격대에서 약간 벗어나 있던 몇몇 상품들이 있었는데, 행사 덕분에 저는 그것들을 구매할 수 있었거든요. 어제 드레스 두 벌, 아이들의 신발 몇 켤레, 남편의 정장 한 벌을 구매했습니다. 하지만, 집으로 와서 영수증을 보았을 때, 광고되었던 할인이 적용되지 않은 것을 발견하고는 할 말을 잃었습니다. 확인하실 수 있도록 영수증을 첨부했습니다. 제가 받을 수 있는 할인액을 계산한 다음 제 신용카드로 금액을 환불해 주시겠습니까? 감사합니다.

Susan Gregor 드림

어휘 | be impressed with ~에 깊은 인상을 받다　a great deal of 아주 많은　pleasantly 기쁘게　slightly 약간　price range 가격대　receipt 영수증　stun 할 말을 잃게 하다　apply 적용하다　attached 첨부된　calculate 계산하다　qualify for ~에 자격이 있다　refund 환불하다

36

광고에 따르면, Broadway 의류에 대해 옳은 것은 무엇인가?

(A) 매년 계절마다 할인 행사를 한다.

(B) 주말과 국경일에는 영업을 하지 않는다.

(C) 곧 새로운 지역으로 이사한다.

(D) 다양한 종류의 의류를 판매한다.

해설 | 첫 번째 지문에서 할인되는 품목을 보면, 유아복, 아동복, 남성복, 여성복 등등 다양하다는 것을 알 수 있다. 따라서 정답은 (D)이다.

37

유아용 신발을 구매할 때 받을 수 있는 할인은 얼마인가?

(A) 20%

(B) 25%

(C) 30%

(D) 35%

해설 | 할인에 대한 설명을 보면 모든 신발에 대해 20%가(20% off all shoes) 할인된다는 정보가 있으므로 정답은 (A)이다. 유아용 의류가 25% 할인된다는 정보를 보고 (B)를 정답으로 골라서는 안 된다.

38

Gregor 씨는 왜 이메일을 작성했는가?

(A) 할인 행사에 대해 문의하려고

(B) 개선 의견을 제안하려고

(C) 제품 교환 규정을 알아 보려고

(D) 불만을 제기하려고

해설 | 이메일 작성의 목적은 두 번째 문단에 있는데, 그녀는 받아야 할 할인을 받지 못하였다는(I was stunned to find that the advertised discounts had not been applied) 사실에 대해 항의하면서, 할인액만큼 환불해줄 것을(Would you please calculate the discount I qualify for and then refund the money to my credit card?) 요구하고 있다. 따라서 정답은 (D)이다.

39

Gregor 씨에 대해 암시된 것은 무엇인가?

(A) 그녀는 최근에 남편과 함께 쇼핑하러 갔었다.

(B) 그녀는 Broadway 의류에 일요일에 방문하지 않았다.

(C) 그녀는 상점에 몇 벌의 옷을 반품하려고 한다.

(D) 그녀는 수표를 지불하고 상품을 구매했다.

해설 | 광고의 하단에 보면 일요일을 제외하고 매일 영업한다는 (We're open every day except Sundays) 내용이 있는데, 이메일에서 Gregor 씨는 Broadway 의류에서 구매한 옷과 관련하여 문의하고 있다. 따라서 그녀가 일요일에 상점에 방문한 것은 아닐 것이므로 정답은 (B)이다.

40

Gregor 씨의 요청은 왜 거절될 것 같은가?

(A) 이미 할인이 적용되었다.

(B) 그녀의 자녀들이 옷을 손상시켰다.

(C) 이미 할인 행사가 종료되었다.

(D) 매장의 모든 제품은 교환 및 반품이 되지 않는다.

해설 | 정보 연계 문제이다. Gregor 씨가 이메일을 작성한 날짜는 9월 5일인데, 어제 상품을 구매했다고 했으므로, 그녀가 상품을 구매한 날짜는 9월 4일이다. 그런데 광고에 따르면 할인 행사는 9월 3일에 마감되었으므로, 그녀는 할인 마감일이 지나서 구매한 것이다. 정답은 (C)이다.

[41-45]

수신: Sarah Arnold
발신: Richard Turner
제목: 다음 주
날짜: 3월 4일

단골 고객을 만나기 위해 다음 주에 필라델피아에 가려고 하는데, 새로운 고객이 될 가능성이 있는 두 명과의 회의도 준비하고 싶군요. 한 사람은 Clearwater 시스템즈의 Tina Peterson이고, 다른 한 사람은 Birmingham 산업의 Jerry Montana예요.

두 사람 모두 우리의 몇몇 제품들을 구매하는 데 관심을 보였기 때문에, 그들이 꼭 만나기를 원한다는 것을 알고 있어요. 오늘 오후 늦게 그들의 연락처를 이메일로 보낼게요. 연락처를 받으면, 그들에게 연락해서 회의를 요청해 주세요. 당신은 이미 제가

준비해 둔 회의들의 일정을 가지고 있을 테니, 저의 비어 있는 시간으로 그 회의들을 준비해 주세요. 오늘 오후나 저녁에 일정을 확인하고 싶지만, 어쩔 수 없다면 아침도 괜찮아요. 회의들이 확정되자마자, 저에게 알려 주세요.

어휘 | regular client 단골 고객　potential 잠재적인　acquire 얻다, 획득하다　be eager to ~하기를 간절히 바라다　get in touch with ~와 연락하다　acceptable 받아들일 수 있는　secure 확보하다

Richard Turner의 일정
3월 10일–14일

날짜	시간	사람	비고
3월 10일 월요일	오전 10:00 – 오전 11:30	Jerry Montana	발표 및 제품 설명
	오후 1:30 – 오후 4:00	Erica Lambert	계약 체결
3월 11일 화요일	회의 일정 없음		
3월 12일 수요일	오전 11:00 – 오후 3:00	Dennis Roswell	공장 견학 및 신규 계약 협의
3월 13일 목요일	오전 9:00 – 오전 11:00	Simon Chin	발표 참석
	오후 2:00 – 오후 4:00	Tina Peterson	첫 번째 회의
3월 14일 금요일	오전 10:00 – 오후 5:00	Sydney Reeves	발표 및 세미나 참석

어휘 | presentation 발표　demonstration 설명　negotiate 협상하다　agreement 계약, 협의　introductory 소개의　take part in 참석하다

수신: Richard Turner 〈rturner@crossroads.com〉
발신: Dennis Roswell 〈dennisr@hampton.com〉
제목: 다음 주
날짜: 3월 7일

Richard,

우리가 다음 주 수요일에 만나기로 되어 있다는 것을 알고 있지만, 날짜를 변경할 수 있는지 궁금하군요. 아마도, 제가 다음 주 월요일에 시작되는 신입사원 교육을 진행해야 할 것 같아요. 교육을 할 수 있는 자격이 있는 사람이 저밖에 없어서, 그때 당신을 만나지 못하게 되었어요.

주중에 다른 날은 어떤가요? 당신이 이곳에 있는 동안 만나고 싶어요. 비는 시간이 없다고 하더라도, 다음 주에 제가 항공편으로 당신이 있는 곳으로 갈 수 있을 거 같아요. 하지만, 우리가 사용하고 있는 최신식의 기계 설비로 인해 생산이 얼마나 더 빠르고 효율적인지 확인할 수 있도록 당신에게 우리의 새로운 공장을 보여 주고 싶어요.

당신이 가능하다고 생각하는 것을 알려 주세요.

Dennis 드림

어휘 | be supposed to ~하기로 되어 있다　apparently 듣자 하니, 보아 하니　instruction 설명, 지시　state-of-the-art 최신식의　efficient 효율적인

41

회람에서, Turner 씨는 Peterson 씨에 대해 무엇을 암시하고 있는가?

(A) 그녀는 그에게 몇 가지 제품을 판매할 것이다.
(B) 그녀는 다른 나라에서 근무한다.
(C) 그녀는 그녀의 회사의 대표이다.
(D) 그녀는 그에게서 연락이 올 것을 기대하고 있다.

해설 | Peterson 씨는 Turner 씨가 만나려고 하는 두 명의 잠재적 고객 중(two potential new customers) 한 명인데, 두 잠재적 고객들 모두 Turner 씨 회사의 제품을 구매하고 싶어 하며, '꼭 만나기를 원한다는(I know they're eager to meet)' 내용이 있다. 따라서 Peterson 씨가 Turner 씨의 연락을 기다린다는 것을 유추할 수 있으므로 정답은 (D)이다.

42

회람에서, 10번째 줄의 단어 "secure"와 그 의미가 가장 유사한 것은?

(A) protect
(B) suggest
(C) arrange
(D) provide

해설 | 문장에서 secure는 회의를 '준비하다'라는 의미로 사용되었다. 보기 중에서 이와 같은 의미로 사용될 수 있는 단어는 (C)의 arrange이다.

43

Turner 씨는 언제 Birmingham 산업에 방문할 것인가?

(A) 월요일에
(B) 수요일에
(C) 목요일에
(D) 금요일에

해설 | 첫 번째 지문에서 Birmingham 산업에 근무하는 사람의 이름이 Jerry Montana임을 알 수 있다. 두 번째 지문에서 Jerry Montana와의 회의 일정이 월요일이므로 정답은 (A)이다.

44

Chin 씨에 대해 무엇이 암시되는가?

(A) 그는 Lambert 씨의 동료이다.

(B) 그는 회의 일정을 조정해야 한다.

(C) 그는 필라델피아에서 근무한다.

(D) 그는 예전에 Turner 씨를 만난 적이 없다.

해설 | 첫 번째 지문에서 Turner 씨는 필라델피아로 출장을 간다는(I'll be visiting Philadelphia next week) 정보가 있고, 두 번째 지문은 출장 기간 중 그의 일정표이다. 3월 13일 일정에서 Chin 씨의 프레젠테이션이 예정되어 있는 것으로 보아, Chin 씨는 필라델피아에서 일하고 있을 것이라고 추측할 수 있다. 따라서 정답은 (C)이다.

45

Turner 씨는 Roswell 씨의 요청에 어떻게 회신할 것 같은가?

(A) 화요일에 만날 것을 제안한다

(B) 다음 주에 항공편으로 그를 만나러 갈 것이다

(C) 화상회의를 준비한다

(D) 그의 회사에 있는 공장 견학을 준비한다

해설 | 세 번째 지문에서 Roswell 씨는 주중 비어 있는 날이 언제인지 물으며, 만나고 싶다고(How does the rest of your week look? I'd still like to meet while you're here) 했다. 그런데 일정표에서 화요일에 일정이 비어 있으므로, Turner 씨는 Roswell 씨에게 화요일에 만나자고 답신할 것임을 유추할 수 있다. 정답은 (A)이다.

[46-50]

https://www.sciencelife.org

| 홈 | 소개 | 일정 | 자료 | 연락처 |

2012년에, 지역의 과학자, 교육자, 그리고 관심이 있는 학부모들에 의해 Science Life가 설립되었습니다. 단체의 목적은 과학에 대한 어린이들의 관심을 높이고, 어린이들이 다양한 과학 분야에 관심을 가지도록 권장하는 것입니다.

Science Life는 Davenport 자연사박물관에 사무실을 가지고 있습니다. 박물관에서는 우리가 그곳에서 특별한 행사들을 개최하기 위해 시설을 사용할 수 있도록 허가해 주고 있습니다.

Science Life의 회원 자격은 어린이의 경우 연간 30달러이며 한 가정 내의 어린이 두 명의 경우 50달러입니다. 한 가정 내의 세 명 이상의 어린이들은, 회원 자격이 연간 70달러입니다.

회원이 되어 저희의 특별한 행사에 모두 참여하세요. 회원은 박물관 입장료를 할인 받을 수도 있으며 박물관에서 주최하는 다양한 행사에 초대를 받을 수도 있습니다.

어휘 | establish 설립하다　concerned 관심이 있는　objectives 목적　encourage 권장하다　branch 분야　permit 허가하다　facility 시설　gain access to ~에 접근하다　admission 입장

9월의 특별 행사

11월 4일 – 화석 수집 (Gray 강)
오전 9:00 – 오후 5:00
고생물학자 Gayle Rice와 함께 Gray 강으로 이동하여 땅을 파고 화석을 수집합니다. 장비는 모두 제공됩니다. 10–17세의 어린이들만 참여할 수 있습니다.

11월 11일 – 우리의 생태계 (Brady 실)
오후 1:00 – 오후 3:00
지역의 생태계와 지역에 서식하는 동식물에 대해 배웁니다. 몇몇 살아 있는 동물들이 제공됩니다. 전 연령 참여할 수 있습니다.

11월 18일 – 밤 하늘 관찰 (Lincoln 관측소)
오후 9:00 – 오전 1:00
교외 지역에 있는 Lincoln 관측소에서 밤하늘을 관찰합니다. 부모님이 어린이들과 동반해야만 합니다. 사전 등록이 필요합니다. 인원은 50명으로 제한합니다. 전 연령 참여할 수 있습니다.

11월 25일 – 과학자가 되는 법 (Gold 실)
오후 2:00 – 오후 4:00
지역의 과학자인 Marvin Dane과 Eric Caldwell을 만납니다. 그들은 과학자로서의 자신들의 일생에 대해 이야기하고 그들이 하는 일에 대해 질문을 받을 것입니다. 전 연령 참여할 수 있습니다.

*더 많은 정보를 원하시거나 관측소 행사에 예약하시려면 498-3922로 전화하거나 news@sciencelife.org로 이메일을 보내 주세요.

어휘 | paleontologist 고생물학자　fossil 화석　eligible 자격이 있는　ecosystem 생태계　observe 관찰하다　observatory 관측소　outskirt 교외　accompany 동행하다

수신: news@dmnh.org
발신: wpowell@silvermail.com
날짜: 10월 29일
제목: 질문

관계자 분께,

제 아이들은 6월부터 Science Life의 모든 행사에 참여해 왔으며 매우 즐거워합니다. 아이들이 과학에 관심을 갖도록 해 주셔서 정말 감사합니다.

안타깝게도, 다음 달에는, 저희가 1주일 동안 여행을 할 것 같습니다. 저희 두 아들들은 Caldwell 씨의 강연을 듣고 싶어 했습니다. 아이들이 그의 책 두 권을 모두 읽었고 매우 좋아했습니다. 향후 Caldwell 씨가 Science Life의 게스트로 다시 올 계획이 있는지 알고 싶습니다. 저에게 알려 주신다면, 감사하겠습니다.

Wilma Powell 드림

어휘 | **attend** 참석하다　　**thoroughly** 완전히　　**appreciate** 감사하다

46

웹사이트에 따르면, Science Life는 왜 설립되었는가?

(A) 과학자들을 어린이들과 만나게 하기 위해서

(B) 어린이들이 과학자가 되도록 독려하기 위해서

(C) 사람들을 과학 교사로 만들기 위한 교육을 시키기 위해서

(D) 과학에 대한 학습을 촉진시키기 위해서

해설 | 첫 번째 지문의 첫 문단에 단체의 설립 목적이 명시되어 있는데, 어린이들의 과학에 대한 관심을 높이는 것과(to increase children's interest in science) 과학의 다양한 분야에 관심을 가지도록 하는 것(to encourage them to learn about various branches of science)이다. 보기 중에서 이를 포괄적으로 설명하고 있는 것은 (D)이다. (B)는 어린이들이 과학자가 되도록 독려하기 위해서라는 내용인데, 과학에 관심을 가지게 하는 것이 목적이기는 하지만, 어린이들을 과학자가 되도록 하기 위한 것이 설립 목적이라고 볼 수는 없다.

47

Science Life의 회원 자격의 혜택으로 언급되지 않은 것은 무엇인가?

(A) 특별 행사 초대

(B) 박물관 무료 입장

(C) 특별 행사 참여 가능

(D) 입장료 할인

해설 | 회원 자격의 혜택으로 언급된 것은 모든 특별 행사에 참여할 수 있다는 것(gain access to every one of our special events), 박물관 입장료 할인(get discounts on admission to the museum), 다양한 행사에 초대되는 것(be invited to various other events)이다. 박물관 무료 입장에 대한 내용은 없으므로 정답은 (B)이다.

48

'우리의 생태계'에 대해 암시된 것은 무엇인가?

(A) 박물관에서 열릴 것이다.

(B) 지역의 교수가 행사를 개최할 것이다.

(C) 참석자 수가 제한된다.

(D) 참가하려면 추가 비용을 지불해야 한다.

해설 | '우리의 생태계'의 진행 장소가 'Brady Room'이므로 행사는 실내에서 진행될 것인데, 첫 번째 지문에서 Science Life의 행사가 Davenport 자연사 박물관에서 진행된다는 것을 알 수 있다. 따라서 정답은 (A)이다.

49

Powell 씨의 자녀들에 대해 무엇이 옳은 것 같은가?

(A) 그들은 박물관에 걸어 갈 수 있는 정도의 거리에 살고 있다.

(B) 그들은 주말마다 박물관에 간다

(C) 그들은 박물관에서 후원하는 현장 학습을 간다.

(D) 그들의 회원비는 50달러이다.

해설 | 세 번째 지문의 마지막 문단에서 Powell 씨 자녀는 아들 둘임을(My two boys had hoped to...) 알 수 있는데, 첫 번째 지문에서 한 가정의 두 자녀의 회원비가 50달러라고($50 for two children in the same family) 언급되어 있다. 따라서 정답은 (D)이다.

50

Powell 씨의 아이들은 어떤 행사에 참석할 수 없을 것 같은가?

(A) 화석 수집

(B) 우리의 생태계

(C) 밤 하늘 관찰

(D) 과학자가 되는 법

해설 | 세 번째 지문에서 Powell 씨는 Caldwell 교수가 Science Life에 다시 초빙될 것인지를(I wonder if Mr. Caldwell will return as a guest of Science Life sometime in the future) 묻고 있다. 두 번째 지문에서 Caldwell 교수가 진행하는 행사는 '과학자가 되는 법(How to Become a Scientist)'이라는 것을 알 수 있으므로 정답은 (D)이다.

memo

memo

memo